DIODORE DE SICILE

EXTRAIT DE LA BIBLIOTHÈQUE CHARPENTIER.

PLUTARQUE.
VIE DES HOMMES ILLUSTRES.
TRADUCTION ALEX. PIERRON.

Cette nouvelle traduction des *Hommes illustres* de Plutarque, par M. Alex. Pierron, forme quatre beaux volumes de cinq à six cents pages chacun, imprimés avec le plus grand soin. Le prix de chaque volume est de 3 fr. 50 c.

Nous eussions pu réimprimer simplement l'une des différentes traductions de Plutarque qui sont à la disposition de tout le monde; mais, après un mûr examen, nous avons préféré en offrir au public une toute nouvelle, dont M. Alexis Pierron a bien voulu se charger. Voici nos motifs : la traduction d'Amyot est un chef-d'œuvre sans doute, mais seulement un chef-d'œuvre de notre vieux langage. Amyot n'est un traducteur que de nom : il n'a pas traduit le Plutarque de Chéronée; il a écrit le Plutarque d'Amyot. Il serait oiseux d'énumérer tous les passages où il a substitué, sans le vouloir, sa propre pensée à celle de l'original.

L'abbé François Tallemant traduisit, dans le XVIIe siècle, toutes les *Vies*; mais son travail n'eut aucun succès, et l'on sait ce qu'en pensait Boileau.

Personne au monde n'a mieux connu l'antiquité que Dacier; cependant, il faut bien l'avouer, sa traduction des *Vies* de Plutarque n'est guère agréable à lire; le style en est lourd, monotone et triste; nulle variété, nulle hardiesse, nulle couleur. Ce n'est plus Amyot, mais ce n'est pas davantage, c'est peut-être encore moins Plutarque.

L'abbé Ricard a traduit Plutarque tout entier, d'abord les *Morales*, puis après les *Vies*. Ce dernier ouvrage a été réimprimé un grand nombre de fois, et c'est aujourd'hui à travers Ricard qu'on juge Plutarque historien. Le succès de cette traduction ne prouve qu'une chose, c'est que la possession d'un Plutarque est un besoin assez universel, ou, si l'on veut, qu'il est impossible de dépouiller complétement ces intéressants tableaux de tous leurs attraits et de tous leurs charmes. Ricard est fort inférieur à Dacier, et par la science, et par le style même. Il y a dans ses *Vies* des fautes contre le sens que n'avait point faites Dacier; et ses remarques mêmes prouvent qu'il n'avait qu'une connaissance superficielle de la langue et de la littérature grecques. L'impropriété des termes, les répétitions, les tours vicieux ou obscurs, la roideur, la sécheresse, accusent, à chaque pas, ou la précipitation du traducteur, ou sa lassitude, ou son impuissance. Quant à ses vers, car il avait la manie de rimer les citations, ce qu'on en peut dire de mieux, c'est qu'ils sont ridicules.

Il ne nous appartient pas de juger la traduction nouvelle que nous publions aujourd'hui : c'est l'affaire du public. Qu'il nous soit seulement permis de rappeler que le nouveau traducteur, M. Alexis Pierron, a déjà fait ses preuves par ses traductions du *Théâtre d'Eschyle* et des œuvres de *Marc Aurèle*, publiées dans la BIBLIOTHÈQUE CHARPENTIER, et aussi par celle de la *Métaphysique* d'Aristote, traductions couronnées toutes trois par l'Académie française. Nous sommes assurés que sa traduction de Plutarque mérite le même succès.

DE L'IMPRIMERIE DE CRAPELET, RUE DE VAUGIRARD, 9.

BIBLIOTHÈQUE HISTORIQUE

DE

DIODORE DE SICILE

TRADUCTION NOUVELLE
AVEC UNE PRÉFACE, DES NOTES ET UN INDEX

PAR M. FERD. HOEFER

TOME DEUXIÈME

PARIS
CHARPENTIER, LIBRAIRE-ÉDITEUR
17, RUE DE LILLE

1846

BIBLIOTHÈQUE HISTORIQUE

DE

DIODORE DE SICILE.

LIVRE CINQUIÈME

SOMMAIRE.

Mythes relatifs à la Sicile ; configuration et étendue de cette île. — Cérès, Proserpine et la découverte du froment. — Lipare et les autres îles Éoliennes. — Mélite, Gaulos et Cercine. — Éthalie, Cyrnus (la Corse) et la Sardaigne. — Pityuse, et les îles gymnésiennes, qu'on appelle aussi Baléares. — Îles situées à l'ouest dans l'Océan. — Île Britannique ; île Basilée où se trouve le succin. — Gaule, Celtibérie, Ibérie, Ligurie, Tyrrhénie ; habitants de ces pays et leurs mœurs. — Îles situées au midi dans l'Océan ; île sacrée (Hiéra) ; île Panchaïa ; des choses qu'on en raconte. — Samothrace et ses mystères. — Naxos, Syme et Calydne. — Rhodes ; traditions mythologiques concernant cette île. — Chersonèse située en face de Rhodes. — Crète ; son histoire mythologique jusqu'à des temps plus récents. — Lesbos ; des colonies conduites par Macarée à Chio, Samos, Cos et Rhodes. — Ténédos et ses anciens habitants. — Îles Cyclades.

I. Tous ceux qui écrivent l'histoire doivent considérer comme un point très-utile la disposition des parties ou l'économie des détails. Ce principe d'ordre est aussi avantageux pour l'historien que pour l'économe qui cherche la prospérité de la maison. Quelques écrivains recueillant des éloges mérités pour l'exposition et la variété des faits qu'ils racontent, sont justement critiqués pour cette économie qui leur manque. Le lecteur qui apprécie leur exactitude, censure avec raison le défaut de méthode. Ainsi, Timée met le plus grand soin dans la rédaction de la partie chronologique, et fait preuve d'une grande érudition; mais ses critiques déplacées et trop longues lui ont fait donner par quelques-uns le surnom d'*Épitimée*. Éphore, au contraire, qui a écrit une histoire universelle, se distingue non-seulement par la beauté du style, mais encore par la sage économie des détails : chaque livre est consacré à un ordre de faits distinct. Comme nous préférons ce genre de méthode à tout autre, nous tâcherons de le suivre autant que possible.

II. Nous avons intitulé ce livre *le Traité des îles* : nous commencerons par la Sicile, qui est la plus puissante et la première par l'ancienneté de son histoire et de ses mythes.

La Sicile s'appelait anciennement Trinacrie, à cause de sa forme. Elle fut ensuite nommée Sicanie par les Sicaniens qui l'habitèrent; enfin les Siciliens, arrivés de l'Italie dans cette île, lui donnèrent le nom de Sicile. Elle a environ quatre mille trois cent soixante stades de circonférence[1]; car de ses trois côtés, celui qui s'étend du cap Pelore au cap Lilybée, a mille sept cents stades; celui qui s'étend du Lilybée à Pachinum, sur le territoire de Syracuse, en a mille cinq cents; enfin le troisième côté en a onze cent soixante. Les Siciliens ont appris, par tradition, de leurs ancêtres, que leur île est consacrée à Cérès et à Proserpine. Quelques poëtes prétendent qu'au mariage de Pluton et de Proserpine, Jupiter donna à la jeune épouse la Sicile pour présent de noces. Les historiens les plus célèbres soutiennent que les Sicaniens qui habitaient jadis cette île étaient autochthones; que c'est en Sicile que Cérès et Proserpine firent leur première apparition, et que le sol, en raison de sa fertilité, y produisit le premier blé. Le plus célèbre des poëtes appuie cette tradition par son témoignage, lorsqu'il dit[2] : « La

---

[1] Quelques éditions donnent *quarante* au lieu de *soixante*; environ quatre-vingt-quatre myriamètres.
[2] *Odyssée*, IX, 309.

« terre y est féconde, sans être ensemencée ni labourée ; elle
« produit le froment, l'orge, la vigne, dont les grappes abon-
« dantes donnent le vin ; et la pluie de Jupiter fait croître ces
« fruits. » En effet on voit encore aujourd'hui du froment sauvage[1] dans la plaine de Léontium[2] et dans beaucoup d'autres lieux de la Sicile. Il était naturel d'attribuer à un sol si fertile l'origine du blé ; et l'on voit d'ailleurs que les déesses qui nous en ont découvert l'usage y sont particulièrement vénérées.

III. C'est dans la Sicile qu'on a placé l'enlèvement de Proserpine ; on en allègue comme la preuve la plus évidente que les déesses avaient établi leur résidence dans ce séjour de prédilection. Ce fut, selon le récit mythologique, dans les prairies d'Enna que Pluton ravit Proserpine. Cet endroit, voisin de la ville de ce nom, est émaillé de violettes et de fleurs de toutes espèces ; c'est un séjour digne d'une déesse. On dit que ces fleurs répandent un tel parfum, qu'il fait perdre aux chiens de chasse la piste des animaux. Cette prairie offre une surface unie, de forme arrondie, bien arrosée et bordée de précipices. Elle passe pour occuper le centre de l'île ; et c'est pourquoi quelques-uns la nomment l'Ombilic de la Sicile. Non

---

[1] Ἄγριος πυρός, probablement le *Triticum repens* (chiendent). Quelques savants ont prétendu que plusieurs espèces de graminées sauvages, entre autres, le chiendent, pouvaient, par les soins de l'homme et l'effet de l'art, être transformées en espèces cultivées. C'est une erreur. Il est aussi impossible à l'homme de changer le chiendent en froment que de changer le chat en tigre. La transformation des espèces animales et végétales est aussi chimérique que la transmutation des métaux. Chaque espèce de végétaux ou d'animaux a des caractères essentiels auxquels la culture ou la domesticité ne peut imprimer que de légères modifications. Ces caractères fondamentaux resteront jusqu'à la fin du monde tels qu'ils sont sortis des mains du créateur. En croisant les espèces, on peut, il est vrai, produire des individus tout particuliers, des espèces de monstres qui tiennent tout à la fois du père et de la mère ; mais ces individus (mulets ou hybrides) sont frappés de stérilité, comme si c'était une tentative sacrilége de multiplier le nombre des espèces et de faire mentir les paroles de Salomon : *Omnia in mensura et numero et pondere disposuisti.*

[2] Le territoire léontin était surtout célèbre pour sa fertilité. Cicéron l'appelle *Caput rei frumentariæ* (in *Verrem*, 18). C'était le siége des Cyclopes et des Lestrigons.

loin de là, on voit des bocages, des prés entourés de marais, enfin une grotte spacieuse présentant une ouverture souterraine inclinée vers le nord. Ce fut par cette ouverture que, selon la tradition mythologique, Pluton, monté sur son char, vint pour enlever Proserpine [1]. Les violettes et les autres plantes odorantes y fleurissent toute l'année, et charment tout à la fois la vue et l'odorat.

C'était là le séjour délicieux de Proserpine et de ses compagnes, Minerve et Diane ; se vouant à la virginité, elles y cueillirent des fleurs et firent un vêtement à Jupiter, leur père. Vivant ensemble, elles chérissaient toutes cette île comme leur séjour de prédilection, et elles choisirent par le sort chacune un district. Minerve eut en partage le district d'Himère, où les nymphes, pour plaire à cette déesse, firent, à l'arrivée d'Hercule, jaillir des sources d'eaux chaudes. Les indigènes lui ont consacré en cet endroit une ville, et ce territoire s'appelle encore aujourd'hui *Atheneum*. Diane reçut des dieux l'île de Syracuse, que les oracles et les hommes ont appelée *Ortygie*, du nom de cette déesse ; les nymphes ouvrirent également dans cette île, pour plaire à Diane, une source très-abondante, appelée Aréthuse. Depuis un temps immémorial cette source nourrit des poissons énormes et nombreux, auxquels aujourd'hui encore personne n'oserait toucher, parce qu'ils sont sacrés et inviolables. Ceux qui, pendant les troubles de la guerre, en ont osé manger, ont été frappés, par la divinité, de grands malheurs. Mais nous en parlerons avec détail en temps convenable [2].

IV. Proserpine reçut en partage les prairies d'Enna. On lui a consacré sur le territoire de Syracuse une grande source

---

[1] Diodore semble avoir ici puisé littéralement à la même source que Cicéron (IV. *in Verrem*, 48.) — *Enna autem est loco præcelso atque edito, quo in summo est æquata agri planities et aquæ perennes, tota vero ab omni aditu circumcisa atque dirempta est. quam circa lacus lucique sunt plurimi et lætissimi flores omni tempore anni, locus ut ipse raptum illum virginis, quem jam a pueris accepimus, declarare videatur. etc.*

[2] Dans un des livres perdus entre le cinquième et le onzième.

que l'on appelle *Cyané*[1]; d'après la tradition, Pluton, ayant enlevé Proserpine, la conduisit sur son char dans le voisinage de Syracuse. Là il entr'ouvrit la terre, et prit avec elle le chemin des enfers; de cette ouverture jaillit la source appelée Cyané. Près de cette source, les Syracusains célèbrent une fête annuelle; les particuliers apportent de légères offrandes, et l'État fait submerger des taureaux dans le lac. Hercule leur avait enseigné ce mode de sacrifice, lorsqu'il parcourut la Sicile avec les vaches de Géryon. Après l'enlèvement de Proserpine, Cérès, ne sachant où trouver sa fille, alluma des torches au cratère de l'Etna et parcourut beaucoup de contrées de la terre. Elle répandit ses bienfaits sur les hommes et particulièrement sur ceux qui la reçurent hospitalièrement, et leur communiqua l'usage du blé. Les Athéniens, qui l'avaient accueillie très-généreusement, furent, après les Siciliens, les premiers auxquels elle découvrit l'usage du blé. Reconnaissant de ce bienfait, le peuple institua en honneur de cette déesse les sacrifices les plus splendides, et les mystères d'Éleusis si renommés par leur antiquité et leur sainteté. Les Athéniens, dont les mœurs s'adoucirent par l'usage du blé, en distribuèrent les semences à leurs voisins, et remplirent ainsi de ce fruit toute la terre.

Les habitants de la Sicile, qui, en récompense du séjour de Cérès et de Proserpine dans leur île, avaient les premiers appris l'usage du blé, instituèrent des fêtes solennelles. Ils offrent des sacrifices agréables à ces déesses, et dans des saisons qui indiquent le genre d'offrandes. Ils célèbrent l'enlèvement de Proserpine vers le temps où le blé atteint sa maturité. Cette fête est célébrée avec sainteté et avec zèle, comme il convient aux hommes qui se montrent reconnaissants pour un si grand bienfait. La fête de Cérès tombe à l'époque des semailles. Cette fête solennelle dure dix jours; l'appareil en est splendide et magnifique; et les habitants imitent, dans leur maintien, la vie antique. Il est d'usage, pendant toute la durée de cette fête, de faire des discours indécents dans les réunions; parce que ce fut

[1] Κυανή, (source) bleue.

avec des propos trop libres que l'on fit rire Cérès, quoiqu'elle fût alors affligée de la perte de sa fille [1].

V. Beaucoup d'historiens anciens et de poëtes rapportent, comme nous, l'histoire de l'enlèvement de Proserpine. Voici ce qu'en dit Carcinus [2], poëte tragique qui visita souvent Syracuse, et qui a été témoin de la dévotion avec laquelle les habitants célèbrent les sacrifices et les panégyriques de Cérès et de Proserpine. Il s'exprime ainsi dans ses poëmes : « On dit que Pluton « ravit jadis, par de secrètes trames, la vierge sacrée, et qu'il « descendit avec elle dans les antres obscurs de la terre. Cérès, « affligée de la disparition de sa fille, la chercha par toute la « terre. La Sicile entière, couverte de torrents de feu, vomis par « l'Etna, poussait des gémissements. Et la race de Jupiter, pleu-« rant Proserpine, tombait privée d'aliments. C'est en mémoire « de cet événement que l'on célèbre encore aujourd'hui les « fêtes de ces déesses. » Mais il ne serait pas juste de passer sous silence les immenses bienfaits de Cérès; car, outre la découverte du blé, les Siciliens lui doivent la culture du sol et les lois qui les ont habitués à la pratique de la justice. C'est pourquoi elle a reçu le nom de *Thesmophore*[3]. Il serait impossible d'offrir aux hommes de plus grands bienfaits que de leur fournir de quoi vivre et de leur enseigner à bien vivre. Voilà ce que nous avions à dire des traditions mythologiques des Siciliens.

VI. Il faut maintenant dire un mot des Sicaniens, qui ont les premiers habité la Sicile, d'autant plus que plusieurs historiens diffèrent d'opinion à ce sujet.

Philistus [4] prétend que les Sicaniens étaient une colonie d'Ibériens habitant jadis les bords d'un fleuve de l'Ibérie,

---

[1] Cette fête paraît avoir eu quelque analogie avec la fête des fous au moyen âge.

[2] Il y a eu deux poëtes tragiques de ce nom; ils ont été à peu près contemporains : Carcinus d'Athènes, dont Aristophane se raille, et celui d'Agrigente en Sicile. Il est probablement ici question du dernier.

[3] Θεσμοφόρος, législateur.

[4] Philistus, parent de Denys, tyran de Syracuse, avait écrit l'histoire de la Sicile depuis huit siècles jusqu'à son époque. Il se tua lui-même après la perte d'une bataille où il défendait Denys le jeune. Cicéron le compare à Thucydide.

Sicanus, dont ils auraient pris le nom. Mais Timée, critiquant l'ignorance de cet historien, démontre rigoureusement que les Sicaniens étaient autochthones. Il en allègue de nombreuses preuves, que nous ne croyons pas nécessaire de rapporter ici. Les anciens Sicaniens, divisés en tribus, occupaient des bourgs et des villes construits sur des lieux élevés [1], pour se garantir contre les brigands. Ils n'obéissaient point à un même roi; car chaque ville avait son chef. Ils occupaient d'abord l'île entière et vivaient de l'agriculture. Mais, plus tard, l'Etna, ayant ravagé par sa lave brûlante une assez vaste étendue de terrain, la culture fut en grande partie détruite. Et, comme le volcan continuait, pendant plusieurs années de suite, à couvrir le pays de ses flammes, les Sicaniens épouvantés abandonnèrent les parties orientales de l'île pour se retirer vers l'occident. Plusieurs générations après, une colonie de Siciliens, quittant l'Italie, traversa la mer et vint occuper la contrée qui avait été abandonnée par les Sicaniens. Poussés par l'ambition de nouvelles conquêtes, ils envahirent le territoire voisin, ce qui fut la source de guerres fréquentes avec les Sicaniens, jusqu'à l'époque où un traité de paix régla les limites du territoire. Nous nous arrêterons davantage sur ce sujet, dans un temps plus convenable [2]. Les Grecs ont les derniers envoyé des colonies considérables en Sicile, et ils y ont fondé plusieurs villes maritimes. Le grand nombre de Grecs qui abordaient dans cette île, et le commerce qu'ils entretenaient avec les habitants du pays, engagèrent bientôt ces derniers à renoncer à leur langue barbare, à adopter les mœurs des Grecs, et à changer jusqu'à leur nom en celui de Siciliens.

VII. Après cet exposé, passons à la description des îles Éoliennes. Ces îles sont au nombre de sept : Strongyle, Évonyme, Didyme, Phœnicodès, Éricodès, Hiéra, consacrée à Vulcain, et Lipare, dans laquelle a été fondée la ville de même

---

[1] On a remarqué que les villes les plus anciennes étaient situées sur des hauteurs. Voyez la note de Wesseling, édit. Bipont., tome III, p. 557.

[2] Dans un des livres perdus entre le cinquième et le onzième.

nom[1]. Elles sont situées entre la Sicile et l'Italie, presqu'en ligne droite du levant au couchant. Elles sont à environ cent cinquante stades[2] de la Sicile. Elles sont presque toutes de même étendue; la plus grande a environ cent cinquante stades de tour. Toutes ces îles ont éprouvé des éruptions volcaniques; et l'on y voit encore aujourd'hui des bouches de cratères. Dans Strongyle et Hiéra, il existe encore actuellement des gouffres d'où sort un vent violent et un bruit effroyable. Il en sort aussi du sable et des produits ignés, comme on en voit autour de l'Etna. Aussi quelques-uns disent-ils que ces îles communiquent avec l'Etna par des voies souterraines, et que la plupart du temps les cratères de ces îles et l'Etna vomissaient alternativement. Les îles Éoliennes étaient, dit-on, autrefois désertes; dans la suite, Liparus, fils du roi Auson, ayant été exilé par ses frères, s'enfuit de l'Italie avec des vaisseaux longs et avec quelques soldats, et vint s'établir dans l'île à laquelle il donna le nom de Lipare. Il y fonda une ville du même nom, et défricha les autres îles. Liparus était déjà vieux, lorsqu'Éole, fils d'Hippotus, aborda avec quelques amis dans l'île de Lipare, et épousa Cyané, fille de Liparus. Réunissant ses compagnons et les habitants du pays sous les mêmes lois, il devint roi de l'île. Liparus désirant revoir l'Italie, Éole l'aida à s'établir dans le pays de Surrentum[3], où ce roi mourut, après un règne glorieux. Liparus reçut des funérailles magnifiques, et les habitants lui rendirent les honneurs héroïques. L'Éole dont nous parlons est, dit-on, le même qui reçut chez lui Ulysse errant[4]. Il était pieux, juste, et hospitalier; il introduisit dans la navigation

---

[1] Ce groupe d'îles est désigné aujourd'hui par le nom d'*Iles de Lipari*. Elles portaient chacune un nom significatif Στρογγύλη, la *Ronde*; Εὐώνυμος, la *Gauche*; Διδύμη, la *Jumelle*; Φοινικώδης, la *Rouge*; Ἐρικώδης, île *aux Bruyères*; Ἱερὰ Ἡφαίστου, île consacrée à *Vulcain*; Λιπάρα, la *Blanche*. Ericodès et Phœnicodès étaient aussi appelées *Éricusa* et *Phœnicusa*. Ces îles, d'origine volcanique, sont aujourd'hui presque désertes. *Stromboli*, l'ancienne Strongyle, renferme un volcan encore en activité.

[2] Plus de vingt-sept kilomètres.

[3] Aujourd'hui *Sorrento*, sur le golfe de Naples.

[4] Voyez *Odyssée*, X, 2.

l'usage des voiles; il prédisait avec certitude les vents par l'indice des flammes qu'il observait. C'est pourquoi la mythologie lui attribua l'empire des vents. Son extrême piété lui fit donner le surnom d'ami des dieux.

VIII. Éole eut six fils, Astyochus, Xuthus, Androclès, Phérémon, Jocastus et Agathyrnus; tous furent célèbres en raison de la gloire de leur père et par leurs propres vertus. Jocastus régna sur le littoral de l'Italie jusqu'au territoire de Rhégium. Phérémon et Androclès étaient maîtres de la Sicile, depuis le détroit jusqu'à Lilybée. Les Siciliens habitaient la contrée orientale, et les Sicaniens la contrée occidentale. Ces peuples étaient en guerre entre eux. Mais ils se soumirent volontairement aux enfants d'Éole, connus par la piété de leur père et par leur propre douceur. Xuthus fut roi du pays des Léontins, qui s'appelle encore aujourd'hui Xuthie [1]. Agathyrnus donna le nom d'Agathyrnitis au pays dont il fut roi, et fonda la ville d'Agathyrnum. Enfin, Astyochus eut la souveraineté de l'île de Lipare. Tous imitèrent la piété et la justice de leur père, et s'acquirent une grande gloire. Leurs descendants jouirent pendant de longues générations des royaumes de leurs ancêtres, jusqu'à ce que la race d'Éole s'éteignit en Sicile.

IX. Les Siciliens appelèrent alors au pouvoir les citoyens les plus distingués. Quant aux Sicaniens, ne s'accordant pas entre eux au sujet de la souveraineté, ils se firent longtemps la guerre les uns aux autres. Les îles Éoliennes étant, beaucoup d'années après, devenues de nouveau désertes, quelques Cnidiens et Rhodiens, impatients du joug des rois de l'Asie, résolurent de s'expatrier. Ils choisirent pour leur chef Pentathlus le Cnidien, qui rapportait son origine à Hippotès, fils d'Hercule. Ceci arriva dans la cinquantième olympiade [2], Épitélidas, le Lacédémonien, étant vainqueur à la course du stade. Pentathlus et ses compagnons firent voile pour la Sicile, et

---

[1] Aujourd'hui le territoire de *Lentini*.
[2] Cinq cent quatre-vingts ans avant J.-C.

abordèrent près de Lilybée. Les Égestiens et les Sélinontins étaient alors en guerre; Pentathlus fut engagé par les Sélinontins à prendre leur parti. Il se livra une bataille dans laquelle périt beaucoup de monde, et Pentathlus lui-même perdit la vie. Ceux qui restaient, après la défaite des Sélinontins, songèrent à retourner chez eux. Ils se remirent en mer sous la conduite de Gorgus, de Thestor et d'Épitherside, familiers de Pentathlus. En naviguant sur la mer Tyrrhénienne, ils relâchèrent à l'île de Lipare, dont les habitants les reçurent hospitalièrement. Comme il ne restait plus qu'environ cinq cents hommes de ceux qu'Éole avait emmenés dans cette île, les Lipariens engagèrent ces étrangers à demeurer avec eux à Lipare. Par la suite, ils équipèrent une flotte pour combattre les pirates Thyrrhéniens qui infestaient la mer. Ils se partagèrent eux-mêmes leur besogne : les uns cultivaient les îles, les autres tenaient tête aux pirates. Leurs biens et leur vie étaient pendant quelque temps en commun. Mais plus tard, ils se partagèrent au sort l'île de Lipare, où était leur ville, en cultivant toutefois en commun les autres îles; enfin ils se distribuèrent toutes les îles pour vingt ans, après lesquels le sort devait décider de nouveau. Du reste, ils défirent les Thyrrhéniens dans un grand nombre de combats sur mer, et déposèrent souvent la dixième partie de leurs dépouilles dans le temple de Delphes.

X. Il nous reste à présent à expliquer pourquoi la ville des Lipariens est devenue si florissante et si célèbre dans la suite des temps. D'abord la nature l'a ornée de beaux ports et de sources d'eaux chaudes très-renommées. Ces eaux sont non-seulement très-salutaires pour les malades, mais encore elles procurent des jouissances à ceux qui s'y baignent. Aussi un grand nombre de Siciliens affectés de maladies d'une nature particulière [1] passent dans l'île de Lipare, et font usage de ces

---

[1] L'auteur ne dit pas quelles étaient ces maladies d'une nature particulière, νόσοι ἰδιότροποι, dont les eaux de Lipare étaient réputées procurer la guérison. C'étaient probablement des maladies de la peau, dont les nombreuses espèces étaient incomparablement plus fréquentes dans l'antiquité que de nos jours.

eaux qui leur rendent miraculeusement la santé. Les Lipariens et les Romains tirent de grands revenus des célèbres mines d'alun[1] qui sont dans cette île. Car, comme l'alun ne se trouve en aucun autre endroit de la terre, et qu'il est d'un fréquent usage[2], les Lipariens qui en exercent le monopole, élèvent le prix arbitrairement, et gagnent nécessairement d'immenses richesses. L'île de Mélos seule possède aussi une petite mine d'alun ; mais cette mine n'est pas assez abondante pour suffire à beaucoup de villes. L'île des Lipariens est de peu d'étendue ; mais elle produit tout ce qui est nécessaire à la nourriture des habitants. Ceux-ci pêchent une multitude de poissons de toute espèce, et le sol produit des arbres dont les fruits sont délicieux. Voilà ce que nous avons à dire de Lipare et des autres îles appelées les îles d'Éole.

XI. Au delà de Lipare, vers le couchant, on rencontre dans la haute mer une petite île déserte à qui l'événement que nous allons raconter, a fait donner le nom d'*Ostéode*[3]. Dans le temps de leurs longues et sanglantes guerres contre les Syracusains, les Carthaginois entretenaient des armées de terre et de mer considérables et composées de gens de toutes nations, hommes turbulents et habitués à se révolter, surtout lorsqu'ils n'étaient pas payés à temps. Six mille de ces soldats indisciplinés, n'ayant pas reçu leur solde, s'attroupèrent et la réclamèrent hautement de leurs généraux ; mais ceux-ci étant sans argent et remettant la paie de jour en jour, les mercenaires menacèrent de tourner leurs armes contre les Carthaginois, et portèrent la main sur

---

[1] Μέταλλα τῆς στυπτηρίας. J'ai rendu στυπτηρία par alun, signification que tous les lexiques donnent à ce mot. Mais je ferai remarquer que στυπτηρία est un terme général s'appliquant non-seulement à l'alun proprement dit (sulfate double d'alumine et de potasse), mais encore à tout minéral d'une saveur astringente ou métallique, tels que le vitriol vert (sulfate de fer), le vitriol bleu (sulfate de cuivre), etc. Voyez mon *Histoire de la Chimie*, tome I, page 145.

[2] Les anciens s'en servaient déjà en teinture pour fixer les couleurs sur les étoffes. Quant à l'observation de Diodore que l'alun ne se trouve dans aucun autre endroit de la terre, c'est une de ces hyperboles qu'il ne faut pas prendre au sérieux.

[3] Ὀστεώδης, île aux ossements. Probablement l'*Ustica* des Romains. Méla la compte au nombre des îles éoliennes. Sa position exacte est inconnue.

leurs chefs. Le sénat s'assembla ; mais la rébellion continuant à s'échauffer, il envoya aux généraux l'ordre secret de faire périr les mutins. Les généraux s'embarquèrent aussitôt avec leurs troupes, sous prétexte d'une expédition. Quand ils furent arrivés devant l'île dont nous parlons, ils y débarquèrent les coupables, et se remirent en mer, en les abandonnant. Ces malheureux, accablés de misère et impuissants à se venger des Carthaginois, y périrent de faim. Comme l'île où ces captifs moururent est petite, elle fut couverte d'ossements ; et c'est de là qu'elle reçut son nom. Tel fut le sort terrible de ces soldats indignement trompés, qui périrent par le manque d'aliments [1].

XII. Après avoir parlé des îles Éoliennes, nous allons décrire les îles situées des deux côtés de la Sicile. Au midi de la Sicile, on découvre dans la haute mer trois îles. Chacune d'elles a une ville et des ports servant de refuge aux navires assaillis des tempêtes. La première est Mélite [2], à huit cents stades environ de Syracuse [3], et qui a plusieurs excellents ports. Ses habitants sont riches. On y trouve des ouvriers de tous les métiers ; mais principalement ceux qui fabriquent des toiles d'une souplesse et d'une finesse remarquables [4]. Les maisons de cette île sont belles, garnies d'auvents et enduites de chaux. Cette île est une colonie de Phéniciens, dont le commerce s'étendait jusque dans l'Océan occidental ; cette île, par sa situation et la bonté de ses ports, était pour eux une station sûre [5]. Par leurs relations commer-

---

[1] Il n'y a qu'une nation exclusivement marchande qui puisse se rendre coupable d'une pareille atrocité. On ne serait pas embarrassé de trouver des crimes semblables commis récemment dans une région lointaine, non pas sur des soldats étrangers, mais sur des indigènes.

[2] *Malte.* Polybe et d'autres historiens ou géographes l'appellent Μελίτεια au lieu de Μελίτη.

[3] Près de quinze myriamètres.

[4] L'étoffe de ces toiles paraît avoir été du coton que les Grecs appelaient *laine d'arbre*, ἐριόξυλον. Voyez Cluvier, *Sicilia antiqua*, II, p. 436.

[5] On voit que l'île de Malte a été de tout temps considérée par les nations marchandes comme un des postes les plus importants. Les Anglais, qui ont succédé aux Phéniciens et aux Carthaginois dans l'empire des mers, la regardent avec raison comme la clef de la Méditerranée.

ciales, les habitants de cette île sont devenus bientôt riches et célèbres. La seconde île s'appelle Gaulos[1]; elle est voisine de la première, et pourvue de bons ports. C'est aussi une colonie des Phéniciens. Plus loin, et du côté de la Libye, est l'île de Cercina[2], qui renferme une ville régulièrement bâtie; ses ports sont excellents et peuvent recevoir, non-seulement des bâtiments marchands, mais encore des navires de guerre.

Après avoir parlé des îles situées au midi de la Sicile, nous allons retourner à celles que l'on trouve dans la mer Tyrrhénienne en partant de Lipare.

XIII. En face de la ville de Poplonium[3], dans la mer Tyrrhénienne, est située l'île d'Éthalie, ainsi nommée de la quantité de suie[4] qui s'y produit. Elle est à cent stades environ de l'île de Lipare[5]. On y rencontre beaucoup de minerais de fer, que l'on exploite pour en retirer le métal. Les ouvriers attachés à ces travaux brisent la mine, et brûlent les morceaux ainsi divisés dans des fourneaux particuliers, construits avec art. Ils les y font fondre par un feu violent, ils partagent la fonte en plusieurs pièces de même dimension, de la forme de grosses éponges. Cette fonte est achetée à prix d'argent ou en échange de marchandises, par des négociants qui la transportent à Dicéarchies[6], et en d'autres entrepôts. Ceux qui ont acheté cette marchandise réunissent un grand nombre de forgerons, qui donnent au fer toutes sortes de formes. Car les uns en font des figures d'oiseaux, les autres en fabriquent des bêches, des faux, et beaucoup d'autres outils que les marchands exportent dans tous les pays, car ces instruments sont d'une utilité universelle[7].

A trois cents stades environ[8] de l'île Éthalie, est une autre

[1] Aujourd'hui *Gozzo*.
[2] Aujourd'hui *Comino*.
[3] Aujourd'hui *Piombino*.
[4] Ἀίθαλος, suie.
[5] Dix-huit kilomètres et demi.
[6] Aujourd'hui *Pouzzoles*.
[7] Les mines de fer de l'île d'Elbe paraissent être inépuisables. Car elles fournissent encore aujourd'hui du fer d'une qualité supérieure.
[8] Environ cinquante-six kilomètres.

île que les Grecs appellent *Kyrnos*, et les Romains et les indigènes *Corsica*. L'abord de cette île est très-facile ; on y trouve un très-beau port, connu sous le nom de port Syracusain[1]. Il y a deux villes considérables, Calaris et Nicée[2]. Calaris fut fondée par les Phocéens, qui, quelque temps après, furent chassés de l'île par les Tyrrhéniens ; Nicée fut bâtie par les Tyrrhéniens dans le temps où, maîtres de la mer, ils s'approprièrent les îles situées dans la mer Tyrrhénienne. Pendant leur domination sur les villes de Kyrnos, ils recevaient des habitants, sous forme de tribut, de la résine, de la cire et du miel, qui sont des produits très-abondants dans cette île. Les esclaves Kyrniens ne sont pas aptes, à cause de leur caractère naturel, aux mêmes travaux que les autres esclaves. L'île est très-grande, montagneuse, pleine de bois touffus, et arrosée par de petits fleuves.

XIV. Les habitants de cette île se nourrissent de miel, de lait et de chair, que le pays leur fournit abondamment. Ils vivent ensemble selon les règles de la justice et de l'humanité, contrairement aux mœurs de presque tous les autres Barbares. Celui qui trouve le premier des ruches de miel sur les montagnes et dans le creux des arbres, ne se voit disputer sa propriété par personne. Les propriétaires ne perdent jamais leurs troupeaux marqués par des signes distinctifs, lors même que personne ne les garde. Du reste, dans toutes les rencontres de la vie, ils cultivent la pratique de la justice[3]. A la naissance de leurs enfants ils observent une coutume fort étrange : ils n'ont aucun soin de leurs femmes en couches ; dès qu'une femme a accouché, le mari se couche sur le lit, comme s'il était malade, et s'y tient pendant un nombre fixe de jours comme une accouchée. Il croît dans cette île une grande quantité de buis d'une

---

[1] Aujourd'hui *Porto-Vecchio*.
[2] Calaris est, par erreur, indiqué par Diodore comme étant une ville de la Corse, ainsi que l'avait déjà reconnu Palmerius qui propose de lire Ἀλαλίαν, *Alalie*, d'après l'autorité d'Hérodote (I. 165). Tout le monde sait que Calaris, aujourd'hui *Cagliari*, était une ville de la Sardaigne.
[3] Les montagnards de la Corse actuelle ont en grande partie conservé les mœurs de l'ancienne *Kyrnos*.

espèce particulière, qui rend amer le miel que l'on y recueille [1]. Les Barbares qui habitent cette île sont au nombre de plus de trente mille. Ils parlent une langue particulière et difficile à comprendre.

XV. Tout près de l'île de Corse est l'île de Sardaigne, presque aussi grande que la Sicile [2]. Elle est habitée par des Barbares appelés Ioléens. On croit qu'ils descendent de la colonie qu'Iolaüs et les Thespiades conduisirent dans cette île, et qui surpassait en nombre les indigènes. Car à l'époque où Hercule exécutait ses fameux travaux, il envoya en Sardaigne, selon l'ordre d'un oracle, les nombreux enfants qu'il avait eus des filles de Thespius, et avec eux une armée considérable de Grecs et de Barbares. Iolaüs, neveu d'Hercule, chef de l'expédition, vint occuper le pays, y bâtit des villes considérables, et, après avoir partagé le sol entre ses compagnons, il leur donna le nom d'Ioléens. Il construisit aussi des gymnases, des temples, et exécuta d'autres travaux utiles, dont les vestiges subsistent encore aujourd'hui. Les plus belles campagnes s'appellent *champs Ioléens*, et le peuple conserve encore maintenant le nom d'Ioléens. L'oracle qui avait ordonné le départ de cette colonie assura que ceux qui y prendraient part conserveraient à jamais leur liberté. En effet, cet oracle a reçu son accomplissement jusqu'à nos jours. Quoique les Carthaginois, devenus très-puissants, se soient rendus maîtres de la Sardaigne, ils n'ont cependant jamais pu subjuguer les anciens habitants de l'île. Les Ioléens s'enfuirent dans les montagnes, et y construisirent des habitations souterraines; ils entretenaient

---

[1] Les marchands falsificateurs connaissent parfaitement la saveur amère du buis. Ils en ont tiré profit pour sophistiquer la bière, en substituant, au préjudice de la santé, le buis au houblon, beaucoup plus cher. — Si l'on voulait suivre ici Virgile, il faudrait peut-être lire *taxus*, au lieu de *buxus*, buis. Car ce poëte dit (Eclog. IX, 30): *Sic tua Cyrnœos fugiant examina taxos*. Et son commentateur Servius ajoute: *Taxus venenata arbor est, quæ abundat in Corsica*. Mais l'if (*taxus*) n'a pas de propriétés vénéneuses bien marquées; et il n'est guère amer.

[2] Les géographes anciens évaluaient le périmètre de cette île à quatre ou cinq mille stades. Voyez *Périple de Marcien d'Héraclée, etc.*, par E. Miller; p. 324.

de nombreux troupeaux, qui leur fournissaient du lait, du fromage et de la viande en abondance. En quittant le séjour des vallées, ils se délivrèrent des travaux pénibles des champs. Leur vie dans les montagnes et des cavernes inaccessibles les ont préservés du joug que voulaient leur imposer les Carthaginois, et même les Romains, qui leur ont fait aussi souvent la guerre, n'ont pu réussir à les soumettre[1]. Au reste, Iolaüs, après y avoir anciennement établi sa colonie, retourna en Grèce. Quant aux Thespiades, ils régnèrent dans cette île pendant plusieurs générations; enfin ils en furent expulsés, et, s'étant retirés en Italie, ils s'établirent près de Cumes. Le reste des habitants de l'île, redevenus barbares, élurent pour chefs les plus braves d'entre eux, et ils ont conservé jusqu'à nos jours leur liberté.

Après en avoir assez dit de la Sardaigne, nous allons continuer la description des autres îles.

XVI. On rencontre ensuite l'île *Pityuse*[2], ainsi nommée à cause de la grande quantité de pins[3] qui y croissent. Elle est située dans la haute mer, à trois jours et trois nuits de navigation des colonnes d'Hercule, à un jour et une nuit des côtes de la Libye, et à une journée de l'Ibérie. Cette île est presque aussi grande que Corcyre[4], et médiocrement fertile; le sol produit peu de vignes, il n'y croît que quelques oliviers greffés sur des oliviers sauvages; mais on vante la beauté de ses laines. Cette île est traversée de collines et de vallées considérables. Elle renferme une ville appelée Érésus[5], qui est une colonie des Carthaginois; ses ports sont spacieux, ses murailles très-

[1] Les Romains regardaient ces montagnards indépendants commes des brigands, *mastrucati latrunculi*. Tibère y fit déporter quatre mille Juifs pour restreindre les brigandages des montagnards, *latrociniis coercendis*. Tacite, *Annales*, II, 85.
[2] Aujourd'hui *Yriça*.
[3] Πίτυς, pin.
[4] Aujourd'hui *Corfou*.
[5] Cette ville s'appelait, selon tous les géographes anciens, *Ebusus* ou *Ebesus*. Voyez la note de Wesseling, édit. bipont., t. III, p. 568. Cependant le mot *Eresus*, de ארץ (*erets*), terre, rappelle mieux l'origine phénicienne.

hautes et ses maisons nombreuses et bien bâties. Elle est habitée par des Barbares de diverses races, mais principalement par des Phéniciens. Cette colonie fut établie cent soixante ans après la fondation de Carthage [1].

XVII. En face de l'Ibérie sont d'autres îles appelées par les Grecs *Gymnésies*, parce que les habitants y vivent nus pendant tout l'été. Mais les naturels du pays et les Romains les nomment Baléares [2], parce que ces insulaires sont les plus habiles des hommes pour lancer de très-grosses pierres avec la fronde. La plus grande de ces îles vient, en raison de son étendue, après les sept îles suivantes : la Sicile, la Sardaigne, Cypre, la Crète, l'Eubée, Cyrnus et Lesbos ; elle n'est éloignée de l'Ibérie que d'une journée de navigation. La plus petite, qui est située vers l'orient, nourrit d'excellents bestiaux de toute sorte, mais surtout des mulets d'une taille élevée et d'une force remarquable. L'une et l'autre de ces îles sont très-fertiles, et ont au delà de trente mille habitants. Quant aux productions du sol, le vin y manque totalement, et en raison même de sa rareté, les habitants l'aiment beaucoup. A défaut d'huile d'olive, ils oignent leur corps avec le suc du *schinus* mêlé avec la graisse de porc [3]. Ils aiment tellement les femmes, que si les pirates leur en enlèvent une, ils donnent pour la racheter trois ou quatre hommes. Ils habitent dans les creux des rochers et se fortifient dans les lieux escarpés ; en général, ils vivent dans des habitations souterraines qui leur servent de retraite, et se livrent à la chasse. L'argent et l'or monnayés ne sont point en usage chez eux, et ils s'opposent à ce que l'on en fasse entrer dans leur île. Ils donnent pour raison qu'Hercule ne déclara jadis la guerre à Géryon, fils de Chrysaor, que parce que celui-ci possédait de très-grands trésors d'or et

---

[1] La fondation de cette colonie remonterait au règne de Numa, en admettant que Carthage a été prise par les Romains, l'an 737 de sa fondation.

[2] Βαλιαρεῖς, *Balliares*, de βάλλειν, lancer.

[3] C'était là exactement ce que nous appelons aujourd'hui une *pommade*, c'est-à-dire de l'axonge (graisse de porc), servant d'excipient à une huile essentielle ou à un suc odorant. Les habitants des îles Baléares paraissent donc s'être les premiers servis de pommade. — Σχοῖνος, *schinus*, était probablement une espèce de jonc aromatique.

d'argent. Or, pour mettre leurs biens à l'abri de l'envie, ils s'interdisent la richesse métallique d'argent et d'or. Ce fut même pour cette raison que, ayant servi autrefois dans les armées des Carthaginois, ils ne voulurent point rapporter leur solde dans leur patrie; ils l'employèrent tout entière à acheter des femmes et du vin.

XVIII. Ils observent d'étranges coutumes dans leurs mariages. Pendant les festins de noces, les parents et les amis vont l'un après l'autre depuis le premier jusqu'au dernier, d'après le rang d'âge, jouir des faveurs de la mariée. Le jeune époux est toujours le dernier qui reçoive cet honneur. Leurs funérailles se font aussi d'une manière toute particulière : ils brisent à coups de bâton les membres du cadavre, et le jettent dans un vase qu'ils couvrent d'un tas de pierres. Ils ont pour armes trois frondes : ils en portent une autour de la tête, l'autre autour du ventre, et gardent la troisième dans leurs mains. Pendant la guerre ils lancent des pierres énormes, et avec une telle force, qu'on les croirait lancées par une catapulte. Dans les siéges des places fortes, ils atteignent ceux qui défendent les créneaux; et dans les batailles rangées ils brisent les boucliers, les casques et toute l'armure défensive de l'ennemi. Ils visent tellement juste qu'il leur arrive rarement de manquer le but. Ce qui les rend si adroits, c'est qu'ils se livrent à cet exercice dès leur première jeunesse, et que les mères elles-mêmes forcent leurs enfants à manier continuellement la fronde. Elles leur donnent pour but un pain fixé à un poteau; et les enfants restent à jeun jusqu'à ce qu'ils aient atteint ce pain, et obtenu de la mère la permission de le manger.

XIX. Après avoir parlé des îles situées en deçà des colonnes d'Hercule, nous allons décrire celles qui sont dans l'Océan. Du côté de la Libye, on trouve une île dans la haute mer, d'une étendue considérable, et située dans l'Océan. Elle est éloignée de la Libye de plusieurs journées de navigation, et située à l'occident. Son sol est fertile, montagneux, peu plat, et d'une grande beauté. Cette île est arrosée par des fleuves navigables. On y voit de nombreux jardins plantés de toutes sortes d'arbres, et des vergers traversés par des sources d'eau douce. On y trouve des maisons de campagne somptueusement construites et dont les parterres sont ornés de berceaux couverts de fleurs. C'est là que les habitants passent la saison de l'été, jouissant voluptueusement des biens que la campagne leur fournit en abondance. La région montagneuse est couverte de bois épais et d'arbres fruitiers de toute espèce ; le séjour dans les montagnes est embelli par des vallons et de nombreuses sources. En un mot, toute l'île est bien arrosée d'eaux douces qui contribuent non-seulement au plaisir des habitants, mais encore à leur santé et à leur force. La chasse leur fournit nombre d'animaux divers, et leur procure des repas succulents et somptueux. La mer qui baigne cette île renferme une multitude de poissons, car l'Océan est naturellement très-poissonneux. Enfin l'air y est si tempéré, que les fruits des arbres et d'autres produits y croissent en abondance pendant la plus grande partie de l'année. En un mot, cette île est si belle qu'elle paraît plutôt le séjour heureux de quelques dieux que celui des hommes [1].

XX. Jadis cette île était inconnue à cause de son grand éloignement du continent, et voici comment elle fut découverte : les Phéniciens exerçaient de toute antiquité un commerce maritime fort étendu ; ils établirent un grand nombre de colonies dans la Libye et dans les pays occidentaux de l'Europe. Leurs entreprises leur réussissaient à souhait, et, ayant acquis de grandes richesses, ils tentèrent de naviguer au delà des colonnes d'Hercule, sur la mer qu'on appelle Océan. Ils fondèrent d'abord sur le continent, près des colonnes d'Hercule, dans une presqu'île de l'Europe, une ville qu'ils nommèrent *Gadira*.

---

[1] Quelle est l'île dont parle ici Diodore ? Est-ce l'Atlantide de Platon, ou même l'Amérique ? Quoi qu'il en soit, je ne saurais partager l'opinion de Miot d'après laquelle le récit de Diodore ne serait qu'une tradition fabuleuse, embellie par l'imagination des historiens et des poëtes. Il me semble que la description que Diodore fait du climat et du sol de cette île inconnue peut, sous plusieurs rapports, s'appliquer aux îles Canaries ou aux îles Açores.

Ils y firent toutes les constructions convenables à cet emplacement. Ils y élevèrent un temple magnifique consacré à Hercule, et instituèrent de pompeux sacrifices d'après les rites phéniciens. Ce temple est encore de nos jours en grande vénération. Beaucoup de Romains célèbres par leurs exploits y ont accompli les vœux qu'ils avaient faits à Hercule pour le succès de leurs entreprises. Les Phéniciens avaient donc mis à la voile pour explorer, comme nous l'avons dit, le littoral situé en dehors des colonnes d'Hercule, et pendant qu'ils longeaient la côte de la Libye, ils furent jetés par des vents violents fort loin dans l'Océan. Battus par la tempête pendant beaucoup de jours, ils abordèrent enfin dans l'île dont nous avons parlé. Ayant pris connaissance de la richesse du sol, ils communiquèrent leur découverte à tout le monde. C'est pourquoi les Tyrrhéniens, puissants sur mer, voulaient aussi y envoyer une colonie; mais ils en furent empêchés par les Carthaginois. Ces derniers craignaient d'un côté qu'un trop grand nombre de leurs concitoyens, attirés par la beauté de cette île, ne désertassent leur patrie. D'un autre côté, ils la ragardaient comme un asile où ils pourraient se retirer dans le cas où il arriverait quelque malheur à Carthage. Car ils espéraient qu'étant maîtres de la mer, ils pourraient se transporter, avec toutes leurs familles, dans cette île qui serait ignorée de leurs vainqueurs.

XXI. Après avoir parlé de l'océan Libyen et des îles qui s'y trouvent, nous allons passer en Europe. Près de la Gaule baignée par l'Océan, et en face des monts Hercyniens[1], qui passent pour la plus grande forêt de l'Europe, sont plusieurs îles, situées dans l'Océan, dont la plus grande est l'île Britannique. Aucune armée étrangère n'avait anciennement pénétré dans cette île. Bacchus, Hercule, ni aucun autre héros ou souverain n'y

---

[1] Les monts Hercyniens ne sont pas, selon moi, le *Harz*, ainsi qu'on le croit généralement. Je pense, quoi qu'en dise Miot, que les monts Hercyniens sont plutôt le *Schwarzwald* (de *Schwarz*, noir, dont les Romains ont fait *Hercynia*), ou la forêt Noire qui avoisine une partie de l'est de la France. Probablement cette forêt, dont les bois ont été abattus dans la suite des temps, s'étendait jadis tout le long des contrées rhénanes jusqu'aux frontières de la Belgique.

avaient jamais porté la guerre. De nos jours, Jules César, divinisé pour ses exploits, est le premier qui ait subjugué cette île. Après avoir dompté les Bretons, il les força à payer tribut. Mais nous parlerons de cela avec détail en temps convenable [1]. Nous allons maintenant dire un mot de la configuration de cette île, et de l'étain qu'elle produit. L'île Britannique a la forme d'un triangle comme la Sicile; mais ses côtés sont inégaux. Elle s'étend obliquement en face de l'Europe. On appelle Cantium [2] le promontoire le plus proche du continent, et qui n'en est éloigné que d'environ cent stades [3], à partir du point où commence le lit de la mer. L'autre promontoire, appelé Bélérium [4], est éloigné du continent de quatre journées de navigation. Le dernier, qui s'appelle Orcas [5], s'avance, suivant les historiens, dans la pleine mer. Le plus petit côté de l'île est parallèle au continent de l'Europe et a sept mille cinq cents stades de longueur [6], le second depuis le détroit jusqu'au sommet du triangle, quinze mille [7], et le dernier, vingt mille [8]; de telle sorte que toute l'île a quarante-deux mille cinq cents stades de circonférence [9]. Les habitants de la Bretagne sont, dit-on, autochthones et conservent leurs mœurs primitives [10]. A la guerre ils se servent de chariots comme on le raconte des anciens héros grecs dans la guerre de Troie [11]; leurs maisons sont de chétive apparence, elles sont pour la plupart bâties de roseaux et de bois. Ils font la moisson des céréales en coupant les épis et en les dé-

---

[1] Dans un des livres perdus après le vingtième.
[2] Aujourd'hui *North-Forland*.
[3] Environ dix-huit mille cinq cents mètres.
[4] Aujourd'hui *cap de Cornouailles*.
[5] Vis-à-vis des îles Orcades au nord de l'Ecosse.
[6] Cent trente-huit myriamètres.
[7] Deux cent soixante-seize myriamètres.
[8] Trois cent soixante-huit myriamètres.
[9] Environ sept cent quatre-vingt-trois myriamètres.
[10] La religion, les mœurs et d'autres circonstances font avec raison croire que les habitants de la Grande-Bretagne ne sont pas autochthones, mais qu'ils descendent probablement d'une colonie gauloise.
[11] Voyez César (*Bellum Gallicum*, V, 15) et Tacite (*Agricola*, 12).

posant dans des lieux souterrains [1]. Ils font sortir les grains des plus anciens épis, et en font leur nourriture journalière. Leurs mœurs sont simples et fort éloignées du raffinement et de la perversité des hommes actuels. Ils mènent une vie sobre, et ils ignorent le luxe que produit la richesse. L'île Britannique est fort peuplée; l'atmosphère y est entièrement froide [2], cette île étant située sous l'Ourse. Elle est gouvernée par plusieurs rois et chefs qui la plupart du temps vivent en paix entre eux.

XXII. Mais nous parlerons en détail des coutumes et des autres particularités du pays, lorsque nous écrirons l'histoire de l'expédition de César en Bretagne. Les Bretons des environs du promontoire Bélérium aiment les étrangers, et ils sont plus civilisés par les relations qu'ils ont avec les marchands étrangers. Ce sont eux qui préparent l'étain, en traitant avec art la mine qui le contient. Cette mine est pierreuse et se trouve en filons dans le sein de la terre, où les ouvriers l'extraient et la purifient en la fondant. Après avoir donné à la masse métallique la forme d'un dé, ils la transportent dans une île située en face de la Bretagne et appelée Ictis [3]; ils transportent ces masses d'étain sur des chariots, au moment de la marée basse, où l'espace intermédiaire est mis à sec. Car une particularité que l'on remarque dans les îles situées entre l'Europe et la Bretagne est que, dans les hautes marées, elles sont entièrement environnées d'eau. Mais lorsque dans les marées basses la mer se retire, une grande partie de terre se découvre, et ces îles présentent alors l'aspect

---

[1] Les habitants de la Thrace et de la Cappadoce avaient aussi des greniers souterrains. Varron (*de Re rustica*, I, 57): *Quidam granaria habent sub terris, speluncas, quas vocant σιρούς, ut in Cappadocia ac Thracia.*

[2] D'après l'autorité de César, le climat de la Bretagne était, au contraire, plus tempéré que celui de la Gaule. *Loca sunt temperatiora quam in Gallia, remissioribus frigoribus.* (*Bellum Gallicum*, V, 12.) Tacite est de la même opinion: *Asperitas frigorum abest.* (*Agricola*, 12.) Ces renseignements contradictoires et trop peu détaillés ne peuvent guère servir à l'histoire de la climatologie de ces pays. La variabilité du climat, suivant les années et les saisons, ôte toute valeur aux observations isolées de ce genre. Qui voudrait soutenir aujourd'hui, avec César, que le climat de la Grande-Bretagne est plus tempéré que celui de la France?

[3] *L'île de Wight.* Les Romains l'appelaient *Vectis* ou *Vecta*.

de presqu'îles. Là les marchands achètent l'étain des indigènes, et le font transporter dans la Gaule. Enfin, ils le chargent sur des chevaux, et traversent la Gaule à pied, dans l'espace de trente jours, jusqu'à l'embouchure du Rhône. Voilà ce que nous avions à dire de l'étain.

XXIII. Nous allons maintenant donner quelques détails sur ce qu'on appelle l'*electrum*. En face de la Scythie[1] et au-dessus de la Gaule est une île appelée Basilée[2]. C'est dans cette île que les flots de la mer jettent en abondance ce qu'on appelle l'électrum, qui ne se trouve nulle part ailleurs. Beaucoup d'anciens écrivains ont débité sur cette matière des fables tout à fait incroyables et absurdes. Plusieurs poëtes et historiens disent que Phaëthon[3], fils du Soleil, étant encore enfant, pria son père de lui confier pendant un jour la conduite de son quadrige. En ayant obtenu la permission, Phaëthon monta sur ce char; mais les chevaux sentirent qu'ils étaient conduits par un enfant qui ne pouvait pas encore manier les b... es, et ils sortirent de la voie ordinaire. Errants d'abord da... e ciel, ils l'embrasèrent, et y laissèrent ce cercle qu'on appelle la voie lactée. Ils mirent ensuite le feu à une grande partie de la terre et brûlèrent une vaste contrée, lorsque Jupiter, irrité, foudroya Phaëthon, et remit le soleil dans sa voie accoutumée. Phaëthon tomba à l'embouchure du Pô, appelé autrefois Éridan. Ses sœurs pleurèrent amèrement sa mort; leur douleur fut si grande qu'elles changèrent de nature et se métamorphosèrent en peupliers. Ces arbres laissent annuellement, à la même époque, couler des

---

[1] La géographie ne paraissait pas avoir fait beaucoup de progrès depuis Hérodote : Diodore semble diviser le continent de l'Europe, abstraction faite de la Grèce et de l'Italie, en trois régions, savoir, la Scythie, habitée par les Scythes et les Germains confondus ensemble; la Celtique, habitée par les Gaulois et les Celtes; et l'Ibérie.

[2] Quelque île ou presqu'île de la Scandinavie, dans la mer Baltique. Quelques anciens géographes ont placé dans ces mêmes parages l'île de Baltéa. La pêche du succin forme encore aujourd'hui une branche de commerce pour quelques habitants de la mer Baltique.

[3] L'étymologie Φαέθων exige qu'on écrive *Phaëthon*, et non *Phaéton*, orthographe vulgairement adoptée.

larmes. Or, ces larmes solidifiées constituent l'électrum[1], qui surpasse en éclat les autres produits du même genre ; et il se trouve surtout dans les pays où, à la mort des jeunes gens, on porte le deuil. Mais le temps a démontré que tous ceux qui ont forgé cette fable étaient dans l'erreur, et il ne faut jamais ajouter foi qu'aux histoires véritables. L'électrum se recueille donc dans l'île Basilée, et les habitants le transportent sur le continent situé à l'opposite ; de là on l'envoie dans nos contrées, comme nous l'avons dit.

XXIV. Après avoir parlé des îles situées à l'occident, nous croyons à propos de dire un mot des nations voisines de l'Europe, que nous avons omises dans les livres précédents. Jadis régnait, dit-on, un homme célèbre dans la Celtique, qui avait une fille d'une taille et d'une beauté sans pareille. Fière de ces avantages, elle refusa la main de tous les prétendants, n'en croyant aucun digne d'elle. Dans son expédition contre Géryon, Hercule s'arrêta dans la Celtique, et y construisit la ville d'Alésia[2]. Elle y vit Hercule, et, admirant son courage et sa force extraordinaire, elle s'abandonna à lui très-volontiers, et aussi avec le consentement de ses parents. De cette union naquit un fils nommé Galatès, qui surpassa de beaucoup ses compatriotes par sa force et son courage. Arrivé à l'âge viril, il hérita du trône de ses pères. Il conquit beaucoup de pays limitrophes, et accomplit de grands exploits guerriers. Enfin,

---

[1] Ce mythe renferme un grand fonds de vérité ; il semble être l'application allégorique d'un fait physique. On a beaucoup discuté sur l'origine du succin. L'opinion que la science a fait prévaloir est que le succin ou l'ambre jaune, avec lequel on a pour la première fois observé le phénomène électrique de l'attraction, est un produit d'altération d'une résine ou manne découlant, sous forme de larmes, d'une espèce de plante (antédiluvienne) aujourd'hui inconnue. Ce qu'il y a de certain, c'est que le succin est une matière de nature organique ; il se compose essentiellement d'une huile essentielle (*huile de succin*) et d'un acide particulier (*acide succinique*). Quelques chimistes ont trouvé récemment l'acide succinique naturellement contenu dans quelques plantes de la famille naturelle des *Corymbifères*, et particulièrement dans l'absinthe (*Artemisia absinthium*).

[2] Voyez IV, 19.

il donna à ses sujets le nom de Galates (Gaulois), desquels tout le pays reçut le nom de Galatie (Gaule)[1].

XXV. Après avoir indiqué l'origine du nom des Gaulois, il nous faut parler des habitants mêmes du pays. La Gaule est habitée par beaucoup de tribus plus ou moins populeuses. Les plus fortes sont d'environ deux cent mille hommes, et les plus faibles de cinquante mille. Parmi ces tribus, il y en a une qui a conservé jusqu'à nos jours une ancienne amitié pour les Romains[2]. Comme la Gaule est en grande partie située sous la constellation de l'Ourse, l'hiver y est long et extrêmement froid. Car dans la saison de l'hiver, pendant les jours nébuleux, il tombe beaucoup de neige au lieu de pluie; et quand le ciel est serein, il se forme des masses de glace compacte, par lesquelles les fleuves congelés deviennent des ponts naturels. Non-seulement des voyageurs allant par petites troupes, mais des armées nombreuses, avec chars et bagages, y passent sur la glace en toute sécurité. La Gaule est traversée par des fleuves grands et nombreux, qui serpentent dans les plaines. Les uns ont leurs sources dans des lacs profonds, les autres jaillissent des montagnes. Ceux-ci se jettent dans l'Océan, ceux-là dans la Méditerranée. Le plus grand des fleuves qui se jettent dans notre mer est le Rhône. Il a ses sources dans les Alpes et il se jette dans la mer par cinq embouchures. Parmi les fleuves qui se jettent dans l'Océan, ceux qui passent pour les plus grands sont le Danube et le Rhin[3]. C'est sur ce dernier fleuve que, de nos jours, Jules César, divinisé pour ses exploits, construisit un pont merveilleux, y fit passer son armée et soumit les Gaulois

---

[1] Wesseling fait ici spirituellement observer que les Grecs n'étaient jamais embarrassés pour expliquer l'origine d'un nom propre de nation ou de ville. Leur imagination féconde faisait naître, comme *Deus ex machina*, quelque héros ou roi qui donnait aussitôt son nom à la nation sur laquelle il régnait.

[2] Les Éduens. Voyez César, *B. G.*, I, 33; Tacite, *Annales*, XI, 25.

[3] Le Danube se jette dans la mer Noire. Il faudra probablement entendre par Δανούβιος, Danube, l'Elbe se jetant en effet dans la mer du Nord, que les anciens appelaient aussi Océan, division du grand océan Atlantique. Cette conjecture est d'autant plus probable que Diodore confond en un seul pays la Gaule et la Germanie.

qui habitent sur la rive opposée. Beaucoup d'autres rivières navigables traversent la Celtique, mais il serait trop long d'en faire ici la description. Presque toutes ces rivières se gèlent et forment ainsi des ponts naturels. Afin d'empêcher les passagers de glisser sur la glace et de rendre la démarche plus assurée, on y répand de la paille [1].

XXVI. On remarque dans la plus grande partie de la Gaule un phénomène trop particulier pour omettre d'en parler ici. Les vents du couchant d'été et ceux du nord y soufflent habituellement avec tant de violence et de force, qu'ils soulèvent de terre et emportent des pierres grosses comme le poing et une épaisse poussière de gravier. Enfin, de violents tourbillons arrachent aux hommes leurs armes et leurs vêtements, et enlèvent les cavaliers de leurs chevaux. L'excès de froid altère tellement le climat, que la vigne et l'olivier n'y croissent pas [2]. C'est pourquoi les Gaulois, privés de ces fruits, font avec de l'orge une boisson appelée *zythos* [3]. Ils font aussi tremper du miel dans de l'eau, et s'en servent en guise de boisson. Aimant jusqu'à l'excès le vin que les marchands leur apportent sans mélange, ils en boivent si avidement que, devenus ivres, ils tombent dans un profond sommeil ou dans des transports furieux. Aussi beaucoup

---

[1] Dans son savant mémoire sur l'*Histoire du climat de la France*, M. Fuster s'est appuyé sur ce passage de Diodore, pour faire ressortir combien le climat de ce pays était rigoureux à l'époque de César, c'est-à-dire environ 50 ans avant l'ère chrétienne. Mais je ne crois pas que l'autorité de Diodore puisse être ici invoquée. Car, il parait certain que Diodore parle ici du climat de la Germanie. A la vérité, dans tous ces chapitres il n'est question que des Gaulois et de la Gaule (l'Γαλάται, l'Γαλατία). Mais Diodore confond évidemment en une seule nation les Gaulois et les Germains qu'il ne nomme même pas. Ce qui le prouve, c'est qu'il donne le nom de Gaulois aux Suèves (tribu germanique), que César alla attaquer au delà du Rhin. (César, *B. G.*, IV, 19, et VI, 10.) Ensuite Diodore dit lui-même positivement, plus loin (chap. 31), que les peuples habitant les contrées qui s'étendent de la Celtique aux monts Hercyniens, et de l'Océan jusqu'à la Scythie, portent tous le nom de Gaulois (ἐνομάζοντες Γαλάτας ἅπαντας).

[2] Comparez Strabon (IV, p. 268), qui est moins absolu à ce sujet.

[3] Cette boisson n'était autre chose que de la bière. Elle était également en usage chez les Égyptiens. (Voyez plus haut I, 34.) Tacite (*de Moribus Germanorum*) l'appelle *potus ex hordeo factus et in quandam similitudinem vini corruptus*.

le marchands italiens, poussés par leur cupidité habituelle, ne manquent-ils pas de tirer profit de l'amour des Gaulois pour le vin. Ils leur en apportent soit dans des bateaux sur les rivières navigables, soit sur des chars qu'ils conduisent à travers le pays plat; en échange d'un tonneau de vin, ils reçoivent un jeune esclave, troquant ainsi leur boisson contre un échanson [1].

XXVII. Il n'y a absolument aucune mine d'argent dans la Gaule, mais il y a beaucoup d'or natif [2] que les indigènes recueillent sans peine. Comme les fleuves, dans leurs cours tortueux, se brisent contre la racine des montagnes, les eaux en détachent et charrient avec elles des fragments de roche remplis de sables d'or. Ceux qui se livrent à ces travaux brisent les roches, enlèvent ensuite la partie terreuse par des lavages, et font fondre le résidu dans des fournaux. Ils recueillent de cette sorte une masse d'or qui sert à la parure des femmes aussi bien qu'à celle des hommes; car ils en font des anneaux qu'ils portent aux poignets et aux bras; ils en fabriquent aussi des colliers massifs, des bagues et même des cuirasses. Les habitants de la Celtique supérieure offrent une autre singularité au sujet des temples. Dans les temples et les enceintes sacrées de ce pays se trouve entassé beaucoup d'or offert aux dieux; et, quoique tous les Celtes aiment l'argent, pas un d'eux n'ose y toucher, tant la crainte des dieux les retient.

XXVIII. Les Gaulois sont grands de taille; ils ont la chair molle et la peau blanche; leurs cheveux sont naturellement blonds, et ils cherchent par des moyens artificiels à rehausser cette couleur : ils les lavent fréquemment avec une lessive de

---

[1] Tout le monde remarquera l'analogie parfaite de caractère et de mœurs qui existe ici entre les anciens Gaulois et les peuples sauvages, et particulièrement ceux de l'Amérique septentrionale. Avec ces derniers surtout la ressemblance est frappante, ainsi qu'on pourra s'en convaincre en comparant ensemble la description que Diodore donne ici des Gaulois et la peinture fidèle que F. Cooper a faite des sauvages de l'Amérique du Nord.

[2] Χρυσὸς ἄνευ μεταλλείας, de l'or qui n'est pas engagé dans des mines, c'est-à-dire de l'or natif. Ἄνευ μεταλλείας est donc ici synonyme de ἄπυρος. Voyez t. I, p. 166.

chaux [1], ils les retirent du front vers le sommet de la tête et la nuque, de sorte qu'ils ont l'aspect de Satyres et de Pans. Grâce à ces moyens, leurs cheveux s'épaississent tellement qu'ils ressemblent aux crins des chevaux. Quelques-uns se rasent la barbe et d'autres la laissent croître modérément, mais les nobles se rasent les joues, et laissent pousser les moustaches, de manière qu'elles leur couvrent la bouche. Aussi leur arrive-t-il que, lorsqu'ils mangent, les aliments s'y embarrassent, et, lorsqu'ils boivent, la boisson y passe comme à travers un filtre. Ils prennent leurs repas non pas assis sur des siéges, mais accroupis sur des peaux de loups ou de chiens, et ils sont servis par de très-jeunes enfants de l'un et de l'autre sexe. A côté d'eux sont des foyers flamboyants, avec des chaudières et des broches garnies de quartiers entiers de viande. On honore les braves en leur offrant les meilleurs morceaux de viande. C'est ainsi que le poëte nous montre Ajax honoré par ses compagnons, après qu'il eut seul combattu et vaincu Hector : « Le roi fait honneur à Ajax « du dos entier de la victime [2]. » Les Gaulois invitent aussi les étrangers à leurs festins; et, après le repas, ils leur demandent ce qu'ils sont et ce qu'ils viennent faire. Souvent, pendant le repas, leurs discours font naître des querelles, et, méprisant la vie, ils se provoquent à des combats singuliers. Car ils ont fait prévaloir chez eux l'opinion de Pythagore, d'après laquelle les âmes des hommes sont immortelles, et chacune d'elles, s'introduisant dans un autre corps, revit pendant un nombre déterminé d'années. C'est pourquoi, pendant les funérailles, ils jettent dans le bûcher des lettres adressées à leurs parents décédés, comme si les morts les liraient [3].

---

[1] Τιτάνου ἀποπλύματι. La chaux, qui est un caustique assez énergique, est en effet capable d'altérer à la longue la matière colorante des cheveux. Pline nous apprend que le savon est une invention des Gaulois : *Prodest et sapo. Galliarum hoc inventum rutilandis capillis. Fit ex sebo et cinere.* (*Hist. nat.*, XXVIII, 12.) C'était là ce que nous appellerions aujourd'hui un savon de potasse.

[2] *Iliade*, VII, 321.

[3] La croyance à l'immortalité de l'âme, les Gaulois la partageaient avec les Égyptiens, avec lesquels les peuples celtiques présentent d'ailleurs plus d'un trait de ressemblance. César s'exprime ainsi sur cette croyance des Gaulois :

XXIX. Dans les voyages et les combats, ils se servent de chars à deux chevaux, portant un conducteur et un guerrier. Ils dirigent, dans les guerres, leurs attaques contre les cavaliers, lancent le *saunium* et descendent ensuite pour combattre l'ennemi à l'épée. Quelques-uns d'entre eux méprisent la mort au point de s'exposer nus et n'ayant qu'une ceinture autour du corps. Ils emmènent avec eux des serviteurs de condition libre, choisis dans la classe des pauvres, ils les emploient, dans les combats, comme conducteurs et comme gardes[1]. Avant de livrer bataille, ils ont coutume de sortir des rangs et de provoquer les plus braves des ennemis à un combat singulier, en branlant leurs armes pour effrayer leurs adversaires. Si quelqu'un accepte le défi, ils chantent les prouesses de leurs ancêtres et vantent leurs propres vertus, tandis qu'ils insultent leurs adversaires et les appellent des lâches. Aux ennemis tombés, ils coupent la tête et l'attachent au cou de leurs chevaux. Ils donnent à porter à leurs serviteurs les dépouilles tachées de sang, et chantent le péan et l'hymne de la victoire. Ils clouent ces trophées aux maisons, ainsi que d'autres le font à l'égard des animaux pris à la chasse. Quant aux têtes des ennemis les plus renommés, ils les embaument avec de l'huile de cèdre et les conservent soigneusement dans une caisse[2]. Ils les montrent aux étrangers en se glorifiant que leurs pères eux-mêmes n'ont pas voulu donner ces trophées pour beaucoup d'argent. On dit que quelques-uns d'entre eux, montrant une fierté sauvage, se sont vantés de n'avoir pas voulu vendre une tête contre son poids d'or. Mais si, d'un côté, il n'est pas noble de mettre à prix les insignes de sa bravoure, de l'autre, il est sauvage de faire la guerre aux morts de même race.

XXX. Les Gaulois portent des vêtements singuliers; ils ont

Imprimis hoc volunt persuadere, non interire animas, sed ab aliis post mortem transire ad alios; atque hoc maxime ad virtutem excitari putant, metu mortis neglecto. (B. G., IV, 14.)

[1] Espèce d'écuyers qui, suivant César, portaient le nom d'*Ambactes*. (B. G., VI, 15.)

[2] Ce mode d'embaumement rappelle celui des Égyptiens. C'est un trait de ressemblance de plus que les Gaulois offraient avec les anciens Égyptiens.

des tuniques bigarrées de différentes couleurs, et des chausses qu'ils appellent *bragues*. Avec des agrafes, ils attachent à leurs épaules des saies rayées, d'une étoffe à petits carreaux multicolores, épaisse en hiver, et légère en été. Ils ont pour armes défensives des boucliers aussi hauts qu'un homme, et que chacun orne à sa manière. Comme ces boucliers servent non-seulement de défense, mais encore d'ornement, quelques-uns y font graver des figures d'airain en bosse, et travaillées avec beaucoup d'art. Leurs casques d'airain sont garnis de grandes saillies et donnent à ceux qui les portent un aspect tout fantastique. A quelques-uns de ces casques sont fixées des cornes, et à d'autres des figures en relief d'oiseaux ou de quadrupèdes. Ils ont des trompettes barbares, d'une construction particulière, qui rendent un son rauque et approprié au tumulte guerrier [1]. Les uns portent des cuirasses de mailles de fer ; les autres, contents de leurs avantages naturels, combattent nus. Au lieu d'épées, ils ont des espadons suspendus au flanc droit par des chaînes de fer ou d'airain. Quelques-uns entourent leurs tuniques de ceintures d'or ou d'argent. Ils se servent aussi de piques qu'ils appellent *lances* [2], dont le fer a une coudée de longueur, et près de deux palmes de largeur ; le fût a plus d'une coudée de longueur. Leurs épées ne sont guère moins grandes que le javelot des autres nations, et leurs saunies ont les pointes plus longues que leurs épées. De ces saunies, les unes sont droites et les autres recourbées ; de sorte que, non-seulement elles coupent, mais encore déchirent les chairs, et en retirant le javelot, on agrandit la plaie.

XXXI. Les Gaulois sont d'un aspect effrayant ; ils ont la voix forte et tout à fait rude ; ils parlent peu dans leurs conversations, s'expriment par énigmes et affectent dans leur langage de laisser deviner la plupart des choses. Ils emploient beaucoup l'hyperbole, soit pour se vanter eux-mêmes, soit pour ravaler

---

[1] Suivant Hésychius, cette trompette était appelée par les Gaulois *carnon* (*cor ?*). Eustathe (*in Homerum*, p. 1139) prétend que le pavillon de cette trompette avait la figure de quelque animal sauvage, et que l'anche était de plomb.

[2] Λγχίας. Ainsi, le mot *lance*, qui a passé de là dans toutes les langues, est d'origine celtique.

les autres. Dans leurs discours ils sont menaçants, hautains et portés au tragique ; ils sont cependant intelligents et capables de s'instruire. Ils ont aussi des poëtes qu'ils appellent *bardes*, et qui chantent la louange ou le blâme, en s'accompagnant sur des instruments semblables aux lyres. Ils ont aussi des philosophes et des théologiens très-honorés, et qu'ils appellent *druides*[1]. Ils ont aussi des devins, qui sont en grande vénération. Ces devins prédisent l'avenir par le vol des oiseaux et par l'inspection des entrailles des victimes ; tout le peuple leur obéit. Lorsqu'ils consultent les sacrifices sur quelques grands événements, ils ont une coutume étrange et incroyable : ils immolent un homme en le frappant avec un couteau dans la région au-dessus du diaphragme ; ils prédisent ensuite l'avenir d'après la chute de la victime, d'après les convulsions des membres et l'écoulement du sang ; et, fidèles aux traditions antiques, ils ont foi dans ces sacrifices. C'est une coutume établie parmi eux que personne ne sacrifie sans l'assistance d'un philosophe ; car ils prétendent qu'on ne doit offrir des sacrifices agréables aux dieux que par l'intermédiaire de ces hommes, qui connaissent la nature divine et sont, en quelque sorte, en communication avec elle, et que c'est par ceux-là qu'il faut demander aux dieux les biens qu'on désire. Ces philosophes ont une grande autorité dans les affaires de la paix aussi bien que dans celles de la guerre ; amis et ennemis obéissent aux chants des bardes. Souvent, lorsque deux armées se trouvent en présence, et que les épées sont déjà tirées et les lances en arrêt, les bardes se jettent au-devant des combattants, et les apaisent comme on dompte par enchantement les bêtes féroces. C'est ainsi que, même parmi les Barbares les plus sauvages, la colère cède à la sagesse, et que Mars respecte les muses.

XXXII. Il est bon de définir ici un point ignoré de beaucoup de personnes. On appelle Celtes les peuples qui habitent au-dessus de Marseille, dans l'intérieur du pays, près des

---

[1] D'après l'édition bipontine, il faudrait lire ici *Sarouides*, Σαρονίδας, au lieu de Druides. (Les plus précieux renseignements sur les druides, nous les devons au célèbre conquérant de la Gaule. (César, *B. G.*, VI, 16.)

Alpes et en deçà des monts Pyrénées. Ceux qui sont établis au-dessus de la Celtique jusqu'aux parties méridionales de cette région, et qui habitent, le long de l'Océan et la forêt Hercynienne, toutes les contrées qui s'étendent de là jusqu'à la Scythie, sont appelés *Gaulois* (Galates). Cependant les Romains, comprenant tous ces peuples sous une dénomination commune, les appellent tous Gaulois [1]. Chez les Gaulois, les femmes sont presque de la même taille que les hommes, avec lesquels elles rivalisent en courage. Les enfants, à leur naissance, ont en général les cheveux blancs, qui prennent avec l'âge la couleur de ceux de leurs pères. Les peuplades qui habitent au nord, dans le voisinage de la Scythie, sont très-sauvages. Il y en a, dit-on, qui mangent des hommes, comme font aussi les Bretons qui habitent l'Iris [2]. Ces peuples, devenus fameux par leur courage et par leur férocité, ont, selon quelques auteurs, ravagé jadis toute l'Asie. Ils portaient alors le nom de Cimmériens, et, peu de temps après, on les a appelés par corruption Cimbres. De toute antiquité ils se plaisent au brigandage, en envahissant les autres pays, et méprisant toutes les nations. Ce sont eux qui ont pris Rome, pillé le temple de Delphes, rendu tributaire une grande partie de l'Europe et de l'Asie, et qui se sont établis dans le pays des peuples vaincus. De leur mélange avec les Grecs ils ont reçu le nom de *Gallo-Grecs* [3]. Enfin, ils ont détruit de nombreuses et puissantes armées romaines. De même qu'ils se montrent cruels, ils sont sacriléges dans leurs sacrifices. Après avoir gardé les malfaiteurs pendant cinq ans, ils les empalent en l'honneur des dieux, et les brûlent ensuite sur d'énormes bûchers avec beaucoup d'autres offrandes. Ils immolent aussi en honneur des dieux les prisonniers de guerre; il en est qui, avec

---

[1] Il existe ici une grande confusion dans le texte, qui d'ailleurs contient des faits inexacts. Les Romains ont toujours parfaitement distingué les Gaulois des Germains, qui habitaient au delà du Rhin. Comparez la note 1, p. 26 de ce volume.

[2] L'Irlande. Son véritable nom était *Hierne* ou *Hibernia*. Strabon (IV, p. 307) nous dépeint les anciens habitants de cette île comme des anthropophages.

[3] Voyez sur les expéditions des Gaulois en Italie, en Grèce et dans l'Asie, Justin, XXIV, 5; Tite Live, V, 33, et Pausanias, X, 19.

ces hommes, égorgent ou brûlent, ou font périr par quelque autre supplice les animaux qu'ils ont pris dans la guerre[1]. Quoique leurs femmes soient belles, ils ont très-peu de commerce avec elles, mais ils se livrent à la passion absurde pour le sexe masculin, et couchés à terre sur des peaux de bêtes sauvages, ils ont d'habitude à chaque côté un compagnon de lit. Mais ce qu'il y a de plus étrange, c'est que, au mépris de la pudeur naturelle, ils prostituent avec abandon la fleur de la jeunesse. Loin de trouver rien de honteux dans ce commerce, ils se croient déshonorés si l'on refuse les faveurs qu'ils offrent.

XXXIII. Après nous être suffisamment étendus sur les Celtes, nous allons passer à l'histoire des Celtibériens, peuple limitrophe. Les Ibériens et les Celtes se sont fait anciennement longtemps la guerre au sujet de leurs territoires ; mais s'étant enfin accordés entre eux, ils occupèrent le pays en commun ; et, l'alliance par voie de mariages ayant amené la fusion des deux peuples, ils prirent le nom de Celtibériens. Cette fusion de deux peuples si belliqueux, et la fertilité du territoire qu'ils cultivaient, contribuèrent beaucoup à rendre les Celtibériens célèbres : ils résistèrent longtemps aux Romains qui ne parvinrent qu'avec peine à les subjuguer. On convient que non-seulement leur cavalerie est excellente, mais encore que leur infanterie se distingue par son courage et son intrépidité. Les Celtibériens portent des saies noires, velues, et semblables aux poils de chèvre. Quelques-uns s'arment de légers boucliers gaulois, et quelques autres, de rondaches de la grandeur des boucliers. Ils enveloppent leurs jambes de chausses de poils et couvrent leurs têtes de casques d'airain, ornés de panaches couleur de pourpre. Leurs épées sont à deux tranchants et forgées d'un fer excellent[2]. Ils se servent encore dans la mêlée de poi-

---

[1] Consultez César, *B. G.*, VI, 16 ; et Strabon, IV, 303.
[2] Comparez Tite-Live, XXII, 46 : *Gallis Hispanisque scuta ejusdem formæ fere erant ; dispares ac dissimiles gladii : Gallis prælongi, ac sine mucronibus ; Hispano punctim magis quam cæsim assueto petere hostem, brevitate habiles et cum mucronibus.*

gnards de la longueur d'un spithame[1]. La manière dont ils fabriquent leurs armes offensives et défensives est particulière. Ils enfouissent dans la terre des lames de fer et ils les y laissent jusqu'à ce que la rouille ayant rongé tout le faible du métal, il n'en reste que la partie la plus solide[2]. C'est avec ce fer qu'ils fabriquent des épées excellentes et d'autres instruments de guerre. Ces épées sont si bien fabriquées qu'elles tranchent tout ce qu'elles frappent ; il n'est ni bouclier, ni casque, ni os qui résiste à leur tranchant, tant le fer en est bon. Il savent combattre à pied et à cheval : après que les cavaliers ont rompu les rangs ennemis, ils mettent pied à terre, et, devenus fantassins, ils font des prodiges de valeur. Ils ont une coutume particulière et étrange ; quoiqu'ils soient soigneux de leurs personnes et propres dans leur manière de vivre, ils pratiquent un usage dégoûtant et d'une malpropreté extrême : ils se lavent tout le corps d'urine, ils s'en frottent même les dents, l'estimant un bon moyen pour entretenir la santé du corps[3].

XXXIV. Quant à leurs mœurs, les Celtibériens sont très-cruels à l'égard des malfaiteurs et des ennemis ; mais ils sont généreux et humains envers leurs hôtes. Ils hébergent avec plaisir les étrangers qui voyagent dans leur pays, mais ils rivalisent à qui leur donnera l'hospitalité, louent ceux que les étrangers accompagnent, et les regardent comme chéris des dieux. Ils se nourrissent de toutes sortes de viandes en abondance ; l'hydromel est leur boisson, car le pays est très-riche en miel ; ils achètent le vin que les marchands leur apportent par mer. Parmi les peuples voisins, la tribu la plus civilisée est

---

[1] Près de neuf pouces.

[2] C'était une espèce de trempe qu'ils faisaient subir au fer. Les Celtibériens avaient donc connaissance de la fabrication de l'acier, ce qui suppose déjà un certain degré de civilisation. On sait que, pour la fabrication de l'acier, le fer peut être trempé non-seulement dans l'eau, mais encore dans l'huile, dans une pâte molle, etc. (Voyez mes *Éléments de Chimie minérale*, p. 390.)

[3] Catulle parle de cette coutume des Celtibériens, dans une de ses épigrammes (36) :

Nunc Celtiber, in Celtiberia terra,
Quod quisque minxit, hoc solet sibi mane
Dentem atque russam defricare gingivam.

celle des Vaccéens[1]. Ils se partagent chaque année le territoire, et, faisant la récolte en commun, ils distribuent à chacun sa part. Les cultivateurs qui détournent quelque chose à leur profit sont punis de mort.

Les plus braves des Ibériens sont les Lusitaniens. Ils portent dans la guerre de tout petits boucliers tissus de fils tendineux, assez serrés pour garantir parfaitement le corps. Ils s'en servent avec prestesse dans les combats pour parer habilement de tous côtés les traits qu'on leur lance. Leur saunium est tout de fer et terminé en forme d'hameçon ; ils portent des casques et des épées semblables à ceux des Celtibériens. Ils lancent leurs javelots avec précision, à de grandes distances, et produisent des blessures graves. Ils sont agiles et légers à la course, soit dans la fuite, soit dans la poursuite. Mais ils ont beaucoup moins de persévérance dans les conjonctures graves de la vie que les Celtibériens. En temps de paix, ils s'exercent à une danse légère, et qui exige une grande souplesse des membres. Dans la guerre, ils marchent au pas cadencé, et ils chantent le péan au moment de l'attaque. Les Ibériens, et surtout les Lusitaniens, ont une coutume singulière. Les jeunes gens, et particulièrement ceux qui, sans fortune, ont de la force et du courage, se retirent par bandes dans des contrées inaccessibles, ne comptant que sur la vigueur de leurs bras et leurs armes. Ils se réunissent en de nombreux corps, parcourent l'Ibérie, et s'enrichissent par des brigandages. Ils font ce métier impunément ; car, armés à la légère, agiles et rapides à la course, ils sont difficiles à atteindre. Enfin ils se réfugient dans des lieux inaccessibles, qu'ils regardent comme leur patrie, et où ne pourraient pénétrer des troupes nombreuses et pesamment armées. C'est pourquoi les Romains, qui les ont souvent attaqués avec des forces armées, ont bien réprimé leur audace, mais ils n'ont pu faire cesser leurs brigandages, bien qu'ils l'aient plusieurs fois essayé.

XXXV. Puisque nous parlons des Ibériens, il sera convenable

---

[1] Les Basques.

de donner quelques détails sur les mines d'argent qui se trouvent dans leur pays. Ces mines sont très-belles, très-abondantes, et très-productives pour ceux qui les exploitent.

Dans les livres précédents, à propos des actions d'Hercule, il a été fait mention des montagnes de l'Ibérie, nommées les Pyrénées. Ces montagnes surpassent les autres par leur hauteur et leur étendue : séparant les Gaules de l'Ibérie et de la Celtibérie, elles s'étendent de la mer du Midi à l'Océan septentrional [1], dans un espace de trois mille stades [2]. Autrefois elles étaient en grande partie couvertes de bois épais et touffus; mais elles furent, dit-on, incendiées par quelques pâtres qui y avaient mis le feu. L'incendie ayant duré continuellement pendant un grand nombre de jours, la superficie de la terre fut brûlée, et c'est de là que l'on a donné à ces montagnes le nom de Pyrénées [3]. La combustion du sol fit fondre des masses de minerai d'argent et produisit de nombreux ruisseaux d'argent pur [4]. Ignorant l'usage de ce métal, les indigènes le vendirent, en échange d'autres marchandises de peu de prix, aux marchands Phéniciens instruits de cet événement. Important cet argent en Asie, en Grèce, et chez d'autres nations, ils gagnèrent d'immenses richesses. La cupidité de ces marchands fut telle, que, leurs navires étant déjà chargés, ils coupèrent le plomb de leurs ancres et y substituèrent l'argent qui s'y trouvait encore en abon-

---

[1] La mer Méditerranée est ici appelée la mer du Midi, ἡ κατὰ τὴν μεσημβρίαν θάλαττα, par opposition à l'Océan septentrional, ὁ ὑπὸ ἄρκτους ὠκεανός (l'océan situé sous les Ourses), qui est la mer du Nord.

[2] Cinquante-cinq myriamètres.

[3] De πῦρ, feu. Cette étymologie ressemble à tant d'autres inventées par l'imagination féconde des Grecs. Le mot Pyrénées vient évidemment du mot celtique *pyrn*, qui signifie *montagne*.

[4] Strabon (III, 217) met ce récit au nombre des fables. Ce récit est pourtant plus croyable que bien d'autres histoires que les Grecs nous donnent pour véridiques. Il n'est pas impossible qu'un violent embrasement n'ait produit la fonte de grandes masses d'argent natif; mais Lucrèce (V, 1250) commet une licence poétique quand il parle, en dépeignant cet incendie des Pyrénées, non-seulement de ruisseaux d'argent, d'or et de plomb, mais encore de torrents de cuivre; car outre que ce dernier métal est très-réfractaire et exige une température extrêmement élevée pour fondre, il ne se rencontre guère à l'état natif comme l'or et l'argent.

dance. Les Phéniciens continuèrent longtemps ce commerce, et devinrent si puissants qu'ils envoyèrent de nombreuses colonies dans la Sicile et les îles voisines, ainsi que dans la Libye, la Sardaigne et l'Ibérie [1].

XXXVI. Longtemps après, les Ibériens, ayant appris les propriétés de l'argent, exploitèrent des mines considérables. Presque tout l'argent qu'ils en retirèrent était très-pur, et leur procura de grands revenus. Nous allons faire connaître la manière dont les Ibériens exploitent ces mines.

Les mines de cuivre, d'or, d'argent sont merveilleusement productives. Ceux qui exploitent les mines de cuivre retirent du minerai brut le quart de son poids de métal pur. Quelques particuliers extraient des mines d'argent, dans l'espace de trois jours, un talent euboïque [2]. Le minerai est plein de paillettes compactes et brillantes. Aussi faut-il admirer à la fois la richesse de la nature et l'adresse des hommes. Les particuliers se livraient d'abord avec ardeur à l'exploitation des mines d'argent dont l'abondance et la facilité d'exploitation procuraient de grandes richesses. Mais lorsque les Romains eurent conquis l'Ibérie, ces mines furent envahies par une tourbe d'Italiens cupides qui se sont beaucoup enrichis. Ces industriels achètent des troupeaux d'esclaves et les livrent aux chefs des travaux métallurgiques. Ceux-ci, leur faisant creuser le sol en différents points, et à de grandes profondeurs, mettent à découvert des filons d'or et d'argent. Ces fouilles s'étendent aussi bien en longueur qu'en profondeur; ces galeries ont plusieurs stades d'étendue. C'est de ces galeries longues, profondes et tortueuses que les spéculateurs tirent leurs trésors.

XXXVII. Si l'on compare ces mines avec celles de l'Attique,

[1] Strabon rapporte (III, 224), sur l'autorité d'autres écrivains, qu'à l'époque où les Carthaginois envahirent l'Espagne, sous la conduite d'Hamilcar Barcas, ils y trouvèrent des crèches et des tonneaux d'argent massif, tant ce métal était commun dans ce pays.

[2] Cinq mille six cent cinquante-sept francs. Le talent était ordinairement composé de soixante mines; sa valeur variait selon les localités. De là le talent euboïque, attique, babylonien, etc.

on trouvera une grande différence. Là, à d'énormes travaux on ajoute beaucoup de dépenses : quelquefois, au lieu d'en tirer le profit qu'on en espérait, on y perd ce que l'on avait; de sorte qu'on peut appliquer à la mésaventure une énigme célèbre [1]. Les exploiteurs, au contraire, des mines de l'Espagne [2], ne voient jamais leurs espérances et leurs efforts trompés; s'ils rencontrent bien dès le commencement de leurs travaux, ils découvrent à chaque pas de nouveaux filons d'or et d'argent. Toute la terre des environs n'est qu'un tissu de ramifications métalliques. Les mineurs trouvent quelquefois des fleuves souterrains dont ils diminuent le courant rapide en les détournant dans des fossés inclinés, et la soif inextinguible de l'or les fait venir à bout de leurs entreprises. Ce qu'il y a de plus étonnant, c'est qu'ils épuisent entièrement les eaux au moyen des vis égyptiennes qu'Archimède, de Syracuse, inventa pendant son voyage en Égypte [3]. Ils les élèvent ainsi successivement jusqu'à l'ouverture de la mine, et ayant desséché les galeries, ils y travaillent à leur aise. Cette machine est si ingénieusement construite que, par son moyen, on ferait écouler d'énormes masses d'eau et on tirerait aisément un fleuve entier des profondeurs de la terre à la surface. Mais ce n'est pas seulement en ceci qu'il faut admirer le talent d'Archimède; on lui doit encore beaucoup d'autres ouvrages plus grands et qui sont célèbres par toute la terre. Nous les décrirons exactement et en détail lorsque nous serons arrivés à l'époque d'Archimède [4].

XXXVIII. Les ouvriers qui travaillent dans les mines rapportent donc à leurs maîtres d'énormes revenus. Ces malheu-

---

[1] Stroth et Terrasson ont pensé que l'auteur fait ici allusion au chien de la Fable. Je partage l'opinion de Rhodoman, d'après laquelle Diodore a fait allusion à l'énigme homérique dont il est parlé dans la Vie d'Homère, attribuée à Hérodote. Les expressions sont presque les mêmes : ὅσσ' ἕλομεν λιπόμεσθ', ὅσσ' οὐχ ἕλομεν φερόμεσθα.

[2] C'est la première fois que Diodore emploie ici le nom plus moderne de Ἱσπανία.

[3] Voyez plus haut I, 34. Vitruve (X, 11) donne la description de cette machine à épuisement.

[4] Dans quelqu'un des livres perdus après le vingtième. C'est une perte irréparable pour l'histoire des sciences.

eux, occupés nuit et jour dans les galeries souterraines, épuisent leurs forces et meurent en grand nombre d'un excès de misère. On ne leur donne aucun répit; les chefs les contraignent, par des coups, à supporter leur infortune, jusqu'à ce qu'ils expirent misérablement. Quelques-uns, dont le corps est plus robuste et l'âme plus fortement trempée, traînent longtemps leur malheureuse existence. Cependant l'excès des maux qu'ils endurent leur doit faire préférer la mort[1]. Parmi les nombreuses particularités de ces mines, on remarque comme un fait curieux, qu'il n'y en a aucune dont l'exploitation soit récente : toutes ces mines ont été ouvertes par l'avarice des Carthaginois, à l'époque où ils étaient maîtres de l'Ibérie. C'était la source de leur puissance, c'était de là qu'ils tiraient l'argent pour solder les puissantes et nombreuses armées dont ils se servaient dans toutes leurs guerres. Les Carthaginois ne se fiaient ni à la milice nationale, ni aux troupes de leurs alliés[2]. Entretenant la guerre à force d'argent[3], ils ont exposé aux plus grands dangers les Romains, les Siciliens et les Libyens. Au reste, de tout temps les Carthaginois ont été avides d'acquérir des richesses, et les Romains ne songeaient qu'à ne rien laisser à personne.

On trouve aussi de l'étain en plusieurs endroits de l'Ibérie, non pas à la surface du sol, comme quelques historiens l'ont prétendu, mais dans des mines d'où on le retire pour le faire fondre comme l'argent et l'or. Les plus riches mines d'étain sont dans les îles de l'Océan, en face de l'Ibérie et au-dessus de la Lusitanie, et nommées, pour cette raison, les îles Cassitérides[4]. On fait aussi passer beaucoup d'étain de l'île Britannique

---

[1] Le besoin et la cupidité, tels sont malheureusement les plus puissants leviers de l'industrie et de la civilisation. La soif inextinguible de l'or a créé des merveilles en métallurgie; l'historien vient de nous en tracer le triste et l'éloquent tableau.

[2] Comparez Polybe, I, 67.

[3] Il y a ici dans le texte une expression heureuse, καταπλουτομαχεῖν, qu'on ne saurait rendre que par une périphrase. Cette expression, qui semble avoir été inventée tout exprès pour résumer uno verbo la politique des Carthaginois, peut s'appliquer admirablement à une grande nation marchande de nos jours.

[4] Cassitérides, de κασσίτερος, étain. Tout ce passage paraît être extrait d'un ouvrage de l'historien Posidonius, cité par Strabon (III, p. 219).

dans la Gaule, située en face ; les marchands le chargent sur des chevaux et le transportent à travers l'intérieur de la Celtique jusqu'à Marseille et à Narbonne. Cette dernière ville est une colonie des Romains : en raison de sa situation et de son opulence, elle est le plus important entrepôt de cette contrée.

XXXIX. Après avoir parlé des Gaulois, des Celtibériens et des Ibériens, nous passerons aux Liguriens[1]. Les Liguriens habitent un pays montueux et inculte ; ils mènent une vie misérable, continuellement occupés à de rudes travaux. Comme leur territoire est couvert d'arbres, les uns passent tout le jour à couper du bois avec de fortes cognées de fer très-lourdes ; les autres défrichent la terre en brisant la plupart du temps les roches dont le sol est hérissé ; car on n'y remue pas avec les instruments aratoires une seule motte de terre qui soit sans pierre. Cependant, à force de fatigues et de persévérance, ils viennent à bout de surmonter les obstacles que leur oppose la nature. Après de longs et pénibles efforts, ils recueillent à peine quelques fruits. La continuité d'exercices et le défaut de nourriture les rendent maigres, quoique vigoureux. Les femmes les aident dans ces rudes travaux, car elles sont habituées à faire autant de besogne que les hommes. Les Liguriens sont chasseurs, et ils suppléent, par le nombre des bêtes qu'ils tuent, à la rareté des fruits. Comme les chasseurs passent leur vie dans des montagnes couvertes de neige, et sont habitués à gravir des lieux très-escarpés, ils deviennent robustes et musculeux de corps. Quelques-uns, par le manque des produits naturels du sol, ne boivent que de l'eau et ne mangent que la chair des animaux domestiques ou sauvages, et même de l'herbe des champs, car ce pays inaccessible n'a pas été visité par les plus aimables des divinités, Cérès et Bacchus. Ils passent la nuit au milieu des champs, rarement dans de chétives cabanes ou dans des huttes, et plus souvent dans les creux des rochers ou dans des cavernes naturelles capables de les abriter. Ils conservent en ceci, comme

---

[1] La Ligurie comprenait Gênes et le territoire environnant.

en beaucoup d'autres choses, leurs mœurs primitives et sauvages. En général, dans cette contrée les femmes sont robustes comme les hommes, et les hommes vigoureux comme les bêtes féroces. Aussi raconte-t-on que souvent, dans les armées, le plus maigre Ligurien a terrassé le plus fort Gaulois, provoqué à un combat singulier. Les Liguriens ont une armure plus légère que celle des Romains. Ils portent comme arme défensive un grand bouclier fait à la gauloise; leur tunique est serrée par une ceinture; ils s'habillent de peaux d'animaux, et portent une épée d'une médiocre grandeur. Cependant quelques-uns d'entre eux, ayant eu des relations avec le gouvernement des Romains, ont changé leur armure pour imiter celle de leurs chefs. Ils sont hardis et courageux non-seulement dans la guerre, mais encore dans toutes les circonstances critiques de la vie. Se livrant au commerce, ils s'exposent hardiment aux plus grands périls en naviguant dans les mers de la Sardaigne et de la Libye : embarqués sur de frêles esquifs et avec de bien faibles provisions, ils bravent les plus terribles tempêtes[1].

XL. Il nous reste à parler des Tyrrhéniens. Les Tyrrhéniens, autrefois distingués par leur bravoure, possédaient un pays étendu et avaient fondé plusieurs villes considérables. Puissants par leurs forces navales, ils furent longtemps les maîtres de la mer, et ils appelèrent Tyrrhénienne la mer qui baigne les côtes de l'Italie[2]. Occupés de l'organisation des troupes de terre, ils inventèrent la trompette qui fut depuis nommée *tyrrhène*. Pour rehausser la dignité des chefs de l'armée, ils leur donnaient des licteurs, un siège d'ivoire et une robe bordée de

---

[1] Ce chapitre sur les Liguriens paraît être en grande partie emprunté à Posidonius, que Strabon (V, p. 334) cite en se servant presque des mêmes termes que Diodore.

[2] Les historiens Romains s'accordent également à reconnaître cette puissance antique des Étrusques, auxquels les Romains empruntèrent la plupart de leurs mœurs. Voyez Tite Live, V, 33 : *Tuscorum ante Romanum imperium late terra marique opes patuere. Mari supero inferoque, quibus Italia insulæ modo cingitur, quantum potuerint, nomina sunt argumento, quod alterum Tuscum communi vocabulo gentis, alterum Adriaticum mare, ab Adria Tuscorum colonia, vocarere Italicæ gentes.*

pourpre [1]. Dans la construction des maisons, ils ont imaginé les vestibules, propres à éloigner le bruit incommode de la tourbe des esclaves. Les Romains ont imité la plupart de ces choses, pour l'embellissement de leur État. Les Tyrrhéniens se sont particulièrement appliqués à l'étude des lettres, de la nature et à la théologie ; mais ils se sont plus que tous les autres hommes occupés des présages qu'on tire de la foudre [2]. Aussi jusqu'à nos jours les souverains de presque toute la terre les admirent et les consultent sur l'interprétation du tonnerre.

Les Tyrrhéniens habitent un pays très-fertile, et ils retirent de sa culture des fruits en abondance et qui suffisent non-seulement pour leur propre nourriture nécessaire, mais encore pour le luxe et la somptuosité de leurs tables. On dresse les tables deux fois par jour, et on les charge richement des mets les plus délicats. Tout ce qui peut flatter les sens s'y trouve réuni : des lits de fleurs, des coupes d'argent d'une grande variété, et un nombre considérable d'esclaves dont les uns sont remarquablement beaux et les autres ornés de vêtements plus riches qu'il ne le convient à leur condition servile. Les esclaves et la plupart des personnes de condition libre occupent des appartements séparés et bien meublés. Enfin, ils ont entièrement perdu leur antique renommée de courage dont leurs pères étaient autrefois si fiers, et ils passent leur vie dans les festins et dans une lâche fainéantise. L'excellente qualité du sol ne contribue pas peu à les entretenir dans la mollesse. Habitant un pays très-fertile, ils mettent en réserve une grande quantité de fruits de toute espèce. Toute la Tyrrhénie est bien cultivée ; elle est formée de vastes plaines entrecoupées de collines de facile labour. Enfin, cette contrée est modérément humide, non-seulement dans la saison de l'hiver, mais encore pendant l'été.

[1] Tite Live partage l'opinion de Diodore : *Me haud pœnitet eorum sententiæ esse, quibus et apparitores et hoc genus ab Etruscis finitimis, unde sella curulis, unde toga prætexta sumpta est, numerum quoque ipsum ductum placet* (I, 8).

[2] Les Étrusques étaient surtout célèbres pour tirer des présages de l'apparition des météores lumineux. *Etruria de cœlo tacta scientissime animadvertit eademque interpretatur, quid quibusque ostendatur monstris atque prodigiis.* Cicéron (*de Divinatione*, I, 41).

XLI. Après avoir parlé des régions situées à l'Occident et au Nord, ainsi que des îles de l'Océan, nous allons traiter en détail des îles méridionales, situées dans l'Océan qui baigne les côtes de l'Arabie orientale et limitrophe de la Gédrosie [1]. Cette contrée est remplie d'un nombre considérable de villages et de villes, placés soit sur des exhaussements superficiels du sol, soit sur des collines ou dans des plaines. Les plus considérables de ces villes ont des châteaux royaux magnifiquement construits, un grand nombre d'habitants et assez de richesses. La campagne est fertile et offre de riches pâturages aux troupeaux de toute sorte dont elle est remplie. Les nombreux fleuves qui arrosent le pays dans une grande étendue contribuent beaucoup à la perfection de la culture des fruits ; c'est pourquoi la plus belle partie de l'Arabie a reçu le nom d'Arabie Heureuse. Sur les confins de cette contrée, et en face du littoral, sont situées plusieurs îles, dont trois méritent une mention particulière [2]. La première s'appelle *Hiera* [3]. Il est défendu d'y enterrer les morts : on transporte les corps des défunts dans l'île voisine qui n'est éloignée de la première que d'environ sept stades. Hiéra ne produit pas de fruits ; mais elle rapporte de l'encens en si grande quantité que ce que l'on en recueille suffit pour le culte des dieux sur toute la terre. On y trouve aussi la myrrhe en abondance et toutes sortes d'autres matières odoriférantes. Voici quelle est la nature de l'encens et la manière de le recueillir : L'arbre qui le produit est petit et a l'aspect de l'épine blanche de l'Égypte ; ses feuilles ressemblent à celles du saule

---

[1] La Gédrosie de Strabon et de Ptolémée, entre l'Indus et la Perse.

[2] On ignore quelles sont ces îles. La plupart prétendent que la description de ces îles, de leurs habitants, de leurs richesses, etc., est une pure invention d'Évhémère, auteur d'une Histoire sacrée (sur les divinités de la Grèce) qui n'est pas parvenue jusqu'à nous. C'est à cette source que Diodore a puisé son récit sur les Panthéens, les Triphyliens et les îles Fortunées de l'Arabie. Plutarque (Traité d'Isis et d'Osiris) nous apprend qu'Évhémère soutenait que les prétendus dieux de l'Olympe n'avaient été que des rois ou des chefs d'armée, ayant vécu à une époque très-reculée, et qu'à l'appui de cette opinion Évhémère disait avoir vu dans l'île de Panchéa une inscription en lettres d'or.

[3] Ἱερά, île sacrée.

et sa fleur est couleur d'or[1]. L'encens en découle sous forme de larme. L'arbre qui produit la myrrhe ressemble au *schinus*; mais son feuillage est plus ténu et plus serré; et la myrrhe découle de ses racines mises à découvert en creusant la terre à l'entour[2]. Dans un terrain favorable, cet arbre rapporte deux fois par an, au printemps et en été; la myrrhe qu'on recueille au printemps est de couleur rousse, à cause des rosées; celle qu'on recueille en été est blanche. Les habitants récoltent le fruit du *paliurus;* ils l'emploient dans les aliments et les boissons, en même temps qu'ils s'en servent comme d'un remède contre les diarrhées[3].

XLII. Le territoire de l'île est partagé entre les habitants; mais le roi s'attribue la meilleure part; et il prélève le dixième des fruits que l'on y recueille. On dit que cette île a deux cents stades de largeur[4]. Elle est habitée par les Panchéens qui transportent sur la côte l'encens et la myrrhe, et les vendent là à des marchands arabes; d'autres marchands leur achètent ces produits et les transportent dans la Phénicie, dans la Cœlé-Syrie et dans l'Égypte; enfin de ces pays on les expédie dans tout le reste de la terre.

Une autre île, assez grande, est à trente stades[5] de l'île précédente; elle est située dans la partie orientale de l'Océan et a plusieurs stades de longueur. Du promontoire oriental de cette île, on aperçoit l'Inde comme un nuage, à cause de la distance[6]. Cette île, appelée Panchéa, renferme beaucoup de

---

[1] Suivant plusieurs botanistes, l'encens est produit par le *Boswalia serrata*, arbre de la famille des Térébinthacées.

[2] On n'est pas encore d'accord sur l'arbre qui produit la myrrhe. Voyez sur le *schinus*, qu'on croit être une espèce de *lentisque*, Théophraste (*Historia plantarum*, VIII, 4) et Pline (*Hist. nat.*, XII, 14).

[3] Voyez Dioscoride, I, 121; et Galien, *de simplic. Medic.*, VIII. Si le *paliurus* est réellement une espèce de nerprun, il faudra reconnaître que les habitants de l'île sacrée employaient contre les diarrhées un véritable moyen homéopathique, car les différentes espèces de nerprun sont toutes plus ou moins purgatives.

[4] Environ trente-sept kilomètres.

[5] Cinq kilomètres et demi.

[6] Tous ceux qui ont voyagé sur mer apprécieront l'exactitude de cette compa-

choses dignes d'être consignées. Elle est habitée tout à la fois par des autochthones nommés Panchéens, par des Océanites, par des Indiens, par des Scythes et par des Crétois qui sont venus s'y établir. On y voit une ville considérable et très-florissante, nommée Panara. Ses habitants s'appellent les *Suppliants de Jupiter Triphylien*. De tous les Panchéens, ce sont les seuls qui se gouvernent d'après leurs propres lois et n'obéissent à aucun roi. Chaque année ils élisent trois archontes qui n'ont pas le droit de prononcer des peines de mort, mais qui, du reste, administrent toute la justice; quant aux crimes capitaux, ils en réfèrent au collège des prêtres. Le temple de Jupiter Triphylien, situé dans une plaine, est à soixante stades environ de la ville; il est admiré pour son antiquité et la magnificence de son architecture, et pour sa belle situation.

XLIII. Le champ qui entoure ce temple est couvert d'arbres de toute espèce, tant utiles par leurs fruits qu'agréables à la vue. Il y croît en abondance des cyprès d'une hauteur prodigieuse, des platanes, des lauriers et des myrtes. Tout cet endroit est arrosé par des eaux vives; près de l'enceinte sacrée jaillit de terre une si grande source d'eau douce qu'elle forme un fleuve navigable. Celui-ci se divise en plusieurs branches et arrose toute la campagne, tapissée de bosquets d'arbres élevés: une foule d'habitants y passent la saison de l'été; une multitude d'oiseaux de toute espèce, remarquables par leur plumage et leurs chants ravissants, y viennent faire leurs nids. Enfin les jardins variés et les prés verdoyants et diaprés de fleurs font de cette belle campagne un séjour digne des dieux indigènes. On y voit des palmiers à tiges élancées, et chargés de fruits; de nombreux noyers qui fournissent aux habitants une nourriture abondante. On y trouve, en outre, beaucoup de vignes de différentes espèces, qui, étant très-hautes et diver-

---

raison. En revenant de mon voyage en Grèce, j'aperçus dans le lointain les montagnes de la Calabre, semblables à d'épais nuages amoncelés à l'horizon. L'illusion était si complète que je croyais, pendant plus d'une heure, à l'imminence d'une tempête.

sement entrelacées, réjouissent la vue et forment un paysage ravissant.

XLIV. Le temple est beau et tout construit en marbre. Sa longueur est de deux plèthres [1] sur une largeur proportionnée. Il est soutenu par de hautes et fortes colonnes, ornées de sculptures artistement travaillées. On y admire les statues des dieux, très-remarquables par leur masse et comme monuments d'art. Les maisons des prêtres qui le desservent sont rangées en cercle autour du temple; en avant du temple est une avenue longue de quatre stades sur un plèthre de large. Chaque côté de l'avenue est orné de grandes statues d'airain assises sur des bases triangulaires. A l'extrémité de l'avenue le fleuve cité a ses sources jaillissantes, dont les eaux limpides et douces ne contribuent pas peu à la conservation de la santé de ceux qui en boivent. Ce fleuve est appelé *Eau du Soleil*. Il est bordé de quais de marbre dans une longueur de quatre stades. Il n'est permis à aucun homme, excepté aux prêtres, de pénétrer jusqu'à l'extrémité de ces quais. La plaine voisine, dans une étendue de deux cents stades, est consacrée aux dieux, et les revenus en sont employés aux frais des sacrifices. Au delà de cette plaine est une montagne élevée et également consacrée aux dieux. Elle se nomme le *Siége d'Uranus* ou l'*Olympe Triphylien*. Suivant la tradition mythologique, Uranus, autrefois roi de l'univers, se plaisait à visiter cette montagne et y contempler le ciel et les astres. Elle reçut plus tard le nom d'Olympe Triphylien, à cause des habitants, qui tirent leur origine de trois nations différentes, les Panchéens, les Océanites et les Doïens. Ces derniers furent chassés par Ammon, qui non-seulement exila toute la tribu, mais renversa de fond en comble leurs villes, Doïa et Asterusia. Chaque année les prêtres font, dit-on, sur cette montagne un sacrifice qui se célèbre avec beaucoup de solennité.

XLV. Au delà de cette montagne, et dans le reste de l'île de Panchéa, on trouve, dit-on, une multitude d'animaux de

---

[1] Soixante mètres.

toute espèce; on y voit beaucoup d'éléphants, des lions, des panthères, des gazelles et bien d'autres animaux, admirables par leur aspect et leur force. Cette île a encore trois villes considérables : Hyracia, Dalis et Océanis. Le territoire en est fertile et produit toutes sortes de vins.

Les hommes y sont belliqueux et combattent sur des chariots à la façon antique. D'après leur constitution politique, ils sont partagés en trois classes; la première est celle des prêtres, qui comprend aussi les artisans; la seconde est celle des laboureurs, et la troisième celle des soldats et des pasteurs. Les prêtres sont les chefs de l'État; ils jugent les procès et sont à la tête de toutes les affaires publiques. Les laboureurs cultivent le sol et récoltent en commun tous les fruits; celui qui paraît avoir le mieux cultivé son champ reçoit, sur le jugement des prêtres, le premier prix dans la distribution des fruits; celui qui vient après reçoit le second prix, et ainsi de suite, jusqu'à dix, pour donner de l'émulation aux autres. De même aussi les pasteurs apportent comme un impôt public les animaux destinés aux sacrifices, et exactement évalués, soit au nombre, soit au poids. En un mot, il n'est permis à personne de posséder rien en propre, à l'exception d'une maison et d'un jardin. Les prêtres reçoivent les produits du sol et les revenus de l'État, ils distribuent à chacun sa part, tandis qu'ils retiennent pour eux le double. Les Panchéens sont habillés d'étoffes très-légères, car leurs brebis ont une laine qui se distingue par son moelleux de celle des autres pays. Non-seulement les femmes, mais encore les hommes portent des ornements d'or, tels que des colliers, des bracelets et des boucles d'oreilles, à la manière des Perses. Leur chaussure, la même pour tous, est richement ornée de couleurs variées.

XLVI. Les soldats, pendant le temps fixé pour leur service, sont les gardiens du pays; ils élèvent des forts et des retranchements; car une partie du pays est infestée de brigands méchants et audacieux, qui attaquent les laboureurs et leur font la guerre. Les prêtres mènent une vie plus molle et plus somptueuse que le reste des habitants. Ils ont des vêtements d'un tissu de lin très-blanc et très-fin ; quelquefois ces vêtements sont en laine d'une souplesse extrême. Ils ont pour coiffure des mitres tissues d'or, et pour chaussure des sandales soigneusement travaillées. Ils portent des bijoux d'or, comme les femmes ; mais ils n'ont pas de pendants d'oreilles. Leur principale fonction consiste à servir les dieux, à réciter des hymnes en leur honneur, à chanter leurs actions et les bienfaits dont les hommes leur sont redevables. D'après leur tradition, ces prêtres tirent leur origine de la Crète, et Jupiter les transféra dans l'île de Panchéa, lorsqu'il régnait encore parmi les hommes. A l'appui de cette tradition, ils font voir qu'ils ont conservé dans leur langue plusieurs mots crétois, et qu'ils entretiennent avec les Crétois une alliance étroite qui leur a été léguée par leurs ancêtres. Ils montrent aussi des inscriptions où ces faits sont indiqués, et que Jupiter, disent-ils, a tracées de sa main, lorsqu'il jeta les fondements du temple[1]. L'île de Panchéa a de riches mines d'or, d'argent, de cuivre et de fer : mais il est défendu d'exporter hors de l'île aucun de ces métaux. Il est interdit aux prêtres de franchir l'enceinte sacrée ; celui qui la franchit peut être légalement tué par ceux qui le rencontrent. On y voit de nombreuses offrandes d'or et d'argent, qui se sont prodigieusement accumulées par la suite des temps. Les portes du temple sont ornées d'ouvrages admirables d'argent, d'or, d'ivoire et de bois odorant[2]. Le lit du dieu a six coudées de long sur quatre de large. Il est d'or massif et artistement sculpté. Près de ce lit est la table du dieu, presque aussi magnifique et aussi grande. Du milieu du lit s'élève une haute colonne d'or sur

---

[1] Diodore continue à suivre ici Évhémère. Comparez Lactance (*Divin. institut.*, I, 11). (*Evhemerus*) *historia contexuit ex titulis et inscriptionibus sacris, quæ in antiquissimis templis habebantur, maximeque in fano Jovis Triphylii, ubi auream columnam positam esse ab ipso Jove, titulus indicabat, in qua columna gesta sua perscripsit, ut monumentum esset posteris rerum suarum.*

[2] Miot a rendu θύα ou θυία par *bois de citronnier*, comme si le citronnier fournissait seul un bois odorant. Je n'oserais décider si θύα ou θυία est le genre *Thuya* (famille des conifères) des botanistes modernes.

laquelle sont gravés des caractères que les Égyptiens nomment sacrés, et qui contiennent l'histoire d'Uranus, de Jupiter, de Diane et d'Apollon, écrite par Mercure. En voilà assez sur les îles situées en face de l'Arabie[1].

XLVII. Nous allons maintenant parler des îles de la Grèce et de la mer Égée, en commençant par la Samothrace. Quelques-uns disent que cette île s'appelait anciennement Samos; mais que ce nom resta à l'île plus récemment peuplée, tandis que l'ancienne Samos reçut, à cause de son voisinage de la Thrace, le nom de Samothrace[2]. Les habitants de la Samothrace sont autochthones; aussi n'y a-t-il chez eux aucune tradition sur les premiers hommes et leurs chefs. D'autres prétendent que cette île a tiré son nom des colonies de Samos et de Thrace qui sont venues s'y établir. Ses habitants primitifs ont un ancien idiome particulier, dont beaucoup de mots se conservent encore aujourd'hui dans les cérémonies des sacrifices[3]. Les Samothraces racontent qu'avant les déluges arrivés chez les autres nations, il y en avait eu chez eux un très-grand par la rupture de la terre qui environne les Cyanées[4], et par suite celle qui forme l'Hellespont. Le Pont-Euxin ne formait alors qu'un lac tellement grossi par les eaux des fleuves qui s'y jettent, qu'il déborda, versa ses eaux dans l'Hellespont, et inonda une grande partie du littoral de l'Asie. Une vaste plaine de la Samothrace fut convertie en mer; c'est pourquoi, longtemps après, quelques

---

[1] Le tableau pittoresque que Diodore a fait, sur l'autorité d'Évhémère, de ces îles fortunées de l'Arabie, peut en grande partie s'appliquer à l'Arabie-Heureuse. Peut-être est-ce là la contrée qu'Évhémère a voulu décrire sous le nom fictif de Panchéa.

[2] Voyez sur la vraie étymologie du mot Samothrace, note 1, page 235 du tome I.

[3] Cet ancien idiome paraît avoir eu la plus grande analogie avec l'hébreu, auquel se rattachaient le chaldéen, le phénicien, et peut-être même l'égyptien (langue vulgaire). Le nom de *Cabires* qu'on donnait aux dieux de Samothrace (Curètes, Corybantes) est évidemment le nom hébreu כביר, *grand, puissant*. Ainsi, l'hébreu serait la langue sacrée par excellence, non-seulement parce que l'Ancien Testament est rédigé dans cette langue, mais encore parce que les anciens s'en servaient pendant la célébration des mystères.

[4] Îles bleues (Κυανέαι), à l'embouchure du Bosphore, dans la mer Noire.

pêcheurs amenèrent dans leurs filets des chapiteaux de colonnes de pierre, comme s'il y avait eu là des villes submergées. Le reste des habitants se réfugia sur les lieux les plus élevés de l'île. Mais la mer continuant à s'accroître, les insulaires invoquèrent les dieux ; et, sauvés du péril, ils marquèrent tout autour de l'île les limites de l'inondation et y dressèrent des autels, où ils offrent encore aujourd'hui des sacrifices. Il est donc évident que la Samothrace a été habitée avant le déluge [1].

XLVIII. Après ces événements, Saon, qui était, selon quelques-uns, fils de Jupiter et d'une nymphe, ou, selon d'autres, fils de Mercure et de Rhéné, rassembla les peuples, qui jusqu'alors avaient vécu dispersés, leur donna des lois, et prit lui-même le nom de Saon d'après celui de l'île. Il distribua la population en cinq tribus, auxquelles il donna les noms de ses propres fils. L'État étant ainsi constitué, il naquit chez eux, selon la tradition, Dardanus, fils de Jupiter et d'Électre, l'une des Atlantides, Iasion et Harmonie. Dardanus, homme entreprenant, passa le premier en Asie sur un radeau. Il y bâtit d'abord la ville de Dardanus, fonda une résidence royale dans la contrée qui fut ensuite appelée Troie, et nomma ses sujets *Dardaniens*. Il régna sur plusieurs nations de l'Asie, et fonda la colonie des Dardaniens au-dessus de la Thrace. Jupiter, voulant également illustrer le second de ses fils, lui enseigna les rites des mystères. Ces mystères existaient déjà anciennement dans l'île; ils furent alors renouvelés d'après la tradition, mais personne, excepté les initiés, ne doit en entendre parler. Iasion paraît le premier y avoir admis des étrangers, ce qui rendit ces mystères très-

---

[1] Ce déluge et ses effets ont été contestés par M. Letronne et d'autres savants distingués. Cependant les raisons qu'ils donnent pour combattre la possibilité d'une inondation diluvienne, attribuée à la rupture des digues qui emprisonnaient de toutes parts le Pont-Euxin, ne me paraissent pas convaincantes. Car cette rupture même des digues ne peut avoir été déterminée que par quelque grande catastrophe ayant eu pour effet un changement de niveau, au moins momentané, dans les eaux du Pont-Euxin et de la mer Égée. Le changement pourrait avoir été facilement déterminé par un violent tremblement de terre, accompagné de la formation soudaine d'une montagne ou d'une île, par voie de soulèvement.

célèbres. Plus tard, Cadmus, fils d'Agénor, cherchant Europe, arriva chez les Samothraces, fut initié, et épousa Harmonie, sœur d'Iasion, et non sœur de Mars, comme le prétendent les mythologues grecs.

XLIX. Ce fut le premier festin de noces auquel les dieux assistèrent. Cérès, éprise d'Iasion, apporta le blé en présent de noces, Mercure la lyre, Minerve son fameux collier [1], un voile et des flûtes; Électre [2] apporta les instruments avec lesquels on célèbre les mystères de la grande mère des dieux, les cymbales et les tympanons des Orgies. Apollon joua de la lyre; les Muses, de leurs flûtes, et les autres dieux ajoutèrent à la magnificence de ce mariage par des acclamations de joie. Ensuite, Cadmus, selon l'ordre d'un oracle, vint fonder Thèbes, en Béotie. Iasion épousa Cybèle et en eut un fils nommé Corybas. Après la réception d'Iasion au rang des dieux, Dardanus, Cybèle et Corybas apportant en Asie le culte de la mère des dieux, vinrent aborder en Phrygie. Cybèle fut d'abord mariée à Olympus, qui la rendit mère d'Alée, et elle donna à cette déesse son nom de Cybèle. Corybas, de son côté, donna le sien aux Corybantes, qui célèbrent le culte de la Mère avec une sainte fureur; il épousa ensuite Thébé, fille de Cilix. C'est avec ce culte que les flûtes [3] furent introduites en Phrygie. La lyre de Mercure fut transportée dans la ville de Lyrnessus. Achille s'en empara plus tard, au sac de cette ville [4]. Les mythes disent que Plutus fut fils d'Iasion et de Cérès; mais le vrai sens est que Cérès, par suite de sa liaison avec Iasion, lui avait donné, aux noces d'Harmonie, le blé, source des richesses [5]. Mais les détails des cérémonies saintes, on ne les révèle qu'aux initiés. On préconise l'apparition de ces dieux comme un secours inattendu pour les initiés qui les invoquent dans les périls. On dit que

---

[1] Voyez livre IV, 65 et 66.
[2] Mère d'Harmonie.
[3] Le grec porte ἄλλους; mais, selon toute probabilité, il faut lire αὐλούς.
[4] Iliade, II, 591.
[5] Plutus, Πλοῦτος, signifie *richesse*.

ceux qui participent à ces mystères sont plus pieux, plus justes et en tout meilleurs. C'est pourquoi les plus célèbres des anciens héros et des demi-dieux furent jaloux de s'y faire initier. Iasion, les Dioscures, Hercule et Orphée, qui y étaient initiés, ont réussi dans toutes leurs entreprises, grâce à l'assistance des dieux [1].

L. L'histoire de Samothrace nous conduit naturellement à celle de Naxos. Cette île, qui s'appela d'abord Strongyle, eut pour premiers habitants les Thraces; et voici à quelle occasion. Selon les mythologues, Borée eut pour fils Lycurgue et Butès, de deux mères différentes. Butès, le plus jeune, dressa des embûches à son frère ; mais la chose se découvrit, et il ne reçut de son père d'autre punition que l'ordre de s'embarquer avec ses complices, et de chercher un autre pays pour demeure. Butès, avec les Thraces, ses complices, se mit en mer, fit voile à travers les Cyclades, et vint occuper l'île de Strongyle, où ils vécurent, lui et ses compagnons, des brigandages qu'ils exerçaient sur beaucoup de navigateurs. Mais comme ils n'avaient point de femmes, ils allèrent en enlever dans le pays du voisinage. Les Cyclades étaient alors les unes entièrement désertes, les autres peu habitées. Ils tentèrent donc de plus longues courses ; repoussés de l'Eubée, ils abordèrent en Thessalie. Butès et ses compagnons descendirent à terre et rencontrèrent les nourrices de Bacchus qui célébraient les Orgies près du mont

---

[1] On ne s'accorde ni sur le nombre ni sur les noms de ces dieux. Jupiter, Vulcain, Cérès, et les Dioscures, paraissent avoir joué un grand rôle dans les mystères de Samothrace. Suivant M. Schweigger (*Einleitung in die Mythologie auf dem Standpunkte der Naturwissenschaft*; Halle, 1836), les mystères et les dieux de Samothrace étaient l'expression des phénomènes naturels de l'électromagnétisme. On ne peut pas se dissimuler que certains corps et symboles dont il est question dans ces mystères ont une connexion étroite avec les phénomènes électro-magnétiques; Lucrèce parle des anneaux de feu de Samothrace. Les Dactyles idéens, qui passaient pour avoir le plus approfondi la nature du fer, n'étaient pas étrangers à ces mystères ; or, on sait que le fer possède au plus haut degré la vertu magnétique. D'un autre côté, les dieux de Samothrace étaient particulièrement invoqués pendant les orages, qui, comme personne ne l'ignore, dépendent essentiellement de l'électricité atmosphérique et terrestre. Voyez la note 1, p. 304 du tome I.

Drios[1], dans l'Achaïe Phthiotide. La troupe de Butès étant tombée sur ces femmes, les unes s'enfuirent en jetant à la mer les apprêts des sacrifices, et les autres se réfugièrent sur le mont Drios. Cependant une d'elles, nommée Coronis, fut saisie et violée par Butès. Pour être vengée de cet affront, elle implora le secours de Bacchus. Ce dieu frappa Butès d'une frénésie qui fit qu'il se précipita dans un puits et mourut. Cependant, les Thraces enlevèrent quelques autres femmes, dont les plus distinguées furent Iphimédée, femme d'Aloéus et sa fille Pancratis, et ils retournèrent avec leur proie à Strongyle. Là, ils choisirent pour roi, à la place de Butès, Agassaménus, et lui donnèrent pour femme la belle Pancratis, fille d'Aloéus. Avant cette élection, les chefs les plus illustres, Sicélus et Hécétor, s'étaient tués l'un l'autre, en se disputant cette princesse. Quant à Iphimédée, Agassaménus la fit épouser à un de ses amis qu'il avait nommé son lieutenant.

LI. Cependant, Aloéus envoya ses fils, Otus et Éphialte, à la recherche de sa femme et de sa fille. Ils abordèrent dans Strongyle, vainquirent les Thraces et prirent leur ville d'assaut. Pancratis mourut quelque temps après; Otus et Éphialte entreprirent de s'établir dans l'île, et de régner sur les Thraces. Ils changèrent alors le nom de Strongyle en celui de Dia[2]. A la suite des dissensions qui s'étaient élevées entre eux, Otus et Éphialte se livrèrent une bataille, et, après avoir perdu beaucoup de monde, ils se tuèrent l'un l'autre; ils furent par la suite honorés par les habitants comme des héros. Les Thraces avaient occupé cette île plus de deux cents ans, lorsqu'une grande sécheresse la leur fit quitter. Les Cariens, émigrés du pays qu'on appelle aujourd'hui Lamie, vinrent habiter l'île de Dia; leur roi Naxius, fils de Polémon, changea le nom de Dia en celui de Naxos, tiré du sien. Naxius, homme vertueux et célèbre, laissa un fils, Leucippe; le fils de celui-ci, nommé Smerdius, devint roi de l'île. C'est sous le règne de ce roi que

---

[1] Δρίος; signifie *bois de chênes*. (*Odyssée*, XIV, 353.)
[2] Île Sacrée.

Thésée vint de Crète à Naxos avec Ariane, et qu'il fut reçu avec hospitalité par les insulaires. Et c'est là que Thésée vit dans un songe Bacchus lui ordonner avec des menaces de renoncer à Ariane. Thésée l'abandonna et se rembarqua. Bacchus transporta Ariane nuitamment sur le mont Drios. Le dieu disparut aussitôt, et Ariane n'a plus été vue depuis.

LII. D'après leurs traditions, les Naxiens prétendent que Bacchus a été élevé chez eux, que leur île lui a toujours été très-chère, et qu'elle est appelée par quelques-uns *Dionysias*. Ils racontent que Sémélé ayant été frappée par la foudre avant le terme de sa grossesse, Jupiter prit le fœtus et le cousit[1] dans sa cuisse; que le terme de la naissance étant arrivé, il déposa cet enfant à Naxos pour le cacher à Junon, et qu'il le donna à nourrir à trois nymphes de cette île, Philia, Coronis et Cléis. Ils ajoutent que Jupiter frappa Sémélé par la foudre avant son accouchement, afin que l'enfant né de deux immortels reçût l'immortalité dès sa naissance. Les Naxiens furent, selon la même tradition, récompensés de l'éducation qu'ils avaient donnée à Bacchus. En effet, leur île a joui de la prospérité; ils ont mis sur pied de grandes forces maritimes. Ce furent eux qui les premiers se détachèrent de l'alliance de Xerxès; ils contribuèrent par un combat naval à la défaite du Barbare, et se distinguèrent à la bataille de Platée[2]. Enfin le vin de Naxos est d'excellente qualité, ce qui est encore un indice de l'affection de Bacchus pour cette île.

LIII. L'île de Syme[3], autrefois déserte, eut pour premiers habitants les compagnons de Triops; ils y arrivèrent sous la conduite de Chthonius, fils de Neptune et de Syme, de laquelle

---

[1] Ἐρράπτω, je couds dedans. J'ai cru devoir rendre littéralement ce terme emprunté à l'art chirurgical et qui démontre que les anciens rapprochaient les bords d'une plaie au moyen de sutures, ainsi qu'on le pratique encore aujourd'hui.

[2] Les Naxiens s'étaient distingués dans la bataille de Salamine (Hérodote, VIII, 46); mais ils ne se trouvent pas indiqués dans le dénombrement des peuples qui combattirent à Platée (Hérodote, IX, 28).

[3] Aujourd'hui *Symi* (île des Singes), non loin de Rhodes.

l'île a tiré son nom. Plus tard, le beau Nirée, fils de Charopus et d'Aglaïa, devint roi de cette île; il fut aussi maître d'une partie de la Cnidie; ce fut lui qui accompagna Agamemnon à la guerre de Troie. Après cette guerre, les Cariens occupèrent l'île de Syme, à l'époque où ils étaient maîtres de la mer. La sécheresse la leur ayant fait depuis abandonner, ils se retirèrent dans un lieu nommé Uranium, et Syme demeura déserte jusqu'à ce qu'une flotte de Lacédémoniens et d'Agriens aborda dans ce pays. Voici comment elle fut plus tard repeuplée : Nausus, l'un de ceux qui faisaient partie de la colonie d'Hippotès, rassembla ceux qui étaient arrivés trop tard pour participer à la distribution des terres, et alla avec eux s'établir dans l'île déserte de Syme. Quelque temps après, d'autres colons y arrivèrent sous la conduite de Xuthus; Nausus les admit aux droits de cité et au partage du territoire, et l'île fut ainsi repeuplée. On dit que les Cnidiens et des Rhodiens firent partie de cette colonie.

LIV. Les îles de Calydna et de Nisyros [1] ont été primitivement habitées par des Cariens. Dans la suite, Thessalus, fils d'Hercule, conquit l'une et l'autre. C'est pourquoi Antiphus et Phidippe, rois de Cos, se trouvèrent, pendant la guerre de Troie, à la tête des troupes fournies par ces îles [2]. Au retour de Troie, quatre des vaisseaux d'Agamemnon furent jetés à Calydna, et l'équipage, mêlé aux habitants, s'établit dans l'île. Les anciens habitants de Nisyros avaient péri par des tremblements de terre; elle fut plus tard, ainsi que Calydna, repeuplée par des habitants de Cos. Cette population ayant été, par la suite, à son tour détruite [3], elle fut régénérée par une colonie de Rhodiens. L'île de Carpathos eut pour premiers habitants quelques compagnons de Minos, à l'époque où ce roi eut, le premier parmi les Grecs, l'empire de la mer; et, plusieurs générations

---

[1] Aujourd'hui *Nisaro*, à l'ouest de Rhodes. Voyez *Iliade*, II, 676.
[2] *Iliade*, II, 678 et 679.
[3] Φθοράς ἀνθρώπων — γενομένης. Tous les traducteurs ont compris que « la population a été détruite *par la peste*. » J'ai cru devoir suivre fidèlement le texte en rendant φθορά par *destruction*, s s spécifier le genre de mort.

après lui, Iolcos, fils de Démoléon, Argien d'origine, envoya, d'après l'ordre d'un oracle, une colonie à Carpathos.

LV. L'île de Rhodes eut pour premiers habitants les Telchines. Selon la tradition mythologique, ils étaient fils de la Mer, et furent, avec Caphira, fille de l'Océan, chargés d'élever Neptune qu'au moment de sa naissance Rhéa leur avait confié. Ils ont inventé plusieurs arts et fait connaître quelques autres découvertes utiles aux hommes. Ils passent pour avoir les premiers fabriqué des statues de dieux ; et, en effet, quelques anciennes statues portent leur nom. Ainsi, il y a chez les Lindiens un Apollon telchinien, chez les Jalysiens une Junon et des nymphes telchiniennes, et une autre Junon de même nom chez les Camiriens [1]. Les Telchiniens passaient aussi pour des enchanteurs : on dit qu'ils avaient le pouvoir d'amener les nuages, d'attirer la pluie, la grêle et la neige. Ils faisaient des prodiges comme les magiciens. Ils changeaient de forme à leur gré, et faisaient un secret de leurs arts [2]. Neptune, parvenu à l'âge viril, aima Halia, sœur des Telchines ; il en eut six fils et une fille nommée Rhodes qui donna son nom à l'île. A cette époque naquirent les Géants, dans la partie orientale. Après avoir vaincu les Titans, Jupiter aima une nymphe, nommée Himalia, et en eut trois fils, Spartée, Cronius et Cytus. Dans le temps où ceux-ci étaient encore jeunes, Vénus, venant de Cythère dans l'île de Cypre, voulut aborder à Rhodes ; mais les insolents fils de Neptune l'en empêchèrent ; la déesse, irritée, les jeta dans une frénésie, pendant laquelle ils violèrent leur propre mère et maltraitèrent les habitants. Apprenant leurs crimes, Neptune, pour cacher sa honte, enferma ses fils dans le sein de la terre, où on leur donna depuis le nom de démons de l'Orient. Halia, leur mère,

---

[1] Lindus, Jalysus et Camire sont des villes de Rhodes.

[2] Dans toutes les contrées de la terre, les magiciens et sorciers ont été le cortège obligé des populations primitives. Les peuples sauvages de l'Afrique et de l'Amérique ont, comme les Rhodiens et les Crétois d'il y a quarante siècles, leurs Telchines et leurs Dactyles. Toutes les nations se ressemblent à leur origine. L'étude des mœurs des sauvages supplée parfaitement au défaut des premiers documents historiques.

se précipita dans l'Océan, fut appelée Leucothée et reçut des habitants les honneurs divins.

LVI. Dans la suite des temps, les Telchines, prévoyant un déluge, quittèrent l'île et se dispersèrent. L'un d'eux, Lycus, vint en Lycie; il construisit, aux bords du fleuve Xanthus, le temple d'Apollon Lycien. Les autres périrent au moment du déluge, dont les eaux couvraient toutes les campagnes de l'île. Quelques-uns cependant parvinrent à se sauver sur les montagnes, et, entre autres, les fils de Jupiter. Enfin Hélius, épris de Rhodes, dessécha l'île et lui donna le nom de celle qu'il aimait. Le vrai sens de ce mythe est que le terrain de l'île ayant été primitivement marécageux, le Soleil (*Hélius*) le dessécha en grande partie, et rendit la terre si féconde qu'il en sortit les Héliades au nombre de sept, et les autres peuples autochthones. C'est pourquoi l'île de Rhodes a été consacrée au Soleil, et ses habitants vénèrent plus que les autres dieux Hélius, qu'ils considèrent comme l'auteur de leur race. Les sept fils d'Hélius furent Ochimus, Cercaphus, Macar, Actis, Ténagès, Triopas et Candalus. Hélius n'eut qu'une seule fille, nommée Électryone, qui mourut vierge et reçut des Rhodiens les honneurs héroïques. Lorsque les Héliades eurent atteint l'âge viril, Hélius leur prédit que Minerve habiterait parmi ceux qui les premiers lui offriraient des sacrifices, et il fit la même prédiction aux habitants de l'Attique; les Héliades oublièrent, dans leur précipitation, d'apporter d'abord le feu et d'y mettre ensuite la victime; au lieu que Cécrops, roi des Athéniens, plaça la victime sur le feu qu'il avait d'abord apporté, et accomplit le sacrifice. Aussi conserve-t-on, à ce que l'on dit, encore aujourd'hui à Rhodes quelques rites particuliers dans les sacrifices; et on y trouve la statue de la déesse. Voilà ce que quelques-uns, et particulièrement Zénon[1], l'historien de Rhodes, rapportent des anciennes traditions des Rhodiens.

LVII. Les Héliades se distinguèrent des autres hommes par

---

[1] Ce Zénon, dont Diogène Laërce a fait mention, paraît avoir vécu sous le règne du premier Ptolémée, fils de Lagus.

leur instruction et surtout par leurs connaissances en astrologie. Ils firent plusieurs découvertes utiles à la navigation et réglèrent ce qui concerne les saisons. Ténagès, qui avait le plus de talent naturel, périt par la jalousie de ses frères. Le crime ayant été découvert, tous les coupables prirent la fuite. Macar se retira à Lesbos, et Candalus à Cos. Actis aborda en Égypte, et fonda la ville à laquelle il donna le nom d'Héliopolis[1]. Les Égyptiens apprirent de lui les théorèmes de l'astronomie. Ensuite, arriva en Grèce un déluge qui fit périr, par une inondation, la plupart des hommes, ainsi que leurs monuments littéraires. Les Égyptiens, profitant de cette circonstance, se sont approprié les connaissances astronomiques, et les Grecs, dans l'ignorance des lettres, ne trouvant rien à leur opposer, l'opinion prévalut que les Égyptiens avaient les premiers observé le cours des astres. Les Athéniens, quoiqu'ils eussent fondé en Égypte la ville de Saïs, restèrent dans la même ignorance à cause du déluge. Par suite de ces souvenirs effacés, on regarda, plusieurs générations après, Cadmus, fils d'Agénor, comme ayant le premier apporté les lettres de la Phénicie en Grèce ; et les Grecs, en raison de leur ignorance, ne passèrent que pour avoir, par la suite, ajouté à ces lettres quelques perfectionnements. Triopas aborda dans la Carie et vint occuper le promontoire appelé, d'après lui, *Triopium*[2]. Quant aux autres fils d'Hélius qui n'avaient point trempé dans le meurtre de leur frère, ils demeurèrent à Rhodes et construisirent la ville d'Achaïa, dans la Jalysie, où ils étaient établis. L'aîné, Ochimus, roi de l'île, épousa Hégétorie, une des nymphes du pays. Il en eut pour fille Cydippe, qui changea ensuite son nom en celui de Cyrbé. Cercaphus l'épousa et succéda à la couronne de son frère ; après sa mort, Cercaphus eut pour successeurs ses trois fils Lyndus, Jalysus et Camirus. Pendant leur règne, la mer déborda et rendit déserte la ville de Cyrbé ; ils se partagèrent le territoire, et chacun y fonda une ville de son nom.

---

[1] Ville d'Hélius *Soleil*.
[2] Aujourd'hui le cap *Crio*.

LVIII. A cette même époque, Danaüs fuyait de l'Égypte avec ses filles. Il vint aborder à Lindus, dans l'île de Rhodes. Bien accueilli des habitants, il éleva un temple à Minerve, et consacra une statue à la déesse. Des filles de Danaüs, trois moururent pendant leur séjour à Lindus; les autres débarquèrent avec leur père à Argos. Ce fut peu de temps après que Cadmus, cherchant Europe, par ordre du roi Agénor, son père, aborda à Rhodes. Assailli, pendant la traversée, par une violente tempête, il avait fait vœu d'élever un temple à Neptune. Il construisit donc ce temple dans l'île de Rhodes, et laissa quelques Phéniciens pour le desservir. Ceux-ci se mêlèrent aux Jalysiens, partagèrent leurs droits de cité; c'est parmi eux que sont pris leurs successeurs au sacerdoce. Cadmus honora aussi par des offrandes la Minerve Lindienne; parmi ces offrandes se trouva un magnifique bassin d'airain fabriqué à la façon antique. Ce bassin portait une inscription tracée en caractères phéniciens qu'on dit avoir été primitivement transportés de la Phénicie en Grèce. La terre de Rhodes produisit dans la suite d'énormes serpents qui dévorèrent un grand nombre d'habitants. Ceux qui avaient échappé à ces animaux envoyèrent à Délos consulter le dieu sur le moyen de détourner le fléau : Apollon leur ordonna d'accueillir Phorbas et ses compagnons, et d'habiter avec eux l'île de Rhodes. Phorbas, fils de Lapithus, demeurait alors en Thessalie avec sa troupe, cherchant un pays pour s'y établir. Les Rhodiens le firent donc venir, selon l'ordre de l'oracle, et lui donnèrent une partie de leur territoire. Phorbas extermina les serpents, et, ayant délivré Rhodes de ce fléau, il y fixa sa demeure. Il se conduisit, dans d'autres circonstances, en homme de bien, et obtint, après sa mort, les honneurs héroïques.

LIX. Quelque temps après, Althémène, fils de Catrée, roi de Crète, étant allé consulter l'oracle sur divers sujets, il reçut en réponse qu'il était condamné par le destin à tuer son père de sa propre main. Pour prévenir ce forfait, il s'exila lui-même de Crète, et s'embarqua avec une troupe de volontaires. Il aborda à Camire, dans l'île de Rhodes, et éleva sur le mont Atabyre le temple de Jupiter Atabyrien. Ce temple, placé sur une hauteur d'où l'on aperçoit Crète, est encore aujourd'hui en grande vénération. Althémène s'établit donc avec ses compagnons à Camire, et fut honoré des habitants. Cependant, Catrée, son père, qui n'avait point d'autre enfant mâle, et qui aimait beaucoup Althémène, fit voile pour Rhodes, impatient de trouver son fils et de le ramener en Crète. Mais, poussé par la fatalité du destin, Catrée débarqua la nuit dans Rhodes, et sa descente ayant excité du tumulte, il en vint à un combat avec les habitants. Althémène, arrivé à leur secours, lança son javelot, atteignit son père et le tua sans le savoir. Quand la chose fut connue, Althémène ne put supporter la grandeur de son infortune, et, fuyant la rencontre et la société des hommes, il erra seul dans les lieux déserts où il s'était retiré, et mourut de chagrin. Dans la suite, il reçut des Rhodiens, conformément à un oracle, les honneurs héroïques. Peu de temps avant la guerre de Troie, Tlépolème, fils d'Hercule, s'exila d'Argos pour avoir tué involontairement Licymnius. Après avoir consulté l'oracle sur la fondation d'une colonie, il aborda avec quelques compagnons dans Rhodes, où il fut bien accueilli des habitants, et y établit sa demeure. Devenu roi de toute l'île, il en partagea également le territoire et gouverna avec justice. Enfin, marchant avec Agamemnon contre Troie, il laissa le gouvernement de l'île à Butas qui l'avait suivi lorsqu'il s'exila d'Argos. Tlépolème s'illustra dans cette guerre, et mourut dans la Troade.

LX. Comme l'histoire de Rhodes se rattache en partie à celle de la Chersonèse[1], située en face de cette île, j'ai jugé à propos de m'arrêter sur cette dernière. La Chersonèse, selon quelques-uns, a pris anciennement ce nom de sa forme qui est celle d'un isthme. Mais, selon d'autres écrivains, c'est un roi du pays qui lui a laissé ce nom. Peu de temps après le règne

---

[1] Χερρόνησος signifie littéralement *île (langue) de terre*. C'est ici la saillie la plus avancée (cap Crio) du littoral de la Carie.

de ce roi, cinq Curètes passèrent de la Crète dans la Chersonèse : ils descendaient, dit-on, de ceux qui, ayant reçu Jupiter des mains de Rhéa sa mère, l'avaient nourri sur les monts Idéens, en Crète. Arrivés avec une flotte nombreuse, ils chassèrent les Cariens, habitants de la Chersonèse, divisèrent le territoire en cinq parties, et chacun bâtit dans celle qui lui était échue en partage une ville à laquelle il donna son nom. Peu de temps après, Io, fille d'Inachus, roi d'Argos, ayant disparu, son père fit partir un de ses généraux, nommé Cyrnus, avec une flotte considérable et lui ordonna de chercher Io en tout lieu, et de ne point revenir sans s'en être emparé. Cyrnus, après avoir parcouru beaucoup de contrées de la terre sans la trouver, aborda dans la Chersonèse en Carie. Renonçant au retour dans sa patrie, il s'établit dans la Chersonèse, parvint, moitié par force et moitié par persuasion, à se faire proclamer roi d'une partie de la contrée, où il fonda la ville qu'il appela de son nom, Cyrnus. Son règne était populaire, et il fut très-estimé de ses concitoyens.

LXI. Après ce temps-là, Triopas, un des fils du Soleil et de Rhodus, exilé à cause du meurtre de son frère Ténagès, arriva dans la Chersonèse. Là, ayant été purifié de son crime par le roi Mélisée, il s'embarqua pour la Thessalie, afin d'offrir son alliance aux enfants de Deucalion. Il les aida à chasser de la Thessalie les Pélasges, et obtint en partage le champ appelé *Dotium*. Là, il abattit le temple de Cérès et en employa les matériaux pour se construire un palais. Exécré par les habitants à cause de ce sacrilège, il quitta la Thessalie et vint avec plusieurs de ses anciens compagnons se réfugier dans la Cnidie. Il y construisit un fort qui fut nommé, d'après lui, *Triopium*. Il passa ensuite dans la Chersonèse, et en prit possession aussi bien que d'une partie de la Carie limitrophe. Beaucoup d'historiens et de poëtes ne sont pas d'accord sur l'origine de Triopas. Car quelques-uns le disent fils de Neptune et de Canacé, fille d'Éole, tandis que, selon d'autres, il était fils de Lapithus, né d'Apollon, et de Stilbé, fille de Pénéus.

LXII. Il y a dans Castabus, ville de la Chersonèse, un temple consacré à Hémithée, dont il ne faut pas omettre l'histoire. Les traditions varient beaucoup à ce sujet; nous ferons connaître celle qui est la plus accréditée auprès des habitants mêmes du pays. Staphylus et Chrysothemis eurent trois filles : Molpadia, Rhoïo et Parthenos. Rhoïo fut aimée d'Apollon et devint enceinte. Son père, irrité, lui reprocha d'avoir été déshonorée par un homme; il enferma donc sa fille dans une caisse et la jeta à la mer. La caisse ayant été apportée par les flots à Délos, Rhoïo accoucha d'un enfant mâle qu'elle nomma Anius. Sauvée contre toute attente, elle déposa l'enfant sur l'autel d'Apollon, et implora le dieu afin de le conserver s'il le reconnaissait pour son fils. Apollon cacha l'enfant; ensuite, songeant à son éducation, il lui enseigna l'art divinatoire, ce qui lui attira de grands honneurs. Molpadia et Parthenos, sœurs de Rhoïo séduite, chargées un jour de garder le vin de leur père, boisson qui venait d'être découverte parmi les hommes, tombèrent dans un profond sommeil; en ce moment, des pourceaux qu'on nourrissait dans la maison brisèrent le vase de terre contenant ce vin, qui fut ainsi perdu. Ces filles, voyant ce qui était arrivé et redoutant la brusquerie de leur père, s'enfuirent au bord de la mer et s'y précipitèrent du haut des rochers. Apollon, qui s'intéressait à ces filles à cause de leur sœur, les reçut dans leur chute et les transporta dans les villes de la Chersonèse; Parthenos est vénérée à Bubaste où elle a son temple, et Molpadia à Castabus, où, à cause de l'apparition du dieu qui l'avait secourue, elle prit le nom d'Hémithée[1], et est vénérée de tous les habitants de la Chersonèse. En souvenir de l'aventure du vin, pendant les sacrifices qu'on lui offre, on fait les libations avec de l'hydromel, et il est défendu à tout homme qui a touché un porc ou mangé de sa chair d'entrer dans le temple d'Hémithée.

LXIII. La prospérité du temple d'Hémithée s'est accrue, dans la suite, au point que non-seulement ce temple est particulièrement révéré des habitants du pays, mais encore on s'y rend de

---

[1] Ἡμιθέα, demi-déesse.

fort loin pour y faire de pompeux sacrifices et de magnifiques offrandes. Bien plus, les Perses, maîtres de l'Asie, et qui ont pillé tous les temples des Grecs, ont respecté le seul temple d'Hémithée. Les brigands mêmes, qui pourtant n'épargnent rien, se sont abstenus de violer ce sanctuaire, bien qu'il ne fût pas fortifié et qu'on pût le piller impunément. On rattache l'origine de ce culte célèbre à l'intérêt commun des hommes. En effet, la déesse apparaissait en songe aux malades, leur indiquait clairement les moyens de guérison : beaucoup d'infirmes, atteints de maladies désespérées, ont ainsi recouvré la santé; en outre, la déesse est propice aux femmes dont les accouchements sont laborieux, et elle en écarte les dangers. Aussi son temple est-il rempli d'offrandes qu'on y conserve depuis les temps antiques; et ces offrandes sont gardées, non par une garnison, ni par une forte muraille, mais par une superstition religieuse invétérée. Nous en avons assez dit sur Rhodes et la Chersonèse.

LXIV. Nous allons maintenant parler de l'île de Crète. Les habitants de cette île disent que leurs premiers ancêtres, appelés Étéocrètes, étaient autochthones. Leur roi, nommé Crès, fit dans l'île un grand nombre d'inventions très-utiles à la société des hommes. Selon leur mythologie, la plupart des dieux sont nés chez eux et ont obtenu par leurs bienfaits les honneurs immortels. Nous rapporterons ici ces traditions en abrégé, sur l'autorité des plus célèbres historiens de la Crète. Les premiers habitants de Crète, dont la mémoire se soit conservée, demeuraient aux environs du mont Ida, et s'appelaient Dactyles idéens. Suivant les uns, ils étaient au nombre de cent; mais selon d'autres, ils n'étaient que dix, c'est-à-dire en nombre égal aux doigts des deux mains[1]. Quelques historiens, au nombre desquels est Éphore, soutiennent que les Dactyles idéens sont nés sur le mont Ida en Phrygie, et qu'ils passèrent avec Minos en Europe. Magiciens, ils se livraient aux enchantements, aux initiations et aux mystères; et pendant leur séjour à Samothrace, ils n'étonnèrent pas médiocrement les habitants

---

[1] Δάκτυλος signifie en même temps *doigt* et *Dactyle*.

par leurs prestiges. Orphée, né avec un talent remarquable pour la poésie et le chant, fut dans ce temps-là leur disciple, et introduisit le premier en Grèce les initiations et les mystères. Les Dactyles idéens passent pour avoir fait connaître l'usage du feu et découvert le cuivre et le fer, ainsi que l'art de travailler ces métaux, dans la contrée des Aptéréens, près du mont Bérécynthe ; auteurs de ces grands bienfaits, ils obtinrent les honneurs divins. On rapporte que l'un d'eux, plus renommé que les autres, fut nommé Hercule ; il institua les jeux olympiques, et c'est par une similitude de noms que la postérité rapporta l'institution des jeux olympiques à Hercule, fils d'Alcmène. Des preuves de ce fait se trouvent dans les paroles magiques et les amulettes que beaucoup de femmes attribuent encore aujourd'hui à ce dieu, comme s'il avait été versé dans les mystères sacrés ; ce qui s'éloigne complétement du caractère d'Hercule, fils d'Alcmène.

LXV. Après les Dactyles idéens, il y eut neuf Curètes. Quelques mythologues les disent enfants de la Terre, d'autres les regardent comme les descendants des Dactyles. Ils habitaient les lieux boisés et abrupts des montagnes ; en un mot, on leur supposait des refuges naturels, parce qu'on n'a jamais découvert les constructions de leurs demeures. Doués d'une grande intelligence, ils ont fait connaître beaucoup d'inventions utiles. Ils ont les premiers rassemblé des troupeaux de brebis, ils ont apprivoisé d'autres genres de bestiaux pour le service des hommes, et enseigné l'éducation des abeilles ; ils ont introduit l'usage de l'arc et l'art de la chasse ; ils ont été les fondateurs de la vie commune et d'une société réglée. Ils ont inventé l'épée, le casque et les danses militaires : c'est par le bruit de ces danses qu'ils trompèrent Saturne, lorsque Rhéa leur donna à nourrir Jupiter, à l'insu de son père Cronos. Pour raconter cette histoire en détail, nous devons la reprendre d'un peu plus haut.

LXVI. Suivant la mythologie des Crétois, les Titans vivaient du temps des Curètes. Ils habitaient d'abord le pays des Cnossiens, où l'on montre encore aujourd'hui les fondements de l'édifice de Rhéa et un bois de cyprès anciennement plantés. Leur famille était composée de six hommes et de cinq femmes, tous enfants d'Uranus et de la Terre; ou, selon d'autres, d'un des Curètes et de Titéa, qui leur laissa son nom. Les enfants mâles étaient Saturne, Hypérion, Coïus, Iapet, Crius et Océanus. Les filles étaient Rhéa, Thémis, Mnémosyne, Phœbé et Téthys. Chacun des Titans fut l'auteur de quelque découverte utile aux hommes; ce qui leur valut un souvenir et des honneurs immortels. Saturne, l'aîné de tous, devint roi, et, après avoir adouci les mœurs de ses sujets, qui vivaient auparavant à l'état sauvage, il acquit une grande réputation. Il visita beaucoup de lieux de la terre et introduisit partout la justice et la simplicité des mœurs; les hommes qui ont vécu sous le règne de Saturne passent pour avoir été doux, exempts de vices et parfaitement heureux. Il a régné surtout dans les pays de l'occident, où sa mémoire est en très-grande vénération. En effet, jusque dans ces derniers temps, les Romains, les Carthaginois lorsque leur ville subsistait encore, et tous les peuples de ces contrées, célébraient des fêtes et des sacrifices en son honneur, et plusieurs lieux ont pris le nom de Saturne. La stricte observation des lois fit que personne ne commit d'injustice; et les sujets de Saturne goûtèrent sans obstacle tous les plaisirs d'une vie heureuse. Le poëte Hésiode le témoigne dans ces vers[1] :

« Dans le temps où Saturne régnait dans le ciel, les hommes vivaient heureux comme les immortels, sans souci, sans labeur, sans misère, et ne vieillissaient point; leurs mains et leurs pieds étaient toujours vigoureux; ils se réjouissaient dans les festins, loin de tous les maux; ils mouraient comme surpris par le sommeil. Ils avaient tous les biens en abondance. La terre donnait du blé sans culture. Leurs travaux se partageaient entre eux volontairement et sans trouble. Ils étaient riches en fruits et chers aux dieux. »

Voilà ce que les mythologues racontent de Saturne.

LXVII. Hypérion passe pour avoir reconnu par une obser-

---

[1] *Opera et Dies*, vers 111 et suiv.

vation exacte les mouvements du soleil, de la lune et des autres astres, ainsi que les saisons subordonnées à ces mouvements; et il transmit ces connaissances aux autres hommes. On l'appelle le Père des astres, parce qu'il est l'auteur des premières observations astronomiques. Latone fut fille de Coïus et de Phœbé. Iapet fut père de Prométhée, qui, selon quelques mythographes, déroba aux dieux le feu pour en faire présent aux hommes; ce qui veut dire que Prométhée a découvert les matières combustibles avec lesquelles on produit le feu. Parmi les Titanides, on attribue à Mnémosyne l'art du raisonnement: elle imposa des noms à tous les êtres, ce qui nous permet de les distinguer et de converser entre nous; mais ces inventions sont aussi attribuées à Mercure. On doit aussi à Mnémosyne les moyens de rappeler la mémoire des choses passées dont nous voulons nous ressouvenir, ainsi que son nom l'indique déjà. Thémis, la première, fit connaître l'art divinatoire, les sacrifices, les cérémonies du culte des dieux, la justice et la paix : c'est pourquoi on appelle *Thesmophylaques* ou *Thesmothètes* [1] ceux qui veillent au culte des dieux et au maintien des lois. Lorsqu'Apollon doit rendre un oracle, nous disons qu'il *thémistise* [2], de Thémis, qui passe pour avoir inventé les oracles. Ainsi, les dieux, par les bienfaits dont ils ont comblé le genre humain, non-seulement ont mérité les honneurs immortels, mais encore ils passent pour avoir les premiers habité l'Olympe, après avoir quitté le séjour des hommes.

LXVIII. De Saturne et de Rhéa naquirent Vesta, Cérès, Junon, Jupiter, Neptune et Pluton. Vesta [3] inventa la construction des maisons; en reconnaissance de ce bienfait, on vénère dans toutes les maisons l'image de cette déesse, et on célèbre des sacrifices en son honneur. Cérès a la première

---

[1] Θεσμοφύλακες καὶ θεσμοθέται. Θεσμός est à peu près synonyme de θέμις (*Thémis*), justice.
[2] Θεμιστεύειν. A la place de ce mot les Grecs employaient plus souvent le mot χρηματίζειν.
[3] Ἑστία, foyer.

enseigné aux hommes à semer, à cultiver et à moissonner le blé, qui croissait autrefois confondu avec les autres herbes des champs. Elle avait découvert le blé avant de mettre au monde Proserpine. Mais, après la naissance et le rapt de Proserpine par Pluton, elle brûla toutes les moissons, par haine contre Jupiter et dans la douleur d'avoir perdu sa fille. Cependant elle se réconcilia avec Jupiter dès qu'elle eut retrouvé Proserpine, et communiqua la culture du blé à Triptolème, fils de Jupiter, avec l'ordre d'en faire part à tous les hommes. Quelques-uns disent aussi qu'elle institua des lois d'après lesquelles les hommes s'habituaient à se rendre justice les uns aux autres; et que la déesse reçut d'eux le surnom de *Thesmophore*[1]. En reconnaissance de si grands bienfaits, on lui accorda les plus grands honneurs, les sacrifices et les fêtes les plus magnifiques, non-seulement chez les Grecs, mais encore chez presque tous les Barbares qui connaissent l'usage du blé.

LXIX. Beaucoup de peuples se disputent l'honneur d'avoir les premiers possédé Cérès et les dons qu'elle a apportés. Ainsi les Égyptiens soutiennent que Cérès et Isis sont une même divinité; et qu'elle a la première apporté le blé en Égypte, dont les champs sont fertilisés par les eaux du Nil et la température d'un climat propice. Les Athéniens prétendent également que le blé a été découvert chez eux, bien qu'ils ne nient pas qu'on en ait apporté d'autre part dans l'Attique. En effet, Éleusis, où l'on fit jadis venir le premier blé de l'étranger, a tiré son nom de cette circonstance[2]. Enfin, les Siciliens, dont l'île est consacrée à Cérès et à Proserpine, disent qu'il est naturel que la déesse ait gratifié de ce don les habitants du pays dont le séjour lui était le plus cher; et qu'il est absurde de croire qu'après s'être établie dans un pays auquel il ne manque rien, elle ne l'eût fait participer que le dernier à un tel bienfait. En effet, c'est en Sicile que, selon le témoignage universel, a eu lieu le rapt de Proserpine; et le territoire de cette île est le plus

---

[1] Θεσμοφόρος, ἡ, législatrice.
[2] Ἐλεύθω, rac. de ἐλεύσομαι, j'arrive (de l'étranger).

propre à la culture du blé ; ce qui a fait dire au poëte : « Là croissent, sans semaille et sans culture, l'orge et le froment[1]. » Voilà ce que les mythologues racontent de Cérès.

Quant aux autres enfants de Saturne et de Rhéa, les Crétois rapportent que Neptune est le premier qui s'occupa de travaux maritimes, et équipa des flottes dont Saturne lui donna le commandement. C'est pourquoi il était considéré, par la suite, comme le maître de la mer, et les navigateurs le vénéraient par des sacrifices. On attribue aussi à Neptune l'art de dompter les chevaux et l'enseignement de l'équitation ; ce qui lui a valu le surnom d'*Hippius*[2]. Pluton établit le premier l'usage de la sépulture et les funérailles avec lesquelles on honore les morts, dont on ne prenait jadis aucun soin. C'est pourquoi on lui attribua de toute antiquité l'empire des morts.

LXX. On n'est pas d'accord sur la naissance et la royauté de Jupiter. Selon les uns, Jupiter, sans avoir employé aucune violence contre Saturne, succéda à son père lorsque celui-ci échangea la terre contre le séjour des immortels, et acquit ainsi légitimement le trône. Mais selon d'autres mythologues, un oracle avait prédit à Saturne, au moment de la naissance de Jupiter, que l'enfant arracherait le sceptre des mains de son père. Aussi Saturne fit-il plusieurs fois disparaître ses enfants dès leur naissance. Rhéa, indignée et ne pouvant faire changer son mari de résolution, cacha sur le mont Dictée Jupiter, dont elle venait d'accoucher, et le donna à nourrir aux Curètes qui habitaient autour du mont Ida ; ceux-ci le transportèrent dans un antre et le remirent à des nymphes, en leur recommandant de mettre tous leurs soins à l'éducation de cet enfant. Ces nymphes le nourrirent d'un mélange de miel et de lait, et le firent allaiter par une chèvre nommée Amalthée. Il reste encore aujourd'hui dans l'île de Crète plusieurs indices de la naissance et de l'éducation de Jupiter. Ainsi, on raconte que, lorsque les Curètes emportaient l'enfant nouveau-né, le cordon

---

[1]. *Odyssée*, IX, 109.

[2] Ἵππος, cheval.

ombilical tomba auprès du fleuve Triton ; que cet endroit fut, à cause de cet événement, consacré sous le nom d'*Omphalos*[1], et la campagne environnante appelée *Omphalium*. L'antre du mont Ida, où le dieu a été nourri, est également un lieu sacré, ainsi que les prés qui l'entourent. Nous ne devons pas omettre un fait fort singulier que l'on raconte des abeilles. Jupiter, pour perpétuer le souvenir de son séjour sur le mont Ida, changea leur couleur naturelle en une teinte jaune d'airain. Comme cette montagne est très-haute, exposée aux vents et aux neiges, il rendit les abeilles qui s'y trouvaient insensibles à toutes les rigueurs du climat. Pour consacrer la mémoire de la chèvre qui l'avait nourri, il prit le surnom d'*Ægiochos*[2]. Parvenu à l'âge viril, il établit le premier une ville près de Dicta, qui passe pour le lieu de sa naissance. Quoique cette ville ait été abandonnée depuis, on voit encore aujourd'hui les débris de ses fondations.

LXXI. Jupiter a été sans égal en courage, en intelligence, en équité, enfin en tout genre de vertus. Héritier du royaume de Saturne, il combla les hommes de ses bienfaits. Il leur enseigna le premier à observer entre eux les règles de la justice, à s'abstenir de toute violence, et il établit des tribunaux pour terminer leurs différends. Enfin, par de bonnes lois, il assura la tranquillité publique, gagnant les bons et intimidant les méchants. Il visita presque toute la terre, exterminant les brigands et les impies, et introduisant partout l'égalité et la démocratie. On raconte qu'à la même époque il tua les géants Mylinus en Crète, et Typhon en Phrygie. Avant de combattre les Géants en Crète, Jupiter sacrifia au Soleil, au Ciel et à la Terre, et il lut dans les entrailles des victimes le sort qui lui était destiné. Il y vit d'abord la désertion d'une partie de ses ennemis qui devaient passer dans son camp ; l'issue de la lutte confirma ces présages. En effet, Musée abandonna les rangs des ennemis, et il obtint les honneurs qui lui étaient assignés. Mais les dieux

---

[1] Ὀμφαλός, nombril.
[2] Αἰγίοχος, qui tient la chèvre ; d'αἴξ, chèvre, et de ἔχω, je tiens.

détruisirent tous leurs ennemis. Il s'alluma encore d'autres guerres contre les Géants, auprès de Pallène en Macédoine et dans la plaine qui, depuis sa combustion, se nommait *Champ Phlégréen*, et qu'on appelle aujourd'hui la campagne de Cumes. Jupiter châtia les Géants pour les injures qu'ils faisaient souffrir aux hommes ; car, confiants dans la grandeur démesurée de leur taille et dans leur force corporelle, ils réduisaient en esclavage leurs voisins, désobéissaient aux lois de la justice, et déclaraient la guerre à ceux qui par leurs bienfaits avaient été placés au rang des dieux. Jupiter ne fit pas seulement disparaître les impies et les méchants, il distribua encore des honneurs mérités aux meilleurs des dieux, des héros, et des hommes. Ainsi, c'est par la grandeur de ses bienfaits et l'immensité de sa puissance qu'il a reçu d'un commun accord le royaume éternel et le séjour de l'Olympe.

LXXII. C'est en honneur de Jupiter que l'on a institué les sacrifices qui se célèbrent avec plus de pompe que pour tous les autres dieux; depuis qu'il habite le ciel, d'après la conviction qui a pénétré dans l'âme de tout le monde, Jupiter est l'arbitre de tout ce qui se passe dans les régions célestes : il est le maître de la pluie, du tonnerre et de la foudre. On l'appelle *Zeus*[1], parce que les hommes le considèrent comme le principe de la vie, et comme amenant, par les agents environnants, les fruits à leur perfection. On l'appelle aussi Père, parce qu'il veille sur tous les hommes, et qu'il passe pour l'auteur du genre humain. On l'appelle souverain et roi, à cause de l'immensité de son empire, bon conseiller et sage, pour exprimer la prudence de ses conseils. Les mythologues rapportent que Minerve naquit de Jupiter dans l'île de Crète, aux sources du fleuve Triton, d'où elle a tiré le surnom de Tritogénie. On voit encore aujourd'hui auprès de ces sources et dans le lieu même de sa naissance, un temple consacré à cette déesse. Les noces de Jupiter et de Junon furent célébrées dans le territoire des Cnossiens, près du fleuve Thérène, dans un endroit où existe aujourd'hui un tem-

---

[1] Voyez tome 1, page 242.

ple. Les habitants y célèbrent des sacrifices annuels où l'on représente les antiques cérémonies du mariage. Les déesses nées de Jupiter sont Vénus, les Grâces, Lucine, Diane son aide, et les Heures, savoir, Eunomia, Dicé et Iréné. Les dieux sont Vulcain, Mars, Apollon et Mercure.

LXXIII. Pour immortaliser leur mémoire auprès des hommes, Jupiter communiqua à ces divinités la science de ses inventions et l'honneur de ses découvertes. Il chargea Vénus de veiller sur la jeunesse des jeunes filles prêtes à se marier, ainsi que sur les sacrifices et les cérémonies que les hommes font pendant le mariage. Tous néanmoins sacrifient d'abord à Jupiter *Télios* et à Junon *Télia*[1], considérés comme les principes de toutes choses. Les Grâces reçurent le don d'embellir la figure et de charmer les regards par le maintien de chaque partie du corps; de plus, elles président à la distribution des bienfaits et à la reconnaissance due aux bienfaiteurs. Lucine a soin des femmes en couches; aussi est-elle invoquée dans les douleurs de l'enfantement. Diane veille à la première éducation des enfants, auxquels elle procure les aliments convenables, et c'est pourquoi on l'a surnommée *Kourotrophos*[2]. Chacune des Heures a, suivant son nom, pour attribution, l'ordre de la vie sociale, pour la plus grande utilité des hommes[3]. On attribue à Minerve la culture des oliviers, qu'elle communiqua aux hommes aussi bien que l'usage de leur fruit. Car avant elle l'olivier était laissé inculte parmi les arbres sauvages, et on n'en avait aucun soin. C'est aussi Minerve qui a enseigné la préparation des vêtements et l'architecture; elle a beaucoup agrandi les autres connaissances humaines. Elle inventa les flûtes et l'emploi de ces instruments dans la musique, ainsi que beaucoup d'autres ouvrages d'art. C'est pourquoi on l'a surnommée *Ergane*[4].

LXXIV. Les Muses ont reçu de leur père le don de l'inven-

---

[1] Τέλειος, τελεία, qui met la dernière main à tout ce qui s'accomplit.
[2] Κουροτρόφος, ή, nourrice d'enfants.
[3] Εὐνομία, bonne législation, Δίκη, justice, Εἰρήνη, paix.
[4] Ἐργάνη, ouvrière.

tion des lettres et des compositions poétiques. Quant à ceux qui soutiennent que les Syriens sont les inventeurs des lettres qu'ils ont transmises des Phéniciens aux Grecs, par l'intermédiaire de Cadmus qui arriva en Europe, et que c'est pourquoi les Grecs nomment Phéniciens les caractères de l'écriture : on leur répond que les Phéniciens n'ont point primitivement inventé les lettres, et que la dénomination que les Grecs leur ont donnée vient de ce que les Phéniciens ont seulement changé le type de ces caractères dont la plupart des hommes se sont servis.

Vulcain fut l'inventeur de tous les ouvrages de fer, de cuivre, d'or, d'argent, enfin de toutes les matières susceptibles d'être travaillées au feu. Il enseigna aussi aux artisans et à tous les hommes les autres usages du feu. C'est pourquoi les artisans invoquent particulièrement ce dieu, lui offrent des sacrifices et lui donnent avec tous les hommes le nom de Vulcain, pour conserver le souvenir immortel d'un si grand bienfait. Mars a le premier fabriqué des armes, équipé des soldats et introduit dans les combats cette ardeur guerrière avec laquelle il exterminait les impies. Apollon passe pour l'inventeur de la cithare et de son usage en musique. De plus, il a appris aux hommes la science de la médecine, de celle qui se pratique au moyen de l'art divinatoire, et par laquelle on traitait anciennement les malades. Il fut aussi l'inventeur de l'arc et enseigna aux Crétois la manière de s'en servir. Ils donnent à l'arc le surnom de *scythique* [1], et les Crétois se piquent le plus d'adresse dans l'exercice de cette arme. Esculape, fils d'Apollon et de Coronis, instruit dans la médecine en grande partie par son père, y ajouta l'invention de la chirurgie, la préparation des remèdes, et la découverte des propriétés des racines. Il fit tellement avancer l'art qu'il en est regardé comme l'auteur et le fondateur.

LXXV. On range dans les attributions de Mercure les fonctions des hérauts en temps de guerre, les traités de paix et les

---

[1] Wesseling propose de lire ici Crétois (Κρητικόν) au lieu de *Scythique* (Σκυθικόν). Cette correction a été adoptée par Miot.

trêves. On lui donne comme emblème de son autorité le caducée que portent les parlementaires, et qui garantit leur sûreté auprès des ennemis. C'est pourquoi on donne à Mercure l'épithète de *Commun* [1], puisque les parties belligérantes ont un intérêt commun à faire la paix. On dit aussi que ce dieu a le premier imaginé les mesures, les balances et tous les instruments utiles au commerce; il a même, le premier, appris à s'approprier furtivement le bien d'autrui. Il passe d'ailleurs pour le héraut des dieux et le meilleur messager ou interprète de leurs ordres. C'est pourquoi on l'appelle *Hermès* [2]; non qu'il ait inventé les mots et les locutions, comme le prétendent quelques-uns, mais parce qu'il rendait avec clarté et éloquence les messages dont il était chargé. On attribue encore à Mercure l'invention de la palestre et de la lyre à écaille de tortue. Il imagina cet instrument après la lutte d'Apollon et de Marsyas, lorsqu'Apollon vainqueur, s'étant cruellement vengé de son antagoniste, se repentit, brisa les cordes de sa lyre et abandonna pour quelque temps la musique.

Selon les mythes des Crétois, Bacchus est l'inventeur de la culture de la vigne et de la fabrication du vin; il a enseigné aussi à emmagasiner une multitude de fruits d'automne, destinés à servir longtemps à la nourriture des hommes. Les Crétois prétendent que ce dieu est né chez eux, de Jupiter et de Proserpine; et qu'Orphée le représente dans les mystères, comme ayant été déchiré par les Titans. Mais il y a eu plusieurs Bacchus dont nous avons ailleurs parlé avec plus de détails [3]. Les Crétois citent comme preuves de la naissance de ce dieu en Crète, les deux îles qu'il a colonisées près des golfes Didymes; il les a, d'après lui, nommées Dionysiades, ce qu'il n'a fait à aucun autre pays de la terre.

LXXVI. Selon les mêmes mythes, Hercule, fils de Jupiter, est né en Crète bien des années avant que le fils d'Alcmène vînt

---

[1] Ἑρμῆς κοινός, *Hermes communis.*
[2] Ἑρμῆς, Hermès, de ἑρμηνεύω, j'interprète.
[3] Livre III, 71, et livre IV, 4.

au monde dans l'Argolide. On ne dit pas quelle était la mère du premier ; on sait seulement que, surpassant tous les hommes en force, il parcourut toute la terre, punissant les malfaiteurs et délivrant les pays des bêtes féroces qui les rendaient inhabitables. Après avoir délivré tous les hommes, il devint lui-même invincible et invulnérable ; et ceux-ci, reconnaissants de ses bienfaits, lui accordèrent les honneurs immortels. Hercule, fils d'Alcmène, beaucoup plus jeune, a pris celui-là pour modèle, et il a atteint l'immortalité par les mêmes voies ; dans la suite des temps, la similitude des noms et l'ignorance du vulgaire ont fait attribuer les exploits de l'ancien Hercule au fils d'Alcmène. Cependant les Crétois reconnaissent que ce premier Hercule a accompli ses principaux exploits en Égypte, où il a reçu les plus grands honneurs et où il a même fondé une ville.

Suivant la même mythologie des Crétois, Britomartis, surnommée Dictynna, naquit à Cœno, en Crète, de Jupiter et de Carmé, fille d'Eubulus, fils de Cérès. Elle inventa les filets de chasse, d'où lui vient le surnom de *Dictynna* [1]. Elle entretenait un commerce intime avec Diane ; c'est pourquoi quelques-uns ont considéré Dictynne et Diane comme une seule et même déesse ; mais Dictynne est vénérée chez les Crétois par des sacrifices particuliers et par des constructions sacrées. Ainsi, les historiens qui avancent que Dictynne fut ainsi appelée parce qu'elle se cacha dans des filets de pêcheurs, pour se dérober à la passion de Minos, se sont trompés. Car, d'un côté, il n'est point probable qu'une déesse, fille du plus grand des dieux, eût été réduite à implorer le secours des hommes ; et, d'un autre côté, il est injuste de représenter comme un si grand impie Minos, dont la vie sage et irréprochable a mérité tous les éloges.

LXXVII. Plutus naquit de Cérès et d'Iasion, à Tripolus, en Crète. On raconte sa naissance de deux manières. Selon les uns, Iasion ensemença la terre, laquelle ayant été soigneusement cultivée, produisit une si grande quantité de fruits que les

---

[1] Δίκτυον, filet.

hommes, voyant cette fertilité, lui donnèrent le nom de *Plutus* (Richesse). Aussi est-ce une locution devenue depuis traditionnelle de dire de celui qui a plus de biens qu'il ne lui en faut, qu'il possède Plutus [1]. Suivant d'autres mythologues, Plutus, fils de Cérès et d'Iasion, fut le premier qui eut soin d'amasser des richesses, et de les conserver ; car les hommes de l'ancien temps n'amassaient pas de richesses et ne songeaient pas à les garder.

Tels sont les mythes que les Crétois racontent des divinités qui sont nées dans leur île. Mais ce que nous allons rapporter est, selon eux, la plus grande preuve que les rites des sacrifices et les cérémonies ont été apportés de la Crète dans d'autres pays. Chez les Athéniens, l'initiation aux mystères d'Éleusis, la plus célèbre de toutes, aussi bien que l'initiation aux mystères de Samothrace et à ceux des Ciconiens en Thrace, institués par Orphée, ont lieu secrètement ; tandis qu'à Cnosse, en Crète, l'initiation se fait publiquement, et l'on ne cache rien à ceux qui veulent connaître ce qui est ailleurs tenu secret.

Mais les dieux, partant de la Crète, ont visité beaucoup d'endroits de la terre, pour communiquer au genre humain leurs découvertes et leurs bienfaits. Ainsi, Cérès passa dans l'Attique, de là elle se rendit en Sicile, et enfin en Égypte ; dans tous ces pays elle enseigna l'usage et la culture du blé, et elle s'attira les hommages de ceux qui avaient goûté de ses bienfaits. Vénus a séjourné au pied du mont Éryx, en Sicile, dans l'île de Cythère, à Paphos, en Cypre, et dans la Syrie, en Asie ; et les habitants de ces lieux de prédilection s'appropriant cette déesse, lui ont donné les surnoms d'*Érycine*, de *Cythérée*, de *Paphia* et de *Syrienne*. Apollon se montra longtemps à Délos, en Lycie, et à Delphes ; Diane à Éphèse, dans le Pont, en Perse et dans la Crète. De ces endroits ou des actions mémorables que ces divinités y ont commises, Apollon a été surnommé *Délien*, *Lycien* et *Pythien* ; et Diane *Éphésienne*, *Tauropole*, *Persique* ; quoique

---

[1] Πλοῦτος, richesse. Jeu de mots impossible à rendre en français.

tous deux soient nés en Crète. Cette déesse est très-vénérée en Perse ; et les Barbares célèbrent encore aujourd'hui, en l'honneur de Diane Persique, les mystères en usage chez d'autres peuples. Les mythologues racontent des choses semblables à l'égard des autres dieux ; mais il serait trop long de nous y arrêter, et les lecteurs peuvent facilement suppléer à notre silence.

LXXVIII. Beaucoup de générations après la naissance des dieux, il y eut, d'après la tradition, dans l'île de Crète, un grand nombre de héros, dont les plus célèbres sont Minos, Rhadamanthe et Sarpédon. Ils étaient, suivant les mythographes, fils de Jupiter et de la fille d'Agénor, Europe, qui par la providence des dieux fut transportée en Crète sur le dos d'un taureau. Minos, déjà très-avancé en âge, fut roi de l'île et y fonda des villes nombreuses, dont les trois plus considérables sont Cnosse, dans la partie qui regarde l'Asie, Phæstus, sur la côte méridionale, et Cydonie à l'occident, en face du Péloponnèse. Il donna aux Crétois beaucoup de lois qu'il feignit d'avoir reçues de Jupiter, son père, dans les entretiens qu'il aurait eus avec lui dans une grotte[1]. Maître d'une grande armée maritime, il soumit la plupart des îles, et par là il obtint, le premier des Grecs, l'empire de la mer. Enfin, après s'être acquis une grande renommée de bravoure et de justice, il mourut en Sicile pendant son expédition contre Cocalus. Nous en avons parlé en détail à l'occasion de Dédale, qui était la cause de cette expédition[2].

LXXIX. Rhadamanthe passe pour avoir exercé la justice avec le plus d'équité et pour avoir infligé des châtiments impitoyables aux brigands, aux impies et autres malfaiteurs. Il possédait de nombreuses îles et une grande partie du littoral de l'Asie ; toutes ces contrées s'étaient livrées volontairement à lui sur la réputation de sa justice. Rhadamanthe remit à Érythrus, un de ses fils, le royaume des Érythriens, ainsi appelés du nom de

---

[1] Ces entretiens avaient duré neuf ans. Homère, *Odyssée*, XIX, 179.
[2] Livre IV, 79.

ce dernier ; il donna l'île de Chio à Œnopion, fils d'Ariane, fille de Minos. C'est celui que quelques mythologues disent fils de Bacchus et instruit par son père dans la fabrication du vin. Rhadamanthe laissa enfin à chacun de ses lieutenants une île ou une ville, Lemnos à Thoas, Cyros à Égyée, Péparéthos[1] à Pamphilus, Maronée à Évambée, Paros à Alcée, Délos à Anion et Andros à Andrée qui, en raison de son extrême équité, laissa son nom à cette île. Rhadamanthe fut, selon les mythologues, établi juge dans les enfers, pour séparer les bons et les méchants ; il a donc obtenu le même honneur que Minos, le plus juste des rois. Sarpédon, leur troisième frère, passa, selon la tradition, en Asie avec une armée, et conquit la Lycie. Évandre, son fils, lui succéda dans le royaume de Lycie ; il épousa Deïdamia, fille de Bellérophon, et en eut Sarpédon qui accompagna Agamemnon[2] à la guerre de Troie, et que d'autres appellent fils de Jupiter. Minos eut, dit-on, deux fils, Deucalion et Molus ; le premier fut père d'Idoménée, et le second de Mérion. Ceux-ci avec quatre-vingts[3] navires suivirent Agamemnon contre Troie, et revinrent heureusement dans leur patrie, où ils reçurent, après leur mort, une magnifique sépulture et les honneurs immortels. On montre à Cnosse leur tombeau avec cette inscription : « Passant, tu vois ici le tombeau d'Idoménée de Cnosse, et moi, Mérion, fils de Molus, je repose auprès de lui. » Les Crétois les honorent par des sacrifices comme des héros célèbres ; et dans les dangers de la guerre ils invoquent leur secours.

LXXX. Après ces récits détaillés, il nous reste encore à parler des nations qui se sont mêlées avec les Crétois. Nous avons déjà dit que les premiers habitants de l'île, réputés autochthones, se nommaient Étéocrétois. Beaucoup de générations après, les Pélas-

---

[1] Petite île située à l'entrée du golfe de Salonique.
[2] Suivant le récit d'Homère, Sarpédon était du parti des Troyens contre Agamemnon. C'est pourquoi Wesseling avait déjà proposé de lire κατ' Ἀγαμέμνονος contre Agamemnon, au lieu de μετ' Ἀγαμέμνονος (avec Agamemnon) qu'il y a dans le texte.
[3] Iliade, II, v. 652.

ges, réduits à une vie errante par leurs expéditions et émigrations continuelles, abordèrent en Crète et vinrent occuper une partie de cette île. Une troisième race, celle des Doriens, alla s'y établir sous la conduite de Tectamus, fils de Dorus. Cette peuplade était composée en partie des habitants des environs du mont Olympe, et en partie des Achéens de la Laconie, lorsque Dorus commença son expédition en partant des environs de Malée. Une quatrième race était formée d'un mélange de Barbares, qui s'habituèrent, avec le temps, à parler la langue des Grecs, habitants de l'île. Minos et Rhadamanthe parvinrent ensuite, après de longs efforts, à ramener à l'unité ces différentes races de l'île. Enfin, après le retour des Héraclides, les Argiens et les Lacédémoniens envoyèrent des colonies dans plusieurs autres îles, se mirent en possession de ces îles et y fondèrent quelques villes dont nous parlerons en temps et lieu [1]. Au reste, comme la plupart des historiens qui ont parlé de la Crète diffèrent entre eux, il ne faut pas s'étonner si notre récit ne s'accorde pas sur tous les points. Nous avons pris pour guides les historiens les plus véridiques qui ont eu le plus d'autorité, et nous avons suivi tantôt Épiménide [2] le théologien, tantôt Dosiade, Sosicrate et Laosthénide [3].

Après avoir parlé suffisamment de l'île de Crète, nous allons entreprendre l'histoire de Lesbos.

LXXXI. L'île de Lesbos a été autrefois habitée par plusieurs races que de nombreuses émigrations y avaient amenées. Elle était encore déserte, lorsque les Pélasges s'y établirent les premiers, voici comment. Xanthus, fils de Triopus, roi des Pélasges, sortis d'Argos, s'empara d'une partie de la Lycie, s'y fixa d'abord, et y régna sur les Pélasges qu'il avait amenés avec lui. Plus tard, il passa dans l'île de Lesbos, en partagea le territoire entre ses sujets, et changea le nom d'*Issa*, qu'elle portait auparavant, en celui

---

[1] Dans un des cinq livres perdus entre le Ve et le XIe.

[2] Épiménide a écrit, selon Diogène de Laërte, sur les Curètes et les Corybantes, et la constitution politique de Crète (I, 112).

[3] Dosiade et Sosicrate, cités par Pline et par Athénée, avaient écrit sur l'histoire de Crète. Laosthénide nous est tout à fait inconnu.

de *Pélasgia*. Sept générations après, le déluge de Deucalion, qui fit périr un grand nombre d'hommes, dépeupla aussi Lesbos. Quelque temps après, Macarée y aborda, et, charmé de la beauté du pays, il y fixa sa demeure. Macarée était fils de Crinacus, et petit-fils de Jupiter, au rapport d'Hésiode et de quelques autres poëtes ; il habitait dans Olénum, ville de la contrée qu'on appelait alors Iade, et qui s'est depuis nommée Achaïe. Sa colonie était composée d'Ioniens et de beaucoup d'autres peuples qu'il avait ramassés ; fixée dans Lesbos, elle y prit du développement, grâce à la fertilité du sol. Macarée, par sa douceur et sa justice, gagna les îles voisines et en distribua le territoire qui était désert. Vers ce même temps, Lesbos, fils de Lapithès, petit-fils d'Éole, arrière-petit-fils d'Hippotès, selon l'ordre d'un oracle, aborda dans cette même île avec quelques colons, y épousa Méthymne, fille de Macarée, et réunit les deux colonies. Lesbos se rendit célèbre et laissa son nom à cette île, ainsi qu'à ses habitants. Macarée avait, entre autres, deux filles, Methymne et Mitylène, qui donnèrent leurs noms à deux villes de l'île. Macarée, désirant s'approprier les îles voisines, envoya d'abord dans Chio une colonie sous la conduite d'un de ses fils. Il envoya dans Samos son second fils, Cydrolaüs, qui partagea le territoire entre ses compagnons et régna sur l'île. La troisième île que Macarée colonisa fut Cos ; il lui donna Néandre pour roi. Enfin il envoya à Rhodes Leucippe avec une forte colonie : les habitants de Rhodes, alors très-peu nombreux, l'accueillirent avec joie, et les deux populations se réunirent.

LXXXII. Le déluge qui arriva vers cette époque jeta dans de grandes calamités le continent situé en face de ces îles. L'inondation détruisit les fruits pour bien des années. Il en résulta une famine qui, jointe à la corruption de l'air, occasionna la peste dans les villes. Cependant ces îles, bien exposées aux vents, offraient à leurs habitants un air salubre ; elles étaient riches en fruits et prospères, ce qui les fit appeler les *îles Fortunées* [1].

---

[1] Îles *Macarées* (μακάριαι, fortunées). Il y a ici un jeu de mots impossible

Quelques-uns prétendent que ce nom leur fut donné par les fils de Macarée et d'Ion, qui y ont régné. Quoi qu'il en soit, ces îles ont été bien plus opulentes que les îles voisines, non-seulement dans les anciens temps, mais encore à notre époque. En effet, en raison de la fertilité du sol, de leur belle situation, et de la douceur du climat, on les appelle à juste titre et elles sont réellement des îles Fortunées. Le même Macarée qui fut roi de Lesbos, y porta la première loi contenant plusieurs dispositions utiles à l'État : il l'appela *Lion*, par allusion à la force et au courage de cet animal.

LXXXIII. Assez longtemps après la colonisation de Lesbos, l'île de Ténédos fut peuplée de la manière que nous allons exposer. Tennès, fils de Cycnus, roi de Colone, dans la Troade, était un homme distingué par son courage. Ayant rassemblé un certain nombre de colons, il partit du continent et vint occuper l'île appelée Leucophrys, qui était située en face et déserte. Il en distribua le territoire à ses sujets ; il y fonda une ville et l'appela de son nom, Ténédos. Il gouverna sagement, et, comblant les habitants de bienfaits, il s'acquit, pendant sa vie, une grande réputation, et mérita, après sa mort, les honneurs divins. On lui éleva un temple, et on institua en son honneur des sacrifices dont l'usage a subsisté jusqu'à ces derniers temps. Nous ne devons pas omettre ici ce que les habitants de Ténédos racontent de fabuleux sur Tennès, fondateur de leur ville. Ils disent que Cycnus, ajoutant foi aux calomnies de sa femme, enferma son fils Tennès dans une caisse et le jeta dans la mer. Cette caisse fut portée par les flots à Ténédos. Tennès, sauvé miraculeusement par la providence de quelque dieu, devint roi de cette île, où, se distinguant par sa justice et ses autres vertus, il obtint les honneurs immortels. Or, comme sa belle-mère s'était servie du témoignage d'un joueur de flûte pour faire ses rapports calomnieux, on porta une loi qui interdit à tout joueur de flûte l'entrée du temple. A l'époque de la guerre de Troie,

à rendre. Macarée avait, comme nous venons de le voir, colonisé la plupart de ces îles.

Achille tua Tennès, pendant que les Grecs ravageaient Ténédos; les habitants portèrent alors une autre loi qui défend de prononcer le nom d'Achille dans le temple de leur fondateur. Voilà ce que les mythologues rapportent au sujet de Ténédos et de ses anciens habitants.

LXXXIV. Après avoir parlé des îles les plus considérables, nous allons aussi dire un mot des îles moins importantes.

Les Cyclades étaient encore désertes, lorsque Minos, roi de Crète, fils de Jupiter et d'Europe, conquit avec ses nombreuses armées de terre et ses forces navales, l'empire de la mer, et fit partir de Crète beaucoup de colonies. Il peupla ainsi la plupart des Cyclades, et en distribua les terres à ses sujets. Il se rendit maître d'une grande partie du littoral de l'Asie; aussi plusieurs ports, tant dans les îles qu'en Asie, portent des noms de Crétois et celui de Minos. Minos, dont la puissance s'était considérablement accrue, avait associé à l'empire son frère Rhadamanthe; mais, jaloux de la réputation de justice que Rhadamanthe s'était acquise, et voulant s'en débarrasser, il l'envoya aux extrémités de ses États. Rhadamanthe vint demeurer dans les îles situées en face de l'Ionie et de la Carie. Il envoya Érythrus fonder, en Asie, la ville d'Érythrie, et donna à Œnopion, fils d'Ariane, fille de Minos, la souveraineté de Chio. Ces choses se passèrent avant la guerre de Troie. Après la prise de Troie, les Cariens, devenus plus puissants, se rendirent maîtres de la mer et s'emparèrent à leur tour des Cyclades. Ils en occupèrent pour eux-mêmes quelques-unes, après avoir chassé les Crétois qui les habitaient, et se réunirent, dans quelques autres, à la population première des Crétois. Plus tard, les Grecs, voyant leurs affaires prospérer, se mirent en possession de la plupart des Cyclades, après en avoir expulsé la race barbare des Cariens. C'est ce dont nous donnerons un récit détaillé en temps convenable.

[*Les livres* VI, VII, VIII, IX, X *manquent. Les fragments qui en restent se trouvent dans le tome quatrième.*]

LIVRE ONZIÈME.

SOMMAIRE.

Expédition de Xerxès en Europe. — Combat aux Thermopyles. — Combat naval entre Xerxès et les Grecs. — Stratagème de Thémistocle et défaite des Barbares à Salamine. — Retour de Xerxès en Asie, après avoir laissé Mardonius en Europe, avec une partie de son armée. — Expédition des Carthaginois contre la Sicile. — Stratagème de Gélon qui détruit une partie des Barbares et fait les autres prisonniers. — Gélon accorde la paix aux Carthaginois, après en avoir exigé des contributions. — Jugement sur les Grecs qui se sont distingués dans cette guerre. — Combat des Grecs contre Mardonius et les Perses à Salamine; victoire des Grecs. — Guerre des Romains contre les Èques et les habitants de Tusculum. — Reconstruction du Pirée par Thémistocle. — Secours envoyés aux Cyméens par le roi Hiéron. — Guerre des Tarentins contre les Japiges. — Thrasydée, fils de Théron, et tyran des Agrigentins, est vaincu par les Syracusains et perd sa souveraineté. — Thémistocle se réfugie auprès de Xerxès et échappe à la peine de mort. — Délivrance des villes grecques de l'Asie par les Athéniens. — Tremblement de terre en Laconie. — Les Messéniens se détachent de l'alliance des Lacédémoniens; révolte des Hilotes. — Les Argiens détruisent Mycènes et rendent la ville déserte. — Les Syracusains abolissent la royauté fondée par Gélon. — Xerxès est assassiné, et Artaxerxès règne à sa place. — Les Égyptiens se détachent de l'alliance des Perses. — Troubles arrivés à Syracuse. — Les Athéniens font la guerre aux Éginètes et aux Corinthiens. — Les Phocidiens et les Doriens sont en guerre entre eux. — Myronide, d'Athènes, remporte une victoire sur les Béotiens de beaucoup supérieurs en nombre. — Expédition de Tolmidas contre Céphalonie. — Guerre entre les Egestéens et Lilybéens en Sicile. — Loi du *pétalisme* à Syracuse. — Expédition de Périclès contre le Péloponnèse. — Expédition des Syracusains contre la Tyrrhénie. — Des dieux paliques en Sicile. — Défaite de Ducétius; et comment il s'est sauvé miraculeusement.

I. Le livre précédent, le dixième de tout l'ouvrage, finit aux événements arrivés l'année avant la descente de Xerxès en Europe, et aux discours prononcés dans l'assemblée générale des Grecs à Corinthe, au sujet de l'alliance de Gélon. Dans le présent livre, nous continuerons le récit de notre histoire en commençant par l'expédition de Xerxès contre les Grecs, et nous le terminerons à l'année qui précède l'expédition des Athéniens contre Cypre, sous la conduite de Cimon.

Calliade étant archonte d'Athènes, les Romains élurent pour consuls Spurius Cassius et Proclus Virginius Tricostus [1]. Les Éliens célébrèrent alors la première année de la LXXVe olympiade où Asylus, de Syracuse, remporta aux jeux d'Élide le prix de la course du stade [2]. A cette époque, le roi Xerxès arma contre la Grèce par les motifs que nous allons rapporter. Mardonius le Perse, cousin et gendre de Xerxès, était l'homme le plus estimé chez ses compatriotes par sa prudence et par sa bravoure. Plein d'ambition et dans la vigueur de l'âge, il désirait commander de grandes armées. Pour cela, il engageait Xerxès à subjuguer les Grecs, toujours hostiles aux Perses. Xerxès se laissa persuader; et, voulant exterminer tous les Grecs, il envoya des députés aux Carthaginois pour solliciter leur concours; il fut convenu que, pendant qu'il porterait les armes contre les Grecs qui habitent la Grèce, les Carthaginois mettraient en campagne des forces considérables pour faire la guerre aux Grecs qui habitent la Sicile et en Italie. Conformément à ce traité, les Carthaginois employaient les sommes d'argent qu'ils avaient amassées à tirer des soldats mercenaires de l'Italie, de la Ligurie, de la Gaule et de l'Ibérie; ils levaient, en outre, des troupes nationales dans toute la Libye et à Carthage. Enfin, au bout de trois ans de préparatifs, ils mirent sur pied plus de trois cent mille hommes et une flotte de deux cents navires [3].

---

[1] A partir du livre XI, l'ouvrage de Diodore est soumis à un ordre chronologique rigoureux : chacune des quatre années d'une olympiade est précédée des noms des archontes d'Athènes et des noms des consuls ou des tribuns militaires de Rome. Quelque défectueux que soient souvent ces noms, j'ai cru devoir les conserver dans le texte.

[2] La première année de la LXXVe olympiade correspond à l'année 480 avant l'ère chrétienne.

[3] Hérodote ne parle pas du concours des Carthaginois dans cette guerre, bien que l'alliance des Perses avec les Carthaginois paraisse très-probable. Ces derniers avaient peut-être même plus d'intérêt que les Perses à combattre la Grèce, dont plusieurs colonies touchaient à celles des Carthaginois.

» II. Cependant Xerxès, rivalisant de zèle avec les Carthaginois, l'emporta sur eux, autant par l'immensité des préparatifs que par le nombre de ses sujets. Il fit d'abord établir des chantiers sur tout le littoral soumis à son empire, savoir, l'Égypte, la Phénicie, Cypre, la Cilicie, la Pamphylie, la Pisidie, la Lycie, la Carie, la Mysie, la Troade, la Bithynie, le Pont et toutes les villes de l'Hellespont. Comme les Carthaginois, il mit trois ans à ces préparatifs, et équipa plus de douze cents vaisseaux longs, profitant des armements considérables que Darius[1] son père avait faits avant de mourir; car Darius avait conçu un vif ressentiment de la victoire remportée par les Athéniens à Marathon sur Datis, son lieutenant. Mais la mort l'avait surpris au moment où il allait réaliser une expédition contre les Grecs. Ainsi Xerxès résolut de faire la guerre aux Grecs autant pour exécuter le dessein de son père que par le conseil de Mardonius. Tout étant prêt pour se mettre en marche, il ordonna aux *navarques*[2] de réunir les vaisseaux dans les eaux de Cyme[3] et de Phocée; il se mit lui-même à la tête de ses armées tant d'infanterie que de cavalerie, tirées de toutes les satrapies de son empire, et partit de Suse. Arrivé à Sardes, il envoya des hérauts en Grèce, avec l'ordre d'entrer dans toutes les villes, et d'exiger des Grecs l'hommage de la terre et de l'eau[4]. Divisant son armée, il fit partir des détachements suffisants pour jeter un pont sur l'Hellespont et pour percer le mont Athos sur la saillie de la Chersonèse, dans le but d'ouvrir à ses troupes un passage sûr, et en même temps dans l'espoir d'épouvanter les Grecs par la grandeur de ses travaux. Ceux qui étaient envoyés pour exécuter ces ouvrages les achevèrent promptement, grâce au grand nombre de bras qui y étaient employés.

Les Grecs, instruits des forces supérieures des Perses, en-

---

[1] Fils d'Hystaspes; il avait succédé au Pseudosmerdis, et à l'usurpation des Mages.
[2] Ναύαρχοι, amiraux, chefs d'escadre.
[3] Ville maritime de l'Asie Mineure. Phocée, ville de l'Éolie dans l'Asie Mineure.
[4] Marques de soumission.

voyèrent en Thessalie dix mille *hoplites* [1] pour occuper les passages de la vallée de Tempé. Synetus [2] commandait les Lacédémoniens, et Thémistocle les Athéniens. Ces chefs engageaient les villes à lever des troupes pour la défense commune, et à tenir tête à l'invasion des Perses. Mais, apprenant que les Thessaliens et les autres Grecs qui avoisinent ces passages avaient pour la plupart accordé aux envoyés de Xerxès l'hommage de la terre et de l'eau, ils renoncèrent à défendre la vallée de Tempé et se retirèrent chez eux.

III. Il est bon de désigner ici ceux des peuples grecs qui embrassèrent le parti des Barbares, afin qu'ils soient flétris, et que cette note d'infamie arrête ceux qui voudraient trahir la liberté publique. Les Énianes, les Dolopes, les Méliens, les Perrhèbes et les Magnètes se sont rangés sous le drapeau des Perses, pendant que la vallée de Tempé était encore gardée ; et après le départ de cette garde, les Achéens, les Phthiotes [3], les Locriens, les Thessaliens, et la plupart des Béotiens se déclarèrent pour les Barbares. L'assemblée des Grecs dans l'isthme de Corinthe décréta que tous ceux qui prendraient volontairement le parti des Barbares seraient condamnés à payer aux dieux le dixième de leurs biens [4], dès que la guerre serait heureusement terminée ; et l'on résolut d'envoyer des députés à ceux qui avaient gardé la neutralité, afin de les exhorter à combattre pour la liberté commune. Les uns entrèrent sincèrement dans l'alliance des Grecs ; les autres, ne songeant qu'à leur propre sûreté et attendant l'issue de la guerre, demandèrent du temps pour réfléchir. Les Argiens envoyèrent des députés à l'assemblée des Grecs en promettant leur concours, à condition qu'on leur accordât quelque part au commandement. L'assemblée leur répondit qu'ils pouvaient rester tranquilles chez eux,

---

[1] Ὁπλῖται, infanterie pesamment armée.
[2] Ce chef est appelé Evénetus (Εὐαίνετος) par Hérodote, VII, 173.
[3] Tous les Phthiotes s'appelaient Achéens, ainsi que nous l'apprend Strabon, IX, p. 664, édit. Casaub.)
[4] Hérodote (liv. VII, 132) ne nomme ici que le dieu de Delphes, Apollon.

s'ils aimaient mieux obéir à un maître barbare qu'à un général grec ; et que, pour prétendre au commandement des Grecs, il fallait avoir fait des actions dignes de cet honneur. Cependant, toutes les villes témoignèrent de leur amour pour la liberté commune, pendant que les envoyés de Xerxès parcouraient la Grèce, exigeant l'hommage de la terre et de l'eau.

Xerxès, informé que le pont sur l'Hellespont était achevé et le mont Athos percé, quitta Sardes et s'avança vers l'Hellespont. Arrivé à Abydos, il fit passer son armée en Europe, sur le pont qu'il avait fait construire. En traversant la Thrace, il réunit à son armée de nombreuses troupes de Thraces et de Grecs limitrophes ; et, arrivé dans la plaine de Dorisque, il fit approcher sa flotte pour réunir les deux armées en un seul point. C'est là qu'il passa toutes ses forces en revue : l'armée de terre comptait plus de huit cent mille hommes ; sa flotte se composait de plus de douze cents vaisseaux longs, parmi lesquels il y en avait trois cent vingt de grecs, c'est-à-dire montés par des Grecs ; car les bâtiments avaient été fournis par le roi. Les autres navires appartenaient aux Barbares. Les Égyptiens en avaient équipé deux cents ; les Phéniciens, trois cents ; les Ciliciens, quatre-vingts ; les Pamphyliens, quarante ; les Lyciens, un nombre égal ; les Cariens, quatre-vingts ; les Cypriens, cent cinquante ; les Doriens habitant dans le voisinage de la Carie, conjointement avec les Rhodiens et les Coïens, en avaient envoyé quarante ; les Ioniens réunis aux habitants de Chio et de Samos, cent ; les Éoliens avec les Lesbiens et les Ténédiens, quarante ; les Hellespontiens et les habitants du Pont, quatre-vingts ; et les insulaires habitant les îles soumises au roi et situées entre les Cyanées, les caps de Triopium et de Sunium, cinquante. Tel était le nombre des trirèmes ; il y avait, en outre, huit cent cinquante navires destinés au transport des chevaux, et trois mille barques à trente rames. Xerxès s'arrêta à Dorisque le temps nécessaire pour faire la revue générale de toutes ses forces[1].

---

[1] Tout ce que les historiens disent des innombrables troupes de Darius et de Xerxès n'est que des exagérations nées de l'amour-propre et de la vanité nationale

IV. Cependant l'assemblée des Grecs, prévenue que l'armée des Perses s'approchait, résolut de diriger immédiatement la flotte sur Artémisium en Eubée[1]; car ce lieu leur parut favorable pour rencontrer les ennemis; en même temps, ils firent partir une troupe suffisante d'hoplites pour occuper les défilés des Thermopyles, et empêcher les Barbares de pénétrer dans la Grèce; car l'intention des Grecs était de garantir la sûreté des habitants de l'intérieur en même temps que celle de leurs alliés. Eurybiade le Lacédémonien commandait toute la flotte, et Léonidas, roi des Spartiates, homme supérieur par sa bravoure et par son expérience dans la guerre, était à la tête de la troupe envoyée aux Thermopyles. En prenant ce commandement, il déclara qu'il ne prendrait avec lui que mille soldats : les éphores lui ayant représenté que ce nombre était trop petit pour résister à une si grande armée, et lui enjoignant même de se faire accompagner de plus de soldats, il leur répondit, en termes d'oracle, qu'en effet ils étaient peu nombreux pour s'opposer au passage des Barbares; mais que ce nombre était suffisant pour ce qu'il voulait faire actuellement. Sur cette réponse énigmatique et ambiguë, ils lui demandaient s'il songeait à faire quelque exploit peu important. A cette question, Léonidas répliqua qu'en apparence il partait pour garder les Thermopyles, mais en réalité pour mourir en combattant pour la liberté commune. La mort de mille soldats, ajoutait-il, rendra Sparte encore plus célèbre; mais si je conduisais avec moi toute l'armée des Lacédémoniens, Sparte serait complétement ruinée; car aucun

---

des Grecs. C'était aussi l'opinion du grand capitaine qui, dans notre époque, a commandé les armées les plus imposantes. Napoléon doutait même de toute cette partie brillante de l'histoire de la Grèce; il ne voyait, dans le résultat de cette fameuse guerre persique, que de ces actions indécises où chacun s'attribue la victoire. Xerxès s'en retourna triomphant d'avoir pris, brûlé, détruit Athènes; et les Grecs exaltèrent leur victoire de n'avoir pas succombé à Salamine. « Quant aux détails pompeux des victoires des Grecs et des défaites de leurs innombrables ennemis, qu'on n'oublie pas, ajoute Napoléon, que ce sont les Grecs qui le disent, qu'ils étaient vains, hyperboliques, et qu'aucune chronique perse n'a jamais été produite pour assurer notre jugement par un débat contradictoire. » *Mémorial de Sainte-Hélène.*)

[1] Point le plus septentrional de l'Eubée.

Lacédémonien n'oserait chercher son salut dans la fuite. Ainsi, la troupe envoyée pour garder les Thermopyles se composait de mille Lacédémoniens, y compris trois cents Spartiates, et de trois mille autres Grecs. C'est avec ces quatre mille hommes que Léonidas s'avançait vers les Thermopyles. Les Locriens, voisins des défilés, avaient fait aux Perses l'hommage de la terre et de l'eau, et leur avaient promis de garder ces passages; mais quand ils apprirent que Léonidas s'avançait vers les Thermopyles, ils changèrent de dessein et passèrent dans les rangs des Grecs; ils étaient au nombre de mille, auxquels se joignirent mille Méliens[1] et presque autant de Phocidiens. Enfin, à ces troupes vinrent se réunir quatre cents Thébains du parti favorable aux Grecs, car les habitants de Thèbes n'étaient pas d'accord entre eux au sujet de l'alliance des Perses. Tel était le nombre de Grecs qui, sous les ordres de Léonidas, attendaient aux Thermopyles l'arrivée des Perses.

V. Après la revue générale de ses forces, Xerxès se porta avec toute son armée jusqu'à la ville d'Acanthe, les troupes de terre marchant de conserve avec la flotte qui longeait la côte; de là par le canal qu'on avait creusé, il fit passer les vaisseaux d'une mer dans l'autre[2] promptement et sûrement. Lorsqu'il eut atteint le golfe Méliaque, il apprit que le passage des Thermopyles était déjà occupé par les ennemis. Il fit alors faire halte à son armée et appela auprès de lui ses auxiliaires d'Europe au nombre de près de deux cent mille hommes; de sorte que le total de son armée s'élevait à un million de soldats, sans compter la flotte qui portait, indépendamment des provisions et des bagages, un nombre presque égal de combattants. On ne doit donc pas être surpris de ce qui se dit de ces immenses troupes de Xerxès ; car on raconte que leur passage avait fait tarir les fleuves qui ne se dessèchent en aucune saison, et

---

[1] Habitants des environs du golfe Maliaque ou Méliaque. Le texte porte incorrectement *Milésiens*.

[2] Du golfe Strymonique dans le golfe Singitique.

que les mers étaient cachées sous les voiles des navires; l'armée de Xerxès est la plus grande de celles dont l'histoire ait conservé le souvenir.

Pendant que les Perses étaient campés aux bords du fleuve Sperchius, Xerxès envoya des messagers aux Thermopyles, pour connaître le sentiment des Grecs au sujet de cette guerre; ces messagers avaient en même temps l'ordre de leur commander, de la part de Xerxès, de mettre bas les armes, de rentrer tranquillement dans leurs foyers, et d'être les alliés des Perses. A ces conditions, il promettait de donner aux Grecs un pays plus étendu et plus fertile que celui qu'ils occupaient. Léonidas répondit aux messagers que si les Grecs devaient être les alliés du roi des Perses, ils lui seraient plus utiles avec leurs armes, et que s'ils étaient forcés de lui faire la guerre, ils combattraient plus noblement pour la liberté; que, quant aux terres qu'il leur offrait, les Grecs avaient conservé la maxime de leurs pères, qu'il faut en acquérir par la bravoure et non par la lâcheté.

VI. Après avoir entendu cette réponse, rapportée par les messagers, le roi fit venir Démaratus le Spartiate, qui, exilé de sa patrie, s'était réfugié auprès de Xerxès : il lui demanda, en souriant, son opinion. « Les Grecs, ajouta le roi, comptent-ils fuir plus vite que mes chevaux ou oseraient-ils tenir tête à des forces aussi nombreuses? » Voici quelle fut, dit-on, la réponse de Démaratus : « Vous-même, ô roi, vous n'ignorez pas la valeur des Grecs, puisque vous vous êtes servi de troupes grecques pour soumettre les Barbares révoltés. Or, les croyez-vous plus braves que les Perses, quand ils combattent pour votre empire, et moins braves quand ils combattent pour leur propre liberté? »

Le roi, en souriant, lui ordonna de l'accompagner pour être témoin de la fuite des Lacédémoniens. Il mit donc son armée en mouvement pour attaquer les Grecs aux Thermopyles. Il avait placé les Mèdes à l'avant-garde, soit qu'il appréciât leur bravoure, soit qu'il voulût s'en défaire, car les Mèdes conservaient encore la fierté de la suprématie qui leur avait été récemment enlevée[1]. De plus, il y avait parmi les Mèdes les descendants de ceux qui avaient été tués à la bataille de Marathon : le roi leur montrait les fils et les frères de ces victimes, pour les exciter à la vengeance contre les Grecs. Ainsi, la colonne des Mèdes attaqua la première la garde des Thermopyles. Léonidas, préparé à cette attaque, avait concentré ses soldats dans le point le plus étroit du passage.

VII. Le combat fut rude : les Barbares se battaient sous les yeux du roi; les Grecs, songeant à leur indépendance et exhortés au combat par Léonidas, faisaient des prodiges de valeur. On se battait corps à corps, les coups se portaient à la longueur du bras dans une mêlée épaisse, et la fortune fut longtemps égale : les Grecs, protégés par leur courage et leurs énormes boucliers, parvinrent avec peine à faire reculer les Mèdes, qui eurent un grand nombre de morts ou de blessés. Les Cissiens et les Saces, guerriers d'élite, prirent leur place; ces troupes fraîches, opposées à des adversaires déjà fatigués, ne soutinrent néanmoins pas longtemps le combat; entamées et pressées par Léonidas, elles lâchèrent pied. Les Barbares, armés de petits boucliers, avaient, par la facilité de leurs mouvements, l'avantage dans les plaines; mais dans les défilés, il leur était difficile de blesser les Grecs dont tout le corps était protégé par de grands boucliers; exposés, par leur armure légère, à tous les coups de l'ennemi, les Barbares tombaient couverts de blessures. Enfin, Xerxès voyant tous les environs du passage jonchés de morts, et les Barbares fléchir devant le courage des Grecs, détacha l'élite des Perses, appelés les *immortels*, et qui passent pour les plus braves de l'armée; ils furent pourtant repoussés après une courte résistance. A l'approche de la nuit, le combat cessa. Les Barbares avaient perdu beaucoup de monde; la perte était peu considérable du côté des Grecs.

VIII. Le lendemain, Xerxès, pour réparer un échec si inat-

---

[1] Cyrus avait mis fin à l'empire des Mèdes, vers la LVIIIe olympiade, et nous sommes maintenant dans la LXXVe; ce qui fait un intervalle d'environ soixante-dix ans.

tendu, choisit parmi tous ses soldats ceux qui passaient pour les plus braves; à ses exhortations, il joignit la promesse de magnifiques récompenses pour ceux qui forceraient le passage; en même temps il déclara qu'il punirait de mort tous les fuyards. Les Barbares tombèrent avec impétuosité sur les Grecs. Les soldats de Léonidas serrent leurs rangs et opposent aux assaillants, comme un mur de boucliers; l'ardeur du combat les animait au point qu'ils refusaient de céder à ceux qui venaient, selon l'habitude, les relever. Surmontant la fatigue d'un long combat, ils parvinrent à tuer un grand nombre de Barbares d'élite; ils semblaient se disputer à qui braverait le plus longtemps les périls du combat : les vieux soldats voulaient surpasser encore la vigueur des jeunes; et les jeunes aspiraient à la gloire des vieux soldats. Enfin l'élite des Barbares tourna le dos; mais elle rencontra l'arrière-garde qui avait ordre de s'opposer à la fuite; elle fut ainsi contrainte de revenir à la charge. Dans cette grave conjoncture et pendant que le roi se défiait de la bravoure de ses soldats, il arrive vers lui un certain Trachinien [1], homme de cette contrée, et qui connaissait les routes de la montagne; il promit à Xerxès de conduire les Perses, par un chemin étroit et escarpé, sur les derrières de la troupe de Léonidas; de sorte qu'enveloppée de toute part, cette troupe ne pourrait guère échapper à la destruction. Le roi accepta cette offre avec joie, combla le Trachinien de présents, et le fit partir la nuit avec vingt mille hommes. Mais il se trouvait dans l'armée des Perses un soldat nommé Tyrastiadas, originaire de Cyme, homme plein d'honneur et de générosité : il s'échappa du camp des Perses à l'entrée de la nuit et vint avertir Léonidas du projet de ce Trachinien.

IX. A cette nouvelle, les Grecs s'assemblèrent aussitôt vers minuit, pour délibérer sur les dangers qui les menaçaient. Quelques-uns opinèrent qu'il fallait abandonner sur-le-champ le défilé et aller rejoindre les alliés, parce qu'il était impossible de

[1] Suivant Hérodote (VII, 123), ce traître était Mélien d'origine et s'appelait Épialte.

sauver l'armée par la résistance. Léonidas, roi des Lacédémoniens, ambitionnant pour lui et les Spartiates une immense gloire, renvoya les autres Grecs, et leur enjoignit de se conserver pour la défense de leur patrie dans d'autres combats. Mais il ordonna aux Lacédémoniens de rester, et leur défendit d'abandonner le défilé; car, ajoutait-il, il sied aux chefs de la Grèce, combattant dans le premier rang, d'être prêts à mourir. Alors tous les autres Grecs se retirèrent, et Léonidas accomplit avec ses concitoyens un exploit héroïque et glorieux[1]. Avec cette poignée de Lacédémoniens, qui, y compris les Thespiens et les alliés, s'élevait à peine au nombre de cinq cents, il se dévouait à la mort pour le salut de la Grèce. Cependant les Perses conduits par le Trachinien tournèrent le défilé et prirent la troupe de Léonidas en dos. Les Grecs, préférant la gloire au salut dont ils désespéraient, prièrent d'une commune voix leur chef de les mener à l'ennemi avant qu'il eût achevé de les envelopper. Content du zèle de ses soldats, Léonidas leur ordonna de déjeuner comme des gens qui devaient dîner dans les enfers; et il prit lui-même quelque nourriture, afin de pouvoir supporter longtemps les fatigues du combat. Dès que les soldats avaient repris des forces et qu'ils se trouvaient tous prêts à combattre, Léonidas leur commanda de pénétrer dans le camp des Perses en renversant les ennemis devant eux et de se porter rapidement jusqu'à la tente du roi.

X. Conformément à ces ordres, les Lacédémoniens profitent de la nuit pour tomber en colonne serrée, Léonidas à leur tête, sur le camp des ennemis. Les Barbares, attaqués à l'improviste, sortirent de leurs tentes tumultueusement, et, dans la conviction que le détachement du Trachinien avait péri, et qu'ils allaient avoir affaire à toute l'armée grecque, ils furent épouvantés.

Dans cette attaque, beaucoup de soldats de Léonidas trouvèrent la mort, plusieurs d'entre eux furent tués par leurs

[1] Voyez Hérodote, VII, 222.

dant des forces navales, et lui ordonna d'attaquer avec tous ses navires la flotte des Grecs, et d'essayer de l'engager dans un combat naval. Mégabate, obéissant aux ordres du roi, partit de Pydna en Macédoine, et, longeant la côte de Magnésie, il vint mouiller avec toute sa flotte sous le promontoire Sépias. Là, une tempête violente lui fit perdre ses vaisseaux longs, plus de trois cents trirèmes et un nombre considérable de vaisseaux de transport. La tempête ayant cessé, Mégabate leva l'ancre et se porta sur Aphètes, ville de la Magnésie ; de là il détacha trois cents trirèmes, avec l'ordre de tourner l'Eubée sur la droite et d'envelopper les ennemis. La flotte grecque, composée en tout de deux cent quatre-vingts trirèmes, dont cent quarante appartenant aux Athéniens, était alors en rade devant Artémisium, en Eubée ; Eurybiade le Spartiate commandait cette flotte ; mais Thémistocle l'Athénien la dirigeait, car son génie et son expérience militaire lui donnaient une grande autorité, non-seulement chez les marins grecs, mais encore auprès d'Eurybiade, et tous suivaient ses ordres avec empressement. Dans une assemblée, pour délibérer au sujet d'un engagement naval, les chefs réunis étaient tous d'avis de se tenir en repos et d'attendre l'arrivée des ennemis. Thémistocle seul fut d'un avis contraire ; il montrait qu'il serait important de se porter à la rencontre des Perses, avec toute la flotte rangée en bataille, parce qu'il y aurait de l'avantage à tomber en ligne serrée sur des navires s'avançant en désordre et laissant des intervalles en tant que sortis de ports nombreux et éloignés les uns des autres. Les Grecs se rendirent à l'avis de Thémistocle, et partirent avec toute leur flotte à la rencontre des ennemis. Thémistocle engagea le premier la mêlée avec les navires barbares dispersés et sortis de différents ports ; il en coula à fond un grand nombre et en poursuivit plusieurs jusqu'à la côte. Mais bientôt toute la flotte ayant pris part à l'engagement, le combat devint acharné ; la victoire resta indécise, et la nuit sépara les combattants.

XIII. Ce combat fut suivi d'une grande tempête qui fit périr beaucoup de navires stationnés hors du port. On eût dit que les dieux favorisaient le parti des Grecs en réduisant le nombre des navires barbares, pour que les Grecs pussent se mesurer avec des forces égales. Aussi le courage des Grecs se ranimat-il de plus en plus, pendant que celui des Barbares fléchissait. Néanmoins ces derniers recueillirent les débris du naufrage et tentèrent avec tous leurs navires une seconde attaque. La flotte grecque, augmentée de cinquante trirèmes attiques, résista vigoureusement au choc des Barbares. Ce combat naval ressemblait au combat des Thermopyles; car les Perses voulaient forcer avec leur flotte le passage de l'Euripe, défendu par les Grecs, avec le concours des habitants de l'Eubée. Le combat fut acharné : beaucoup de navires périrent de part et d'autre; et la nuit força les combattants à gagner leurs ports respectifs. On rapporte que, dans ces engagements, les Athéniens se distinguèrent parmi les Grecs, comme les Sidoniens parmi les Barbares.

Cependant, à la nouvelle des événements arrivés aux Thermopyles, et avertis que les Perses marchaient sur Athènes, les Grecs furent découragés; c'est pourquoi ils vinrent avec leur flotte stationner à Salamine. Voyant leur cité menacée de tout côté, les Athéniens embarquèrent leurs enfants, leurs femmes et tout ce qu'ils pouvaient emporter de leurs biens, et les transportèrent à Salamine. Le nauarque des Perses, informé du départ des ennemis, se porta avec toute sa flotte sur l'Eubée, s'empara par force de la ville d'Hestiée et ravagea le territoire.

XIV. Pendant que ces choses se passaient, Xerxès quitta les Thermopyles et traversa le pays des Phocidiens, en détruisant les villes et dévastant les propriétés rurales. Les Phocidiens, qui avaient embrassé le parti des Grecs, se voyant hors d'état de résister, abandonnèrent toutes leurs villes, et allèrent se réfugier dans des gorges du mont Parnasse. Le roi traversa ensuite et d'enlever les offrandes sacrées. Avec le reste de ses troupes, il entra dans la Béotie et y établit son camp. Cependant, le détachement envoyé pour piller le sanctuaire de Delphes s'avança jusqu'au temple de Minerve Pronéa ; là il fut assailli par des torrents de pluie inattendus : les foudres tombaient du ciel et les vents emportaient des quartiers de rochers qui vinrent tomber dans le camp des Barbares et en tuer un grand nombre. Tous les Perses, épouvantés de cette manifestation des dieux, s'enfuirent. C'est ainsi que le sanctuaire du temple de Delphes fut préservé du pillage par quelque intervention divine. Les Delphiens, pour laisser à la postérité un témoignage immortel de cette apparition des dieux, élevèrent un trophée à la porte du temple de Minerve Pronéa, avec l'inscription suivante en vers élégiaques :

« Monument d'une guerre défensive et témoignage de la victoire, les Delphiens m'ont élevé en honneur de Jupiter et de Phébus, qui ont repoussé la horde dévastatrice des Mèdes et sauvé le temple couronné d'airain. »

Xerxès, parcourant la Béotie, ravagea le territoire des Thespiens et incendia la ville de Platée qui était déserte ; car les habitants de toutes ces villes s'étaient en masse réfugiés dans le Péloponnèse. Il pénétra ensuite dans l'Attique, dévasta la campagne, rasa Athènes et réduisit en cendres les temples des dieux. Pendant que le roi se livrait à ces dévastations, sa flotte se dirigea de l'Eubée sur l'Attique, et ravagea les côtes de ce pays.

XV. Pendant ces événements, les Corcyréens, qui avaient équipé soixante trirèmes, stationnaient dans les eaux du Péloponnèse, sous prétexte qu'ils ne pouvaient doubler le cap Malée[1]. Mais, comme quelques historiens l'ont dit, ils attendaient en réalité l'issue de la guerre, afin d'accorder aux Perses l'hommage de la terre et de l'eau, si ces derniers avaient le dessus, et de se à Salamine, voyant l'Attique livrée aux flammes et le temple de Minerve détruit, étaient accablés; les autres Grecs, qui se voyaient déjà cernés jusque dans le Péloponnèse, étaient saisis d'une terreur non moins grande. On convint alors que tous les chefs tiendraient un conseil de guerre, pour décider en quel lieu il conviendrait de livrer un combat naval.

Les avis étaient nombreux et divers; les Péloponnésiens, ne songeant qu'à leur propre sûreté, opinaient qu'il fallait engager le combat à l'isthme de Corinthe; ils alléguaient qu'en défendant l'isthme par une forte muraille, on trouverait, en cas de revers, une retraite sûre dans le Péloponnèse, au lieu qu'en se tenant renfermés dans la petite île de Salamine, on s'exposerait à des malheurs irrémédiables. Thémistocle, au contraire, conseillait de résister avec les navires à Salamine : il faisait ressortir qu'il y aurait de l'avantage à combattre une grande flotte avec un petit nombre de navires dans un lieu resserré; que l'isthme de Corinthe n'était nullement favorable pour un combat naval où les Perses, manœuvrant sur une vaste surface, auraient sur des navires peu nombreux tous les avantages d'une flotte de beaucoup supérieure en nombre. Enfin, après bien des discussions, tout le monde se rangea de l'avis de Thémistocle.

XVI. L'avis de livrer bataille à Salamine ayant prévalu, les Grecs se préparaient à braver le péril et à combattre les Perses. Eurybiade se joignit à Thémistocle et essaya d'exhorter les troupes; mais elles ne l'écoutèrent pas. Effrayé de la supériorité des forces ennemies, aucun soldat n'obéissait à son chef : ils voulaient tous quitter Salamine et faire voile vers le Péloponnèse. L'armée de terre des Grecs ne redoutait pas moins les forces des Perses. La mort des braves aux Thermopyles, l'aspect de l'Attique dévastée sous leurs yeux, avaient beaucoup abattu le courage des Grecs. A la vue de cette terreur universelle, les membres du conseil résolurent de fortifier l'isthme par une muraille. Cet ouvrage fut bientôt achevé, grâce à l'ardeur et au nombre des ouvriers. Les Péloponnésiens se retranchèrent ainsi derrière une muraille qui s'étend dans une longueur de qua rante stades, depuis Léchéum jusqu'à Cenchrée. Cependant, à Salamine, les soldats de toute la flotte furent si épouvantés qu'ils n'obéissaient plus à leurs chefs.

XVII. Thémistocle, voyant qu'Eurybiade, le navarque, ne pouvait rassurer la multitude, et convaincu pourtant du grand avantage qu'il y aurait à combattre dans l'étroit canal de Salamine, s'avisa de l'expédient suivant. Il fit passer un Grec, comme déserteur, dans le camp de Xerxès, afin d'avertir le roi que les navires des Grecs se disposaient à quitter Salamine pour se rallier dans l'isthme. Sur la vraisemblance de cet avis, le roi se hâta d'empêcher la jonction des forces maritimes des Grecs aux troupes de terre. Ainsi, il détacha aussitôt l'escadre égyptienne, avec l'ordre d'intercepter le passage entre Salamine et Mégare; en même temps le reste de la flotte devait se porter droit sur Salamine même, pour y attaquer les ennemis et décider l'affaire par un combat naval. Les trirèmes étaient disposées par ordre de nation, afin que les équipages, parlant la même langue, pussent se comprendre entre eux et se soutenir courageusement. Dans cet ordre de bataille, les Phéniciens occupaient la droite et les Grecs auxiliaires des Perses la gauche. Les chefs des Ioniens envoyèrent secrètement un certain Samien pour dévoiler aux Grecs tout le plan du roi et de la disposition de sa flotte, et pour les prévenir en même temps que, pendant le combat, ils déserteraient la ligne des Barbares. Le Samien, s'étant secrètement échappé à la nage, donna tous ces renseignements. Thémistocle se réjouit du succès de son stratagème et exhorta les troupes au combat. Les Grecs, encouragés par la promesse de défection des Ioniens, et forcés, contre leur opinion, d'en venir à un engagement, se décidèrent hardiment à combattre à Salamine.

XVIII. Enfin, Eurybiade et Thémistocle rangèrent leurs forces en ligne. Leur gauche, occupée par les Athéniens et les Lacédémoniens, faisait face aux Phéniciens; car la flotte des Phéniciens était le plus à redouter, tant par le nombre que par leur antique expérience de la mer. Leur droite était formée des

Éginètes et des Mégariens, qui, après les Athéniens, passaient pour les plus habiles marins [1], et qui devaient montrer d'autant plus d'ardeur qu'en cas de revers ils étaient les seuls Grecs qui se fussent trouvés sans refuge. Enfin, le centre était composé par les autres navires des Grecs. Dans cet ordre, ils se mirent en mouvement, pour venir occuper le canal situé entre le détroit de Salamine et le temple d'Hercule. Le roi ordonna au nauarque de se porter à la rencontre des ennemis ; et lui-même se rendit en face de Salamine, dans un lieu favorable pour être spectateur du combat. Les navires perses gardèrent leur rang tant qu'ils voguaient au large, mais en s'engageant dans le canal, ils furent obligés de faire sortir de la ligne quelques-uns de leurs navires, ce qui entraîna une grande confusion. Le nauarque, placé en avant de la ligne, et qui avait engagé l'attaque, fut tué après une brillante défense ; et son vaisseau ayant été coulé à fond, le désordre se mit dans la flotte des Barbares. Il y avait beaucoup de chefs, et chacun donnait un ordre différent. Au lieu d'avancer, ils reculaient pour gagner le large. Les Athéniens, voyant ce désordre, se portaient sur les Barbares ; leurs vaisseaux heurtaient ceux des ennemis, et, rasant les flancs, faisaient tomber les rames. Beaucoup de trirèmes des Perses, ne pouvant plus se servir de leurs rames, furent gravement endommagées par les coups d'éperon portés obliquement. Ainsi, cessant de se porter en avant, elles tournèrent leur poupe, et se retirèrent en fuyant.

XIX. Les navires des Phéniciens et des Cypriens ayant été mis hors de combat par les Athéniens, ceux des Ciliciens, des Pamphyliens et des Lyciens, qui venaient après, se défendirent d'abord vaillamment ; mais lorsqu'ils virent les plus forts bâtiments en déroute, ils abandonnèrent aussi le champ de bataille. A l'autre aile de la flotte, l'issue du combat demeura quelque temps indécise ; mais lorsque les Athéniens furent revenus de

---

[1] Voyez Hérodote, VIII, 93. — Les habitants de l'île d'Égine ont conservé jusqu'à nos jours leur réputation d'habiles marins.

la poursuite des Phéniciens et des Cypriens qu'ils avaient repoussés jusqu'à la côte, ils décidèrent la victoire; les Barbares furent culbutés et perdirent un grand nombre de navires.

Tel fut le combat naval dans lequel les Grecs remportèrent la victoire la plus importante. Dans ce combat, les Grecs eurent quarante navires mis hors de combat. Mais les Perses en perdirent plus de deux cents, sans compter ceux qui furent pris avec tout l'équipage. Le roi, vaincu contre son attente, fit mourir ceux des Phéniciens qui les premiers avaient donné l'exemple de la fuite, et menaça les autres d'un châtiment proportionné. Les Phéniciens, craignant l'effet de ces menaces, se dirigèrent d'abord sur le rivage de l'Attique; et à l'approche de la nuit, ils prirent le chemin de l'Asie.

Cependant Thémistocle, regardé comme l'auteur de cette victoire, imagina un second stratagème, non moins remarquable que le premier. Voyant que les Grecs n'osaient pas combattre tant de milliers de troupes de terre, il s'avisa du moyen suivant pour affaiblir les forces de l'ennemi : il envoya le précepteur de ses fils auprès de Xerxès, afin de l'avertir que les Grecs se disposaient à mettre à la voile pour aller abattre le pont que le roi avait fait construire. Ajoutant foi à cette nouvelle, qui paraissait très-vraisemblable, le roi craignit que les Grecs, devenus maîtres de la mer, ne lui interceptassent le passage qui lui restait pour sa retraite en Asie. Il résolut donc de passer au plus vite d'Europe en Asie, en laissant dans la Grèce Mardonius avec l'élite de sa cavalerie et de son infanterie, qui s'élevait au moins au nombre total de quatre cent mille hommes. C'est ainsi que Thémistocle, à l'aide de deux stratagèmes, procura aux Grecs deux grandes victoires. Tels sont les événements alors arrivés en Grèce.

XX. Après avoir donné l'histoire détaillée de l'Europe, nous allons aborder le récit d'autres événements. A cette même époque, les Carthaginois, qui, dans un traité conclu avec les Perses, s'étaient engagés à attaquer les Grecs de la Sicile, avaient fait de grands préparatifs pour cette guerre. Tout ayant été disposé, ils appelèrent au commandement militaire Amilcar[1], le plus célèbre de leurs capitaines. Celui-ci sortit du port de Carthage avec toutes les troupes réunies : il avait une armée de terre d'au moins trois cent mille homme, et une flotte composée de plus de deux mille vaisseaux longs[2], sans compter plus de trois mille vaisseaux de transport, chargés de provisions. En traversant la mer de Libye, il fut assailli d'une tempête qui lui fit perdre les barques chargées du transport des chevaux et des chars. Arrivé dans le port de Panorme, en Sicile, il disait qu'il regardait maintenant la guerre comme terminée, et qu'il avait craint que la mer ne préservât les Siciliens des dangers qui devaient les atteindre. Après avoir donné trois jours de repos à ses soldats, et réparé les avaries de la flotte, il se dirigea, à la tête de son armée, sur Himère, en marchant de conserve avec la flotte. Arrivé dans le voisinage de cette ville, il établit deux camps, l'un pour son armée de terre, et l'autre pour ses troupes de mer. Il fit tirer à terre tous les vaisseaux longs, et les environna d'un fossé profond et d'un mur de bois. Il fortifia le camp de l'armée de terre faisant face à la ville, et s'étendant depuis l'enceinte de la flotte jusqu'aux collines qui environnent la ville. Enfin, ayant occupé tout le côté occidental, il fit débarquer toutes les provisions, et renvoya aussitôt les vaisseaux de transport, avec l'ordre de se rendre en Sardaigne pour rapporter de nouveaux vivres et des munitions. Il marcha ensuite avec l'élite de ses soldats sur la ville d'Himère; il défit les habitants qui étaient sortis à sa rencontre, en tua un grand nombre et répandit la consternation dans l'intérieur de la ville. Théron, souverain d'Agrigente, qui défendait Himère avec une assez forte troupe, envoya aussitôt des députés à Syracuse, pour engager Gélon à venir au plus tôt au secours des Himériens.

XXI. A la nouvelle du découragement des Himériens, Gélon,

---

[1] Le nom de ce chef est diversement écrit chez les historiens anciens : on dit indifféremment *Amilcon*, *Amilcas* et *Imilcon*.

[2] M. Dindorf a proposé de lire διακοσίων (deux cents navires) en se fondant sur le texte du premier chapitre.

qui tenait son armée toute prête, partit en hâte de Syracuse avec une armée d'au moins cinquante mille fantassins et de plus de cinq mille cavaliers ; après une marche rapide, il s'approcha de la ville d'Himère et rendit le courage aux habitants, effrayés de la puissance des Carthaginois. Il choisit aux environs de la ville un emplacement convenable pour y établir son camp, et le fortifia par un fossé profond et une enceinte palissadée. Il détacha toute sa cavalerie pour attaquer les ennemis dispersés dans la campagne à la recherche des vivres ; attaquant à l'improviste des hommes en désordre, ils firent autant de prisonniers que chaque cavalier en pouvait emmener. Ces prisonniers furent conduits à Himère au nombre de plus de dix mille ; Gélon reçut les témoignages de la plus grande estime, et les habitants commencèrent à mépriser leurs ennemis. Saisissant cette occasion, Gélon fit ouvrir par bravade toutes les portes que Théron avait fait murer par peur, et il en fit construire d'autres pour faciliter l'entrée des convois de vivres.

Gélon, homme remarquable par son intelligence et ses talents militaires, songea aussitôt à quelque stratagème pour détruire l'armée des Barbares, sans courir aucun danger. Le hasard favorisa beaucoup son dessein. Voyant l'état des choses, il résolut de brûler la flotte ennemie. Amilcar se trouvait alors dans le camp de l'armée navale, et se disposait à offrir un pompeux sacrifice à Neptune, lorsqu'un détachement de cavaliers amena à Gélon un messager porteur de lettres de la part des Sélinontins. Il y était écrit que les Sélinontins enverraient à Amilcar la cavalerie qu'il leur avait demandée, et qu'elle arriverait au jour qu'il avait lui-même indiqué : or, ce jour était précisément celui où Amilcar allait offrir le sacrifice. Gélon détacha sa propre cavalerie, avec l'ordre de faire un détour, de s'avancer dès le point du jour, et de se présenter, comme étant les auxiliaires Sélinontins, devant le camp naval des Carthaginois, et, une fois admis dans l'enceinte de bois, de tuer Amilcar et d'incendier ses navires. Il fit en même temps poster sur les hauteurs des environs des sentinelles chargées de donner le signal convenu dès qu'elles verraient les cavaliers dans l'intérieur de ce retranchement. Gélon, dès le point du jour, déploya ses troupes et attendit le signal.

XXII. Au lever du soleil, les cavaliers se dirigèrent sur le camp naval des Carthaginois, et ayant été accueillis comme des alliés, ils se précipitèrent sur Amilcar, occupé au sacrifice, le tuèrent et mirent le feu à la flotte. Averti par le signal, Gélon se mit à la tête de son armée rangée en bataille, et vint attaquer en bon ordre le retranchement des Carthaginois. Les chefs des Phéniciens firent d'abord sortir leurs troupes pour se porter à la rencontre des Siciliens, et combattirent vaillamment. Les trompettes avaient donné dans les camps opposés le signal du combat, et les deux armées disputaient à qui ferait entendre les cris les plus forts. Le carnage fut terrible; la victoire balançait, incertaine, tantôt d'un côté tantôt de l'autre, lorsque tout à coup la flamme s'éleva des navires incendiés en même temps que le bruit du meurtre du commandant se répandit. Les Grecs, animés par l'espoir de vaincre, se ruèrent sur les Barbares qui, saisis d'épouvante, ne cherchèrent leur salut que dans la fuite. Comme Gélon avait ordonné de ne faire aucun quartier, un grand nombre de fuyards furent passés au fil de l'épée La perte de l'ennemi s'éleva à plus de cent cinquante mille hommes. Ceux qui échappèrent à ce carnage se réfugièrent dans un lieu naturellement fortifié, où ils soutinrent d'abord le choc des assaillants. Mais comme le lieu qu'ils avaient occupé était sans eau, ils souffrirent de la soif, et furent contraints de se livrer au vainqueur.

Gélon s'acquit par cette victoire éclatante, préparée par ses combinaisons stratégiques, une immense renommée non seulement auprès des Siciliens, mais chez toutes les autres nations. De mémoire d'homme, aucun général n'avait encore employé un tel stratagème, n'avait, dans un seul combat, écrasé tant de Barbares, et n'avait fait un si grand nombre de prisonniers.

XXIII. Plusieurs historiens comparent cette bataille avec celle que les Grecs ont livrée à Platée, et le stratagème de

Gélon avec les artifices de Thémistocle. Quant à la palme du courage, les uns l'accordent au premier, les autres au second. En effet, l'armée qui avait à combattre les Barbares en Grèce, et celle qui leur était opposée en Sicile, avaient été d'abord également épouvantées du nombre de leurs ennemis; mais l'armée sicilienne, victorieuse avant l'armée grecque, ranima le courage abattu de la dernière. A l'égard des chefs des armées opposées, on a fait des observations curieuses. Ainsi, le roi des Perses s'enfuit avec plusieurs milliers de ses soldats; mais le général des Carthaginois fut tué, et ses troupes furent si maltraitées qu'il ne resta pas, à ce que l'on dit, un seul homme pour en porter la nouvelle à Carthage. Chez les Grecs, les plus célèbres capitaines de la Grèce, Pausanias et Thémistocle, eurent tous deux un sort malheureux. Pausanias[1], soupçonné d'ambition et de trahison, fut mis à mort par ses propres concitoyens, et Thémistocle, chassé de toute la Grèce, se réfugia auprès de Xerxès, son plus grand ennemi, et y passa le reste de ses jours. Gélon, au contraire, depuis sa victoire, augmentant en considération auprès des Syracusains, vieillit sur le trône et mourut comblé de gloire. Sa mémoire était si chère aux Syracusains qu'ils conservèrent la royauté et la transmirent à trois descendants de Gélon. Nous aussi, nous payons un tribut d'éloges à ces hommes qui ont acquis une si juste renommée.

XXIV. Reprenons maintenant le fil de notre histoire. Gélon fut vainqueur précisément le jour où Léonidas combattit Xerxès aux Thermopyles[2]. Comme si un génie supérieur eût voulu réunir en un même espace de temps la plus belle victoire et la plus glorieuse défaite.

Après la bataille d'Himère, vingt navires carthaginois qu'Amilcar avait détachés pour les besoins de l'armée avaient échappé à la mêlée, dans laquelle presque tous les Carthaginois étaient ou tués ou faits prisonniers; ils eurent le temps de

---

[1] Vainqueur à Platée.
[2] D'après Hérodote (VII, 166), la bataille d'Himère fut livrée le même jour que le combat naval de Salamine.

mettre à la voile pour retourner dans leur patrie; mais ces navires, surchargés d'un grand nombre de fuyards, furent assaillis par une tempête, et périrent tous. Quelques hommes seulement, s'étant sauvés dans une barque, atteignirent Carthage. Là, ils annoncèrent, en peu de mots, la destruction complète de l'armée de Sicile. La nouvelle de ce désastre si inattendu effraya tellement les Carthaginois que tous passaient les nuits sous les armes, pour veiller à la sûreté de la ville, comme si Gélon, avec toute son armée, devait se porter rapidement sur Carthage. La multitude des morts remplit la ville d'un deuil public, et les familles de larmes. Les uns pleuraient leurs fils, les autres leurs frères. Les orphelins abandonnés demandaient, en se lamentant, leurs pères et leurs soutiens. Les Carthaginois, dans la crainte que Gélon ne fit une descente en Libye, lui envoyèrent des députés très-éloquents et habiles, chargés de pleins pouvoirs.

XXV. Après la victoire, Gélon honora de présents les cavaliers qui avaient tué Amilcar, et récompensa les autres qui avaient donné des preuves de courage. Mais il mit en réserve les objets les plus précieux des dépouilles, dans l'intention d'en orner les temples de Syracuse; il en suspendit une grande partie aux murs des temples les plus célèbres d'Himère, et distribua le reste ainsi que les captifs aux alliés, en proportion de leur nombre, qui avaient pris part à l'expédition. Les villes mirent à la chaîne les prisonniers de guerre qui leur étaient échus en partage, et les employèrent aux travaux publics. Les Agrigentins, qui avaient reçu la plus forte part de prisonniers, s'en servirent pour embellir leur ville et les environs. Le nombre de ces prisonniers était si grand que beaucoup de particuliers en avaient jusqu'à cinq cents. Ils s'étaient procuré cette quantité de captifs, non-seulement parce qu'ils avaient fourni plus de troupes à la guerre, mais parce que, dans la déroute générale, beaucoup de fuyards s'étaient sauvés dans l'intérieur des terres, et s'étaient principalement retirés sur le territoire d'Agrigente. Là, ils furent tous arrêtés par les Agrigentins, dont la ville était pleine de prisonniers. La plupart appartenaient à l'État; ils taillaient les pierres qui devaient servir à la construction des plus grands temples des dieux, ainsi qu'à la construction des égouts souterrains pour l'écoulement des eaux hors de la ville, ouvrages remarquables, quoique vils par leur destination. L'architecte qui dirigea ces travaux s'appelait Phéax; c'est de là que les conduits souterrains reçurent le nom de *Phéaques*. Les Agrigentins firent aussi construire une belle piscine de sept stades de périmètre et de vingt coudées de profondeur. Ils y firent entrer des eaux de rivières et de sources, et en formèrent un vivier qui fournissait des poissons en abondance pour le luxe des tables. Les nombreux cygnes, qui venaient s'y abattre en volant, offraient un spectacle fort agréable. Mais, comme dans la suite l'entretien de cette piscine a été négligé, elle a disparu avec le temps. Les Agrigentins avaient aussi profité de la fertilité du terrain pour y planter des vignes et toute espèce d'arbres dont ils tiraient de grands revenus. Gélon congédia ses alliés et reconduisit ses concitoyens à Syracuse. L'importance de ses succès lui valut l'estime non-seulement de ses concitoyens, mais de tous les habitants de la Sicile. Il avait amené un si grand nombre de prisonniers de guerre qu'il semblait que toute la Libye était devenue sa captive.

XXVI. Les villes et les chefs qui étaient auparavant ses ennemis lui envoyèrent aussitôt des députés pour lui faire des excuses et pour lui présenter leurs hommages. Il les traita tous avec amitié, et conclut avec eux des alliances. Dans sa prospérité, il se conduisit généreusement non-seulement envers ses alliés, mais encore à l'égard des Carthaginois, ses ennemis mortels. Car il accorda la paix aux envoyés de Carthage, qui étaient venus implorer avec des larmes sa générosité. Il n'exigea d'eux que deux mille talents d'argent en remboursement des frais de la guerre[1], mais il leur ordonna de construire deux temples où les articles du traité devaient être déposés[2]. Sauvés

---

[1] Onze millions de francs.
[2] Suivant Plutarque (*Apophthegmes*, VI, p. 667 de l'édit. de Reiske), Gélon

contre toute espérance, les Carthaginois acceptèrent ces conditions, et promirent une couronne d'or à Damarète, femme de Gélon, parce que, sollicitée par eux, elle avait, par son intervention, beaucoup contribué à la conclusion de la paix. Elle reçut cette couronne, qui pesait cent talents d'or, et en fit frapper une monnaie qui, d'après son nom, fut appelée *Damarétion ;* cette pièce valait dix drachmes attiques ; les Siciliens la nommèrent *pentécontalitron* [1], à cause de son poids. Gélon se montrait si humain envers tout le monde, principalement pour suivre son inclination naturelle, mais aussi pour gagner tous les cœurs par sa bienveillance. Il faisait alors des préparatifs pour conduire en Grèce une nombreuse armée, et se joindre aux Grecs contre les Perses. Pendant qu'il méditait cette expédition, il reçut des messagers de Corinthe, qui lui annoncèrent la victoire remportée par les Grecs à Salamine, et la retraite de Xerxès, qui avait quitté l'Europe avec une partie de ses troupes. Il renonça donc à son projet, et, après avoir loué les soldats de leur bonne volonté, il convoqua une assemblée où tout le monde devait se rendre armé. Quant à lui, il s'y rendit non-seulement sans armes, mais sans tunique et enveloppé d'un simple manteau. Là, il fit l'apologie de sa vie et de tout ce qu'il avait fait pour les Syracusains. Chaque parole de son discours fut couverte des applaudissements de la multitude, et on s'étonna qu'il se livrât en quelque sorte nu et sans défense au fer des assassins. Bien loin de le traiter de tyran, ils le proclamèrent d'une seule voix leur bienfaiteur, leur sauveur et leur roi. En sortant de l'assemblée, Gélon employa les dépouilles de l'ennemi à élever des temples magnifiques à Cérès et à Proserpine. Il fit faire un trépied d'or de seize talents qu'il

---

stipula, en outre, comme une des conditions de la paix, que les Carthaginois s'interdiraient à l'avenir les sacrifices humains en honneur de Saturne.

[1] Cette pièce valait environ 9 francs 10 centimes de notre monnaie. Le *pentécontalitron* (c'est-à-dire cinquante litres) pesait 2, gr. 708, le *litre* (λίτρον) équivalant à 0, gr. 52. Voyez la note de Wesseling dans l'édition bipontine, tom. IV, p. 310.

déposa dans le temple de Delphes, en offrande à Apollon[1]; et il conçut plus tard le projet de construire sur l'Etna un temple à Cérès. Cette construction était déjà commencée[2], lorsqu'elle fut interrompue par le destin qui trancha la vie de Gélon. Pindare, le poëte lyrique, florissait à cette même époque. Tels sont les principaux événements arrivés dans le cours de cette année.

XXVII. Xanthippe étant archonte d'Athènes, les Romains élurent pour consuls Quintus Fabius Silvanus et Servius Cornélius Tricostus[3]. Dans cette année, la flotte des Perses, moins celle des Phéniciens, vint, après sa défaite à Salamine, stationner dans les eaux de Cyme. Elle y passa l'hiver; et, au commencement de la belle saison, elle se porta sur Samos, pour garder les côtes de l'Ionie. Cette flotte, stationnée à Samos, se composait de plus de quatre cents navires; elle surveillait les villes de l'Ionie, qui étaient prêtes à se révolter. En Grèce, les Athéniens, fiers de la victoire de Salamine, à laquelle ils avaient le plus contribué, disputaient ouvertement aux Lacédémoniens l'empire sur mer. C'est pourquoi les Lacédémoniens, dans leur pressentiment de l'avenir, cherchaient toujours à humilier les Athéniens. Ainsi, lorsqu'il était question de décerner publiquement le prix de la valeur, ils firent décider par leur influence que, parmi les villes, celle des Éginètes s'était le plus distinguée, et que, parmi les individus, l'Athénien Aminias, frère du poëte Eschyle, s'était montré le plus brave. Aminias, triérarque[4], avait porté le premier coup d'éperon au vaisseau commandant des Perses; c'est lui qui avait tué le nauarque et fait couler à fond son vaisseau. Les Athéniens furent choqués de ce jugement inique; et les Lacédémoniens, craignant que Thémistocle, indigné, ne méditât quelque vengeance fu-

---

[1] Le scholiaste de Pindare (*Pythique*, I) a conservé l'inscription gravée sur ce trépied. Le poëte Simonide paraît avoir été l'auteur de cette inscription.

[2] Ἐνεργὸς δὲ οὔσης... Ce passage a été *crux interpretum*. Voyez Wesseling, IV, 342.

[3] Deuxième année de la LXXVᵉ olympiade; année 479 avant J.-C.

[4] Τριήραρχης, commandant de trirèmes.

neste à eux et à toute la Grèce, lui offrirent des présents dont la valeur était double de celle du prix qu'on avait décerné aux autres. Dès que Thémistocle eut accepté ces présents, le peuple athénien lui ôta le commandement de l'armée, et le donna à Xanthippe, fils d'Ariphron.

XXVIII. Le bruit du différend entre les Athéniens et les autres Grecs s'étant répandu, on vit arriver à Athènes des envoyés tout à la fois de la part des Perses et de la part des Grecs. Les envoyés des Perses annoncèrent que leur général Mardonius promettait aux Athéniens, s'ils embrassaient son parti, de leur donner en possession le territoire de la Grèce qu'ils voudraient; de relever leurs murs et leurs temples, et de laisser leur cité se gouverner par ses propres lois. De leur côté, les envoyés de Lacédémone suppliaient les Athéniens de ne point écouter les propositions des Barbares, et de conserver leur affection pour les Grecs, leurs alliés naturels. Les Athéniens répondirent aux Barbares que le roi des Perses ne possédait ni un assez vaste territoire, ni assez d'or pour leur faire abandonner leurs compatriotes; et ils dirent aux Lacédémoniens qu'ils avaient toujours les mêmes sentiments à l'égard de la Grèce, et qu'ils chercheraient à les conserver, mais qu'ils priaient les Lacédémoniens de venir au plus vite dans l'Attique avec tous leurs alliés, parce que Mardonius, irrité du refus des Athéniens, ne manquerait pas de marcher sur Athènes avec toutes ses forces. C'est en effet ce qui arriva. Car Mardonius, qui séjournait dans la Béotie avec ses troupes, tenta d'abord d'entraîner à la défection quelques villes du Péloponnèse en envoyant de l'argent aux gouverneurs de ces villes; enfin, en recevant la réponse des Athéniens, il fut si irrité qu'il se porta sur l'Attique à la tête de toute son armée. Outre les forces que Xerxès lui avait laissées, il avait levé des soldats dans la Thrace, dans la Macédoine et dans toutes les villes alliées des Perses, et il avait ainsi réuni plus de deux cent mille hommes. Les Athéniens, voyant s'avancer contre eux cette armée, envoyèrent aussitôt des messagers à Sparte avec des lettres, pour engager les Lacédémoniens de venir à leur secours. Mais, ceux-ci ne se hâtant point, et les Barbares commençant déjà à pénétrer dans l'Attique, les Athéniens furent consternés, et, prenant avec eux leurs enfants, leurs femmes et tout ce qu'ils pouvaient emporter à la hâte, ils abandonnèrent leur patrie et se réfugièrent une seconde fois à Salamine. Mardonius, toujours irrité contre les Athéniens, ravagea toute la campagne, rasa la ville, et détruisit même les temples, qui avaient été jusque-là épargnés.

XXIX. Pendant que Mardonius entrait dans Athènes avec son armée, l'assemblée générale des Grecs décida de se joindre aux Athéniens, et de se donner rendez-vous à Platée pour sauver la patrie. De plus, elle décréta qu'on ferait aux dieux le vœu, si les Grecs étaient vainqueurs, de célébrer l'anniversaire de la délivrance commune, par des jeux éleuthériens, à Platée. Tous les Grecs assemblés dans l'isthme résolurent de s'engager à cette guerre par un serment qui devait garantir leur union et les obliger à braver tous les dangers. Voici la formule de ce serment : « Je n'estimerai jamais la vie plus que la liberté; je n'abandonnerai mes chefs ni vivants ni morts, et j'ensevelirai mes compagnons tués dans le combat. Vainqueur des Barbares, je ne contribuerai jamais à la destruction d'aucune des villes qui ont pris part au combat. Je ne relèverai aucun des temples brûlés ou renversés, mais je laisserai subsister ces ruines comme un monument qui doit rappeler à la postérité la fureur sacrilége des Barbares[1]. »

Après avoir prononcé ce serment, ils se dirigèrent vers la Béotie, en passant par le Cithéron; arrivés au pied de cette montagne, près d'Erythres, ils y établirent leur camp. Aristide était à la tête des Athéniens; Pausanias, tuteur du fils de Léonidas, avait le commandement en chef de l'armée.

XXX. A la nouvelle de l'approche des ennemis, Mardonius sortit de Thèbes, et, ayant atteint les bords du fleuve Asopus, il y établit son camp qu'il entoura d'un fossé profond, et d'un

---

[1] Ce serment a été célèbre dans toute l'antiquité. Isocrate en attribue la rédaction aux Ioniens.

mur de bois. L'armée des Grecs s'élevait à cent mille hommes, et celle des Barbares à cinq cent mille. Les Barbares commencèrent le combat, en se portant, à la faveur de la nuit, sur le camp grec, qu'ils attaquèrent avec toute leur cavalerie. Les Athéniens, avertis de cette manœuvre, s'avancèrent courageusement et en bon ordre. Le combat fut sanglant. Enfin tous les Grecs mirent en fuite les Barbares qui leur étaient opposés. Les Mégariens seuls, qui avaient affaire à l'hipparque lui-même et à l'élite de la cavalerie perse, souffrirent du choc de l'attaque; ils n'abandonnèrent pourtant pas leurs rangs, mais ils envoyèrent demander aux Athéniens et aux Lacédémoniens de prompts renforts. Aristide détacha aussitôt l'élite des Athéniens qu'il commandait. Ceux-ci, tombant sur les Barbares, dégagèrent les Mégariens, tuèrent le commandant de la cavalerie perse, ainsi que beaucoup d'autres Barbares, et mirent le reste en fuite. Les Grecs tirèrent de ce brillant prélude d'heureux présages pour une victoire complète. Ils transportèrent ensuite leur camp du pied de la montagne dans un lieu plus favorable. Ils avaient à leur droite une colline élevée et le fleuve Asopus sur la gauche. C'est entre ces deux points que se trouvait placé leur camp, fortifié par la nature même du lieu. Le choix de ce retranchement dans un défilé contribua beaucoup à la victoire des Grecs : car la phalange des Perses ne pouvant point se déployer, plusieurs milliers de Barbares demeurèrent paralysés dans leurs mouvements. Pausanias et Aristide, rassurés par leur position naturelle, disposèrent leurs troupes en conséquence et s'avancèrent contre les ennemis.

XXXI. Mardonius, contraint de resserrer sa phalange, déploya ses colonnes et ordonna d'attaquer les Grecs de la manière qui lui parut la plus avantageuse, en poussant de grands cris. L'élite des Perses, qui entourait Mardonius, tomba sur les Lacédémoniens qui leur étaient opposés, et, combattant vaillamment, ils tuèrent un grand nombre de Grecs. Cependant les Lacédémoniens, qui se défendaient avec bravoure et qui affrontaient tous les périls, firent de leur côté un grand carnage de

Barbares. Tant que Mardonius combattait à la tête de son élite, les Barbares tinrent ferme ; mais dès qu'ils virent tomber Mardonius en héros et les braves qui l'entouraient, morts ou blessés, ils perdirent courage, et se livrèrent à la fuite. Poursuivis par les Grecs, la plupart des Barbares coururent se mettre à l'abri derrière le mur de bois; et les Grecs qui avaient servi dans les rangs des Perses se retirèrent à Thèbes. Artabaze, homme considéré chez les Perses, réunit les débris de l'armée, d'environ quarante mille hommes, et les conduisit, par la plus courte retraite, dans la Phocide.

XXXII. Les Barbares s'étant débandés, les Grecs se divisèrent en plusieurs corps pour les poursuivre. Les Athéniens, les Platéens et les Thespiens, prirent la route de Thèbes. Les Corinthiens, les Sicyoniens, les Philiasiens, et quelques autres, se mirent sur les traces d'Artabaze. Les Lacédémoniens avec le reste des Grecs poursuivirent les fuyards jusqu'à la muraille de bois, et la détruisirent. Cependant les Thébains donnèrent un refuge aux fuyards, et tombèrent, à leur tour, sur les Athéniens. Il se livra un combat acharné sous les murs de la ville, et, les Thébains se défendant vaillamment, il périt un grand nombre d'hommes de part et d'autre. Enfin, culbutés par les Athéniens, les Thébains se jetèrent dans leur ville. Les Athéniens allèrent ensuite joindre les Lacédémoniens qui assiégeaient le camp des Perses. On se battait des deux côtés avec acharnement : les Barbares, bien retranchés, se défendaient vigoureusement; les Grecs, pressant l'attaque du retranchement de bois, étaient blessés en grand nombre, et beaucoup d'entre eux trouvèrent une mort glorieuse. Cependant, ni ces retranchements ni la foule des Barbares ne pouvaient arrêter l'ardeur des Grecs, et toute résistance devait céder à leurs efforts. Car les Lacédémoniens et les Athéniens, ces deux nations rivales qui se disputaient l'empire de la Grèce, étaient animés par le souvenir de leurs victoires récentes, et par la confiance dans leur valeur. Enfin le camp fut pris d'assaut, et les Barbares, qui demandaient à vivre seulement comme prisonniers, ne trouvèrent aucune pitié. Car Pausanias, général des Grecs, voyant que le nombre des Barbares surpassait encore celui des vainqueurs, craignit que la pitié n'eût des conséquences funestes. Aussi ordonna-t-il de ne faire grâce à personne, et la terre fut bientôt jonchée de morts. Enfin les Grecs, après avoir taillé en pièces plus de cent mille hommes, n'étaient qu'à peine rassasiés de carnage.

XXXIII. Telle fut l'issue de cette bataille. Les Grecs ensevelirent leurs morts, au nombre de plus de dix mille, et partagèrent les dépouilles en proportion des soldats.

Dans la distribution des récompenses, Charistidès[1] fit décerner le prix de la valeur à Sparte comme cité, et à Pausanias comme individu. Artabaze, avec quarante mille hommes, débris de l'armée perse, passa de la Phocide dans la Macédoine, et parvint, à marches forcées, à se sauver en Asie. Les Grecs employèrent la dixième partie des dépouilles à fabriquer un trépied d'or, qu'ils déposèrent dans le temple de Delphes, avec cette inscription, en vers élégiaques : « Les libérateurs de la vaste « Grèce, après avoir sauvé les cités d'un triste esclavage, ont « consacré ce monument. » Sur le monument, élevé en honneur de ceux qui étaient morts aux Thermopyles, ils mirent l'inscription suivante, commune pour tous les Grecs : « Quatre « mille hommes sortis du Péloponnèse en combattirent ici « deux millions. » Une autre inscription s'appliquait aux seuls Lacédémoniens : « Passant, va dire aux Lacédémoniens que « nous reposons ici, pour avoir obéi à leurs lois. » Le peuple d'Athènes, de son côté, fit élever des monuments funèbres en honneur de ceux qui avaient été tués dans la guerre persique. Il célébra alors pour la première fois des jeux funèbres; puis il ordonna par une loi de choisir des orateurs pour prononcer le panégyrique des morts enterrés aux frais de l'État.

Quelque temps après, Pausanias se mit à la tête des troupes,

---

[1] J'ai préféré ici la leçon ordinaire de Χριστίδου κελεύσαντος à la conjecture de Dindorf, χάριτι δουλεύσαντες, adoptée par Miot.

marcha contre Thèbes et demanda les promoteurs de l'alliance des Perses, afin d'en tirer vengeance. Les Thébains étant intimidés par le nombre et la valeur de leurs ennemis, les plus coupables se livrèrent eux-mêmes ; Pausanias les fit tous punir de mort.

XXXIV. Le jour même de la bataille de Platée, les Grecs livraient en Ionie un grand combat contre les Perses. Mais avant de le décrire, nous allons reprendre les choses de plus haut. Léotychide, de Lacédémone, et Xanthippe, d'Athènes, commandants de l'armée navale, avaient rassemblé dans les eaux d'Égine leurs navires sortis victorieux du combat de Salamine. Après s'y être arrêtés quelques jours, ils firent voile vers Délos avec deux cent cinquante trirèmes. Là ils reçurent une députation de Samos, qui les supplia de venir délivrer les Grecs de l'Asie. Léotychide réunit les chefs en conseil ; après avoir écouté les envoyés samiens, on résolut d'accourir à la délivrance des villes grecques de l'Asie, et la flotte partit aussitôt de Délos. A la nouvelle de l'approche des Grecs, les commandants de la flotte perse qui stationnait dans les eaux de Samos, se remirent en mer avec tous leurs navires, et vinrent jeter l'ancre à Mycale en Ionie ; comme ils ne se croyaient pas en état de soutenir un combat, ils tirèrent leurs navires à terre, et les entourèrent d'un fossé profond et d'une muraille de bois, ce qui ne les empêcha pas de faire venir des troupes de Sardes et des villes d'alentour, de manière à réunir une armée de cent mille hommes [1], et, ne doutant pas de la défection des Ioniens, ils se pourvoyaient de toutes les choses nécessaires à la guerre. Léotychide, à la tête de toute sa flotte, s'avança en bon ordre sur les Barbares à Mycale, et dépêcha sur un navire un héraut, qui avait la plus forte voix dans l'armée. Il lui avait ordonné de côtoyer le rivage tout près des ennemis, et là de proclamer à haute voix que les Grecs, vainqueurs des Perses à Platée, étaient présents pour délivrer les villes grecques de l'Asie. Le

---

[1] Hérodote (IX, 95) ne parle que de soixante mille hommes, commandés par Tigranès.

but de Léotychide était de soulever les Grecs qui servaient dans les rangs des Barbares, et de répandre dans le camp des Perses des germes de désordre, ce qui arriva en effet. Car, le héraut faisant sa proclamation à portée des navires tirés à terre, les Perses commencèrent à se défier des Grecs, et ceux-ci à comploter entre eux.

XXXV. Les Grecs, s'étant bien assurés de l'état des choses, firent débarquer leurs troupes. Le lendemain, pendant qu'ils étaient occupés à se ranger en bataille, le bruit se répandit que les Grecs avaient vaincu les Perses à Platée. Aussitôt Léotychide convoqua une assemblée, anima son armée au combat, surtout en leur montrant la victoire de Platée comme un exemple à imiter et propre à stimuler leur courage. L'événement eut quelque chose de miraculeux. Car on reconnut dans la suite que les deux batailles de Mycale et de Platée avaient été livrées le même jour; que Léotychide n'avait aucunement reçu la nouvelle qu'il avait fait répandre, la distance des lieux ne le permettant pas, et qu'enfin il avait préparé la victoire par un stratagème. Les généraux perses désarmèrent les Grecs, dont ils se défiaient, et donnèrent leurs armes à des alliés plus sûrs; et en exhortant leurs soldats, ils leur disaient que le roi Xerxès arrivait à leur secours avec une puissante armée; ils remontaient ainsi le courage de leurs troupes.

XXXVI. Les deux armées s'étaient rangées en bataille et prêtes à marcher l'une contre l'autre. Les Perses, méprisant le petit nombre de leurs ennemis, commencèrent l'attaque en poussant de grands cris. Les Samiens et les Milésiens avaient résolu de se porter en masse au secours des Grecs; ils se mirent donc en marche avec leurs forces réunies et parurent en vue. Les Ioniens pensaient que ce mouvement ranimerait le courage des Grecs; mais le contraire arriva. Les troupes de Léotychide croyaient voir Xerxès arriver de Sardes à la tête d'une armée; le désordre se répandit dans le camp, et les avis étaient partagés sur le parti à prendre. Les uns soutenaient qu'il fallait se retirer au plus vite sur les vaisseaux; et les autres, qu'il fallait attendre l'ennemi de pied ferme. Pendant que les Grecs hésitaient ainsi, les Perses arrivèrent rangés en bataille et les attaquèrent en poussant de grands cris. Les Grecs, n'ayant plus le temps de délibérer, furent forcés de soutenir le choc des Barbares. Le combat fut opiniâtre, l'issue longtemps douteuse, et il périt beaucoup de monde de part et d'autre. Mais, lorsque les Samiens et les Milésiens se montrèrent, les Grecs reprirent courage, et les Barbares, déconcertés, se mirent en fuite. Alors il se fit un terrible carnage; Léotychide et Xanthippe serrèrent de près les Barbares et les poursuivirent jusque dans leur camp. Les Éoliens et plusieurs autres Grecs de l'Asie prirent alors part à la bataille déjà décidée, car les villes de l'Asie brûlaient du désir de se rendre indépendantes. Ainsi, sans se soucier ni de leurs otages ni de leurs serments, ils se joignirent aux autres Grecs pour égorger les Barbares mis en déroute. Les Perses furent ainsi défaits ; ils perdirent plus de quarante mille hommes ; ceux qui avaient échappé au carnage se réfugièrent dans le camp, et se retirèrent à Sardes.

A la nouvelle de la double déroute de ses armées à Platée et à Mycale, Xerxès laissa une partie de ses troupes à Sardes pour continuer la guerre contre les Grecs; lui-même, dans le plus grand trouble, prit avec le reste de l'armée le chemin d'Ecbatane [1].

XXXVII. Léotychide et Xanthippe retournèrent à Samos, et conclurent une alliance avec les Ioniens et les Éoliens ; ils les engagèrent ensuite à quitter l'Asie et à venir s'établir en Europe, en leur promettant de leur donner les terres des peuples qui avaient pris le parti des Mèdes et qui seraient chassés. Car, demeurant en Asie, ils auraient toujours pour voisins des ennemis beaucoup plus puissants qu'eux, et les Grecs, leurs alliés, séparés par la mer, ne pourraient pas leur apporter des secours à temps. Les Éoliens et les Ioniens étaient prêts à accepter ces propositions et à se transporter avec les Grecs en Europe, lorsque les Athéniens

---

[1] Hérodote (IX, 107) nomme ici Suse.

changèrent d'avis : ils conseillèrent à ces alliés de demeurer dans leur pays, en les assurant que, lors même qu'aucun Grec ne les soutiendrait, les Ioniens pouvaient toujours compter sur l'assistance des Athéniens, leurs alliés naturels[1]. Ce conseil fut inspiré par la crainte que les Ioniens, une fois établis, du consentement de tous les Grecs, dans leurs nouvelles colonies, ne regardassent plus Athènes comme leur métropole. Quoi qu'il en soit, les Ioniens renoncèrent à leur projet, et restèrent en Asie. Après l'accomplissement de ces choses, l'armée des Grecs se divisa. Les Lacédémoniens se remirent en mer pour la Laconie, et les Athéniens, avec les Ioniens et les insulaires, firent voile pour Sestos. Aussitôt après son arrivée, le général Xanthippe mit le siége devant cette ville; il prit Sestos d'assaut, y laissa une garnison, congédia les alliés et ramena ses concitoyens à Athènes.

Telle fut l'issue de la guerre médique, qui a duré deux ans. L'historien Hérodote, qui a écrit l'histoire universelle en neuf livres, commence son ouvrage aux temps antérieurs à la guerre de Troie, et le termine à la bataille de Mycale et à la prise de Sestos.

A la même époque, en Italie, les Romains faisaient la guerre aux Volsques : ils les vainquirent dans un combat et en tuèrent un grand nombre. Spurius Cassius, qui avait été consul l'année précédente, convaincu d'avoir aspiré à la tyrannie, fut condamné à mort[2]. Tels sont les événements arrivés dans le cours de cette année.

XXXVIII. Timosthène étant archonte d'Athènes, Cæso Fabius et Lucius Æmilius Mamercus furent revêtus de la dignité consulaire à Rome[3]. Dans cette année[4], la Sicile jouissait

---

[1] Voyez Hérodote (IX, 105) qui raconte autrement cet incident.

[2] Consultez Tite-Live, III, 11.

[3] Selon Denys, Cæso Fabius et Æmilius Mamercus étaient consuls dans l'année 270 de la fondation de Rome, Nicodème étant archonte d'Athènes (troisième année de la LXXIVᵉ olympiade). La chronologie de Diodore se trouve donc environ de quatre années en avance. Voyez la note de Wesseling, IV, p. 352 (édit. Bipont.).

[4] Troisième année de la LXXVᵉ olympiade ; année 478 avant J.-C.

d'une paix profonde. Les Carthaginois étaient abattus ; Gélon régnait avec justice sur les Siciliens et entretenait dans les villes l'ordre et la prospérité. Les Syracusains avaient aboli par une loi les funérailles somptueuses, et réduit les dépenses qu'on avait coutume d'y faire. Tout cela enfin fut réglé par une loi. Le roi Gélon, désireux de gagner en tout la faveur du peuple, prit des mesures pour faire appliquer à lui-même les dispositions de cette loi. Atteint d'une maladie, et désespérant de sa guérison, il remit la royauté à Hiéron, le plus âgé de ses frères, et donna des ordres pour que, à ses obsèques, la loi fût strictement observée. Le successeur exécuta la dernière volonté de Gélon : le corps de celui-ci fut enseveli dans le champ de sa femme, dans un édifice imposant par sa masse et appelé les *Neuf Tours*. Le peuple sortit de la ville et suivit en foule le convoi funèbre jusqu'à cet endroit, éloigné de deux cents stades : là, le peuple éleva un tombeau magnifique et décerna à Gélon les honneurs héroïques. Plus tard, les Carthaginois, dans leur guerre contre Syracuse, détruisirent ce monument, et Agathocle, par une envieuse jalousie, abattit ces tours. Mais ni la haine des Carthaginois, ni la méchanceté d'Agathocle, rien n'a pu détruire la gloire de Gélon, car l'histoire, ce juge impartial, conservera sa mémoire et la perpétuera dans tous les siècles. Il est juste et d'un bon exemple pour la société que ceux qui ont abusé de leur puissance pour faire du mal, soient flétris par l'histoire, et que les bienfaiteurs du genre humain reçoivent un souvenir éternel. Gélon avait régné sept ans, et Hiéron, son frère et son successeur, régna onze ans et huit mois.

XXXIX. En Grèce, les Athéniens, après la victoire de Platée, ramenèrent à Athènes leurs enfants et leurs femmes, qu'ils avaient transportés à Salamine et à Trézène. Ils entreprirent aussitôt de reconstruire les murs de leur ville, et de prendre d'autres mesures de sécurité. Les Lacédémoniens, voyant que les Athéniens s'étaient acquis une grande réputation par leurs forces maritimes, devinrent jaloux de cet accroissement de puissance, et résolurent d'empêcher les Athéniens de relever leurs murailles. Ils envoyèrent donc à Athènes des députés chargés de déclarer de vive voix qu'ils croyaient, dans ce moment, le rétablissement des murs d'Athènes contraire aux intérêts de la Grèce; parce que, si Xerxès revenait dans la Grèce avec de plus grandes forces, il pourrait occuper les villes fortifiées, situées hors du Péloponnèse, et s'en servir pour faire la guerre à tous les Grecs. Ces raisons n'ayant pas été écoutées par les Athéniens, les députés se rendirent auprès des ouvriers et leur ordonnèrent de cesser immédiatement les travaux. Les Athéniens ne sachant quel parti prendre, Thémistocle, qui jouissait alors d'un grand crédit parmi ses compatriotes, leur conseilla de prendre une attitude calme; sinon les Lacédémoniens, réunis aux Péloponnésiens, les empêcheraient de relever les murs d'Athènes. Il offrit ensuite, en secret, aux archontes, de se rendre avec quelques autres députés auprès des Lacédémoniens, et de s'entendre avec eux sur cette affaire. Il recommanda enfin aux archontes, s'il venait d'autres envoyés de Lacédémone à Athènes, de les retenir jusqu'à son retour de Lacédémone, et, dans cet intervalle, d'employer tous les bras à la reconstruction des murs de la ville; c'était, suivant lui, le meilleur moyen de venir à bout de l'entreprise projetée.

XL. Les Athéniens goûtèrent ce conseil, et Thémistocle partit avec ses compagnons pour Sparte. Les Athéniens s'empressent de relever les murs de la ville, et, dans leur zèle, ils n'épargnèrent ni les maisons ni les tombeaux. Les femmes, les enfants, les étrangers et les esclaves mêmes prirent part à ce travail qui avança prodigieusement, grâce à l'ardeur des ouvriers et au nombre de bras qui y étaient employés. Appelé devant les magistrats de Sparte, qui lui firent des reproches au sujet de la reconstruction des murs, Thémistocle nia le fait et engagea les magistrats à ne point croire à de faux bruits, mais d'envoyer à Athènes des députés dignes de foi, afin de savoir la vérité; en attendant, lui et ses collègues serviraient d'otages. Les Lacédémoniens suivirent ce conseil : ils gardèrent Thémistocle, et envoyèrent à Athènes les citoyens les plus distingués, pour s'assurer de l'état réel des choses. Dans cet intervalle, les Athéniens avaient déjà fait bien avancer leurs travaux. Les envoyés de Lacédémone ayant répandu dans Athènes des propos séditieux et menaçants, les Athéniens les mirent en prison, en déclarant qu'ils ne les en feraient sortir que lorsque les Lacédémoniens auraient relâché Thémistocle et ses collègues. Les Lacédémoniens, pris au piége, furent obligés de relâcher les envoyés athéniens pour obtenir l'élargissement des leurs. Ainsi Athènes dut à un stratagème de Thémistocle la reconstruction sûre et prompte de ses murs. Il en acquit une grande réputation auprès de ses compatriotes.

Sur ces entrefaites, les Romains étaient en guerre avec les Éques et les habitants de Tusculum. Ils défirent les Éques dans un combat, et en tuèrent un grand nombre. Après quoi, ils assiégèrent Tusculum et s'emparèrent de la ville des Éques [1].

XLI. L'année étant révolue, Adimante fut nommé archonte d'Athènes, en même temps que Marcus Fabius Silvanus et Lucius Valerius Poplius étaient consuls de Rome [2]. Par son expérience militaire et son esprit riche en expédients, Thémistocle grandit en crédit non-seulement chez ses concitoyens, mais chez tous les Grecs. Fier de sa gloire, il forma de nouveaux projets bien plus vastes pour l'accroissement de la puissance de sa patrie. Le port qui porte le nom de Pirée n'existait pas encore en ces temps ; et les Athéniens n'avaient pour mettre leurs vaisseaux à l'abri que la rade de Phalère, beaucoup trop étroite. Thémistocle conçut le dessein de faire du Pirée, à peu de frais, le port le plus beau et le plus grand de toute la Grèce [3]. Il se flattait par ce moyen de procurer aux Athéniens l'empire de la mer : ceux-ci avaient un très-grand nombre de trirèmes ; leur expérience consommée dans la marine et leur réputation étaient partout

---

[1] Voyez Tite-Live, II, 42.
[2] Quatrième année de la LXXVe olympiade ; année 477 avant J.-C.
[3] Suivant Thucydide (1, 93), Thémistocle avait déjà fait commencer sous son archontat, avant la guerre médique, la construction du Pirée.

connues. Il espérait, en outre, gagner les Ioniens déjà unis aux Athéniens par les liens du sang, comptant qu'avec leur secours, il parviendrait à délivrer les Grecs de l'Asie qui par reconnaissance, s'attacheraient aux Athéniens, et que tous les insulaires, tenus en respect par une force maritime si imposante, se rangeraient promptement du côté de ceux qui pourraient faire tout à la fois beaucoup de bien et beaucoup de mal. Il n'ignorait pas que les Lacédémoniens avaient des troupes de terre bien disciplinées, mais une marine faible. Enfin, en méditant sur ces choses, il comprit clairement qu'il fallait tenir son projet secret, jugeant bien que les Lacédémoniens en empêcheraient l'exécution.

XLII. Thémistocle annonça donc dans une assemblée du peuple qu'il avait à proposer et à conseiller des choses aussi grandes qu'utiles, mais que, l'exécution n'en pouvant être confiée qu'à un petit nombre d'hommes, il ne convenait pas de s'expliquer à ce sujet publiquement; qu'ainsi il priait l'assemblée de lui désigner deux hommes de confiance auxquels il pourrait faire part de cette affaire. Le peuple consentit à cette proposition et désigna Aristide et Xanthippe, deux hommes non-seulement d'une vertu éprouvée, mais qui rivalisaient en mérite et en réputation avec Thémistocle, et qui, par cela même ne l'aimaient pas. Après avoir pris connaissance du plan de Thémistocle, ils vinrent déclarer au peuple que les choses que Thémistocle leur avait exposées étaient grandes, utiles et réalisables. Les Athéniens qui avaient de l'admiration pour un tel homme, mais qui le croyaient en même temps capable, par ses hardies entreprises, d'aspirer à la tyrannie, ordonnèrent qu'on leur découvrît clairement les desseins conçus. Thémistocle répéta qu'il serait imprudent de faire connaître ses projets à tout le peuple. L'assemblée, admirant la résolution et la persistance courageuse de cet homme, ordonna qu'il s'en expliquât au sénat, à huis clos; et que si le sénat jugeait les projets de Thémistocle utiles et praticables, on consentirait à les faire exécuter. Le sénat, ainsi initié dans tous les détails, approuva les projets, et, sur le rapport qu'il en rendit au peuple, Thémistocle fut autorisé de faire ce qu'il jugerait à propos. Tous les membres de l'assemblée se séparèrent pleins d'admiration pour le génie de Thémistocle et d'une impatience curieuse de connaître l'exécution de ces projets.

XLIII. Thémistocle, ainsi autorisé et muni de tout ce qui lui était nécessaire pour l'exécution de ses desseins, songea à tendre un nouveau piége aux Lacédémoniens; car il ne doutait pas que ceux-ci, s'étant déjà opposés au rétablissement des murs d'Athènes, ne s'opposassent également à la construction d'un port. Il résolut donc de leur envoyer des députés pour leur représenter qu'il serait de l'intérêt commun de la Grèce d'avoir un port commode pour être à couvert d'une invasion des Perses. Par ce moyen, il détourna l'attention des Spartiates, pendant qu'il faisait accélérer les travaux. Tout le monde y prenant une part active, le port fut achevé promptement et d'une manière inattendue. Thémistocle conseilla au peuple d'augmenter annuellement la flotte de vingt trirèmes, d'exempter de tout tribut les étrangers domiciliés à Athènes et les ouvriers, afin d'attirer de toute part dans la ville une nombreuse population, et d'y réunir des ouvriers de plusieurs métiers utiles; car il jugeait ces moyens les plus propres à l'établissement d'une marine. Voilà à quoi les Athéniens étaient alors occupés.

XLIV. Les Lacédémoniens avaient donné le commandement de la flotte à Pausanias, le vainqueur de Platée, avec l'ordre de délivrer toutes les villes grecques, occupées par des garnisons barbares. Pausanias, à la tête de cinquante trirèmes tirées du Péloponnèse et de trente fournies par les Athéniens, sous la conduite d'Aristide, vint aborder dans l'île de Cypre, où il délivra les villes des garnisons perses. Se dirigeant ensuite vers l'Hellespont, il tua ou chassa les Barbares qui occupaient Bysance et rendit à cette ville la liberté. Il y fit prisonniers un grand nombre de Perses de distinction, et les donna en garde à Gongylus d'Érétrie[1], sous prétexte d'en tirer vengeance,

---

[1] Voyez Thucydide, I, 128.

mais en réalité pour les remettre à Xerxès; car il entretenait de secrets rapports d'amitié avec Xerxès dont il devait épouser la fille, à la condition de trahir les Grecs. Cette trahison se tramait par l'entremise du général Artabaze, qui fournissait secrètement à Pausanias de fortes sommes d'argent destinées à gagner les Grecs accessibles à la corruption. Le complot fut découvert et puni de la manière que nous allons raconter. Pausanias affectait le luxe des Perses, et se conduisait tyranniquement envers ses subordonnés. Tout le monde en était indigné, mais surtout ceux des Grecs qui étaient revêtus de quelque commandement. On s'entretenait de la dureté de Pausanias dans l'armée, parmi les populations et dans les villes; enfin, les Péloponnésiens l'abandonnèrent, et, de retour dans leur pays, ils envoyèrent des députés porter accusation contre Pausanias. Aristide l'Athénien, profitant de cette occasion, flattait les villes dans les assemblées et les entraînait, par ses discours insinuants, dans le parti des Athéniens. Un autre événement, dû au hasard, vint encore favoriser les projets des Athéniens.

XLV. Pausanias, de peur d'être dénoncé, était convenu avec le roi de ne point laisser revenir en Grèce les porteurs de ses lettres; et en effet, les messagers, en remettant les lettres dont ils étaient porteurs, étaient tous tués. Enfin l'un d'eux, réfléchissant à tout cela, ouvrit les lettres qui lui étaient confiées, et y ayant appris la précaution employée pour faire disparaître les messagers, il remit les lettres aux éphores. Ceux-ci néanmoins n'ajoutèrent pas foi à la dénonciation, parce qu'on leur avait remis les lettres ouvertes; ils exigèrent une preuve plus convaincante. Le courrier s'engagea alors à leur faire entendre l'aveu même du traître. Il se rendit donc à Ténare, vint s'asseoir en suppliant dans le temple de Neptune, et cacha sous une tente double les éphores et les Spartiates qu'il avait amenés avec lui. Pausanias, s'approchant, lui demanda pourquoi il était venu ici invoquer les dieux; le courrier lui reprocha alors la mort à laquelle il condamnait un innocent dans les lettres dont il l'avait chargé. Pausanias témoigna du repentir, et lui demanda pardon ; de plus, il lui promit de grandes récompenses, s'il voulait garder le secret. L'un et l'autre se retirèrent. Les éphores et ceux qui les accompagnaient, instruits de la vérité, gardèrent le silence. Mais plus tard, les Lacédémoniens sommant les éphores de faire exécuter les lois, Pausanias essaya de prévenir le sort qui l'attendait, et se réfugia dans le temple de Minerve Chalciœque. Comme les Lacédémoniens hésitaient à punir le suppliant, la mère de Pausanias se présenta, dit-on, devant le temple, et, sans proférer une parole, prit une pierre, la plaça à l'entrée du temple, et revint chez elle. Les Lacédémoniens suivirent l'exemple de la mère, murèrent ainsi la porte du temple et contraignirent Pausanias d'y mourir de faim[1]. Le corps du défunt fut remis aux parents chargés de l'ensevelir. Cependant, la divinité manifesta des signes de colère pour la violation de l'asile. Car les Spartiates étant allés consulter l'oracle de Delphes sur quelques-uns de leurs intérêts, le dieu leur ordonna de lui rendre son suppliant. Ils furent longtemps embarrassés de ne pouvoir remplir cet ordre du dieu. Enfin, ils s'avisèrent de faire deux statues d'airain représentant Pausanias et de les déposer dans le temple de Minerve.

XLVI. Comme nous sommes habitués, dans tout le cours de cet ouvrage, à relever par des louanges la gloire des hommes de bien, et à couvrir de malédictions méritées la mémoire des méchants, nous ne laisserons pas passer sans les flétrir la perfidie et la trahison de Pausanias. Ne faut-il pas s'étonner de la démence d'un homme qui, devenu le bienfaiteur de la Grèce, le vainqueur de Platée, et célèbre par tant d'autres actions d'éclat, non-seulement n'a pas su conserver sa première illustration, mais, séduit par le luxe et les trésors des Perses, a souillé de honte toute sa gloire passée. Enorgueilli par la prospérité, il se dégoûta de la façon de vivre des Lacédémoniens ; et l'homme qui devait avoir le plus d'éloignement pour les mœurs des Barbares, imita la mollesse et le luxe des

---

[1] Voyez Cornélius Nepos, *Pausanias*, 4.

Perses ; car il savait, non par d'autres, mais par sa propre expérience, quelle différence il y a entre le régime des Perses et la discipline lacédémonienne. Ainsi, par sa dépravation, non-seulement il mérita le châtiment infligé, mais encore il fit perdre à ses compatriotes l'empire de la mer. En effet, la comparaison que faisaient alors les alliés de la conduite de Pausanias avec le talent militaire d'Aristide, uni à la familiarité envers les subordonnés, et à bien d'autres vertus, les fit tous pencher en faveur des Athéniens. On n'écoutait plus les chefs envoyés de Sparte. Aristide, admiré et obéi de tout le monde, se vit nommer, sans risque, commandant des forces navales de la Grèce.

XLVII. Aussitôt après, Aristide conseilla à tous les alliés de convoquer une assemblée et d'y proposer le transfèrement et le dépôt du trésor général à Délos. Cet argent était le fruit de l'impôt que chaque ville, pour faire face aux dépenses d'une guerre probable avec les Perses, devait payer selon ses moyens. La somme totale de ce trésor était de cinq cent soixante talents[1]. Chargé lui-même de la fixation de cet impôt, il en fit la répartition avec tant d'exactitude et d'équité, qu'il s'attira l'estime de toutes les villes. Il acheva ainsi heureusement une des entreprises les plus délicates et presque impossibles, obtint de sa conduite impartiale une très-grande réputation d'équité et le surnom de Juste. Pendant que la perversité de Pausanias enleva à Sparte l'empire de la mer, la vertu d'Aristide procura à Athènes une supériorité militaire qu'elle n'avait pas encore eue. Tels sont les événements arrivés dans le cours de cette année.

XLVIII. Phédon étant archonte d'Athènes, Cæso Fabius et Spurius Furius Menellaïus consuls à Rome, on célébra la XXVI⁰ olympiade, dans laquelle Scamandrius de Mitylène remporta le prix de la course du stade[2]. Dans cette année mourut

---

[1] Deux millions quatre-vingt mille francs. Thucydide (I, 96) et Cornélius Nepos (*Aristide*, 3), indiquent une somme moins considérable.

[2] Première année de la LXXVI⁰ olympiade ; année 476 avant J.-C.

Léotychide, roi des Lacédémoniens, après un règne de vingt-deux ans. Archidamus[1], son successeur, en régna quarante-deux. Dans cette même année mourut aussi Anaxilas, tyran de Rhégium et de Zancle, après un règne de dix-huit ans. Micythus prit le pouvoir, après s'être engagé à le remettre plus tard aux enfants du défunt[2]. Hiéron, roi des Syracusains après la mort de Gélon, voyant son frère Polyzélus aimé des Syracusains, le soupçonna d'aspirer à la royauté, et songea à se défaire de lui pour occuper le trône avec sécurité. Il prit à sa solde des mercenaires et se forma une garde de soldats étrangers. Comme les Sybarites étaient alors assiégés par les Crotoniates, et demandaient du secours à Hiéron, il fit lever de nombreuses troupes, qu'il remit à son frère Polyzélus, dans l'espérance qu'il serait tué par les Crotoniates. Polyzélus, se doutant des intentions de son frère, refusa le commandement de ces troupes, et se réfugia chez Théron, tyran d'Agrigente. Hiéron, emporté par la colère, résolut de l'aller combattre. Sur ces entrefaites, Thrasydée, fils de Théron, qui avait été institué gouverneur de la ville d'Himère, s'aliéna par sa dureté hautaine l'esprit des habitants. Ceux-ci renoncèrent à en porter plainte au père, dans la conviction qu'ils ne trouveraient pas en lui un juge impartial. Ils envoyèrent donc des députés à Hiéron, pour lui exposer leurs griefs contre Thrasydée, et lui promettre de se ranger sous son obéissance et de le servir contre Théron. Mais Hiéron, qui jugeait à propos de vivre en paix avec Théron, trahit les Himériens, et dénonça leurs propositions secrètes. Sur cet avis, Théron fit une enquête, et, ayant reconnu la vérité de la dénonciation, il se réconcilia avec Hiéron, fit rentrer Polyzélus dans les bonnes grâces de son frère; mais il fit saisir et condamna à mort un grand nombre d'Himériens qui s'étaient déclarés contre lui.

XLIX. Quelque temps après, Hiéron expulsa de leurs villes

---

[1] J'adopte ici la correction de Palmérius, qui a proposé de lire *Archidamus* au lieu d'*Archélaüs* que porte le texte.

[2] Micythus remplit avec fidélité ses engagements. Voyez plus bas, chap. 60, et Hérodote, VII, 170.

les Naxiens et les Cataniens, et pour les repeupler, il fit venir cinq mille hommes du Péloponnèse, et autant de Syracuse. Il changea le nom de Catane en celui d'Etna, et distribua à ces nouveaux habitants, au nombre de mille, non-seulement le territoire de Catane, mais une grande partie du pays limitrophe. Il se hâta dans cette entreprise, tout à la fois pour avoir dans ces habitants des auxiliaires tout prêts en cas de besoin, et pour recevoir les honneurs héroïques dus au fondateur d'une ville de dix mille citoyens. Quant aux Naxiens et aux Cataniens, décolonisés, il les fit admettre chez les Léontins, qui leur accordèrent le droit de cité. Théron, de son côté, voyant la ville d'Himère presque déserte par suite du massacre des Himériens, appela des Doriens pour la repeupler, et fit inscrire au nombre des citoyens tous les volontaires. Toute cette population vécut dans la concorde pendant cinquante-huit ans [1], jusqu'à ce que la ville fût prise et détruite par les Carthaginois; depuis lors cette ville est restée inhabitée jusqu'à notre époque.

L. Dromoclide étant archonte d'Athènes, les Romains nommèrent consuls Marcus Fabius et Cnéius Manlius [2]. Dans cette année, les Lacédémoniens, désolés d'avoir perdu si inconsidérément l'empire de la mer, menaçaient les Grecs de se venger de leur défection. Le sénat se réunit pour délibérer sur la guerre à déclarer aux Athéniens au sujet de la suprématie maritime. Dans l'assemblée générale du peuple, les jeunes citoyens et beaucoup d'autres témoignaient un vif désir de recouvrer leur ancienne supériorité, qu'ils regardaient non-seulement comme la source de beaucoup de richesses et d'une grande puissance, mais encore comme une occasion d'acquérir des fortunes privées. Ils rappelaient à ce sujet un ancien oracle par lequel le dieu leur avait recommandé de ne pas laisser boiter leur domination; et cet oracle, selon eux, ne pouvait s'appliquer qu'à la circonstance actuelle, car l'empire était devenu boiteux, puisqu'ils avaient perdu l'un des deux comman-

[1] Voyez plus loin, XIII, 62.
[2] Deuxième année de la LXXVIᵉ olympiade; année 475 avant J.-C.

dements qu'ils avaient autrefois. Ainsi, tous les citoyens, y compris le sénat, qui était entré en délibération, étaient animés du même esprit, et personne n'aurait osé proposer un avis contraire. Cependant, un des sénateurs, nommé Hétœmaridas, descendant d'Hercule, et estimé des citoyens à cause de sa valeur, chercha à persuader qu'il fallait laisser aux Athéniens l'empire de la mer, et qu'il n'était point dans l'intérêt de Sparte de le leur disputer. A l'appui de ce conseil inattendu, il apporta tant de raisons plausibles qu'il parvint, contre toute espérance, à faire prévaloir son opinion auprès du sénat et du peuple. Enfin les Lacédémoniens, jugeant le discours d'Hétœmaridas conforme aux intérêts de l'État, renoncèrent à leur ardeur guerrière contre les Athéniens. Ceux-ci, qui s'attendaient à un grave conflit avec les Lacédémoniens au sujet de l'empire de la mer, avaient déjà fait construire plusieurs trirèmes, amassé de fortes sommes d'argent, et attiré par leur bienveillance nombre d'alliés. Dès qu'ils eurent appris la résolution des Lacédémoniens, ils s'occupèrent, sans crainte de la guerre, à l'affermissement de leur suprématie.

LI. Acestoride étant archonte d'Athènes, Cæso Fabius et Titus Virginius furent revêtus de la dignité consulaire à Rome[1]. Dans cette année, Hiéron, roi des Syracusains, reçut des envoyés de Cumes en Italie, lui demandant du secours contre les Tyrrhéniens, maîtres de la mer. Ce roi leur envoya donc un secours suffisant de trirèmes qui, arrivées à Cumes, aidèrent les habitants à combattre les Tyrrhéniens. Ceux-ci furent défaits dans un grand combat naval, et perdirent beaucoup de navires. Les Cuméens furent ainsi rassurés, et la flotte auxiliaire revint à Syracuse.

LII. L'année suivante, Ménon fut nommé archonte d'Athènes, L. Émilius Mamercus et Caïus Cornélius Lentulus consuls à Rome[2]. La guerre s'alluma en Italie entre les Tarentins et les Japyges. Ces peuples étaient d'abord en guerre au sujet des limites de

---

[1] Troisième année de la LXXVIe olympiade; année 474 avant J.-C.
[2] Quatrième année de la LXXVIe olympiade; année 473 avant J.-C.

leurs territoires, et cette querelle s'était bornée jusqu'alors à quelques escarmouches et à des pillages réciproques; mais leur animosité s'étant accrue par des meurtres fréquents, ils en vinrent enfin à des hostilités ouvertes. Les Japyges armèrent les premiers; leurs troupes, jointes à celles de leurs alliés, s'élevèrent à plus de vingt mille hommes. Les Tarentins, instruits de ces préparatifs, mirent sur pied leur milice citoyenne, qui se réunit à un grand nombre d'alliés rhégiens[1]. Il se livra un combat acharné; beaucoup d'hommes tombèrent de part et d'autre, mais enfin les Japyges demeurèrent vainqueurs. Dans leur déroute, les vaincus se séparèrent en deux parties; les uns se retirèrent à Tarente, pendant que les autres s'enfuyaient à Rhégium. De même aussi les vainqueurs se partagèrent en deux corps; les uns poursuivirent les Tarentins l'épée dans les reins, et en firent un grand carnage; les autres s'attachèrent avec une telle ardeur aux fuyards de Rhégium, qu'ils se jetèrent avec eux dans la ville, et s'en rendirent les maîtres.

LIII. Dans l'année suivante, Charès étant archonte d'Athènes, Titus Minutius et Caïus Horatius Pulcher consuls à Rome, on célébra en Élide[2] la LXXVII° olympiade, où Dandès d'Argos remporta le prix de la course du stade. A cette époque, Théron, tyran d'Agrigente en Sicile, mourut après un règne de seize ans. Thrasydée, son fils, lui succéda. Théron avait gouverné avec justice; respecté pendant sa vie, il reçut après sa mort les honneurs héroïques. Le fils, encore du vivant de son père, était violent et sanguinaire, et après la mort de Théron, il gouverna contrairement aux lois et en tyran. Ayant bientôt perdu la confiance de ses sujets, il devint l'objet de la haine publique, eut toute sa vie à lutter contre des complots, et ne tarda pas à avoir une fin digne de ses cruautés. Après la mort de Théron, son père, Thrasydée leva à Agrigente et à Himère de nombreuses troupes de mercenaires, qui dépassaient

---

[1] Cette troupe auxiliaire, amenée par Micythus, était d'environ trois mille hommes. Hérodote, VII, 170.

[2] Première année de la LXXVII° olympiade; année 472 avant J.-C.

le nombre de vingt mille hommes d'infanterie et de cavalerie. Il voulait, avec cette armée, faire la guerre aux Syracusains. Le roi Hiéron, à la tête de forces considérables, marcha sur Agrigente; il s'engagea un combat sanglant où des Grecs tombèrent sous les coups des Grecs. Enfin les Syracusains eurent le dessus; ils perdirent environ deux mille hommes, et en firent perdre quatre mille à leurs ennemis. Cette défaite coûta à Thrasydée le trône : il s'enfuit chez les Mégariens Niséens, où il fut condamné à mort et exécuté. Les Agrigentins, ayant établi un gouvernement démocratique, envoyèrent des députés à Hiéron qui leur accorda la paix.

En Italie, les Romains étaient en guerre avec les Véiens. Il se livra une grande bataille près de Crémère[1] : les Romains furent défaits, et parmi un grand nombre de morts se trouvèrent, au rapport de quelques historiens, les trois cents Fabius, tous de la même famille, et compris pour cela sous la même dénomination. Tels sont les événements arrivés dans le cours de cette année.

LIV. Praxierge étant archonte d'Athènes, les Romains élurent pour consuls Aulus Virginius Tricostus et Caïus Servilius Structus[2]. Dans cette année, les Éliens, qui habitaient plusieurs petites villes, se réunirent en une seule, qu'ils nommèrent Élis. Les Lacédémoniens, voyant leur pouvoir s'affaiblir depuis la trahison de leur général Pausanias, et le crédit des Athéniens, auxquels on ne reprochait aucun exemple de trahison, s'augmenter, essayèrent de calomnier Athènes, leur rivale. Ils s'en prirent d'abord à Thémistocle, dont la vertu était en grand renom ; ils l'accusèrent d'avoir été le plus grand ami de Pausanias, et d'avoir trempé avec lui dans la trahison qui devait livrer la Grèce à Xerxès. Ils eurent des conférences avec les ennemis de Thémistocle; les excitèrent à appuyer l'accusation, et leur donnèrent même de l'argent pour les engager à dire que Pausanias avait communiqué son plan de trahison à Thémistocle, en l'invitant à se joindre à lui ; qu'à la vérité Thémistocle n'avait

---

[1] Voyez Aulu-Gelle (*Noctes atticæ*, XVII, 21).
[2] Deuxième année de la LXXVIIe olympiade ; année 471 avant J.-C.

pas accepté cette proposition, mais qu'il n'avait pas non plus jugé à propos de dénoncer son ami. Thémistocle, ainsi mis en accusation, fut pour le moment absous du crime de trahison. Cet acquittement le rendit même plus puissant auprès de ses concitoyens, qui aimaient en Thémistocle l'auteur de si grandes choses. Plus tard, les uns, redoutant la supériorité de son génie, et les autres, envieux de sa réputation, oublièrent bientôt les services qu'il avait rendus à la patrie, et ne songèrent plus qu'à rabaisser son crédit et son influence.

LV. D'abord ils le firent sortir de la ville, en lui appliquant l'*ostracisme*, qui avait été institué après la chute de la tyrannie des Pisistratides. Voici quelle était cette loi. Chaque citoyen écrivait sur un tesson [1] (*ostracon*) le nom de celui qu'il croyait principalement conspirer contre la démocratie; celui qui réunissait le plus grand nombre de ces tessons était condamné à s'exiler de la patrie pour cinq ans [2]. L'ostracisme n'avait pas pour objet de punir un crime prouvé; les Athéniens voulaient seulement, par ce moyen, rabaisser l'orgueil de ceux qui auraient pu avoir des prétentions par trop élevées.

Frappé par cet arrêt, Thémistocle s'enfuit à Argos. Instruits de cet événement, les Lacédémoniens jugèrent l'occasion favorable pour reprendre leurs attaques contre Thémistocle. Ils envoyèrent donc des députés à Athènes pour l'accuser de nouveau d'avoir trempé dans le complot de Pausanias; ils ajoutèrent que des crimes qui regardaient la Grèce entière devaient être jugés, non par le tribunal particulier des Athéniens, mais par l'assemblée générale des Grecs, qui, dans ce moment, se tenait à Sparte. Thémistocle, voyant que les Lacédémoniens faisaient tous leurs efforts pour affaiblir la ville d'Athènes, et que les Athéniens de leur côté ne songeaient qu'à se défendre du soupçon qu'on jetait sur eux, comprit qu'il serait abandonné à la décision de l'assemblée. Il comprit aussi que cette assemblée

---

[1] Ὄστρακον, tesson; d'où le nom d'ostracisme.
[2] Wesseling a proposé de lire ici δεκαετῆ χρόνον, espace de dix ans, au lieu de πενταετῆ χρόνον que donnent toutes les éditions, sauf celle de M. Eichstædt.

n'avait pas en vue la justice, mais qu'elle serait favorable aux Lacédémoniens, comme on en avait déjà eu l'exemple dans le jugement qu'elle prononça dans la cause des Athéniens et des Éginètes; car étant les maîtres des suffrages, ils déguisèrent si peu leur jalousie contre les Athéniens, que, bien que ceux-ci eussent fourni plus de trirèmes que tous les autres Grecs ensemble, ils ne leur décernèrent aucune distinction. Ce qui porta, en outre, Thémistocle à se défier de cette assemblée, c'est que les Lacédémoniens s'autorisaient de la réponse qu'il avait faite à Athènes au sujet de cette accusation : car Thémistocle, dans sa défense, avait avoué que Pausanias lui avait écrit plusieurs lettres pour l'engager à entrer dans le projet de trahison; et cet aveu était pour lui la plus grande preuve que Pausanias n'aurait point insisté si longtemps s'il n'avait pas toujours reçu le même refus.

LVI. Par les motifs que nous venons de dire, Thémistocle quitta Argos, et vint en suppliant se réfugier aux foyers d'Admète, roi des Molosses. Ce roi le reçut d'abord avec bienveillance, l'engagea à prendre courage, et lui promit de veiller à sa sûreté. Mais les Lacédémoniens envoyèrent à Admète les citoyens les plus considérés de Sparte pour demander l'extradition de celui qu'ils appelaient le traître et le corrupteur de toute la Grèce; ajoutant qu'en cas de refus, ils lui déclareraient la guerre au nom de tous les Grecs. Admète, intimidé par ces menaces, mais touché cependant du sort de son suppliant et voulant prévenir la honte d'une trahison, conseilla à Thémistocle de s'échapper à l'insu des Lacédémoniens; en même temps il donna une somme en or pour les dépenses de l'exilé. Thémistocle, traqué de toute part, accepta cet or et s'enfuit la nuit du pays des Molosses avec les moyens que le roi lui avait fournis. Il rencontra deux jeunes Liguriens, marchands de profession et qui connaissaient bien les chemins : ils lui servirent de guides dans ses courses nocturnes pour échapper aux recherches des Lacédémoniens; ils le conduisirent généreusement et arrivèrent, après beaucoup de fatigues, en Asie. Là Thémistocle trouva un homme avec lequel il était lié par les nœuds de l'hospitalité ; cet homme, riche et estimé, s'appelait Lysithide ; ce fut chez lui qu'il alla chercher un asile. Lysithide était ami du roi Xerxès : il avait traité hospitalièrement toute l'armée des Perses pendant l'expédition de Xerxès en Grèce. Il résolut de profiter de sa faveur auprès du roi pour sauver Thémistocle, au sort duquel il s'intéressait. Thémistocle le pria de le conduire auprès du roi ; Lysithide s'y opposa d'abord, en lui représentant que Xerxès pourrait se venger sur lui de la défaite des Perses. Il céda ensuite aux raisons de Thémistocle, et, de plus, lui fournit un moyen singulier d'arriver en Perse en toute sécurité. C'est un usage établi chez les Perses, lorsqu'on amène au roi une de ses femmes, de la transporter sur un char couvert, qu'aucun passant n'oserait visiter, ni même regarder. Lysithide employa cet expédient à l'égard de Thémistocle : il le plaça dans un char couvert de tapis précieux et le conduisit ainsi sans danger jusqu'auprès du roi. Lysithide eut d'abord un entretien secret, dans lequel le roi lui garantit de ne faire aucun mal à son nouvel hôte. Thémistocle fut introduit, et, ayant reçu la permission de parler, il fit comprendre au roi qu'il ne lui avait jamais fait aucun tort ; et il fut libéré de toute poursuite criminelle.

LVII. Après avoir si miraculeusement échappé au ressentiment d'un si puissant ennemi, Thémistocle courut de nouveau de plus grands dangers encore. Voici comment. Mandane, fille de Darius, de celui qui avait égorgé les mages, et propre sœur de Xerxès, était fort respectée des Perses ; elle avait perdu ses fils dans le combat naval que Thémistocle avait gagné sur les Perses à Salamine ; elle s'était désolée de la mort de ses enfants, et toute la nation avait compati à la grandeur de cette infortune. Dès qu'elle apprit l'arrivée de Thémistocle, elle se rendit au palais en habits de deuil, et, fondant en larmes, supplia le roi son frère de la venger de Thémistocle. Le roi s'y étant refusé, elle brigua l'appui des personnages les plus considérables de la Perse, et excita les peuples à la vengeance. La foule accourut au palais, demandant à grands cris le châtiment de Thémistocle.

Le roi répondit qu'il allait réunir en conseil les hommes les plus éminents de la Perse, et que l'arrêt de ce conseil recevrait son exécution. Cette réponse fut accueillie par les applaudissements de la foule. Comme il se passa quelque temps avant que ce tribunal fût installé, Thémistocle eut le loisir d'apprendre la langue perse. Il prononça sa défense dans cette langue, et fut absous. Le roi, charmé de voir son hôte sauvé, le combla de beaux présents. Il lui fit épouser une femme perse, distinguée par sa noble origine, par sa beauté, et plus encore par sa vertu. Il lui fit don d'un grand nombre d'esclaves, de vases précieux, et d'autres objets qui contribuent aux commodités et aux jouissances de la vie. Enfin, il lui donna trois villes, chargées de pourvoir à l'entretien de sa table. Magnésie, sur les rives du Méandre, une des villes de l'Asie les plus fertiles en blé, pour son pain ; Myonte, au bord d'une mer poissonneuse, pour le luxe de ses repas ; et Lampsaque, riche en vignobles, pour son vin.

LVIII. Ainsi Thémistocle, échappé à la haine des Grecs, exilé par ceux qui lui devaient leur salut, comblé de bienfaits par ceux à qui il avait fait le plus de mal, passa le reste de sa vie au milieu des jouissances et des richesses dans les villes qui lui avaient été concédées. Il mourut à Magnésie, où on lui éleva un monument magnifique qui subsiste encore aujourd'hui. Suivant quelques historiens, Xerxès, désireux d'entreprendre une nouvelle expédition contre la Grèce, proposa à Thémistocle le commandement de toute l'armée ; Thémistocle se rendit aux désirs du roi, qui s'engagea par un serment à ne point marcher contre les Grecs, sans Thémistocle ; un taureau fut égorgé pour la confirmation de ce serment ; Thémistocle but une coupe pleine de sang et expira sur-le-champ[1]. Cet événement, ajoutent ces historiens, fit renoncer Xerxès à son entreprise ; et Thémis-

---

[1] L'action du sang de taureau était comparée aux effets de la peste. (Nicandre *Alexipharm.*, v, 312; Dioscoride *Alexipharm.*, 25). Mais le sang de taureau, comme le sang de tout autre animal, n'acquiert des qualités toxiques que par suite de la fermentation putride. Le sang frais n'est pas un poison. Comparez ce que j'ai dit tom. I, p. 299, note 1.

tocle laissa dans sa mort la plus belle défense et la preuve du dévouement avec lequel il avait servi sa patrie.

Nous avons suivi jusqu'à la fin de ses jours le plus grand homme de la Grèce, et au sujet duquel on se demande si son exil en Perse a été le juste châtiment d'une trahison réelle envers la patrie, ou s'il faut flétrir l'ingratitude des Grecs qui ont si mal récompensé leur bienfaiteur. Si l'on veut examiner avec soin et sans prévention le talent de ce général, on le trouvera supérieur à tous les hommes dont nous avons parlé, et on s'étonnera sans doute que les Athéniens aient consenti à se priver du secours d'un tel citoyen.

LIX. Quel autre homme aurait su, par ses propres moyens, au moment de la plus grande puissance de Sparte, et lorsque Eurybiade commandait les forces navales, enlever l'empire de la mer à Lacédémone? L'histoire nous montre-t-elle un autre personnage qui, par son seul génie, soit parvenu à se placer lui-même au-dessus de tous les chefs, et à mettre Athènes au-dessus de toutes les villes grecques et les Grecs au-dessus des Barbares? Quel autre général s'est trouvé dans des circonstances moins favorables, et a couru de plus grands périls? Qui aurait vaincu comme lui, en opposant à toutes les forces de l'Asie entière les habitants d'une ville en ruines? Qui, en temps de paix, aurait affermi la puissance de la patrie par de si grands ouvrages? Qui l'aurait sauvée des dangers d'une si grande guerre? Par le seul stratagème de la rupture du pont, il affaiblit de moitié l'armée ennemie, et la livra aux mains des Grecs. En considérant la grandeur de ces choses, et en les examinant en détail, nous trouverons qu'Athènes a indignement traité Thémistocle, et que la cité réputée la plus sage et la plus civilisée de toutes les villes, a montré envers son bienfaiteur la plus profonde ingratitude. Si nous nous sommes trop longtemps arrêté sur Thémistocle, c'est que nous avons cru devoir payer à tant de vertu un large tribut d'éloges.

Pendant que ces choses se passaient, Micythus, tyran de Rhégium et de Zancle, fonda la ville de Pyxonte[1].

---

[1] *Buxentum*, ville de la Lucanie. Voyez, Pline, *Hist. nat.*, 5.

LX. Démotion étant archonte d'Athènes, les Romains nommèrent consuls Publius Valérius Publicola et Caïus Nautius Rufus[1]. Dans cette année, les Athéniens élurent pour général Cimon, fils de Miltiade; ils lui confièrent une puissante armée, et l'envoyèrent sur les côtes de l'Asie avec l'ordre de secourir les villes alliées, et de les délivrer des garnisons perses. Cimon se dirigea vers Byzance et s'empara d'une ville nommée Eïon, occupée par les Perses[2]. Ensuite il prit d'assaut Scyros habitée par les Pélasges et les Dolopes; après avoir laissé un Athénien pour reconstruire cette ville, il en partagea au sort le territoire[3]. Méditant de plus grandes entreprises, Cimon revint au Pirée, où il joignit à sa flotte plusieurs trirèmes, et se pourvut de munitions de guerre. Il quitta ce port à la tête de deux cents trirèmes; plus tard, il en tira des Ioniens et de tous les autres alliés, de manière à réunir un total de trois cents trirèmes. Avec cette flotte il fit voile vers la Carie; pendant qu'il longeait les côtes, toutes les villes originaires de la Grèce se déclarèrent aussitôt contre les Perses. Il assiégea et prit d'assaut toutes celles habitées par des indigènes, et qui avaient des garnisons perses. Outre les villes de la Carie, il s'empara encore de toutes les villes de la Lycie. Dans cette expédition sa flotte s'était considérablement grossie. Les Perses, de leur côté, avaient mis en campagne une armée de terre, et tiré de la Phénicie et de la Cilicie une flotte considérable. Tithrauste, fils naturel de Xerxès, commandait ces forces. Informé que la flotte ennemie stationnait dans les eaux de Cypre, Cimon partit avec deux cent cinquante navires pour en attaquer trois cent quarante. Le combat fut acharné. Les deux flottes se battirent vaillamment; enfin les Athéniens remportèrent la victoire. Ils coulèrent à fond un grand nombre de navires ennemis, et en prirent plus de cent avec tout leur équipage. Le reste de la flotte se retira dans les parages de Cypre, et

---

[1] Troisième année de la LXXVII⁰ olympiade; année 470 avant J.-C.
[2] Le texte paraît être ici défectueux.
[3] Voyez Cornélius Nepos, *Cimon*, 2. A cette même époque, les ossements de Thésée furent transportés à Athènes.

l'équipage descendit à terre. Les vaisseaux vides tombèrent au pouvoir des ennemis.

LXI. Non content de cette victoire, Cimon se remit aussitôt en mer, avec toute sa flotte, pour aller attaquer l'armée de terre des Perses, campée aux bords du fleuve Eurymédon. Il résolut de la surprendre par une ruse de guerre. Pour cela, il embarqua, sur les navires capturés, les plus braves de ses soldats, après leur avoir fait mettre des tiares et d'autres vêtements perses. Les Barbares, trompés par l'aspect des navires et des habillements perses, ne doutèrent pas que ce ne fût leur propre flotte qui approchait, et reçurent les Athéniens comme amis. La nuit étant déjà tombée, Cimon, accueilli comme un ami, se jeta dans le camp des Barbares. Au milieu d'un grand tumulte, les soldats de Cimon tuèrent tous les Perses qu'ils rencontrèrent ; et, ayant surpris dans sa tente Phérédate, neveu du roi, et second commandant des Barbares, ils l'égorgèrent. Tout le reste de l'armée fut ou tué ou blessé, dans cette déroute causée par une attaque aussi imprévue. Le désordre fut d'autant plus grand, que les Perses ne reconnaissaient pas, pour la plupart, leurs assaillants. Ils ne pouvaient s'imaginer qu'ils étaient attaqués par les Grecs, qu'ils savaient n'avoir point de troupes de terre ; ils croyaient que c'étaient les Pisidiens qui, peuple limitrophe et hostile aux Perses, seraient venus avec une armée. C'est pourquoi, dans la persuasion que l'attaque venait du continent, ils se réfugièrent sur les navires qu'ils supposaient amis. L'obscurité d'une nuit sans clair de lune, ajoutait encore au désordre ; car il était impossible de se reconnaître. Il se fit donc un grand carnage. Mais Cimon, qui avait ordonné d'avance à ses troupes de se rallier à un signal convenu, fit élever un fanal sur les navires, de peur qu'il n'arrivât quelque malheur à des soldats dispersés et livrés au pillage. Tout le monde arriva à ce signe de ralliement; et le pillage ayant cessé, on se retira sur les navires. Le lendemain Cimon éleva un trophée, et fit voile pour Cypre après avoir remporté le même jour deux victoires éclatantes, l'une sur terre, l'autre sur mer. L'histoire ne fournit aucun autre exemple d'une double victoire remportée le même jour par une flotte et par une armée de terre.

LXII. Cimon s'acquit, par ses talents militaires et sa bravoure, une grande réputation, non-seulement parmi ses concitoyens, mais auprès de tous les Grecs. Il avait pris aux ennemis trois cents trirèmes, quarante vaisseaux de transport et avait fait plus de vingt mille prisonniers, sans compter les sommes d'argent considérables qui étaient tombées entre ses mains. Les Perses, affaiblis par ces échecs, et redoutant la supériorité des Athéniens, construisirent un plus grand nombre de trirèmes. A dater de ce moment, la ville d'Athènes prit beaucoup d'accroissement par ses richesses, par sa réputation de bravoure et d'expérience militaire. Le peuple d'Athènes choisit le dixième du butin pour le consacrer au dieu de Delphes ; on mit sur l'offrande déposée dans le temple, l'inscription suivante : « Depuis que la mer a séparé l'Europe de l'Asie, « depuis que l'impétueux Mars a envahi les villes des mortels, « jamais les habitants de la terre n'avaient encore accompli un « tel exploit, ni sur terre ni sur mer. Ceux qui consacrent ce « monument ont fait périr beaucoup de Mèdes en Cypre, et pris « cent navires phéniciens avec tout l'équipage. L'Asie, battue « par une double armée, en a poussé de longs gémissements. »

Tels sont les événements arrivés dans cette année.

LXIII. Sous l'archontat de Phédon à Athènes, Lucius Furius Médiolanus et Marcus Manlius Bassus furent revêtus de la dignité consulaire à Rome [1] les villes des Lacédémoniens éprouvèrent une grande calamité tout à fait imprévue : de violents tremblements de terre renversèrent à Sparte les maisons, et firent périr plus de vingt mille habitants. La ville étant ébranlée longtemps par des secousses continuelles, beaucoup de corps furent ensevelis sous les décombres des maisons et des murs écroulés. Bien des richesses furent englouties dans les

---

[1] Quatrième année de la LXXVIIe olympiade ; année 469 avant J.-C.

ruines. Ce fléau destructeur semblait être l'effet du courroux d'un dieu vengeur. Mais les Lacédémoniens furent menacés par d'autres dangers encore, ainsi que nous allons le rapporter.

Les Hilotes [1] et les Messéniens, quoique mal disposés pour les Lacédémoniens, s'étaient d'abord tenus tranquilles, craignant la supériorité et la puissance de Sparte. Mais lorsqu'ils virent la plupart des habitants exterminés par le tremblement de terre, ils bravèrent le petit nombre de ceux qui avaient survécu, et, s'étant ligués ensemble, ils déclarèrent la guerre à Lacédémone. Archidamus, roi des Lacédémoniens, qui, par sa prévoyance, avait sauvé du tremblement de terre beaucoup de citoyens, résista courageusement aux assaillants [2]. Dès les premières secousses de l'ébranlement, il s'était tout d'abord retiré de la ville en emportant avec lui à la campagne toutes ses armes; et il avait ordonné aux autres citoyens d'en faire autant. Le roi Archidamus rassembla ceux qui avaient ainsi échappé au péril et les opposa aux rebelles.

LXIV. Les Messéniens réunis aux Hilotes, marchèrent d'abord sur Sparte, dans l'espérance de se rendre aisément maîtres d'une ville abandonnée et sans défense. Mais ils renoncèrent à leur projet dès qu'ils apprirent que le reste des habitants, ralliés autour du roi Archidamus, se préparait à combattre pour la patrie. Ils vinrent occuper en Messénie, une position retranchée, d'où ils faisaient des incursions sur le territoire laconien. Les Spartiates implorèrent alors le secours des Athéniens, dont ils obtinrent un corps auxiliaire. Ce secours, joint aux troupes fournies par les autres alliés, les mit en état de résister à leurs ennemis. Les Lacédémoniens étaient même d'abord supérieurs en nombre. Mais ayant ensuite soupçonné les Athéniens d'incliner vers le parti des Messéniens, ils renvoyèrent le corps auxiliaire des Athéniens en disant qu'ils étaient assez forts avec leurs alliés pour résister au danger actuel. Les Athéniens se

---

[1] *Hilotes*, Εἵλωτες est l'orthographe la plus conforme à l'étymologie. L'orthographe vulgaire de *Ilotes* est inexacte.
[2] Comparez Thucydide, I, 101.

croyant insultés, se retirèrent. Cet incident alluma encore davantage leur haine contre les Lacédémoniens. Ce fut là le germe de ces guerres funestes qui plongèrent toute la Grèce dans de grands malheurs, comme nous le verrons plus tard en détail.

Les Lacédémoniens, secondés de leurs alliés, marchèrent alors contre Ithome, et en firent le siége. Les Hilotes, qui s'étaient en masse soustraits au joug de Lacédémone, se réunirent aux Messéniens. Ils étaient tantôt vainqueurs et tantôt vaincus. Cette guerre dura dix ans, et ne fut point décidément terminée : dans cet espace de temps les deux partis se faisaient réciproquement beaucoup de mal.

LXV. L'année suivante, Théagénide étant archonte d'Athènes, Lucius Æmilius Mamercus et Lucius Studius Julius consuls à Rome, on célébra la LXXVIIIe olympiade, dans laquelle Parménide le Posidoniate remporta le prix de la course du stade [1]. Dans cette année, les Argiens et les Mycéniens se firent la guerre pour les motifs suivants. Les Mycéniens, fiers de leur antique illustration, n'étaient point soumis aux Argiens comme les autres villes de l'Argolide, mais ils se gouvernaient par leurs propres lois. Ils leur disputaient même le service du temple de Junon et l'administration des jeux Néméens. Il faut ajouter à cela que, pendant que les Argiens refusaient de combattre avec les Lacédémoniens aux Thermopyles, à moins qu'on ne leur donnât quelque part au commandement, les Mycéniens furent les seuls de tous les habitants de l'Argolide qui se joignissent aux troupes lacédémoniennes. En un mot, les Argiens craignaient que les Mycéniens ne devinssent trop puissants, et que fiers de l'antique origine de leur cité, ils ne disputassent aux Argiens la suprématie. Animés de cet esprit d'hostilité, les Argiens songeaient depuis longtemps à s'emparer de Mycènes. Ils jugèrent enfin le moment favorable pour exécuter leur projet, pendant que les Lacédémoniens affaiblis n'étaient pas en état

---

[1] Première année de la LXXVIIIe olympiade; année 468 avant J.-C.

de secourir les Mycéniens. En conséquence, ils rassemblèrent des troupes considérables tirées d'Argos et des villes alliées, et marchèrent contre Mycènes. Après avoir vaincu les Mycéniens en bataille rangée, et refoulé en dedans des murs, ils firent le siége de la ville. Les Mycéniens firent pendant quelque temps une vigoureuse défense, mais accablés par des forces supérieures et dans l'impossibilité d'avoir des secours des Lacédémoniens, alors affligés par des tremblements de terre et inquiétés par leurs voisins, ils durent à la fin succomber. Les Argiens les réduisirent en esclavage, en consacrèrent le dixième au service du dieu, et démolirent Mycènes. Telle fut la fin de cette ville, jadis une des plus opulentes de la Grèce : elle avait produit de grands hommes et s'était rendue célèbre dans l'histoire. Elle est restée inhabitée jusqu'à nos jours. Voilà les événements arrivés dans le cours de cette année.

LXVI. Dans cette année[1], Lysistrate étant archonte d'Athènes, les Romains nommèrent consuls Lucius Pinarius Mamertinus et Publius Furius Fusus[2]. Hiéron, roi des Syracusains, attira chez lui, par de magnifiques présents, les fils d'Anaxilas, tyran de Zancle, leur rappela les services que Gélon avait rendus à leur père, et leur insinua qu'ayant déjà atteint l'âge viril, ils devaient demander compte à Micythus, leur tuteur, de son administration, et prendre eux-mêmes les rênes du gouvernement. En effet, de retour à Rhégium, ils demandèrent compte de l'administration à leur tuteur. Celui-ci, homme de bien, assembla tous les amis du père, et rendit aux enfants un compte si exact de son administration, que tous les assistants admirèrent en même temps sa justice et sa fidélité. Les fils d'Anaxilas, se repentant de leur procédé, prièrent Micythus de reprendre l'autorité de leur père, et de continuer à administrer leurs domaines. Mais Micythus s'y refusa ; ayant exactement rendu ce qui lui avait été confié, il chargea sur un navire

[1] Deuxième année de la LXXVIIIe olympiade ; année 467 avant J.-C.
[2] Au lieu de *Fusus*, le texte porte le nom corrompu de Phiphron. Voir Tite-Live, II, 56.

tous ses biens, et partit de Rhégium, accompagné des témoignages d'affection de la multitude. Il aborda dans la Grèce, et finit ses jours à Tégée, en Arcadie, jouissant d'une estime générale. Hiéron, roi des Syracusains, mourut à Catane, et obtint les honneurs héroïques, comme fondateur de cette ville. Il avait régné onze ans, et laissa la royauté à son frère Thrasybule, qui ne régna qu'un an.

LXVII. Lysanias étant archonte d'Athènes, les Romains élurent pour consuls Appius Claudius et Titus Quintus Capitolinus [1]. Dans cette année, Thrasybule, roi des Syracusains, fut chassé du trône. Pour exposer cet événement en détail, nous sommes obligé de prendre les choses d'un peu plus haut. Gélon, fils de Dinomène, distingué par son courage et ses talents militaires, avait dompté les Carthaginois, et vaincu les Barbares dans une bataille rangée, ainsi que nous l'avons raconté [2]. Généreux envers les ennemis abattus, et bienveillant pour tous ses voisins, il s'était concilié l'estime des Siciliens. Enfin, aimé de tout le monde pour sa douceur, il régna en paix jusqu'à la fin de sa vie. Hiéron, l'aîné de ses frères, qui lui succéda, ne gouverna pas ses sujets avec autant de bonté; il était avare et violent, et très-éloigné de la simplicité et de l'humanité de son frère. Cependant, plusieurs de ceux qui voulaient se soulever se continrent en considération de la mémoire de Gélon, chère à tous les Siciliens. A la mort d'Hiéron, Thrasybule, son frère, succéda au trône, et surpassa encore son prédécesseur en méchanceté. Violent et sanguinaire, il fit mourir injustement beaucoup de citoyens, et, après en avoir exilé un grand nombre sur des accusations mensongères, il confisqua leurs biens au profit du trésor royal. Ainsi, haïssant ses sujets et haï de ceux qu'il avait offensés, il se forma une garde de mercenaires pour l'opposer aux milices urbaines. Enfin, devenant de plus en plus odieux aux citoyens, insultant les uns, tuant les autres, il força ses sujets à se révolter contre lui. Les Syracusains se

---

[1] Troisième année de la LXXVIIIe olympiade ; année 466 avant J.-C.
[2] Voyez plus haut, chap. 20-23.

choisirent donc des chefs, et se soulevèrent en masse pour secouer le joug de la tyrannie; se ralliant sous leurs chefs, ils travaillèrent à reconquérir leur liberté [1].

Thrasybule, voyant toute la ville soulevée contre lui, essaya d'abord la voie de la persuasion. Mais lorsqu'il se vit impuissant à apaiser la révolte des Syracusains, il fit venir de Catane les colons qu'Hiéron y avait établis, rassembla d'autres alliés et un grand nombre de mercenaires, de manière à former une armée de près de quinze mille hommes. Avec ces troupes, il occupa les quartiers de la ville qu'on nomme l'Achradine et l'Ile, position retranchée, et combattit de là les rebelles [2].

LXVIII. Les Syracusains s'étaient d'abord emparés du quartier de la ville, appelé *Tyché*. De là, ils envoyèrent des députés à Géla, à Agrigente, à Sélinonte, à Himère et à d'autres villes, situées dans l'intérieur de la Sicile, pour les engager à leur fournir de prompts secours et à contribuer à la délivrance de Syracuse. Toutes ces villes accueillirent la demande de ces députés et s'empressèrent d'envoyer les uns des troupes d'infanterie et de cavalerie, les autres des vaisseaux longs tout équipés; de sorte que les Syracusains eurent bientôt à leur disposition des forces considérables, et se mirent en devoir de se défendre par mer et par terre. Thrasybule, abandonné de ses alliés, ne comptait plus que sur ses mercenaires; il n'était maître que de l'Achradine et de l'Ile, tout le reste de la ville étant occupé par les Syracusains. Thrasybule attaqua ses ennemis par mer, mais il fut battu, perdit un grand nombre de trirèmes, et se réfugia avec le reste dans l'Ile. Il eut le même sort par terre : sorti de l'Achradine à la tête de ses troupes, il fut vaincu dans un combat livré aux portes de la ville, et forcé de se retirer avec beau-

---

[1] Comparez Aristote, *Politique*, V, 10.

[2] Cicéron (*In Verrem*, IV, 53) décrit ainsi ces quartiers de Syracuse : *Tanta est urbs, ut ex quatuor urbibus maximis constare dicatur; quarum una est ea, quam dixi*, INSULA, *quæ duobus portubus cincta, in utriusque portus ostium aditumque projecta est.* — Un peu plus loin il ajoute : *Altera autem est urbs Syracusis, cui nomen* ACRADINA *in qua forum maximum. Tertia urbs est, quæ, quod in ea parte Fortunæ fanum antiquum fuit,* TYCHA *nominata.*

coup de perte dans l'Achradine. Enfin il abdiqua la tyrannie, et négocia auprès des Syracusains un sauf-conduit pour se rendre à Locres. C'est ainsi que les Syracusains délivrèrent leur patrie. Ils permirent aux mercenaires de sortir de Syracuse, et, après avoir également rendu libres les autres villes, en les délivrant de la tyrannie ou des garnisons étrangères, ils y établirent le gouvernement démocratique. Depuis cette époque, Syracuse, jouissant de la paix, devint riche, florissante, et conserva le gouvernement démocratique pendant près de soixante ans, jusqu'à Denys le tyran. C'est ainsi que Thrasybule, héritier d'une royauté bien assise, perdit ignominieusement le trône par sa propre méchanceté, et se réfugia à Locres, où il termina ses jours dans la vie privée.

Pendant que ces choses se passaient, Rome fut gouvernée pour la première fois par quatre tribuns du peuple, Caïus Sicinius, Lucius Némétorius, Marcus Duillius et Spurius Aquilius[1].

LXIX. L'année étant révolue, Lysithée fut nommé archonte d'Athènes. Lucius Valérius Publicola et Titus Æmilius Mamercus consuls de Rome[2]. Dans cette année, Artabane, Hyrcanien d'origine, et jouissant d'un très-grand crédit auprès du roi Xerxès, qui l'avait fait commandant de ses gardes, conçut le projet d'assassiner Xerxès et de s'emparer du trône. Il communiqua ce projet à l'eunuque Mithridate, intendant du roi, et dans lequel Artabane avait toute confiance, car il était en même temps son parent et son ami. Mithridate, ayant reçu cette confidence, introduisit pendant la nuit Artabane dans la chambre à coucher de Xerxès. Artabane tua Xerxès, et se dirigea sur les fils du roi : ils étaient au nombre de trois ; Darius, l'aîné, et Artaxerxès, habitaient dans le palais ; mais le troisième, Hystaspe, était alors absent : il occupait la satrapie de Bactres. Artabane se rendit cette même nuit auprès d'Artaxerxès, et lui dit que Darius, son frère, venait d'assassiner son père, pour s'emparer du trône ; il lui conseilla donc de se soustraire

---

[1] Voyez Tite-Live, II, 58.
[2] Quatrième année de la LXXVIIIe olympiade ; année 465 avant J.-C.

d'avance au joug de son frère, et de régner à sa place en vengeant la mort du père; en même temps il lui offrit le concours de la garde du roi. Artaxerxès se laissa persuader, et alla, avec les gardes, tuer sur-le-champ son frère Darius. Artabane, voyant sa trahison réussir, prit avec lui ses fils[1], et, leur disant que le moment était arrivé de s'emparer du trône, il frappa Artaxerxès d'un coup d'épée. Mais comme Artaxerxès n'avait reçu qu'une légère blessure, il se mit en garde et porta lui-même à Artabane un coup mortel. Artaxerxès, sauvé miraculeusement, succéda à son père, après avoir puni son meurtrier. Telle fut la fin de Xerxès, après un règne de plus de vingt ans. Artaxerxès[2], son successeur, régna quarante ans.

LXX. Sous l'archontat d'Archémide, et le consulat d'Aulus Virginius et de Titus Minucius, on célébra la LXXIXᵉ olympiade, où Xénophon, de Corinthe, fut vainqueur à la course du stade[3]. Dans cette année, les Athéniens ramenèrent à l'obéissance les Thasiens, qui s'étaient révoltés au sujet de l'exploitation des mines[4]. Pour soumettre les Éginètes rebelles, ils entreprirent le siège d'Égine. Cette ville, qui s'était souvent distinguée dans les guerres maritimes, était fière, riche, puissante par ses forces navales, et toujours hostile aux Athéniens. C'est pourquoi ceux-ci marchèrent contre les Éginètes, ravagèrent leur territoire, assiégèrent Égine, qu'ils voulaient réduire par la force. A mesure que leur puissance se développa, les Athéniens ne traitèrent plus leurs alliés avec autant de bienveillance qu'autrefois : ils commandaient en maîtres superbe et arrogants. Aussi beaucoup de ces alliés, mécontents d'un pareil joug, formaient-ils entre eux des projets de révolte, et quelques-uns, sans attendre la décision de l'assemblée générale, se constituèrent indépendants.

Sur ces entrefaites, les Athéniens, maîtres de la mer, en-

---

[1] Ils étaient au nombre de sept. Justin, III, 1.
[2] Artaxerxès Macrochir (Longue Main).
[3] Première année de la LXXIXᵉ olympiade; année 464 avant J.-C.
[4] Cette défection des Thasiens était, selon Thucydide (I, 100), antérieure au tremblement de terre qui désola Sparte.

voyèrent à Amphipolis une colonie de dix mille hommes, choisis, les uns dans la population urbaine, les autres parmi les alliés; et ils leur distribuèrent au sort le territoire. Ils tinrent pendant quelque temps la Thrace sous leur domination, mais il arriva qu'ayant voulu, par la suite, pénétrer dans l'intérieur de la Thrace, tous ceux qui s'y étaient aventurés furent égorgés par les Édoniens.

LXXI. Tlépolème étant archonte d'Athènes, les Romains élurent pour consuls Titus Quintius et Quintus Servilius Structus[1]. Dans cette année, Artaxerxès, roi des Perses, récemment monté sur le trône, punit d'abord les complices du meurtrier de son père, et se mit à administrer son empire. Conformément à ses intérêts, il destitua d'abord tous les satrapes malintentionnés, et donna leurs gouvernements à des amis dévoués; il porta ensuite son attention sur l'état des revenus, sur les troupes et les approvisionnements militaires. Enfin, administrant son empire sagement, il s'attira l'estime universelle des Perses. Les Égyptiens, informés de la mort de Xerxès, et des troubles qu'elle avait occasionnés dans le royaume, jugèrent le moment propice pour tenter de recouvrer leur indépendance. Rassemblant aussitôt toutes leurs forces, ils se révoltèrent, expulsèrent d'Égypte tous ceux qui levaient les tributs au nom des Perses, et élurent pour roi Inaros. Celui-ci leva d'abord un corps de troupes nationales, puis il y réunit des soldats étrangers et composa ainsi une armée considérable. Il envoya aussi des députés aux Athéniens, leur promettant que, s'ils voulaient contribuer à la délivrance de l'Égypte, ils auraient part au gouvernement de ce pays, indépendamment de la reconnaissance qu'inspirerait un pareil service. Les Athéniens, persuadés qu'il était dans leur intérêt d'affaiblir les Perses autant que possible, et dans le but de s'assurer, en cas de revers, l'appui des Égyptiens, décrétèrent un secours de trois cents trirèmes. Ils mirent la plus grande hâte aux préparatifs de cette flotte.

[1] Deuxième année de la LXXIXe olympiade : année 463 avant J.-C.

Artaxerxès, apprenant la révolte des Égyptiens et leurs préparatifs de guerre, jugea nécessaire d'accabler les Égyptiens par des forces supérieures. Il fit donc immédiatement lever des troupes dans toutes les satrapies, construisit des navires et ne négligea aucun autre préparatif. Tels sont les événements arrivés alors en Asie et en Égypte.

LXXII. Toute la Sicile augmenta en prospérité, depuis que Syracuse et toutes les autres villes de l'île avaient secoué le joug de la tyrannie. Les Siciliens jouissant d'une paix profonde, et, cultivant un sol fertile, virent leurs richesses s'accroître par l'agriculture. Le pays se remplissait d'esclaves, de troupeaux et de toute sorte de bien-être; les revenus augmentaient, car il n'y avait plus de guerre à soutenir. Mais les habitants retombèrent bientôt dans les guerres et les révoltes, par les raisons que nous ferons connaître. Après le renversement de la tyrannie de Thrasybule, ils convoquèrent une assemblée générale, et, ayant adopté le gouvernement démocratique, décrétèrent unanimement d'élever une statue colossale à Jupiter Libérateur, et de célébrer tous les ans les *Éleuthéries*[1] et des jeux solennels le même jour où ils avaient délivré leur patrie du joug des tyrans. Pendant ces jeux, on devait sacrifier aux dieux quatre cent cinquante taureaux, et les faire servir au repas des citoyens. On donna toutes les magistratures aux plus anciens citoyens. Quant aux étrangers naturalisés sous le règne de Gélon, ils furent exclus de ces honneurs, soit qu'on ne les en jugeât pas dignes, soit qu'on ne se fiât pas à des hommes qui, nourris au sein de la tyrannie, et habitués au service du monarque, pourraient être tentés de renverser l'ordre établi. C'est ce qui fut en effet tenté vers cette époque par plus de sept mille étrangers, restant des dix mille auxquels Gélon avait conféré le droit de cité.

LXXIII. Ces étrangers, mécontents d'être exclus des honneurs de la magistrature, se révoltèrent contre les Syracusains,

---

[1] Ἐλευθέρια, fêtes de la liberté.

et s'emparèrent de l'Achradine et de l'Ile, deux quartiers bien fortifiés par des enceintes particulières. Les Syracusains, retombant dans le désordre, occupèrent le reste de la ville, et retranchèrent pour leur sûreté le côté situé en face des Épipoles; ils fermèrent ainsi du côté de la campagne toute issue aux rebelles, et leur coupèrent facilement les vivres. Si les étrangers étaient inférieurs en nombre aux Syracusains, ils avaient, en revanche, bien plus d'expérience militaire. Aussi, dans les combats isolés et les mêlées qui eurent lieu entre les deux partis dans l'intérieur de la ville, les étrangers avaient l'avantage. Mais privés de toute communication avec la campagne, ils manquaient de provisions et souffraient de la disette. Tel était l'état où se trouvaient alors les affaires de la Sicile.

LXXIV. Sous l'archontat de Conon à Athènes, Quintus Fabius Vibulanus et Tibérius Æmilius Mamercus furent revêtus de la dignité consulaire à Rome[1]. Dans cette année, Artaxerxès, roi des Perses, nomma au commandement de l'expédition dirigée contre l'Égypte, Achæménès, fils de Darius, et son oncle paternel. Les troupes qu'il lui confia pour combattre les Égyptiens se composaient de plus de trois cent mille hommes d'infanterie et de cavalerie. Arrivé en Égypte, Achæménès établit son camp dans le voisinage du Nil, et après avoir fait reposer son armée des fatigues de la marche, il disposa tout pour le combat. Les Égyptiens ayant rassemblé les troupes de la Libye et de l'Égypte, attendaient les secours des Athéniens. Ces auxiliaires abordèrent en Égypte sur deux cents navires, et, s'étant joints aux Égyptiens, ils livrèrent aux Perses une bataille sanglante. Les Perses, supérieurs en nombre, eurent quelque temps le dessus. Mais ensuite, les Athéniens, déployant toutes leurs forces, firent tourner le dos aux ennemis, en tuèrent un grand nombre et mirent le reste des Barbares en fuite. Il se fit un grand carnage dans cette déroute. Enfin, après avoir essuyé la perte de la majorité de leur armée, les Perses se réfugièrent dans le

---

[1] Troisième année de la LXXIXe olympiade : année 462 avant J.-C.

Mur-Blanc[1]. Les Athéniens, qui ne devaient cette victoire qu'à leur propre valeur, poussèrent l'ennemi sans relâche jusque dans cette place dont ils ne renoncèrent pas à faire le siége. Artaxerxès, instruit de la défaite des siens, envoya aussitôt à Lacédémone quelques hommes affidés, chargés de présents, pour engager les Lacédémoniens à déclarer la guerre aux Athéniens qui, vainqueurs en Égypte, seraient ainsi forcés d'accourir à la défense de leur patrie. Mais les Lacédémoniens n'acceptèrent ni les présents ni les propositions des Perses. Artaxerxès, renonçant au secours des Lacédémoniens, prépara de nouvelles troupes auxquelles il donna pour chefs Artabaze et Mégabyze, deux hommes distingués par leur valeur, et les fit partir pour faire la guerre aux Égyptiens.

LXXV. Évippus étant archonte d'Athènes, les Romains nommèrent consuls Quintus Servilius et Spurius Posthumius Albinus[2]. Dans cette année, Artabaze et Mégabyze[3], envoyés pour faire la guerre aux Égyptiens, partirent de la Perse avec une armée de plus de trois cent mille hommes d'infanterie et de cavalerie. Arrivés en Cilicie et en Phénicie, ils firent reposer leurs troupes des fatigues de la route. Ils demandèrent des navires aux Cypriens, aux Phéniciens et aux Ciliciens. Cette flotte se composa de trois cents trirèmes, montées par les meilleurs soldats, et munies d'armes et de tout ce qui est nécessaire à la guerre. Presque une année fut employée à ces préparatifs et à des exercices militaires. Cependant les Athéniens qui étaient en Égypte pressèrent à Memphis le siége du Mur-Blanc; mais ils ne parvinrent pas à se rendre maîtres de la place, car les Perses faisaient une vigoureuse résistance.

LXXVI. En Sicile, les Syracusains, faisant la guerre aux étrangers rebelles, continuaient à bloquer l'Achradine et l'Ile. Ils vainquirent les rebelles dans un combat naval; mais ils ne parvinrent pas à les chasser de leurs positions fortes. Enfin les

---

[1] Château de Memphis. Il devait son nom aux pierres blanches dont il était construit.

[2] Quatrième année de la LXXIXe olympiade ; année 461 avant J.-C.

[3] Thucydide (I, 107) le dit fils de Cléombrote.

deux partis se livrèrent bataille en rase campagne, et, après une résistance courageuse de part et d'autre et après des pertes réciproques, la victoire demeura aux Syracusains. Après la bataille, les Syracusains couronnèrent six cents des plus braves qui avaient décidé la victoire, et distribuèrent à chacun, pour prix d'honneur, une mine [1] d'argent.

Sur ces entrefaites, Ducétius, chef des Sicules, irrité contre les Cataniens, qui s'étaient emparés du territoire de ses compatriotes, leur déclara la guerre. Les Syracusains marchèrent aussi contre Catane : ils s'en étaient partagé le territoire et allaient défendre la colonie fondée par Hiéron, le tyran [2]. Les Cataniens opposèrent de la résistance ; mais, battus en plusieurs rencontres, ils furent chassés de Catane et se mirent en possession d'une ville nommée autrefois Ennésia, et qui s'appelle aujourd'hui Etna. C'est ainsi que les habitants primitifs de Catane retrouvèrent, après un long intervalle, leur patrie. A leur exemple, tous ceux qui avaient été exilés de leurs villes sous le règne d'Hiéron, et qui trouvaient partout des auxiliaires, rentrèrent dans leurs villes natales, après en avoir expulsé les intrus. De ce nombre furent les Géléens, les Agrigentins et les Himériens. Pareillement les Rhégiens, les Zancliens chassèrent les enfants d'Anaxilas et délivrèrent leur patrie du pouvoir souverain. Peu de temps après, les Géléens, rentrés dans Camarine [3], s'en partagèrent le territoire. Enfin, presque toutes les villes, résolues de détruire leurs ennemis, déclarèrent la guerre aux habitants étrangers, arrêtèrent d'un commun accord de rappeler les exilés et de restituer les villes à leurs anciens habitants, et ordonnèrent aux étrangers qui avaient servi sous des dynasties ennemies de se retirer tous à Messine. C'est ainsi que les séditions et les troubles furent apaisés en Sicile. Presque toutes les villes, délivrées d'une domination étrangère, distribuèrent les terres à leurs véritables propriétaires.

[1] Environ quatre-vingt-douze francs.
[2] Le texte paraît être ici défectueux.
[3] La ville de Camarine avait été fondée par les Syracusains, vers la XLVᵉ olympiade (Thucydide, VI, 5.)

LXXVII. Phrasiclide étant archonte d'Athènes, Quintus Fabius et Titus Quintus Capitolinus consuls à Rome, on célébra la LXXXᵉ olympiade, où Toryllas le Thessalien fut vainqueur à la course du stade [1]. Dans cette année, les généraux des Perses cantonnés [2] en Cilicie, armèrent une flotte de trois cents navires ; ils traversèrent, à la tête d'une armée de terre, la Syrie et la Phénicie, et, accompagnés de la flotte qui côtoyait les rivages, ils entrèrent en Égypte et s'avancèrent vers Memphis ; leur arrivée, intimidant les Égyptiens et les Athéniens, fit lever le siége du Mur-Blanc. Cependant, les généraux perses, cédant au conseil de la prudence, évitèrent d'attaquer l'ennemi de front [3], et essayèrent de terminer la guerre par quelques stratagème. Les navires attiques étant à l'ancre sous l'île Prosopitis, ils détournèrent par des canaux les eaux du fleuve qui la forment, changèrent l'île en un continent, et mirent les navires à sec. Les Égyptiens, épouvantés, abandonnèrent les Athéniens, et firent la paix avec les Perses. Cependant, les Athéniens, privés de leurs alliés, et voyant leurs navires devenus inutiles, y mirent le feu pour les empêcher de tomber entre les mains des ennemis. Sans se laisser décourager par cet événement malheureux, ils s'exhortèrent les uns les autres en rappelant les glorieux souvenirs du passé ; et jaloux de surpasser les défenseurs des Thermopyles, qui s'étaient dévoués pour la patrie, ils se tinrent prêts à combattre l'ennemi. Les généraux perses, Artabaze et Mégabyse, témoins de cette audace, et voulant prévenir l'effusion du sang, conclurent un traité qui permettait aux Athéniens de se retirer, sans danger, de l'Égypte. Les Athéniens, ainsi sauvés par leur propre courage, se rendirent, par

[1] Première année de la LXXXᵉ olympiade ; année 460 avant J.-C.
[2] Au lieu de διαβάντες περὶ τὴν Κιλικίαν qu'il y a dans le texte, je propose la leçon διατρίβοντες περὶ τὴν Κιλικίαν. Car διαβάντες non-seulement ne me paraît pas s'accorder avec la préposition περί, qui, au contraire, accompagne très-souvent le verbe διατρίβω ; mais les généraux perses étaient déjà arrivés l'année précédente en Cilicie, ainsi que l'auteur l'a dit chapitre 75.
[3] J'ai traduit κατὰ στόμα παρατάττεσθαι, locution stratégique très-usitée par attaquer l'ennemi de front. Miot et Terrasson me semblent avoir commis une erreur en rendant κατὰ στόμα par embouchures ou bouches du Nil.

la Libye, à Cyrène, et ils revinrent, contre toute attente, sains et saufs dans leur patrie.

Pendant que ces choses se passaient, Éphialte, fils de Simonide, excitait des troubles à Athènes par ses discours démagogiques. Il conseilla au peuple de diminuer l'autorité de l'aréopage, d'abolir les lois antiques et les plus célèbres de l'État. Cet homme sacrilége ne resta pas longtemps dans l'impunité; il fut tué pendant la nuit et eut une fin obscure.

LXXVIII. L'année étant révolue, Philoclès fut nommé archonte d'Athènes, Aulus Posthumius Régulus et Spurius Furius Médiolanus consuls à Rome [1]. A cette époque, les Corinthiens et les Épidauriens déclarèrent la guerre aux Athéniens. Ceux-ci marchèrent contre leurs agresseurs. Il se livra une bataille sanglante d'où les Athéniens sortirent vainqueurs [2]. Ils se portèrent ensuite avec une flotte nombreuse sur le pays des Haliens, entrèrent dans le Péloponnèse, et tuèrent beaucoup d'ennemis. Les Péloponnésiens ayant rassemblé leurs forces pour faire face aux assaillants, il se livra un combat auprès de Cécryphalia, où les Athéniens furent de nouveau victorieux. Profitant de leurs succès, ils résolurent de châtier les Éginètes, dont ils connaissaient les sentiments hostiles et l'orgueil fondé sur d'anciens exploits. Les Athéniens dirigèrent donc sur eux une flotte considérable. Mais les habitants d'Égine, qui avaient une grande expérience militaire et beaucoup de réputation dans les combats de mer, ne s'effrayèrent pas de la supériorité des forces athéniennes. Possédant déjà un nombre suffisant de trirèmes, ils en construisirent d'autres encore. Cependant ils furent vaincus dans un combat naval, et perdirent soixante-dix trirèmes. Leur orgueil fut humilié par cette défaite, et ils rentrèrent dans l'obéissance des Athéniens. Les Athéniens étaient redevables de cette victoire à Léocrate, qui avait combattu pendant neuf mois les Éginètes.

---

[1] Deuxième année de la LXXXe olympiade; année 159 avant J.-C.
[2] Suivant Thucydide (I, 105), ce furent, au contraire, les Corinthiens qui remportèrent la victoire.

Pendant que ces événements avaient lieu, Ducétius, chef des Sicules, d'une origine illustre, et alors très-puissant, fonda la ville de Ménène, et partagea entre ses habitants le territoire environnant. Il marcha ensuite contre Morgantine, ville importante, s'en empara et acquit ainsi une grande gloire auprès de ses compatriotes.

LXXIX. L'année étant révolue, Bion fut nommé archonte d'Athènes, Publius Servilius Structus et Lucius Æbutius Albas consuls à Rome[1]. En ce temps, la guerre éclata entre les Corinthiens et les Mégariens au sujet des limites de leurs territoires. Les villes y prirent part. On se contenta d'abord de ravager réciproquement la campagne et de faire quelques escarmouches. Mais la querelle s'allumant de plus en plus, les Mégariens, qui étaient les plus faibles et redoutaient les Corinthiens, appelèrent à leur secours les Athéniens. Les forces étant ainsi égales, les Corinthiens envahirent, avec une armée de Péloponnésiens, le territoire de Mégare; les Athéniens avaient envoyé au secours des Mégariens un corps de troupes commandé par Myronide, homme admiré pour sa valeur. Il fut livré un combat long et sanglant; les deux partis donnèrent d'égales preuves de bravoure, jusqu'à ce que la victoire se déclara enfin pour les Athéniens, qui tuèrent un grand nombre d'ennemis. Peu de jours après, il y eut un combat acharné dans la Cimolia[2], et les Athéniens furent de nouveau victorieux. Peu de temps après, les Phocidiens déclarèrent la guerre aux Doriens, dont descendent les Lacédémoniens, et qui habitent Cytinium, Boïum et Érineum, trois villes situées au pied de la colline appelée *Parnasse*. Les Phocidiens soumirent les Doriens par la force et s'emparèrent de leurs villes. Alors les Lacédémoniens envoyèrent Nicomède, fils de Cléomène[3], au secours des Doriens, en considération de leur parenté. Nicomède avait sous ses ordres

---

[1] Troisième année de la LXXX⁰ olympiade ; année 158 avant J.-C.
[2] Nom d'une propriété privée près de Mégare. Voyez Thucydide, I, 106.
[3] Thucydide (I, 107) le nomme fils de Cléombrote.

quinze cents Lacédémoniens et dix mille hommes fournis par les autres Péloponnésiens; Nicomède était tuteur du roi Pleistonax [1], encore enfant. Il remporta une victoire sur les Phocidiens, reprit les villes des Doriens et rétablit la paix entre les deux peuples.

LXXX. Les Athéniens, apprenant l'issue de cette guerre des Phocidiens, résolurent d'attaquer les Lacédémoniens pendant leur retour. Réunis aux Argiens et aux Thessaliens, et suivis de cinquante navires, ils vinrent, avec quatorze mille hommes, occuper les défilés de Géranée [2]. Les Lacédémoniens, instruits du mouvement des Athéniens, se dirigèrent vers Tanagre en Béotie. Les Athéniens les suivirent en Béotie, et livrèrent une bataille sanglante. Au milieu du combat, les Thessaliens passèrent dans les rangs des Lacédémoniens; mais les Athéniens, aidés des Argiens, n'en continuèrent pas moins à se battre. La perte fut grande des deux côtés; la nuit sépara les combattants. Bientôt après les Thessaliens furent avertis qu'un grand convoi de vivres arrivait de l'Attique pour les Athéniens. Ils jugèrent le moment favorable d'attaquer ce convoi; et, après le repas du soir, ils profitèrent de la nuit pour aller à sa rencontre. Les conducteurs du convoi prirent d'abord les Thessaliens pour un détachement ami; mais bientôt plusieurs combats s'engagèrent pour se disputer les provisions. D'abord les Thessaliens, profitant de l'erreur de leurs ennemis, tuèrent ceux qu'ils rencontraient, et, attaquant en bon ordre des hommes épouvantés, ils en tuèrent un grand nombre. Mais les Athéniens, apprenant dans leur camp l'attaque des Thessaliens, arrivèrent en toute hâte, mirent les Thessaliens en fuite et en firent un grand carnage. Les Lacédémoniens, de leur côté, vinrent au secours des Thessaliens, avec toutes leurs troupes rangées en bataille; beaucoup de monde tomba des deux côtés en raison de l'opiniâtreté du combat. Enfin la victoire fut incertaine tant pour les

[1] Pleistonax était, selon Thucydide, fils de Pausanias.
[2] Ces défilés étaient formés par une montagne escarpée sur les frontières de Mégare.

Athéniens que pour les Lacédémoniens ; et, comme la nuit approchait, ils s'envoyèrent réciproquement des députés pour conclure une trêve de quatre mois.

LXXXI. L'année étant révolue, Mnésithide fut nommé archonte d'Athènes, Lucius Lucratius et Titus Véturius Cicurinus consuls à Rome[1]. En ce temps, les Thébains, avilis par leur alliance avec Xerxès, cherchaient à relever leur honneur et leur puissance antique. Méprisés de tous les Béotiens, qui leur refusaient obéissance, les Thébains prièrent les Lacédémoniens de les aider à recouvrer l'empire de la Béotie. En retour de ce service, ils s'engageaient à faire eux seuls la guerre aux Athéniens, de sorte que les Spartiates n'auraient plus besoin de faire sortir des troupes de terre hors du Péloponnèse. Les Lacédémoniens jugèrent cette proposition conforme à leurs intérêts ; car ils étaient persuadés qu'en rendant la ville de Thèbes puissante, ils contre-balanceraient la puissance d'Athènes. Comme ils avaient alors à Tanagre une grande armée toute prête à entrer en campagne, ils l'employèrent à étendre la domination de Thèbes, et à soumettre aux Thébains les villes de la Béotie. Les Athéniens, pour s'opposer aux progrès des Lacédémoniens, levèrent des troupes considérables et en donnèrent le commandement à Myronide, fils de Callias. Celui-ci, après avoir enrôlé les citoyens en état de porter les armes, fixa le jour auquel il devait partir de la ville. Ce terme étant expiré avant que tous les conscrits fussent arrivés, il n'emmena avec lui que les soldats qui étaient prêts, et se mit en marche vers la Béotie. Quelques chefs et plusieurs de ses amis lui conseillant d'attendre les hommes en retard, Myronide, tout à la fois prudent et actif, répondit que ce n'était point à un général à attendre ses soldats ; et que d'ailleurs il voyait dans les retardataires des gens lâches qui ne s'exposeraient point pour le salut de la patrie, au lieu que ceux qui s'étaient rendus à leur poste le jour indiqué, présenteraient toutes les garanties d'hommes intrépides et coura-

---

[1] Quatrième année de la LXXXe olympiade ; année 457 avant J.-C.

geux. C'est ce que confirma l'événement arrivé en Béotie. Myronide, avec une poignée de braves, attaqua des ennemis nombreux et remporta une victoire signalée.

LXXXII. Cette victoire ne le cède à aucune de celles gagnées précédemment par les Athéniens. En effet, ni la victoire de Marathon, ni celle de Platée, ni aucune autre action d'éclat ne paraît supérieure à la victoire que Myronide remporta sur les Béotiens; car les autres batailles ont été gagnées sur des Barbares et avec le secours des alliés, tandis que celle-là fut gagnée par les Athéniens seuls, sans l'aide d'aucun allié, et ils avaient affaire aux plus vaillants des Grecs. Car les Béotiens ont la réputation de ne céder à personne en courage et en persévérance. On a vu plus tard à Leuctres et à Mantinée, les Thébains combattant seuls les Lacédémoniens et tous leurs alliés, se signaler par leur bravoure et devenir inopinément les chefs de toute la Grèce. Cependant aucun historien ne nous a laissé la description de la bataille célèbre dont nous parlons. Par la victoire brillante remportée sur les Béotiens, Myronide se plaça à côté de Thémistocle, de Miltiade et de Cimon. Myronide assiégea ensuite et prit d'assaut Tanagre, dont il rasa les murs. Il ravagea toute la Béotie et distribua à ses soldats de riches dépouilles.

LXXXIII. Irrités de la dévastation de leurs champs, les Béotiens firent des levées en masse et mirent sur pied une grande armée. Il se livra à OEnophytes en Béotie un combat acharné qui dura une journée entière; ce ne fut qu'avec beaucoup de peine que les Athéniens parvinrent à mettre en fuite les Béotiens. Myronide se rendit maître de toutes les villes de la Béotie, à l'exception de Thèbes. Il sortit ensuite de la Béotie, et marcha contre les Locriens, surnommés Opuntiens. Après les avoir soumis et pris des otages, il envahit la Pharsalie. Il soumit les Phocidiens comme les Locriens; et en ayant reçu des otages, il entra dans la Thessalie. Il reprocha aux Thessaliens leur trahison et leur ordonna de rappeler les exilés. Les Pharsaliens s'y étant refusés, il assiégea leur ville; mais comme il ne put pas la prendre de vive force, et que les Pharsaliens soutenaient depuis longtemps le siége, il renonça à poursuivre son expédition en Thessalie et revint à Athènes. Après avoir accompli de si grandes choses en si peu de temps, Myronide s'acquit auprès de ses concitoyens une gloire immortelle. Tels sont les événements arrivés dans le cours de cette année.

LXXXIV. Callias étant archonte d'Athènes, Servius Sulpicius et Publius Volumnius Amintinus consuls à Rome, on célébra en Élide la LXXXIe olympiade, où Polymnaste de Cyrène remporta le prix de la course du stade [1]. A cette époque Tolmide, commandant des forces navales, jaloux de la gloire de Myronide, cherchait l'occasion de se distinguer. Comme jusqu'alors la Laconie n'avait jamais été ravagée, il proposa au peuple de dévaster le territoire des Spartiates. Il promit qu'avec mille hoplites embarqués sur des trirèmes, il ravagerait la Laconie et humilierait l'arrogance des Spartiates. Les Athéniens ayant accordé cette demande, Tolmide imagina l'expédient suivant pour amener avec lui, secrètement, un plus grand nombre de soldats. Les citoyens lui avaient permis de choisir pour cette expédition les jeunes gens les plus robustes et dans la force de l'âge. Mais Tolmide, désireux de lever plus de mille recrues, s'adressa lui-même à ces jeunes gens, leur disait en particulier qu'il avait bien droit de les enrôler, mais qu'il serait bien plus beau de s'engager eux-mêmes volontairement, sans y être forcés par la conscription. Par ce moyen, il se procura plus de trois mille volontaires. Il choisit ensuite les mille hommes, qui lui avaient été accordés, parmi ceux qui ne s'étaient pas présentés volontairement. Tous les préparatifs terminés, il fit mettre en mer cinquante trirèmes montées par quatre mille hoplites. Abordant à Méthone en Laconie, il s'en empara ; mais les Lacédémoniens étant venus au secours de cette place, il se remit en route et fit voile pour Gythium, port des Lacédémoniens ; il prit la ville, brûla les navires des Lacédémoniens et ravagea la campagne. De là, il aborda à Zacynthe, dans l'île de Céphalonie, il la soumit, et,

---

[1] Première année de la LXXXIe olympiade ; année 456 avant J.-C.

après s'être rendu maître de toutes les villes de la Céphalonie, il se porta sur la côte opposée, et vint mouiller à Naupacte ; il prit également cette ville d'assaut, et y établit les Messéniens les plus distingués, relâchés par les Lacédémoniens sur la foi d'un traité. Car en ce même temps les Lacédémoniens poussaient vigoureusement la guerre contre les Messéniens et les Hilotes, et après avoir soumis les uns et les autres, ils avaient accordé aux Messéniens, comme nous l'avons dit, la permission de sortir d'Ithome, sur la foi d'un traité. Quant aux Hilotes, ils châtièrent les auteurs de la révolte et remirent les autres en esclavage.

LXXXV. Sosistrate étant archonte d'Athènes, les Romains élurent pour consuls Publius Valérius Publicola et Caïus Claudius Rhégillus[1]. Dans cette année, Tolmide séjourna en Béotie. Les Athéniens mirent Périclès, fils de Xanthippe, à la tête d'une troupe d'élite, et lui donnant une flotte de cinquante trirèmes, avec mille hoplites, ils l'envoyèrent dans le Péloponnèse. Ce général ravagea une grande partie du Péloponnèse. Il pénétra dans l'Acarnanie et en soumit toutes les villes, à l'exception d'OEniades[2]. C'est dans cette année que les Athéniens eurent en leur puissance le plus grand nombre de villes et s'acquirent une grande gloire par leur valeur et leur habileté militaire.

LXXXVI. Ariston étant archonte d'Athènes, les Romains nommèrent consuls Quintus Fabius Vibulanus et Lucius Cornélius Curétinus[3]. Dans cette année, les Athéniens et les Péloponnésiens conclurent une trêve de cinq ans, négociée par Cimon l'Athénien[4].

En Sicile, une guerre éclata entre les Égestéens et les Lilybéens, au sujet du territoire qui avoisine le fleuve Mazare ; ils se battirent avec acharnement et essuyèrent réciproquement des pertes considérables, sans cesser leur animosité.

---

[1] Deuxième année de la LXXXIe olympiade ; année 455 avant J.-C.
[2] J'adopte ici la correction de Dindorf, et je lis πλήν au lieu de πλησίον.
[3] Troisième année de la LXXXIe olympiade ; année 454 avant J.-C.
[4] Ce fait ne s'accorde pas chronologiquement avec le récit de Thucydide (I, 112)

Cette guerre fut bientôt suivie d'autres troubles[1]. D'après un nouveau registre d'état arrêté par les villes, les terres furent mal partagées, et en quelque sorte au hasard, parmi un grand nombre de citoyens nouvellement inscrits. De là arrivèrent beaucoup de désordres, surtout à Syracuse; car un certain Tyndaride, homme entreprenant et audacieux, accueillit d'abord chez lui une multitude de pauvres, et se les attacha comme la garde d'un tyran. Convaincu d'avoir aspiré à la tyrannie, il fut mis en accusation et condamné à mort : mais pendant qu'on le conduisait dans le cachot, ses partisans rassemblés attaquèrent les hommes qui l'emmenaient. Les citoyens notables, accourus à ce tumulte, se saisirent des insurgés et les firent mourir avec Tyndaride. Comme ces troubles se renouvelaient souvent à l'occasion des prétendants à la tyrannie, le peuple de Syracuse fut porté à imiter les Athéniens en établissant une loi semblable à celle de l'ostracisme.

LXXXVII. A Athènes, chaque citoyen devait écrire sur un tesson le nom de celui qui lui paraissait le plus capable d'aspirer à la tyrannie. Chez les Syracusains, c'était sur une feuille d'olivier qu'on écrivait le nom de celui qui passait pour trop puissant. Celui dont le nom se trouvait inscrit sur le plus grand nombre de feuilles, devait s'exiler pendant cinq ans. Par ce moyen, ils croyaient affaiblir les prétentions des hommes trop influents dans leur patrie. Ceci n'était point considéré comme la punition d'un crime avoué, ce n'était qu'un moyen d'humilier la puissance trop grande de quelques particuliers. Ainsi, ce que les Athéniens appelaient *ostracisme*, les Syracusains le nommèrent *pétalisme*[2]. Cette loi se conserva longtemps chez les Athéniens, tandis que les Syracusains l'abolirent bientôt par les motifs suivants. La crainte de l'exil faisait que les citoyens les plus considérés, qui, par leur pouvoir et leur vertu, auraient pu rendre de grands services à la patrie, s'éloignaient des affaires

---

[1] Cette phrase renfermée entre deux crochets n'existe pas dans le texte ; mais elle est indispensable à la liaison du récit.

[2] Ὄστρακον signifie tesson, et πέταλον, feuille.

publiques pour se livrer à la vie privée : uniquement occupés de l'administration de leurs propres biens, ils s'abandonnaient aux jouissances du repos. Au contraire, les citoyens les plus pervers et les plus audacieux se mêlaient des affaires de l'État et fomentaient dans les masses le désordre et la révolte. C'est pourquoi des factions nombreuses et sans cesse renaissantes plongèrent la cité dans des désordres perpétuels. De tout côté on voyait surgir une foule de démagogues et de sycophantes. De jeunes gens s'exerçaient à l'éloquence, la plupart changeaient les coutumes et les lois antiques en des institutions pernicieuses. La paix dont on jouissait entretenait la prospérité, mais on ne songeait guère ni à conserver l'union ni à pratiquer la justice. Voilà pourquoi les Syracusains, mieux avisés, abrogèrent la loi du pétalisme, après s'en être servis pendant un court espace de temps. Tel était alors l'état des affaires en Sicile.

LXXXVIII. Lysicrate étant archonte d'Athènes, Caïus Nautius Rutilius et Lucius Minutius Carutianus furent nommés consuls à Rome[1]. Dans cette année, Périclès, général des Athéniens, fit une descente dans le Péloponnèse et ravagea le territoire des Sicyoniens. Les habitants ayant fait une sortie en masse, il se livra un combat dans lequel Périclès demeura vainqueur : il tua un grand nombre de fuyards et força le reste à se renfermer dans leur ville, qu'il assiégea. Après des assauts inutiles, et voyant, de plus, les Lacédémoniens arriver au secours des assiégés, il quitta Sicyone et se porta sur l'Acarnanie. Il envahit le pays des OEniades ; et, après avoir amassé beaucoup de butin, il partit de l'Acarnanie. De là, il se rendit dans la Chersonèse, et en distribua le territoire à mille citoyens. Dans le même temps Tolmide, l'autre général des Athéniens, descendit dans l'Eubée et distribua également à mille citoyens le territoire des Naxiens.

En Sicile, les Syracusains envoyèrent une flotte, commandée par Phaüllus, contre les pirates tyrrhéniens. Phaüllus commença

---

[1] Quatrième année de la LXXXIe olympiade ; année 453 avant J.-C.

son expédition par une descente dans l'île d'Æthalie qu'il ravagea. Mais ayant accepté en secret l'argent que lui avaient offert les Tyrrhéniens, il revint en Sicile sans avoir rien fait de mémorable. Les Syracusains l'accusèrent de trahison et le condamnèrent à l'exil. Ils élurent alors pour général Apellès, et l'envoyèrent contre les Tyrrhéniens avec une flotte de soixante trirèmes. Celui-ci ravagea les côtes de la Tyrrhénie, et aborda dans l'île de Corse, alors occupée par des Tyrrhéniens. Il dévasta une très-grande partie de cette île, soumit l'Æthalie et retourna à Syracuse avec une multitude de captifs, et beaucoup d'autre butin. Quelque temps après, Ducétius, chef des Sicules, réunit en un seul État toutes les villes de même origine, excepté Hybla. Doué d'un esprit actif, il entreprit de nouveaux travaux : il tira de la république des Siciliens un corps d'armée considérable ; il transplanta Nées[1], sa ville natale, dans la plaine, et fonda dans le voisinage du temple des dieux appelés Paliques, une ville importante, et l'appela *Palica*, du nom de ces dieux.

LXXXIX. Puisque nous venons de mentionner ces dieux, il est convenable de dire un mot de l'antiquité de leur temple et des merveilles qu'on raconte des cratères particuliers qui s'y trouvent. Suivant la tradition, le temple des dieux Paliques se distingue des autres par son antiquité, sa sainteté et les choses curieuses qu'on y observe. D'abord on y voit des cratères d'une largeur, il est vrai, peu considérable, mais qui lancent, d'une immense profondeur, d'énormes étincelles ; on dirait des chaudières posées sur un grand feu et pleines d'eau bouillante. L'eau qui jaillit de ces cratères a l'apparence de l'eau bouillante ; mais on n'en a pas la certitude, car personne n'a encore osé y toucher, et la terreur qu'inspire cette éructation aqueuse semble y attacher quelque chose de surnaturel et de divin. Cette eau répand une forte odeur de soufre, et l'abîme d'où elle s'échappe fait entendre un bruit effroyable. Ce qu'il y a de plus surprenant, c'est que cette eau ne déborde jamais, ne

---

[1] D'après l'autorité de Ptolémée (III, 4), il faudrait lire Mènes (Μέναι), au lieu de Νέαι, ville de la Sicile.

cesse jamais de couler, et est lancée avec force à une hauteur prodigieuse[1]. Le temple est si vénéré qu'on y prononce les serments les plus sacrés, et les parjures reçoivent aussitôt le châtiment divin : quelques-uns sont sortis aveugles de ce temple. Enfin, la crainte superstitieuse attachée à ce lieu est telle que l'on termine des procès difficiles par les serments que l'on y fait prononcer. Le temple des Paliques est devenu depuis quelque temps un asile inviolable, surtout pour les malheureux esclaves qui sont tombés au pouvoir de maîtres impitoyables; car les maîtres n'ont pas le pouvoir d'arracher de cet asile les esclaves qui s'y sont réfugiés; ceux-ci y demeurent inviolables, jusqu'à ce que les maîtres, s'en rapportant à des arbitres généreux, se soient engagés, sous la foi du serment, de les laisser sortir réconciliés. Jamais, que l'on sache, ces serments n'ont été violés, tant la crainte des dieux fait respecter même les esclaves! Ce temple est situé dans une plaine digne de la majesté des dieux; il est entouré de portiques et d'autres ornements convenables. Mais ces détails doivent suffire. Reprenons maintenant le fil de notre histoire.

XC. Ducétius, après avoir fondé la ville de Palica, et l'avoir entourée d'un mur considérable, partagea entre les habitants le territoire environnant. Cette ville, grâce à la fertilité du terrain et du nombre de ses colons, prit un rapide accroissement. Mais elle ne demeura pas longtemps dans cette voie de prospérité; car elle fut détruite et resta déserte jusqu'à nos jours. Nous parlerons de ces détails en temps convenable[2]. Tel était l'état des choses en Sicile.

En Italie, cinquante-huit ans après la destruction de Sybaris par les Crotoniates, un Thessalien rassembla le reste des Sybarites et reconstruisit leur ville dans un emplacement situé entre deux fleuves, le Sybaris et le Crathis. Les habitants commen-

---

[1] Ces cratères que Diodore décrit comme des merveilles sont des sources sulfureuses chaudes, qui paraissent avoir été autrefois bien plus nombreuses en Sicile qu'elles ne le sont aujourd'hui.

[2] Ce récit a été perdu.

çaient à s'enrichir, grâce à la fertilité du sol ; mais déjà, au bout de six ans, ils furent encore chassés de Sybaris, comme nous allons essayer de le raconter dans le livre suivant [1].

XCI. Antidotus étant archonte d'Athènes, les Romains nommèrent consuls Lucius Posthumius et Marius Horatius [2]. Dans cette année, Ducétius, chef des Sicules, prit la ville d'Ætna, après en avoir assassiné le commandant. Envahissant ensuite avec ses troupes le territoire des Agrigentins, il mit le siége devant Motyum, occupé par une garnison d'Agrigentins. Les Syracusains [3] vinrent au secours de leurs alliés ; mais Ducétius, ayant eu le dessus dans un combat, chassa les uns et les autres de leurs camps. Comme l'hiver approchait alors, les deux partis se retirèrent dans leurs foyers. Les Syracusains reprochèrent à leur général, Bolcon, la perte de la bataille, l'accusèrent de s'être entendu secrètement avec Ducétius et le condamnèrent à mort comme traître. Au commencement de l'été, ils nommèrent un autre général, auquel ils confièrent une armée considérable, avec ordre d'attaquer Ducétius. Ce général atteignit Ducétius qui était campé près de Noma. Il se livra une grande bataille ; beaucoup de monde tomba de part et d'autre, et ce n'est qu'à grand'peine que les Syracusains parvinrent à mettre en fuite les Sicules et à en tuer un grand nombre. La plupart des fuyards se sauvèrent dans les forts des Sicules, et très-peu préférèrent suivre la fortune de Ducétius.

Tandis que ces événements avaient lieu, les Agrigentins prirent d'assaut Motyum, occupé par les troupes de Ducétius, et joignirent leurs forces à celles des Syracusains déjà vainqueurs. Ducétius, complétement battu, abandonné par les uns, trahi par les autres, fut réduit à la dernière extrémité.

XCII. Enfin, voyant le petit nombre d'amis qui lui restaient

---

[1] Voyez XII, 10.
[2] Deuxième année de la LXXXIIe olympiade ; année 451 avant J.-C. Le récit des événements arrivés dans la première année de la LXXXIIe olympiade (année 452 avant J.-C.) manque dans le texte.
[3] On lit ici dans le texte *Agrigentins* ; mais la suite du récit prouve qu'il n'est ici réellement question que des Syracusains.

prêts à s'emparer de sa personne, il prévint leur projet en s'échappant la nuit et en s'enfuyant à cheval à Syracuse. Il ne faisait pas encore jour lorsqu'il arriva sur la place publique de Syracuse; s'asseyant au pied des autels, il devint le suppliant de la ville, et fit don de sa personne et de ses terres aux Syracusains. La multitude, au bruit d'une nouvelle si inattendue, affluait sur la place publique, et les magistrats convoquèrent une assemblée pour délibérer sur le parti à prendre au sujet de Ducétius. Quelques orateurs qui avaient coutume de haranguer le peuple, soutenaient qu'il fallait le châtier comme un ennemi, et se venger sur lui des anciens revers; mais les plus considérés parmi les sénateurs présents à l'assemblée représentèrent qu'il fallait respecter le suppliant, craindre la Fortune et redouter la vengeance des dieux. Il ne s'agit pas ici, disaient-ils, d'examiner quelle peine Ducétius a méritée, mais de savoir quelle conduite les Syracusains doivent tenir dans cette circonstance. Il serait honteux de faire mourir un proscrit de la Fortune, et il est digne de la magnanimité du peuple de sauver le suppliant en même temps que le respect des dieux. Aussitôt l'assemblée prononça, d'une seule voix, la grâce de Ducétius. Les Syracusains, après avoir ainsi épargné Ducétius suppliant, le firent partir pour Corinthe. Ils lui ordonnèrent d'y passer sa vie, en pourvoyant convenablement à son entretien.

Nous voici arrivés à l'année qui précède l'expédition que les Athéniens ont entreprise contre Cypre, sous la conduite de Cimon, et nous terminons ici ce livre d'après le plan que nous avons exposé au commencement.

LIVRE DOUZIÈME.

SOMMAIRE.

Expédition des Athéniens contre Cypre. — Les Mégariens se détachent de l'alliance des Athéniens — Bataille livrée à Coronée entre les Athéniens et les Béotiens. — Expédition des Athéniens contre l'Eubée. — Guerre des Syracusains contre les Agrigentins. — Fondation de Thurium en Italie ; dissensions civiles. — Charondas de Thurium, choisi pour législateur, devient le bienfaiteur de sa patrie. — Zaleucus, législateur des Locriens, s'acquiert une grande réputation. — Les Athéniens chassent les Hestiéens et envoient eux-mêmes une colonie. — Guerre entre les Thuriens et les Tarentins. — Troubles à Rome. — Guerre entre les Samiens et les Milésiens. — Les Syracusains marchent contre les Picéniens [1] et détruisent la ville. — En Grèce s'allume la guerre corinthienne. — Apparition des Campaniens en Italie. — Combat naval entre les Corinthiens et les Corcyréens. — Potidée et les Chalcidiens abandonnent l'alliance des Athéniens. — Expédition des Athéniens contre les Potidéates. — Troubles à Thurium. — Méton l'Athénien découvre la période de dix-neuf ans. — Les Tarentins fondent Héraclée en Italie. — Spurius Manlius est mis à mort pour avoir aspiré à la tyrannie. — Guerre dite du Péloponnèse. — Bataille des Béotiens à Platée. — Au siège de Méthone, Brasidas s'illustre par sa bravoure. — Expédition des Athéniens contre les Locriens ; destruction de Thurium. — Les Éginètes se révoltent contre les Athéniens et se transportent à Thyrée. — Les Lacédémoniens envahissent l'Attique et détruisent les propriétés rurales. — Seconde expédition des Athéniens contre les Potidéates. — Expédition des Lacédémoniens en Acarnanie ; combat naval des Athéniens. — Expédition de Sitalcès en Macédoine ; invasion des Lacédémoniens dans l'Attique. — Députation des Léontins à Athènes ; éloquence de Gorgias, chef de la députation. — Guerre entre les Léontins et les Syracusains. — Les Lesbiens se détachent de l'alliance des Athéniens ; prise et destruction de Platée par les Lacédémoniens. — Dissensions intestines des Corcyréens. — Les Athéniens sont décimés par la peste. — Les Lacédémoniens fondent la ville d'Héraclée dans la Trachinie. — Les Athéniens font périr un grand nombre d'Ambraciotes, et en dépeuplent la ville. — Prisonniers lacédémoniens dans l'île de Sphactérie. — Châtiment que Posthumius

---

[1] Στρατεύσαντες ἐπὶ Πικενούς. Il est à remarquer que Diodore ne parle nulle part de cette expédition mentionnée dans le sommaire. Peut-être faut-il lire Τρινακίους au lieu de Πικενούς, comme l'avait déjà conjecturé Wesseling.

inflige à son fils pour avoir quitté les rangs — Guerre entre les Lacédémoniens et les Athéniens à propos des Mégariens. — Guerre des Lacédémoniens et des Athéniens au sujet des Chalcidiens. — Les Athéniens se battent, en Béotie, contre les Béotiens. — Expédition des Athéniens contre les exilés à Lesbos. — Les Déliens sont chassés par les Athéniens. — Prise et destruction de Torone par les Athéniens. — Les Athéniens et les Lacédémoniens concluent un traité d'alliance, et s'aliènent les autres villes. — Les Déliens sont réintégrés dans leur patrie par les Athéniens. — Les Lacédémoniens font la guerre aux Mantinéens et aux Argiens — Expédition des Byzantins et des Chalcédoniens contre la Bithynie. — Motifs de l'expédition des Athéniens contre Syracuse.

I. On sera, avec raison, embarrassé de juger sainement des vicissitudes de la vie humaine. En effet, aucune des choses qu'on regarde comme des biens n'est accordée aux hommes intégralement par le sort, de même que les maux ne sont pas absolument sans quelque utilité. Il sera permis d'acquérir des preuves à l'appui de cette vérité, en appliquant notre intelligence aux faits qui sont arrivés avant notre époque, et surtout aux événements les plus importants. Ainsi, l'expédition de Xerxès, roi des Perses, contre la Grèce, avait, en raison des forces immenses déployées par l'ennemi, inspiré aux Grecs la plus grande terreur; car il s'agissait de combattre pour la liberté qu'ils étaient menacés de perdre, et tous redoutaient pour les villes de la Grèce le sort que venaient d'éprouver les villes grecques de l'Asie. La guerre eut cependant une fin inespérée : les habitants de la Grèce furent non-seulement délivrés des dangers qu'ils craignaient, mais encore ils s'acquirent une grande gloire, et chaque ville de la Grèce parvint à un tel degré de prospérité, que tout le monde admira un changement de fortune si inopiné. A partir de cette époque, la prospérité de la Grèce allait en s'accroissant pendant l'espace de cinquante ans. Dans tout cet intervalle, les arts se développèrent en raison de la richesse, et les plus grands artistes dont l'histoire fasse mention se produisirent; au nombre de ces artistes se trouve Phidias, le sculpteur. L'enseignement fit aussi de grands progrès; la philosophie et la rhétorique furent de préférence en honneur chez tous les Grecs, mais particulièrement chez les Athéniens. Parmi les philosophes, il faut citer Socrate, Platon et Aristote; parmi les orateurs, Périclès, Isocrate et ses disciples. Il y eut aussi des hommes célèbres dans l'art militaire; on pourrait nommer Miltiade, Thémistocle, Aristide, Cimon, Myronide et plusieurs autres, sur lesquels il serait trop long de nous arrêter[1].

II. Principalement les Athéniens, dont la puissance s'était accrue par la gloire et le courage guerrier, devinrent célèbres presque dans tout l'univers. Leur puissance devint si grande que, sans le secours des Lacédémoniens et des Péloponnésiens, et avec leurs propres ressources, les Athéniens combattirent par terre et par mer les armées nombreuses des Perses, et abaissèrent tellement ce fameux empire des Perses, qu'ils le forcèrent à stipuler la liberté de toutes les villes grecques de l'Asie; mais nous avons parlé de tout cela avec détail dans les deux livres précédents. Nous allons maintenant reprendre le fil de notre narration, en désignant exactement les époques. Dans le livre qui précède, notre récit va depuis le commencement de l'expédition de Xerxès jusqu'à l'année qui précède l'expédition des Athéniens contre Cypre, sous la conduite de Cimon. Dans le présent livre, notre narration s'étendra depuis cette expédition jusqu'à la guerre que les Athéniens décrétèrent contre les Syracusains.

III. Euthydème étant archonte d'Athènes, les Romains nommèrent consuls Lucius Quintius Cincinnatus et Marcus Fabius Vibulanus[2]. Dans cette année, les Athéniens, qui avaient aidé les Égyptiens à combattre les Perses, perdirent tous leurs navires dans l'île de Prosopitis[3]; mais, après un court intervalle de repos, ils résolurent de faire la guerre aux Perses, à l'occasion des Grecs de l'Asie. Ils équipèrent donc une flotte de deux cents trirèmes, et ordonnèrent à Cimon, fils de Miltiade, nommé au commandement de cette flotte, de faire voile pour l'île de Cypre, et d'attaquer les Perses. Conformément à cet ordre, Cimon se porta sur l'île de Cypre avec une flotte bien équipée et munie de tout ce qui est nécessaire à la guerre. A cette époque, Artabaze et Mégabyze

---

[1] Comparez Velleius Paterculus, I, 16, et Pline (*Hist. nat.*), XXXIV, 8.
[2] Troisième année de la LXXXIIIe olympiade; année 450 avant J.-C.
[3] Ile du Nil. Voyez XI, 77.

commandaient les troupes des Perses. Artabaze, revêtu du commandement en chef, stationnait dans les eaux de Cypre, avec trois cents trirèmes. Mégabyze avait établi son camp en Cilicie, et avait sous ses ordres trois cent mille hommes d'infanterie. Cependant Cimon, qui avait atteint l'île de Cypre, était maître de la mer ; il assiégea Citium et Malum[1], et traita les vaincus avec générosité. Averti ensuite de l'approche des trirèmes qui arrivaient de la Cilicie et de la Phénicie, au secours de l'île, Cimon alla les attaquer dans la haute mer. Il coula à fond un grand nombre de ces bâtiments, en prit une centaine avec tout leur équipage, et poursuivit le reste jusqu'à la Phénicie[2]. Les Perses, sauvés sur les débris de leur flotte, parvinrent à se réfugier à terre dans le même endroit où Mégabyze était campé avec son armée. Mais les Athéniens s'étant approchés de la côte, débarquèrent leurs soldats et livrèrent un combat dans lequel Anaxicrate, l'un des chefs de l'armée, périt héroïquement, après s'être défendu avec éclat. Les Athéniens furent vainqueurs dans ce combat ; après avoir tué un grand nombre d'ennemis, ils remontèrent sur leurs bâtiments et rentrèrent dans les eaux de Cypre. Tels sont les événements arrivés dans la première année de cette guerre.

IV. Pédiée étant archonte d'Athènes, les Romains nommèrent consuls Marcus Valérius Lactuca et Spurius Virginius Tricostus[3]. Dans le cours de cette année, Cimon, général des Athéniens et maître de la mer, soumit les villes de l'île de Cypre. Salamine[4] avait dans ses murs une garnison considérable de Perses, et la ville était remplie d'armes de toute espèce, de provisions de bouche et d'autres munitions. Cimon jugea conforme à ses intérêts d'en faire le siége ; car il était convaincu qu'il se rendrait ensuite facilement maître de presque toute l'île de Cypre et qu'il frapperait de terreur les Perses qui, dans leur

---

[1] Villes maritimes de l'île de Cypre.
[2] Comparez Thucydide, I, § 112.
[3] Quatrième année de la LXXXIIe olympiade ; année 449 avant J.-C.
[4] Ville de l'île de Cypre.

impuissance à secourir les Salaminiens (parce que les Athéniens étaient maîtres de la mer), deviendraient un objet de mépris pour leurs alliés ainsi abandonnés; qu'enfin, la soumission complète de Cypre déciderait de toute la guerre. C'est ce qui arriva. Les Athéniens firent le siège de Salamine et lui livrèrent journellement des assauts. La garnison de la ville, bien pourvue d'armes et de munitions, repoussa facilement les assaillants des murs. Informé des échecs que les Perses avaient éprouvés dans les parages de Cypre, et après avoir pris conseil de ses amis, le roi Artaxerxès jugea prudent de conclure la paix avec les Grecs. En conséquence, il écrivit à ses commandants et à ses satrapes réunis autour de Cypre de traiter avec les Grecs aux meilleures conditions possibles. Artabaze et Mégabyze envoyèrent donc à Athènes des députés chargés de négocier la paix. Les Athéniens accueillirent les propositions qu'on leur fit, et dépêchèrent, à leur tour, des envoyés plénipotentiaires à la tête desquels se trouva Callias, fils d'Hipponicus. La paix fut conclue entre les Athéniens, y compris leurs alliés, et entre les Perses, aux conditions suivantes : Toutes les villes grecques de l'Asie se gouverneront d'après leurs propres lois; les satrapes perses ne descendront pas avec leurs troupes à plus de trois journées de marche vers les côtes de la mer, et aucun de leurs vaisseaux longs ne naviguera entre le Phasélis et les Cyanées [1]. Ces conditions ayant été acceptées par le roi et ses généraux, les Athéniens s'engagèrent de leur côté à ne point porter les armes dans le pays soumis au roi Artaxerxès. Après la ratification de ce traité, les Athéniens retirèrent leurs troupes de l'île de Cypre: ils avaient remporté une victoire éclatante et signé la paix la plus glorieuse. Cimon mourut de maladie pendant qu'il stationnait dans les eaux de Cypre.

V. Philiscus étant archonte d'Athènes, les Romains élurent pour consuls Titus Romilius Vaticanus et Caïus Véturius Cichorius, et les Éliens célébrèrent la LXXXIIIe olympiade,

---

[1] Phasélis, ville de la Pamphylie; les Cyanées ou îles bleues, étaient situées près du Bosphore de Thrace.

où Crison d'Himère fut vainqueur à la course du stade[1]. Dans le cours de cette année, les Mégariens se détachèrent des Athéniens et firent alliance avec les Lacédémoniens. Irrités de cette défection, les Athéniens envahirent le territoire de Mégare, détruisirent les récoltes et firent beaucoup de butin. Cependant les habitants de la ville vinrent au secours de la campagne ; il se livra un combat dans lequel les Athéniens furent victorieux et poursuivirent les Mégariens jusqu'en dedans des murs de leur ville.

VI. Timarchide étant archonte d'Athènes, les Romains nommèrent consuls Spurius Tarpéius et Aulus Astérius Fontinius[2]. Dans cette année, les Lacédémoniens envahirent l'Attique, ravagèrent une grande partie de la campagne, et, après avoir assiégé quelques places fortes, rentrèrent dans le Péloponnèse. Tolmide, général des Athéniens, prit Chéronée. Les Béotiens se tournèrent contre lui avec leurs forces réunies ; ils firent tomber Tolmide dans un piége et lui livrèrent, près de Coronée, une bataille sanglante : Tolmide y périt en combattant, les Athéniens furent en partie massacrés, en partie faits prisonniers. Après ce désastre, les Athéniens furent forcés, pour racheter leurs prisonniers, de laisser toutes les villes de la Béotie libres de se gouverner d'après leurs propres lois.

VII. Callimaque étant archonte d'Athènes, les Romains élurent pour consuls Sextus Quintius Trigeminus et *** [3]. Dans cette année[4], la puissance d'Athènes s'affaiblit en Grèce : à la suite de la défaite à Chéronée en Béotie, un grand nombre de villes désertèrent l'alliance des Athéniens ; on remarqua surtout la défection des habitants de l'Eubée. Périclès fut nommé chef de l'expédition dirigée contre l'Eubée. Il se mit en marche

---

[1] Première année de la LXXXIIIe olympiade ; année 448 avant J.-C.
[2] Deuxième année de la LXXXIIIe olympiade ; année 447 avant J.-C.
[3] Le nom du second consul manque dans le texte. Au reste, il est à remarquer que presque tous les noms des consuls romains sont ou altérés ou incomplets; ils ne s'accordent pas toujours avec les noms des consuls donnés par les historiens romains, et particulièrement par Tite Live.
[4] Troisième année de la LXXXIIIe olympiade ; année 446 avant J.-C.

avec une armée considérable, prit d'assaut la ville des Hestiéens, en fit émigrer tous les habitants, et ayant ainsi intimidé toutes les autres cités, il remit le pays sous l'obéissance des Athéniens. On conclut une trêve de trente ans; cette trêve fut négociée et ratifiée par Callias et Charès.

VIII. En Sicile, la guerre s'alluma entre les Syracusains et les Agrigentins. En voici les motifs. Les Syracusains avaient dompté par les armes Ducétius, souverain des Sicules; ils lui avaient accordé le pardon que lui-même était venu implorer, et lui avaient assigné pour demeure la ville de Corinthe. Après un court séjour à Corinthe, Ducétius rompit le traité, et, sous prétexte d'obéir à un oracle, qui lui aurait ordonné de fonder Caléacté[1] en Sicile, il revint dans l'île accompagné de nombreux colons; il se joignit à sa troupe quelques Sicules, parmi lesquels se trouvait Archonide, chef des Erbitéens[2]. Ducétius était occupé de la fondation de la Caléacté, lorsque les Agrigentins, jaloux des Syracusains, et leur faisant un crime d'avoir sauvé, sans leur agrément, Ducétius, leur ennemi commun, déclarèrent la guerre aux Syracusains. Les villes de la Sicile se partagèrent : les unes embrassèrent le parti des Agrigentins, les autres celui des Syracusains; de part et d'autre des armées considérables furent mises sur pied. Une grande rivalité ayant ainsi éclaté parmi les villes siciliennes, les deux partis adverses se trouvèrent en présence sur les bords du fleuve Himère. Une bataille s'engagea; les Syracusains furent victorieux et tuèrent plus de mille Agrigentins. Après cette bataille, les Agrigentins envoyèrent des députés pour négocier la paix, que les Syracusains leur accordèrent.

IX. Tel était l'état des choses en Sicile. En Italie, il fut alors fondé la ville de Thurium. Voici l'origine de cette fondation. Antérieurement à cette époque, des Grecs avaient fondé en Italie la ville de Sybaris. Grâce à la fertilité du sol, cette ville

---

[1] Καλὴ ἀϰτή, beau rivage. On appelait ainsi la côte de la Sicile en face de l'Italie.

[2] Erbita, ville de la Sicile.

avait pris un rapide accroissement ; elle était située au confluent de deux rivières, le Crathis et le Sybaris (ce dernier a laissé son nom à la ville). Les colons, occupant un territoire vaste et fertile, acquirent de grandes richesses ; ils accordèrent le droit de cité à beaucoup d'étrangers, et par leur développement rapide ils passèrent pour bien plus puissants que les autres habitants de l'Italie ; enfin leur population avait pris un tel accroissement que leur ville comptait trois cent mille citoyens. Il y eut alors à Sybaris un démagogue, nommé Télys ; il se rendit l'accusateur des hommes les plus considérés, et, par ses discours, amena les Sybarites à condamner à l'exil cinq cents citoyens des plus opulents et à confisquer leurs biens. Les bannis se réfugièrent à Crotone et vinrent sur la place publique embrasser les autels en suppliants. Télys envoya aussitôt des députés chargés d'exiger des Crotoniates l'extradition des bannis, ou, en cas de refus, de leur déclarer la guerre. L'assemblée se réunit pour délibérer s'il fallait livrer aux Sybarites les Italiotes, ou soutenir la guerre contre un ennemi plus puissant. Le sénat et le peuple hésitèrent sur le parti à prendre ; déjà la majorité, voulant éviter la guerre, allait voter l'extradition des suppliants, lorsque le philosophe Pythagore conseilla de sauver ces malheureux et entraîna les suffrages ; la guerre fut décidée pour le salut des suppliants. Les Sybarites mirent en campagne trois cent mille hommes, les Crotoniates ne leur en opposèrent que cent mille, sous le commandement de Milon l'athlète qui, grâce à sa force extraordinaire, mit le premier en fuite les rangs opposés. Cet homme avait été six fois vainqueur aux jeux olympiques, et sa force était proportionnée à sa taille. On dit qu'il marcha au combat, la tête couronnée comme les vainqueurs aux jeux olympiques, et portant, comme Hercule, une peau de lion et une massue. Il décida la victoire et fut un objet d'admiration auprès de ses concitoyens.

X. Les Crotoniates étaient si exaspérés, qu'ils ne voulaient faire aucun prisonnier ; ils tuèrent tous les fuyards qu'ils pouvaient atteindre ; ils firent un grand massacre, pillèrent la ville de Sybaris et la dépeuplèrent complétement. Cinquante-huit ans après, quelques Thessaliens la reconstruisirent ; mais déjà cinq ans après cette seconde fondation, ils en furent à leur tour chassés par les Crotoniates[1]. A l'époque à laquelle nous touchons[2], sous l'archontat de Callimaque, la ville de Sybaris fut encore une fois relevée et transportée peu de temps après dans un autre emplacement ; en même temps ses fondateurs, Lampon et Xénocrite, lui donnèrent un autre nom, ainsi qu'on va le voir. Les Sybarites, expulsés une seconde fois de leur patrie, envoyèrent en Grèce des députés pour prier les Lacédémoniens et les Athéniens de les aider à rentrer dans leur pays et à prendre part à leur colonie. Les Lacédémoniens s'y refusèrent ; mais les Athéniens décrétèrent des secours : ils équipèrent dix navires et les envoyèrent aux Sybarites, sous le commandement de Lampon et de Xénocrite ; ils firent proclamer par des hérauts, dans toutes les villes du Péloponnèse, que chacun serait libre de faire partie de cette colonie. Beaucoup de monde se rendit à cet appel. L'oracle d'Apollon, qu'on avait consulté, répondit qu'il fallait fonder une ville dans un endroit où l'on devait boire de l'eau avec mesure, et où l'on pouvait manger sans mesure. Débarqués en Italie, les nouveaux colons se rendirent à Sybaris, et cherchèrent l'emplacement que le dieu leur avait désigné. Ils trouvèrent, non loin de Sybaris, une source appelée Thuria : elle s'écoulait par un tuyau d'airain, que les indigènes nommaient un *médimne*. Ce fut là le lieu qu'ils crurent avoir été indiqué par l'oracle. Ils l'entourèrent donc d'un mur et construi-

---

[1] L'auteur a attribué plus haut (XI, 89) à un seul Thessalien le rétablissement de cette ville, en ajoutant que les nouveaux colons ne l'avaient occupée que pendant six ans.

[2] J'ai introduit ici, dans la ponctuation, un léger changement qui rend l'intelligence du texte plus facile. Au lieu de faire rapporter les mots *à l'époque à laquelle nous touchons*, à la phrase précédente, je les rattache, au contraire, à la phrase qui suit, et je propose de lire : Τοῦ δευτέρου συνοικισμοῦ. Κατὰ τοὺς ὑποκειμένους καιρούς, ἐπ' ἄρχοντος... au lieu de : Τοῦ δευτέρου συνοικισμοῦ, κατὰ τοὺς ὑποκειμένους καιρούς. Ἐπ' ἄρχοντος.... Ma conjecture est parfaitement justifiée par la phrase qui suit. C'est qu'en effet l'archontat de Callimaque date du commencement de la LXXXIV° olympiade, et nous sommes maintenant dans la troisième année de la LXXXIII° olympiade.

sirent une ville qu'ils appelèrent *Thurium*, du nom de la source. Ils firent traverser cette ville, dans le sens de sa longueur, par quatre rues principales, appelées les rues d'Hercule, de Vénus, d'Olympien et de Bacchus. Dans le sens de sa largeur, elle fut divisée par trois rues, appelées Héroa, Thuria et Thurina. Dans les quartiers circonscrits par ces rues, on éleva des maisons, et la ville eut une belle apparence.

XI. Après avoir vécu très-peu de temps dans la concorde, les Thuriens tombèrent dans de graves dissensions, pour un motif assez légitime. Les Sybarites, débris de l'ancienne population, s'arrogèrent les principales magistratures et ne laissèrent que des fonctions peu importantes à ceux qui avaient obtenu plus récemment le droit de cité. Ils prétendaient aussi que, dans les sacrifices, les femmes des citoyens primitifs occupassent le premier rang, et que les autres ne vinssent qu'après. De plus, dans le partage des terres, ils s'étaient attribué les propriétés les plus voisines de la ville et n'avaient donné aux derniers venus que les propriétés plus éloignées. Toutes ces prétentions firent naître une grave discorde. Les nouveaux citoyens, plus nombreux et plus braves, tuèrent presque tous les anciens Sybarites et prirent possession de toute la ville. Comme le territoire qu'ils occupaient était étendu et beau, ils firent venir de la Grèce nombre de colons auxquels ils distribuèrent les quartiers de la ville et les terres des environs. Cette colonie s'enrichit promptement, fit un traité d'alliance avec les Crotoniates, et fut bien gouvernée. Le gouvernement était démocratique; les citoyens étaient divisés en dix tribus dont les noms rappelaient leur origine. Ainsi il y avait trois tribus originaires du Péloponnèse, l'Arcadienne, l'Achéenne et l'Éléenne; trois autres descendaient de nations plus éloignées; c'étaient les tribus Béotienne, Amphictyonnienne et Dorienne; les quatre dernières, composées d'autres nations, s'appelèrent Iade, Athénaïde, Euboïde et Insulaire. Ils choisirent pour législateur Charondas, homme vertueux et admiré pour ses connaissances. Après avoir examiné les codes de tous les législateurs pour en extraire les meilleures maximes, il les rédigea en lois. Il inventa aussi lui-même beaucoup de lois particulières, qu'il n'est pas hors de propos de faire connaître pour l'instruction des lecteurs [1].

XII. Charondas établit d'abord une loi d'après laquelle ceux qui imposeraient à leurs propres enfants une belle-mère, seraient exclus des conseils où se débattent les intérêts de la patrie ; il pensait que ceux qui prenaient si peu de souci au bien de leurs enfants, seraient aussi de mauvais conseillers pour les affaires de l'État. Car, disait-il, ceux qui ont été heureux dans leur premier mariage doivent s'en tenir là ; ceux qui ont été malheureux et qui commettent de nouveau la même faute, doivent être taxés d'insensés. Il ordonna que ceux qui auraient été convaincus d'une accusation calomnieuse fussent promenés dans la ville, la tête couronnée de feuilles de *myrica* [2], afin qu'ils se montrassent à tous les citoyens comme ayant remporté la palme de la méchanceté. Plusieurs coupables condamnés à ce genre de supplice s'ôtèrent eux-mêmes la vie, ne pouvant supporter la honte attachée à un pareil châtiment. Il en résulta que tous ceux qui avaient l'habitude de faire de fausses délations, s'exilèrent de la ville qui, délivrée de semblables fléaux, jouit d'une existence prospère. Charondas porta aussi contre les mauvaises sociétés une loi particulière qui avait échappé aux autres législateurs : il savait que les hommes tournent souvent au mal par la fréquentation des méchants, et que le vice, comme une maladie contagieuse, atteint la vie des hommes et rend infirmes les âmes des plus vertueux. Le chemin qui conduit au mal est, en effet, rapide et tout frayé ; aussi, ceux doués d'une trempe d'esprit médiocre, se laissent-ils facilement séduire par l'appât des plaisirs et finissent

---

[1] Suivant Jamblique (*Vie de Pythagore*, 33), Charondas était contemporain et disciple de Pythagore, qui vivait environ soixante ans antérieurement à l'époque où nous sommes arrivés. Charondas devait donc avoir été un exemple d'une longévité remarquable. Au reste, depuis Aristote (*Politique*, II), Charondas, originaire de Catane, avait été le législateur des villes chalcidiennes de l'Italie et de la Sicile ; ces villes étaient, en Italie, Rhégium, et en Sicile, Zancle, Naxos, Léontium, Catane, Eubée, Myles, Himère, Callipolis.

[2] *Myrica*. Probablement une espèce d'*arbousier*.

par tomber dans les derniers excès. Voulant prévenir cet écueil, le législateur défendit, par une loi, de se lier et de frayer avec les méchants; il ordonna de poursuivre judiciairement les contrevenants et de les condamner à de fortes amendes. Il porta une autre loi encore plus importante, à laquelle les anciens législateurs n'avaient pas non plus songé. D'après cette loi, tous les enfants des citoyens devaient apprendre à lire et à écrire[1], tous les maîtres d'école étant rétribués par l'État; car, d'après la pensée du législateur, les enfants des pauvres, impuissants à subvenir aux frais de l'enseignement, ne devaient pas être privés des plus beaux éléments de l'éducation.

XIII. Le législateur attachait plus d'importance à l'instruction élémentaire qu'aux autres degrés de l'enseignement. Et en cela il avait parfaitement raison. En effet, la plupart des transactions les plus indispensables de la vie, les votes dans les assemblées, les correspondances épistolaires, les testaments, les lois, enfin tout ce qui contribue essentiellement au maintien de la vie commune, exige la connaissance des lettres. Qui donc ne voudrait payer un juste tribut d'éloges à l'enseignement des lettres? N'est-ce pas par leur secours que les morts se recommandent au souvenir des vivants, et qu'on s'entretient à de longues distances avec ses amis, comme si l'on était tout près l'un de l'autre? C'est par l'emploi des lettres que les nations ou les rois garantissent leurs traités et en assurent le plus le maintien. Enfin, c'est à l'aide des lettres que les plus belles sentences des sages, les réponses des dieux, la science des philosophes et tout enseignement sont transmis à la postérité la plus reculée. Si nous devons à la nature la vie matérielle, nous devons à l'instruction acquise par les lettres la vie morale. Par la loi de Charondas l'État devait donc s'intéresser d'une manière efficace au sort de ceux qui étaient menacés d'être privés d'un des plus

---

[1] Μανθάνειν γράμματα. Je n'ai pas cru devoir rendre γράμματα par belles-lettres, ainsi que le font la plupart des traducteurs; car il ne peut être ici question que des principes de l'enseignement élémentaire, que l'auteur appelle plus loin γραμματική.

grands biens, l'éducation. Charondas est donc bien supérieur aux anciens législateurs qui avaient ordonné que les particuliers malades fussent traités par les médecins aux frais de l'État ; ceux-là ne s'occupèrent que du corps, tandis que lui eut soin de l'âme. Autant nous souhaitons n'avoir jamais besoin de médecins, autant nous désirons passer tout notre temps avec les maîtres qui nous instruisent.

XIV. Plusieurs poëtes ont célébré dans leurs chants les deux premières lois dont nous venons de parler. Voici comment ils s'expriment sur la fréquentation des méchants : « Un homme, quel qu'il soit, qui se plaît dans la société des méchants, je ne lui demande pas qui il est : il ressemble à ceux qu'il fréquente. » Je citerai le passage suivant au sujet de la loi concernant les belles-mères : « Le législateur Charondas s'exprime, dit-on entre autres, ainsi dans une de ses lois : Que celui qui impose à des enfants une belle-mère ne soit élevé à aucune dignité et exclu du conseil des citoyens, comme ayant mal géré ses propres affaires. Car, ajoute-t-il, si tu as été heureux dans ton premier mariage, félicite-toi et restes-en là ; si tu as été malheureux, c'est de la folie de s'exposer une seconde fois aux mêmes chances. » En effet, l'homme qui s'est trompé deux fois dans ses affaires, doit être avec raison taxé d'insensé. Philémon, le poëte comique, s'exprime ainsi sur ceux qui s'exposent souvent sur mer : « En vérité[1], je ne m'étonne pas qu'on ait navigué, mais qu'on ait navigué deux fois. » On pourrait dire de même : « Je ne m'étonne pas qu'on se marie, « mais qu'on se soit marié deux fois. » Car, il vaut encore mieux se confier deux fois à la mer que deux fois à une femme : c'est par la faute des belles-mères que les plus graves dissensions naissent dans les familles, entre les enfants et les pères.

---

[1] J'ai suivi ici la ponctuation ordinaire, en lisant εἰπόντος· νόμῳ au lieu de εἰπόντος νόμῳ. Ceux qui ont suivi ce dernier mode de ponctuation (Miot est de ce nombre) ont entendu par là une pièce de comédie intitulée la Loi. Cette version me paraît un peu forcée. Je considère ici νόμῳ, en le rattachant à τεθαύμακα, comme une locution adverbiale, à peu près synonyme de δικαίως, ἀληθῶς, etc.

C'est la source de ces nombreux crimes que les tragédies nous représentent sur la scène.

XV. Charondas a rédigé une autre loi, digne de remarque, sur la tutelle des orphelins. Considérée superficiellement, cette loi ne paraît pas avoir une grande valeur; mais en l'examinant de plus près, on comprend son importance et sa célébrité. Cette loi porte que les biens des orphelins soient administrés par les plus proches parents du côté paternel, mais que les orphelins eux-mêmes soient élevés par les parents du côté maternel. Au premier coup d'œil, on ne voit dans cette loi rien de trop sage ni de bien fameux; mais en l'approfondissant davantage, on la trouvera digne d'éloge. Si l'on cherche les motifs pour lesquels on confie aux uns l'administration des biens et aux autres l'éducation des orphelins, la sagacité du législateur apparaîtra dans tout son éclat. En effet, les parents maternels, n'ayant aucun droit à la succession des orphelins, n'attenteront pas à leur vie; et les parents paternels ne peuvent pas commettre de pareil attentat, parce que la garde de la personne des orphelins ne leur est pas confiée et qu'ils ne sont chargés que de la gestion de leurs biens. Si les orphelins viennent à mourir de maladie ou d'un autre accident, les tuteurs administreront leurs biens avec d'autant plus d'économie qu'ils ont l'espérance d'en devenir un jour, selon les chances de la fortune, les légitimes propriétaires.

XVI. Charondas porta aussi une loi contre ceux qui, en temps de guerre, désertent leur poste, ou qui se refusent absolument à prendre les armes pour la défense de la patrie. Tandis que les autres législateurs ont puni de mort ce crime, Charondas condamna les coupables à revêtir des habits de femme et à rester ainsi pendant trois jours, assis, sur la place publique. Cette loi est moins inhumaine que celles des autres législateurs; en même temps par la peine infamante qu'elle inflige, elle tient les lâches en bride; car, il vaut mieux mourir que subir dans sa patrie un supplice aussi honteux. De plus, cette loi ne fait pas périr les coupables qui peuvent encore servir l'État, et ils s'empresseront d'effacer, par une conduite plus courageuse, la tache d'infamie qu'une punition flétrissante leur avait imprimée. C'est par leur rigueur même que le législateur assura le maintien de ses institutions. Il ordonna une obéissance absolue à la loi, même lorsque celle-ci serait mal rédigée. Il permit cependant de la corriger au besoin. Il pensait, que s'il était beau de se soumettre à l'autorité du législateur, il était tout à fait absurde de céder à celle d'un particulier, même lorsqu'on y trouvait quelque avantage. Il défendit surtout aux juges criminels de substituer au texte leurs commentaires et leurs idées, et d'altérer par des subterfuges de rhéteur l'autorité suprême des lois. Aussi disait-il à quelques-uns des accusateurs poursuivant la punition des coupables et aux juges qui devaient prononcer la peine, qu'il n'y avait pas à balancer entre la loi et l'accusé.

XVII. Mais l'institution la plus singulière de Charondas est relative à la révision des lois. Voyant que dans la plupart des États les législations anciennes sont corrompues par les tentatives que tant de gens font pour les réformer, ce qui occasionne des troubles parmi les populations, il fit, dit-on, porter un règlement tout particulier. Il ordonna que celui qui proposerait de reviser quelque loi fût amené devant l'assemblée, la corde au cou, et qu'il attendrait ainsi jusqu'à ce que le peuple eût prononcé sur la réforme proposée. Si la proposition était votée par l'assemblée, son auteur devait être relâché ; si, au contraire, elle était rejetée, le préopinant devait aussitôt mourir étranglé. Les novateurs étant par là intimidés, personne n'osa élever la voix pour réclamer la révision des lois. Dans tout l'espace de temps qui s'était écoulé depuis, il n'y eut parmi les Thuriens que trois citoyens qui proposèrent une réforme, nécessitée par les circonstances. Voici à quelle occasion. Il y avait une loi d'après laquelle celui qui arrachait un œil à quelqu'un était condamné à perdre également un œil ; mais dans le cas où l'œil serait arraché à un borgne, et celui-ci par conséquent, entièrement privé de la vue, le coupable n'était pas assez puni en ne perdant qu'un œil ; car le coupable qui avait rendu aveugle un de ses concitoyens ne recevait un châtiment conforme à la loi, qu'en perdant également la vue.

Il paraissait donc juste que celui qui avait ôté la vue à un borgne fût condamné à perdre les deux yeux, pour recevoir une punition égale[1]. Or, il arriva qu'un borgne, affligé de perdre, en exécution de la loi, l'œil qui lui restait, osa proposer une réforme dans l'assemblée du peuple qu'il cherchait en même temps à attendrir par le récit de son infortune. La corde au cou, il attendit le résultat de la délibération; la réforme fut adoptée et le réformateur échappa au supplice de la corde.

XVIII. Un second exemple de réforme fut appliqué à la loi qui permet à une femme de quitter son mari et de cohabiter avec l'homme qu'elle voudrait choisir. Un homme déjà avancé en âge avait une femme plus jeune; abandonné par elle, il conseilla aux Thuriens de reviser la loi et d'y ajouter une disposition qui, tout en laissant à la femme qui abandonne son mari la liberté de prendre un époux de son choix, ordonnerait qu'elle ne pût cependant épouser un homme plus jeune que le premier; de même que l'homme qui répudierait sa femme, ne pût en épouser une autre plus jeune que la première. Cette proposition fut votée par l'assemblée; l'ancienne loi fut rapportée, l'auteur de la réforme échappa à la mort par la corde, et sa femme, empêchée de se choisir un mari plus jeune, revint auprès de celui qu'elle avait quitté.

Un troisième exemple de réforme se présenta au sujet de la loi sur les orphelines héritières, laquelle a été aussi adoptée par Solon. Cette loi prescrivait que la fille héritière fût tenue de contracter un mariage légal avec son plus proche parent, de même que le plus proche parent fût obligé d'épouser l'orpheline, ou de lui payer cinq cents drachmes[2], en guise de dot, dans le cas où elle serait pauvre. Or, une orpheline d'origine noble, mais tout à fait sans fortune, et qui, en raison même de sa pauvreté, ne pouvait trouver d'époux, se réfugia dans l'assemblée

---

[1] C'était la loi du talion, qu'on trouve, chose digne de remarque, dans l'origine de presque toutes les sociétés. Elle faisait partie du code mosaïque (*Exod.*, XXI 21) et du code romain, appelé les Douze Tables (Aulu-Gelle, XX, 1).

[2] Environ quatre cents francs.

du peuple; elle exposa, en versant des larmes, l'abandon et le mépris où elle était tombée, et termina en proposant une réforme d'après laquelle le plus proche parent, au lieu d'en être quitte en payant cinq cents drachmes, fût forcé d'épouser l'orpheline qui le poursuivrait en justice. Le peuple, saisi de commisération, vota la réforme de la loi, et l'orpheline échappa à la mort par strangulation. Son plus proche parent, qui était riche, fut contraint de se marier avec une femme pauvre et sans dot.

XIX. Il ne nous reste plus qu'à parler de la mort de Charondas, événement singulier et étrange. Charondas était sorti à la campagne, armé d'un poignard pour se défendre contre les brigands. A son retour, voyant le peuple se réunir tumultueusement en assemblée, Charondas accourut sur la place publique pour s'enquérir de la cause de ce tumulte. Or, une loi défendait de paraître armé dans l'assemblée du peuple, et Charondas avait oublié qu'il portait une arme. Ses ennemis profitèrent de cette occasion pour l'accuser. Pendant que l'un d'eux disait que le législateur violait sa propre loi, Charondas s'écria, en tirant son poignard : « Non, par Jupiter, je ne la viole pas, mais je la sanctionne ! » Et il se tua sur-le-champ. Quelques historiens attribuent la même action à Dioclès, législateur des Syracusains[1].

Après nous être suffisamment arrêtés sur le législateur Charondas, nous allons parler succinctement du législateur Zaleucus. Ces deux hommes se ressemblent autant par les principes auxquels ils ont consacré leur vie, que par le voisinage des cités où ils ont fleuri.

XX. Zaleucus était originaire d'Italie : il était Locrien, de naissance illustre, admiré pour son instruction, et disciple de Pythagore. Fort considéré dans sa patrie, il fut choisi pour législateur : il introduisit une législation nouvelle, en commençant d'abord à régler le culte des dieux célestes[2]. En effet, aussitôt,

---

[1] Voyez livre XIII, 33.

[2] Καταβαλλόμενος ἐξ ἀρχῆς αὐτῶν νομοθεσίαν, ἤρξατο πρῶτον περὶ τῶν ἐπουρανίων θεῶν. J'ignore sur quel texte Miot s'est appuyé pour rendre cette

dans le préambule de son Code de lois, il établit que les habitants de la cité devaient d'abord être convaincus qu'il existe des dieux; que l'inspection du ciel, l'observation, l'ordre et l'harmonie de l'univers devait faire juger que tout cela n'est pas l'œuvre du hasard ni des hommes; et qu'il fallait vénérer les dieux comme les auteurs de tous les biens dont les mortels jouissent pendant leur vie. Il faut aussi, ajoutait-il, avoir l'âme pure de tout vice, car les dieux ne se réjouissent pas des sacrifices somptueux des méchants, mais des actions justes et honnêtes des hommes vertueux. Après avoir, dans le préambule de son Code, exhorté ses concitoyens à la pratique de la piété et de la justice, il leur défend de jamais entretenir de haines implacables, et ordonne de traiter l'ennemi comme si le ressentiment devait bientôt se changer en amitié. Le contrevenant devait être considéré par ses concitoyens comme un homme sans culture et sauvage. Le législateur invitait les magistrats à n'être ni absolus ni arrogants, et à ne se laisser guider dans leurs jugements ni par la haine ni par l'amitié. Enfin, chacune des lois de Zaleucus renferme beaucoup de dispositions parfaitement sages.

XXI. Partout les femmes de mauvaise vie sont condamnées à des amendes pécuniaires. Charondas employa un autre moyen, très-ingénieux, pour réprimer leur incontinence. Voici ce qu'il ordonna : Aucune femme libre ne pourra se faire accompagner par plus d'une suivante, excepté dans le cas où elle serait ivre; elle ne pourra pas sortir de la ville, à moins qu'elle ne soit adultère; elle ne pourra porter sur elle ni des ornements d'or ni des vêtements de riche étoffe, à moins qu'elle ne soit une courtisane. Il défendit de même à tout homme de porter des bagues d'or ou de revêtir un habit à la milésienne[1], si ce n'est dans le cas où il se rendrait chez une courtisane ou chez une femme adul-

---

phrase par : « Il fonda un nouveau système de lois, *dont il rapporta l'origine aux dieux habitants du ciel.* » Il n'est pas vrai que Zaleucus eût rapporté aux dieux l'origine de ses lois. Le texte de Diodore ne dit rien de semblable.

[1] La ville de Milet était renommée pour le luxe de ses habitants.

tère. C'est ainsi que, sans leur infliger des peines humiliantes, le législateur parvint à détourner les hommes d'une mollesse pernicieuse et de mœurs dissolues ; car personne, par l'aveu d'une conduite honteuse, n'aurait voulu devenir la risée de ses concitoyens. On a de lui beaucoup d'autres belles institutions au sujet des contrats et des affaires litigieuses ; mais il serait trop long et en dehors de notre plan d'en faire ici la description. Nous allons donc reprendre le fil de notre histoire.

XXII. Lysimachide étant archonte d'Athènes, les Romains élurent pour consuls Titus Ménénius et Publius Sextius Capitolinus [1]. Dans cette année, les Sybarites, ayant échappé aux périls de l'insurrection [2], allèrent s'établir sur les bords du fleuve Traïs [3]. Ils y demeurèrent quelque temps ; mais ils furent encore chassés de cet asile et décimés par les Brutiens. En Grèce, les Athéniens recouvrèrent l'Eubée, et après avoir expulsé les Hestiéens de leur ville, ils y envoyèrent une colonie sous le commandement de Périclès. Les colons étaient au nombre de mille et se partagèrent au sort la ville et le territoire.

XXIII. Praxitèle étant archonte d'Athènes, on célébra la LXXXIVe olympiade, dans laquelle Crison d'Himère fut vainqueur à la course du stade [4]. Les Romains nommèrent des décemvirs chargés de la rédaction des lois. Voici leurs noms : Publius Clodius Régillanus, Titus Minucius, Spurius Véturius, Caïus Julius, Caïus Sulpicius, Publius Sestius, Romulus, Spurius, Posthumius, Calvinius [5]. Pendant que ceux-ci étaient occupés à rédiger les lois, les Thuriens firent la guerre aux Tarentins ; ils se ravagèrent mutuellement leur territoire en l'envahissant par terre et par mer. Ils livrèrent beaucoup d'es-

---

[1] Quatrième année de la LXXXIIIe olympiade ; année 445 avant J.-C.
[2] Voyez chap. 11.
[3] Aujourd'hui *Triunto*, dans la Calabre.
[4] Première année de la LXXXIVe olympiade ; année 444 avant J.-C.
[5] Ces noms, surtout les derniers, sont inexacts ou tronqués. En les corrigeant d'après Tite Live et les fastes consulaires, on a : Appius Claudius Régillanus, Titus Minucius, Spurius Véturius, Caïus Julius, Caïus Sulpicius, Publius Sextius, Romulus, Spurius Posthumius, Aulus Manlius, Publius Horatius.

carmouches et de combats légers sans engager aucune action sérieuse.

XXIV. Lysanias étant archonte d'Athènes, les Romains pour faire rédiger les lois, nommèrent de nouveau des décemvirs dont voici les noms : Appius Clodius, Marcus Cornélius, Lucius Minucius, Caïus Sergius, Quintus, Publius, Manius, Raboléius, Spurius, Véturius[1]. Ces décemvirs ne purent achever la rédaction des lois. L'un d'eux, épris d'une fille d'origine patricienne, mais pauvre, essaya d'abord de la séduire par des offres d'argent ; mais n'ayant pas réussi, il envoya auprès d'elle un sycophante avec l'ordre de l'emmener esclave. Le sycophante, prétendant qu'elle lui appartenait, la conduisit devant le magistrat et la réclama comme son esclave. Le magistrat[2] ayant accueilli cette réclamation, remit la jeune personne entre les mains du sycophante qui allait l'emmener comme son esclave. Le père de la jeune fille, présent à cette scène, fut en proie à de violents chagrins ; une personne ne voulait écouter ses plaintes. Passant par hasard devant la boutique d'un boucher, il saisit un couteau sur l'étal et en frappa sa fille mortellement, pour prévenir son déshonneur. Sortant ensuite en toute hâte de la ville, il se rendit auprès de l'armée alors campée à Algidium[3]. Là il exposa son infortune en versant des larmes et excita, par son récit, la compassion de tous les soldats. L'armée entière se mit en route pour aller au secours des infortunés, et profita de la nuit pour entrer avec ses armes à Rome. Les soldats allèrent occuper la colline appelée le mont Aventin.

XXV. Lorsque le lendemain matin l'exaspération des soldats fut connue, les décemvirs, venant au secours de leur collègue, rassemblèrent un grand nombre de jeunes gens prêts à décider

---

[1] Cette liste de décemvirs est encore plus défectueuse que la précédente. En la corrigeant d'après Tite Live (III, 11), on a : Appius Claudius, M. Cornélius, L. Minucius, C. Sergius, Q. Pétilius, Manius Raboléius, T. Antonius Mérenda, Fabius Vibulanus, C. Décilius et Spurius Oppius. — Deuxième année de la LXXXIVᵉ olympiade : année 113 avant J.-C.

[2] Appius Claudius. Voyez Tite Live, 11.

[3] Nom d'une montagne et d'une petite ville près de Rome.

la querelle par les armes. Au moment où les deux partis allaient en venir aux mains, les citoyens les plus estimés, prévoyant la grandeur du danger, envoyèrent des parlementaires chargés de négocier un accommodement; ils employèrent tout leur pouvoir pour calmer l'effervescence et garantir la patrie de graves dissensions. Enfin, la concorde fut rétablie, et on stipula qu'il serait nommé dix tribuns du peuple, investis d'une autorité supérieure à celle des autres magistrats de la ville, et qui seraient considérés comme les gardiens de la liberté des citoyens. Il fut, en outre, convenu que des deux consuls élus annuellement, l'un serait pris dans la classe des patriciens et l'autre dans celle des plébéiens, le peuple se réservant la faculté de choisir les deux consuls dans la classe des plébéiens. Ce pacte affaiblit la prépondérance des patriciens qui, fiers de leur noble origine et de la gloire de leurs ancêtres, étaient devenus en quelque sorte les maîtres de la cité. Une autre clause du pacte conclu portait que les tribuns en exercice, après l'expiration du terme annuel de leur magistrature, se subrogeraient un nombre égal de successeurs au tribunat, sous peine, s'ils ne remplissaient pas ce devoir, d'être brûlés vifs[1]. Enfin, on convint que les tribuns, dans le cas où ils différeraient d'opinion, auraient la faculté de laisser discuter les propositions. Telles étaient les conditions auxquelles la sédition fut apaisée.

XXVI. Diphilus, étant archonte d'Athènes, les Romains élurent pour consuls Ancus Horatius et Lucius Valérius Turpinus[2]. Dans cette année, les consuls à Rome terminèrent la rédaction des lois, laquelle avait été interrompue par suite de la sédition mentionnée. Les décemvirs avaient rédigé dix des lois appelées les Douze Tables; les deux dernières y ont été ajoutées par les consuls. Le code de législation ayant été ainsi achevé, les consuls le firent graver sur douze tables d'airain, qui furent

---

[1] Tite Live (III, 55) rapporte ainsi le texte de cette loi qui avait été proposée à la sanction du peuple par Marcus Duillius : *Qui plebem sine tribunis reliquisset, quique magistratum sine provocatione creasset, tergo ac capite puniretur.* Comparez Valerius Maximus, VI, 3.

[2] Troisième année de la LXXXIV olympiade; année 442 avant J.-C.

cloués aux rostres placés à l'entrée du palais du sénat. Ce code, rédigé avec précision et simplicité, s'est conservé, monument admirable, jusqu'à nos jours.

Pendant que ces choses avaient lieu, la plupart des nations de la terre vivaient tranquilles, jouissant d'une paix presque générale. Les Perses avaient fait avec les Grecs deux traités : le premier, conclu avec les Athéniens et leurs alliés, garantissait l'indépendance des villes grecques de l'Asie ; le second, avec les Lacédémoniens, stipulait, au contraire, que les villes grecques de l'Asie resteraient sous la domination des Perses. Les autres Grecs vivaient également en paix entre eux, grâce à une trêve de trente ans, conclue entre les Athéniens et les Lacédémoniens. La Sicile jouissait aussi d'un profond repos depuis que les Carthaginois avaient fait un traité avec Gélon, et que les villes grecques de la Sicile avaient reconnu l'autorité des Syracusains, avec lesquels s'étaient réconciliés les Agrigentins, après leur défaite aux bords du fleuve Himère. Enfin, les peuples de l'Italie, de la Celtique, de l'Ibérie et de presque toute la terre, vivaient en repos. Aussi aucun exploit guerrier, digne de mémoire, ne fut-il accompli à cette époque. La paix seule régnait ; on ne voyait alors partout que fêtes, jeux, sacrifices, et tout ce qui accompagne la prospérité des États.

XXVII. Timoclès étant archonte d'Athènes, les Romains nommèrent consuls Larinus Herminius et Titus Stertinius Structus [1]. Dans cette année, les Samiens firent la guerre aux Milésiens, au sujet de la possession de Priène [2]. Voyant les Athéniens favoriser le parti des Milésiens, ils se détachèrent de leur alliance. Les Athéniens nommèrent Périclès au commandement d'une flotte de quarante trirèmes, dirigée contre les Samiens. Périclès vint bloquer Samos, s'empara de la ville et y établit un gouvernement démocratique. Il leva sur les Samiens une con-

---

[1] Quatrième année de la LXXXIV⁰ olympiade ; année 441 avant J.-C.
[2] Ville située sur les bords du Méandre, entre Milet et Éphèse. L'édition bipontine a admis dans le texte la mauvaise leçon de εἰρήνη, paix, au lieu de Πιτάνη, patrie de Pittacus.

tribution de quatre-vingts talents [1], et se fit livrer en otage un nombre égal d'enfants [2] qu'il remit aux Lemniens. Après avoir accompli toutes ces choses en peu de jours, Périclès retourna à Athènes. Mais bientôt une insurrection éclata dans Samos; la ville fut troublée par deux factions opposées : les uns s'étaient déclarés pour le gouvernement démocratique, les autres pour le gouvernement aristocratique. Les citoyens opposés à la démocratie passèrent en Asie et vinrent à Sardes implorer le secours de Pissuthnès, satrape des Perses. Pissuthnès leur fournit sept cents soldats qu'il jugeait suffisants pour s'emparer de Samos. Les Samiens partirent avec cette troupe et allèrent pendant la nuit aborder à Samos; ils s'introduisirent secrètement dans la ville avec l'aide des habitants, se rendirent facilement maîtres de Samos et chassèrent de la ville la faction opposée. Ils réussirent ensuite à enlever clandestinement les otages confiés à la garde des Lemniens, et ayant fortifié Samos, ils se déclarèrent ouvertement contre les Athéniens. Ceux-ci nommèrent de nouveau Périclès au commandement d'une flotte composée de soixante navires. Périclès engagea bientôt un combat naval contre soixante-dix trirèmes, et remporta la victoire sur les Samiens. Après s'être fait livrer des habitants de Chio et de Mitylène, vingt-cinq navires, il vint avec ce renfort bloquer Samos. Quelques jours après, Périclès laissa une partie de sa flotte pour continuer le blocus, tandis qu'il se porta à la rencontre des navires phéniciens, que les Perses avaient envoyés au secours des Samiens.

XXVIII. Les Samiens, jugeant le départ de Périclès une occasion favorable pour attaquer le restant des bâtiments ennemis, leur donnèrent la chasse, et la victoire qu'ils remportèrent dans un combat naval, les enfla d'orgueil. Informé de la défaite des siens, Périclès revint en arrière et réunit une flotte considérable avec laquelle il se proposa de détruire complètement celle des en-

---

[1] Environ quatre cent quarante mille francs.
[2] Selon Thucydide (I, 115), les Athéniens se firent livrer en otage cinquante hommes adultes et autant d'enfants.

nemis. Il reçut immédiatement soixante trirèmes envoyées par les Athéniens, trente autres envoyées par les Mitylénéens, et se trouva bientôt à la tête de forces imposantes avec lesquelles il investit l'île par terre et par mer, et la pressa par des attaques continuelles. Il fit alors le premier usage des machines de guerre connues sous le nom de béliers et de tortues, construites par Artémon de Clazomène. Grâce au siége de la ville, poussé avec vigueur, et à l'emploi de ces machines qui abattaient les murailles, Périclès se rendit maître de Samos. Il châtia les coupables et fit payer aux Samiens les dépenses du blocus, en leur imposant une contribution de deux cents talents [1]. Il leur enleva leurs navires, démolit les murailles de la ville, et, après avoir rétabli le gouvernement démocratique, il revint dans sa patrie.

Les Athéniens et les Lacédémoniens avaient jusqu'à cette époque respecté la trêve de trente ans, conclue entre eux.

Tels sont les événements arrivés dans le cours de cette année.

XXIX. Myrichide étant archonte d'Athènes, les Romains nommèrent consuls Lucius Julius et Marcus Géganius. Les Éliens célébrèrent alors la LXXXVe olympiade, où Crisson d'Himère fut, pour la seconde fois, vainqueur à la course du stade [2]. Dans cette année, Ducétius, chef des villes sicules, donna une patrie aux Callatins, et y transplanta de nombreux colons; il allait atteindre l'autorité suprême sur les Sicules, lorsqu'il fut surpris par une maladie dont il mourut.

Les Syracusains qui avaient subjugué toutes les villes des Sicules, à l'exception de Trinacie, résolurent de marcher contre cette ville; car ils craignaient que les Trinaciens ne leur enlevassent la suprématie sur les Sicules, de même origine. Trinacie avait une population nombreuse et forte; elle occupait toujours le premier rang parmi les villes sicules; ses habitants, faits pour le commandement, étaient courageux et entreprenants; aussi les Syracusains ne marchèrent-ils contre cette ville qu'avec toutes leurs forces, jointes à celles de leurs

---

[1] Un million cent mille francs.
[2] Première année de la LXXXVe olympiade; année 440 avant J.-C.

alliés. Les Trinaciens étaient sans alliés, puisque les autres villes étaient soumises à la domination des Syracusains; ils avaient donc à soutenir une lutte difficile. Ils affrontèrent néanmoins avec courage les périls de la guerre, et périrent tous héroïquement, après avoir tué un grand nombre d'ennemis. La plupart des citoyens plus âgés s'ôtèrent eux-mêmes la vie, ne pouvant supporter la honte de la captivité. Après cette victoire célèbre, remportée sur une population jusqu'alors regardée comme invincible, les Syracusains rasèrent la ville, vendirent les habitants comme esclaves, et envoyèrent des dépouilles opimes à Delphes, pour se rendre le dieu propice.

XXX. Glaucide étant archonte d'Athènes, les Romains élurent pour consuls Titus Quintus et Agrippa Furius[1]. Dans cette année, les Syracusains, encouragés par les succès précédents, construisirent une flotte de cent trirèmes et doublèrent le nombre de leur cavalerie. Ils appliquèrent aussi leurs soins à l'organisation de l'armée de terre, et accumulèrent des trésors, par les contributions considérables qu'ils avaient imposées à leurs sujets siciliens. Ils firent tous ces préparatifs dans l'intention de conquérir bientôt toute la Sicile.

Pendant que ces choses se passaient, la guerre, appelée corinthienne, éclata en Grèce à l'occasion que nous allons faire connaître. Les Épidamniens, établis sur le littoral de la mer Adriatique, étaient une colonie des Corcyréens et des Corinthiens. Les dissensions s'étaient élevées : la faction victorieuse condamna à l'exil un grand nombre de partisans de la faction opposée. Les exilés se rassemblèrent et ayant réuni à leur troupe les Illyriens, ils firent en commun voile pour Épidamne. Ils se mirent en campagne avec une nombreuse armée de Barbares, occupèrent le territoire ennemi et vinrent assiéger la ville. Impuissants à résister à cette attaque, les Épidamniens envoyèrent des députés à Corcyre, pour implorer la protection des Corcyréens dont ils tiraient leur origine; mais comme on leur refusa des secours, ils s'adressèrent aux Corinthiens, négocièrent avec eux une alliance, et déclarèrent Corinthe

---

[1] Deuxième année de la LXXXV° olympiade ; année 439 avant J.-C.

leur unique métropole; en même temps ils demandèrent de nouveaux colons. Saisis de commisération pour les Épidamniens et par haine contre les Corcyréens, qui seuls de toutes les colonies de Corinthe n'avaient pas envoyé à la métropole les offrandes sacrées en usage, les Corinthiens résolurent de venir au secours des Épidamniens. En conséquence, ils firent partir des colons pour Épidamne, et confièrent la garde de la ville à un détachement suffisant. Irrités de cela, les Corcyréens mirent en mer cinquante trirèmes, commandées par un général. Celui-ci vint s'embosser devant la ville et ordonna aux habitants de recevoir les exilés; en même temps, on envoya des parlementaires auprès des soldats de la garnison corinthienne, pour les engager à décider les affaires de la colonie par un jugement et non par les armes. Les Corinthiens rejetèrent cette ouverture. On se prépara donc des deux côtés à la guerre; on réunit des forces navales considérables et on se procura des alliés. Telle fut l'origine de la guerre appelée corinthienne.

Les Romains étaient, à cette époque, en guerre avec les Volsques. Ils n'eurent d'abord que des escarmouches et de légers combats; mais ils furent ensuite victorieux dans une grande bataille où périrent la plupart des ennemis.

XXXI. Théodore étant archonte d'Athènes, les Romains nommèrent consuls Marcus Génucius et Agrippa Curtius Chilon [1]. Dans cette année, on vit apparaître en Italie la nation des Campaniens, ainsi appelée à cause de la fertilité de la campagne voisine.

En Asie, les rois du Bosphore Cimmérien, nommés Archéanactides, remplirent quarante-deux ans de règne. Spartacus avait succédé à l'empire et régna sept ans.

En Grèce, les Corinthiens étaient en guerre avec les Corcyréens. Les deux parties belligérantes, ayant concentré leurs forces maritimes, se préparèrent à un combat naval. Les Corinthiens, avec soixante-dix navires bien équipés, attaquèrent la flotte ennemie. Les Corcyréens, qui leur opposèrent quatre-

---

[1] Troisième année de la LXXXVe olympiade; année 438 avant J.-C.

vingts trirèmes, furent victorieux ; ils vinrent assiéger Épidamne, mirent à mort tous les captifs, excepté les Corinthiens, qu'ils jetèrent, chargés de chaînes, en prison. Consternés de leur défaite, les Corinthiens se retirèrent dans le Péloponnèse. Maîtres de tous ces parages, les Corcyréens se portèrent sur les alliés des Corinthiens et en ravagèrent le territoire.

XXXII. L'année étant révolue, Euthymène fut nommé archonte d'Athènes, et les Romains choisirent à la place des consuls trois tribuns militaires, Aulus Sempronius, Lucius Atilius et Titus Quintius [1]. Après leur défaite sur mer, les Corinthiens résolurent de construire une flotte plus considérable. Ils rassemblèrent donc une grande quantité de matériaux, firent venir des villes voisines des charpentiers qu'ils prenaient à leur solde, et mirent beaucoup d'empressement à construire des trirèmes et à tenir prêtes des armes de toutes sortes ainsi que toutes les munitions de guerre nécessaires. Ils lancèrent des chantiers des navires nouvellement construits, radoubèrent ceux qui étaient avariés et en tirèrent d'autres de leurs alliés. Les Corcyréens en firent autant de leur côté, et ne le cédèrent pas en activité aux Corinthiens. Un grave conflit devint donc imminent.

Pendant que ces préparatifs se faisaient, les Athéniens envoyèrent à Amphipolis une colonie composée en partie de leurs propres concitoyens, et en partie de colons tirés des places fortes du voisinage.

XXXIII. Nausimaque étant archonte à Athènes, les Romains élurent pour consuls Titus Quintus et Marcus Géganius Macerinus. Les Éliens célébrèrent la LXXXVIe olympiade, Théopompe le Thessalien étant vainqueur à la course du stade [2]. Dans cette année, les Corcyréens, informés du grand déploiement des forces dirigées contre eux, envoyèrent des députés implorer le secours des Athéniens. Les Corinthiens en ayant fait autant de leur côté, le peuple s'assembla, écouta les députés et décréta l'alliance des Corcyréens. Les Athéniens firent donc

---

[1] Quatrième année de la LXXXVe olympiade ; année 437 avant J.-C.
[2] Première année de la LXXXVIe olympiade ; année 436 avant J.-C.

partir sur-le-champ dix trirèmes bien équipées et promirent d'en fournir encore un plus grand nombre en cas de besoin. Renonçant à l'alliance des Athéniens, les Corinthiens parvinrent à équiper quatre-vingt-dix trirèmes, et s'en procurèrent soixante de la part de leurs alliés. Ils mirent ainsi en mer une flotte de cent cinquante navires, commandés par les généraux les plus aimés du peuple, et ils se dirigèrent vers Corcyre, ayant jugé à propos de surprendre l'ennemi par un combat naval. Instruits de l'approche de la flotte corinthienne, les Corcyréens se portèrent à sa rencontre avec cent vingt trirèmes, y compris celles des Athéniens. Il s'engagea un rude combat naval, dans lequel les Corinthiens eurent d'abord le dessus. Mais lorsqu'apparut un second renfort de vingt autres navires athéniens, la victoire se déclara pour les Corcyréens. Le lendemain, les Corcyréens renouvelèrent l'attaque en déployant toutes leurs forces maritimes, et les Corinthiens battirent en retraite.

XXXIV. Antilochide [1] étant archonte d'Athènes, les Romains nommèrent consuls Marcus Fabius et Posthumius Æbutius Ulecus [2]. Dans cette année, les Corinthiens firent éclater leurs ressentiments contre les Athéniens, pour avoir secouru les Corcyréens et avoir été la cause de leur victoire navale. Ils brûlèrent donc de se venger des Athéniens, en détachant la ville de Potidée, une de leurs colonies, de l'alliance des Athéniens. De son côté, Perdiccas, roi des Macédoniens, mal disposé pour les Athéniens, engagea les Chalcidiens [3] à abandonner l'alliance des Athéniens, à déserter les villes de la côte et à se réunir dans la seule ville d'Olynthe. A la nouvelle de la défection des Potidéates, les Athéniens firent partir trente navires avec l'ordre de ravager le territoire des rebelles et de détruire leur ville. Ceux qui étaient chargés de cette mission, abordèrent dans la Macédoine et vinrent, conformément aux ordres du

---

[1] Le Ms. Coislin donne Antiochide.
[2] Deuxième année de la LXXXVI° olympiade ; année 435 avant J.-C.
[3] Les Chalcidiens de la Macédoine, habitant aux environs d'Olynthe et de Potidée ; il ne faut pas les confondre avec les habitants de Chalcis en Eubée.

peuple, mettre le siége devant Potidée. Comme les assiégés étaient soutenus par un renfort de deux mille Corinthiens, le peuple d'Athènes envoya, de son côté, deux mille soldats, pour aider les assiégeants. Une bataille s'engagea aux environs de l'isthme, près de Pallène. Les Athéniens remportèrent la victoire ; plus de trois cents ennemis restèrent sur le champ de bataille, et les Potidéates furent bloqués dans leur ville.

Pendant que ces événements avaient lieu, les Athéniens fondèrent dans la Propontide une ville appelée *Létanum* [1].

En Italie, les Romains envoyèrent des colons à Ardée, qui se partagèrent entre eux le territoire [2].

XXXV. Charès étant archonte d'Athènes, les Romains nommèrent consuls Quintus Furius Fusus et Manius Papirius Crassus [3]. Dans cette année, les habitants de Thurium, en Italie, population tirée d'un grand nombre de villes diverses, étaient en proie à des dissensions : il s'agissait de décider de quelle ville les Thuriens voudraient s'appeler les descendants, et qui serait considéré comme le fondateur de Thurium. Les Athéniens réclamaient cet honneur, alléguant les nombreux colons qu'ils y avaient envoyés d'Athènes ; les villes du Péloponnèse avaient de leur côté la même prétention, parce qu'elles avaient aussi fourni beaucoup de colons pour l'établissement de Thurium. De plus, un grand nombre d'hommes distingués ayant pris part à cette colonie et contribué à sa prospérité, la dispute s'envenima encore ; car chacun prétendait à l'honneur d'être appelé le fondateur de la cité [4]. Enfin, les Thuriens envoyèrent à Delphes consulter l'oracle, pour savoir qui devait être proclamé le fondateur de la ville. Le dieu répondit que c'était lui-même qu'ils devaient considérer comme le fondateur de leur ville. Cette réponse fit cesser la dispute : Apollon fut proclamé le fondateur de Thurium, et la population rentra dans la concorde.

---

[1] Ville inconnue. Aucun géographe n'en parle.
[2] Voyez Tite-Live, IV, 11.
[3] Troisième année de la LXXXVI° olympiade ; année 434 avant J.-C.
[4] Le fondateur d'une ville recevait, après sa mort, les honneurs héroïques.

En Grèce mourut Archidamus, roi des Lacédémoniens, après un règne de quarante-deux ans. Il eut pour successeur Agis, qui régna vingt-sept ans.

XXXVI. Apseudès étant archonte d'Athènes, les Romains élurent pour consuls Titus Ménénius et Proclus Géganius Macerinus [1]. Dans cette année, mourut Spartacus, roi du Bosphore, après un règne de dix-sept ans. Séleucus, son successeur, régna quatre ans.

A Athènes, Méton, fils de Pausanias, renommé dans l'astrologie, établit la période de dix-neuf ans [2], qu'il fit commencer le treizième jour du mois athénien *scirophorion* [3]. Dans ces dix-neuf années, les astres, dans l'accomplissement de leur révolution, reviennent aux mêmes points et forment en quelque sorte la période d'une grande année, que quelques-uns appellent *l'année de Méton* [4]. Au reste, ce célèbre astronome a rencontré merveilleusement juste dans ses prédictions et ses calculs. En effet, le mouvement et les apparitions des astres s'accordent parfaitement avec la table astronomique. Aussi la plupart des Grecs se servent-ils de l'*ennéadécatéride*, et ne se trompent pas dans leurs annonces.

En Italie, les Tarentins forcèrent les habitants de Siris à quitter leur patrie, et, ayant fait tirer une colonie de leur propre sein, fondèrent la ville qu'on appelle Héraclée.

XXXVII. Pythodore étant archonte d'Athènes, les Romains élurent pour consuls Titus Quintius et Titus Ménénius. En même temps, les Éliens célébrèrent la LXXXVIIe olympiade, dans laquelle Sophron d'Ambracie fut vainqueur à la course

---

[1] Quatrième année de la LXXXVIe olympiade ; année 433 avant J.-C.
[2] L'ennéadécatéride, Ἐννεακαιδεκατηρίς.
[3] Ce mois répond à peu près à notre mois de juin.
[4] L'année de Méton (*Cycle lunaire*, *Nombre d'or*) ne s'applique qu'à la lune. Les nouvelles lunes ne reviennent pas, comme l'avait cru Méton, précisément à la même heure tous les dix-neuf ans ; la différence, qui est d'environ une heure et demie, dont le mouvement de la lune anticipe sur celui du soleil, forme à peu près un jour au bout de 304. C'est pourquoi le Nombre d'or n'indique plus exactement les nouvelles lunes ; on a imaginé d'autres nombres nommés Épactes, qu'on ajoute au Nombre d'or, pour trouver avec plus de précision l'âge de la lune.

du stade[1]. Dans cette année, Spurius Manlius[2] fut mis à mort pour avoir aspiré à la tyrannie.

Les Athéniens remportèrent à Potidée une victoire signalée. Leur général tomba dans cette bataille et fut remplacé par Phormion. Celui-ci, investi du commandement de l'armée, mit le siége devant la ville des Potidéates, qu'il pressa par de continuels assauts. Cependant les assiégés se défendirent vaillamment et le siége traîna en longueur.

Thucydide l'Athénien a commencé ici son histoire de la guerre entre les Athéniens et les Lacédémoniens, connue sous le nom de *guerre du Péloponnèse*. Cette guerre dura vingt-sept ans. Thucydide en a rédigé vingt-deux ans dans son ouvrage divisé en huit, ou, selon quelques-uns, en neuf livres.

XXXVIII. Euthydème étant archonte d'Athènes, les Romains élurent, au lieu de consuls, trois tribuns militaires, Manius Æmilianus, Caïus Mamercus et Julius Lucius Quintius[3]. Dans cette année éclata, entre les Athéniens et les Lacédémoniens, la guerre dite du Péloponnèse, la plus longue de celles dont le souvenir nous a été conservé. Il est nécessaire et conforme au plan de notre histoire d'exposer d'abord les causes de cette guerre.

Les Athéniens, aspirant à la souveraineté de la mer, firent transporter à Athènes le trésor public déposé à Délos, et contenant près de huit mille talents[4]. Ils en confièrent la garde à Périclès, homme d'une illustre origine et qui surpassait de beaucoup ses concitoyens par sa réputation militaire et par la vigueur de sa parole. Il avait appliqué à ses propres dépenses une partie considérable de ce trésor. Sommé de faire un rapport sur sa gestion, il se trouva dans l'impossibilité de rendre compte du dépôt confié; il en tomba malade de chagrin. Péri-

---

[1] Première année de la LXXXVIIe olympiade; année 432 avant J.-C.
[2] Comparez Tite-Live, IV, 12.
[3] Deuxième année de la LXXXVIIe olympiade; année 431 avant J.-C.
[4] Environ quarante-quatre millions de francs. — Ici l'auteur ne s'accorde pas avec lui-même; car, chap. 40, et liv. XIII, 21, il parle de dix mille talents qui avaient été transportés de Délos à Athènes.

clès était en proie à une cruelle inquiétude, lorsque Alcibiade, fils de son frère et orphelin, que Périclès s'était chargé d'élever, lui suggéra, bien qu'il fût encore enfant[1], le moyen de se soustraire à l'accusation de prévaricateur. Voyant son oncle attristé, Alcibiade lui demanda la cause de ses chagrins. Périclès lui répondit que, sommé de rendre compte de l'emploi du trésor qui lui avait été confié, il ne savait comment se justifier auprès de ses concitoyens. « Il ne s'agit pas, répliqua Alcibiade, de savoir « comment il faut rendre ce compte, mais comment il faut ne « pas le rendre. » Frappé des paroles de ce jeune homme, Périclès songea dès lors au moyen d'impliquer les Athéniens dans une guerre sérieuse ; car il était persuadé qu'au milieu du trouble de l'État et des alternatives d'espérances et de craintes, il échapperait à l'obligation de rendre le compte exigé. A cette cause s'en joignit bientôt une autre, toute fortuite, que nous allons faire connaître.

XXXIX. Phidias avait été chargé de faire la statue de Minerve, sous la direction de Périclès, fils de Xanthippus. Quelques ouvriers de Phidias, excités par les ennemis de Périclès, vinrent en suppliants embrasser l'autel des dieux. Cette démarche eut de l'éclat ; les ouvriers, interrogés, déclarèrent que Phidias s'était approprié de fortes sommes du trésor sacré, et qu'il avait pour complice Périclès, le directeur des travaux. Le peuple se réunit en assemblée, et les ennemis de Périclès proposèrent de faire arrêter Phidias, en même temps qu'ils déclarèrent Périclès coupable de sacrilège. De plus, ils dénoncèrent Anaxagore le sophiste, précepteur de Périclès, et l'accusèrent d'avoir commis une impiété envers les dieux. Ils impliquaient Périclès dans toutes ces accusations calomnieuses, afin de flétrir la supériorité et la gloire de ce citoyen. Dans la conviction que le peuple admire en temps de guerre les hommes distingués, parce qu'il en a besoin, mais qu'en temps de paix il les laisse calomnier

---

[1] S'il faut en croire Plutarque, Alcibiade avait déjà atteint à cette époque l'âge du service militaire, puisque l'année précédente il avait fait partie de l'expédition de Phormion en Thrace.

par des oisifs et des envieux, Périclès jugea utile à ses intérêts de plonger l'État dans une guerre sérieuse. Il pensait que le peuple, faisant appel au courage et à l'expérience militaire de Périclès, ne saurait accueillir des accusations calomnieuses et n'aurait pas le loisir de demander un compte rigoureux de la gestion du trésor.

D'après un décret des Athéniens, les Mégariens se trouvaient exclus du marché et des ports d'Athènes. Les Mégariens s'en plaignaient aux Spartiates. Les Lacédémoniens ayant accueilli ces plaintes, envoyèrent des députés qui, sur la décision de l'assemblée générale, devaient intimer aux Athéniens l'ordre d'abolir le décret contre les Mégariens, et, en cas de refus, leur déclarer une guerre générale. Dans l'assemblée convoquée pour délibérer à ce sujet, Périclès, surpassant par la vigueur de son éloquence tous ses concitoyens, persuada aux Athéniens de maintenir le décret, ajoutant que l'obéissance inopportune aux ordres des Lacédémoniens, serait le commencement de l'esclavage. Il leur conseilla donc de faire rentrer dans la ville les richesses de la campagne, et de se maintenir dans l'empire de la mer en faisant la guerre aux Spartiates.

XL. En proposant adroitement le parti de la guerre, Périclès faisait valoir le nombre des alliés d'Athènes, la supériorité de sa puissance navale et l'argent, fruit des tributs levés sur les villes de la république, et qui avait été transporté de Délos à Athènes. Il estimait ce trésor à dix mille talents [1], dont quatre mille avaient été dépensés pour la construction des Propylées [2] et l'entretien du siége de Potidée. Il portait à quatre cent soixante talents [3] les contributions que les alliés payaient annuellement ; il évaluait, en outre, à cinq cents talents les ustensiles sacrés et les dépouilles médiques. Il faisait encore entrer dans ce

---

[1] Près de cinquante-cinq millions de francs.

[2] Vestibule de l'Acropolis. Cette construction était déjà commencée depuis cinq ans sous l'archontat d'Euthymène.

[3] La traduction de Miot porte *trois cent soixante*, contrairement au texte qui donne quatre cent soixante (τετρακόσια ἑξήκοντα).

compté la multitude d'offrandes déposées dans les temples, ainsi que les cinquante talents d'or employés pour l'érection de la statue de Minerve, dont les ornements pouvaient, au besoin, être enlevés et restitués à la déesse en temps de paix [1]. Du reste, ajoutait-il, la fortune des citoyens s'est déjà considérablement accrue par une longue paix. Après avoir fait ressortir les ressources pécuniaires, il montra qu'indépendamment des alliés et des soldats en garnison dans les forteresses, l'État comptait douze mille hoplites, et qu'en y ajoutant les soldats en garnison dans les forteresses et la troupe étrangère domiciliée à Athènes, on arriverait à un nombre de plus de dix-sept mille combattants, sans parler de trois cents trirèmes toutes prêtes. Il démontrait, d'un autre côté, que les Lacédémoniens manquaient d'argent, et que, sous le rapport des forces maritimes, ils étaient de beaucoup inférieurs aux Athéniens. Périclès développa ces divers arguments, et, excitant le peuple à ne pas obéir aux Lacédémoniens, il entraîna les citoyens à la guerre. Il y parvint aisément, grâce à cette force d'éloquence qui lui valut le surnom d'Olympien. Aristophane, auteur de l'ancienne comédie, et contemporain de Périclès, en fait mention dans ces vers : « O pauvres laboureurs, écoutez mes paroles, si vous vou-
« lez savoir comment nos affaires se sont perdues. Phidias
« commença le premier à échouer dans sa tentative. Périclès,
» redoutant le même sort, alluma, avec la petite étincelle du
« décret de Mégare, une telle guerre, que les Grecs, suffoqués
« par la fumée de l'incendie, pleurèrent çà et là [2]. »

Le poëte Eupolis s'exprime ainsi :

« Périclès l'Olympien lança la foudre, fit retentir le tonnerre
« et bouleversa la Grèce. La persuasion est assise sur ses lèvres ;
« il s'insinue dans l'âme, et, seul de tous les orateurs, il laisse
« l'aiguillon dans le cœur de ses auditeurs. »

XLI. Telles étaient, d'après l'autorité d'Euphore, les causes de la guerre du Péloponnèse, dans laquelle furent entraînées

---

[1] Thucydide, II, 13, estime ces ornements à quarante talents.
[2] Aristophane, *la Paix*, V, 602 et suiv.

les principales villes de la Grèce. Les Lacédémoniens, après avoir délibéré en commun avec les Péloponnésiens, décrétèrent le commencement des hostilités contre les Athéniens ; en même temps, ils envoyèrent solliciter l'alliance du roi des Perses, dépêchèrent des députés auprès de leurs alliés en Sicile et en Italie, et réussirent à en tirer un secours de deux cents trirèmes. Après avoir mis sur pied leurs troupes de terre, réunies à celles des Péloponnésiens, et terminé tous les autres préparatifs, ils entrèrent les premiers en campagne.

Dans ce temps, la ville des Platéens, en Béotie, se gouvernait d'après ses propres lois, et était en alliance avec les Athéniens. Quelques citoyens de Platée, ayant l'intention de mettre fin à l'indépendance de leur ville, eurent des conférences avec les Béotiens, et leur promirent de livrer Platée à la domination des Thébains, si ceux-ci voulaient fournir des soldats pour seconder l'entreprise. Les Béotiens firent donc partir nuitamment trois cents hommes d'élite : des traîtres les introduisirent dans l'intérieur de la cité et les aidèrent à s'en rendre les maîtres. Les Platéens, voulant rester fidèles à leur alliance avec les Athéniens, et croyant d'abord qu'ils avaient affaire à une levée en masse de Thébains, envoyèrent des parlementaires pour conclure une trêve avec ceux qui s'étaient emparés de la ville. Mais, lorsque la nuit fut passée et qu'ils s'aperçurent du petit nombre d'ennemis, ils se tournèrent contre eux et combattirent courageusement pour la liberté. Le combat s'étant engagé dans les rues, les Thébains, grâce à leur bravoure, eurent d'abord le dessus et firent éprouver à leurs adversaires de grandes pertes. Mais, comme les domestiques et les enfants prirent part à la lutte en jetant des huiles du haut des maisons et blessant ainsi les Thébains, ces derniers lâchèrent pied. Les uns, chassés de la ville, parvinrent à se sauver ; les autres, se réfugiant dans quelques maisons, furent forcés de se rendre. Instruits par les fuyards échappés au carnage de ce qui venait de se passer, les Thébains s'empressèrent aussitôt de partir en masse. Les Platéens, surpris à l'improviste sur leur territoire, tombèrent en grand nombre sous les coups de leurs agresseurs ; beaucoup d'entre eux furent faits prisonniers. Toute la contrée était remplie de tumulte et de rapine.

XLII. Les Platéens envoyèrent des parlementaires supplier les Thébains d'évacuer leur territoire et d'accepter en échange leurs prisonniers[1]. On conclut donc un traité, en vertu duquel les prisonniers furent remis aux Thébains qui, de leur côté, restituèrent le butin et retournèrent à Thèbes. [Avant ce traité[2]], les Platéens avaient envoyé des députés pour solliciter le secours des Athéniens et avaient transporté dans la ville la plupart de leurs biens. A la nouvelle des événements de Platée, les Athéniens firent immédiatement partir un corps de troupes suffisant. Malgré toute leur diligence, ces soldats ne purent devancer les Thébains ; ils se bornèrent à faire rentrer dans la ville tout ce qu'ils trouvèrent encore dans la campagne, et, réunissant les enfants, les femmes et toute la foule inutile, ils les envoyèrent à Athènes.

Les Lacédémoniens jugeant la trêve avec les Athéniens rompue, rassemblèrent une armée considérable, tirée de Lacédémone et des autres villes du Péloponnèse. Les Lacédémoniens avaient pour alliés tous les Péloponnésiens, à l'exception des Argiens, qui gardaient la neutralité. Hors du Péloponnèse, ils avaient pour alliés les Mégariens, les Ambraciotes, les Leucadiens, les Phocidiens, les Béotiens, les Locriens, la plupart des peuples qui habitent en face de l'Eubée, et les Amphisséens. Les Athéniens comptaient dans leur alliance les habitants du littoral de l'Asie, les Cariens, les Doriens, les Ioniens, les Hellespontiens, tous les insulaires, excepté les habitants de Mélos et de Théra. A ces alliés il faut ajouter les peuples de la Thrace, excepté les Chalcidiens et les Potidéates ; de plus, les Messéniens habitants de Naupacte et les Corcyréens : tous les autres

---

[1] Diodore ne s'accorde pas ici avec Thucydide, II, 5 ; car, d'après ce dernier, les prisonniers thébains avaient été égorgés.

[2] Ces mots n'existent pas dans le texte, mais ils sont indispensables pour la clarté du récit.

alliés, excepté ces derniers, fournissaient des troupes de terre. Tels étaient les alliés des deux partis en présence.

Les Lacédémoniens confièrent au roi Archidamus le commandement de leur nombreuse armée. Ce roi envahit l'Attique, attaqua les forteresses et ravagea la campagne dans une grande étendue. Pendant que les Athéniens s'indignaient de la violation de leur territoire, et qu'ils brûlaient d'en venir aux mains avec leurs ennemis, Périclès, investi du suprême pouvoir, engagea les jeunes gens à modérer leur ardeur, promettant qu'il saurait, sans courir aucun risque, chasser les Lacédémoniens hors de l'Attique. Dans ce but, il équipa cent trirèmes, y embarqua une armée considérable, qu'il envoya, sous les ordres de Carcinus et de quelques autres chefs, dans les eaux du Péloponnèse. Ces généraux ravagèrent tout le littoral, prirent plusieurs forteresses et frappèrent de terreur les Lacédémoniens, qui se hâtèrent de rappeler leurs troupes de l'Attique pour la défense du Péloponnèse. C'est ainsi que l'Attique fut délivrée, et Périclès gagna en crédit auprès de ses concitoyens : il fut considéré comme un chef capable de bien conduire la guerre contre les Lacédémoniens.

XLIII. Apollodore étant archonte d'Athènes, les Romains nommèrent consuls Marcus Géganius et Lucius Sergius[1]. Dans cette année, le général des Athéniens ne cessa pas de ravager le territoire des Péloponnésiens et d'assiéger leurs forteresses. Depuis qu'il lui était arrivé de Corcyre un renfort de cinquante trirèmes, ce général continua de plus belle à dévaster le territoire des Péloponnésiens; il ravagea particulièrement la partie du littoral connue sous le nom d'Acté[2], et incendia les maisons de campagne. Il se porta ensuite sur Méthone en Laconie, pilla la campagne et vint bloquer la ville. Brasidas, le Spartiate, encore jeune, mais robuste et courageux, voyant que Méthone risquait d'être pris d'assaut, prit avec lui quelques Spartiates, osa se frayer un chemin au milieu des ennemis dispersés, en

---

[1] Troisième année de la LXXXVIIe olympiade; année 430 avant J.-C.
[2] Côte orientale habitée par les Trézéniens et les Épidauriens.

tua un grand nombre et pénétra dans la place. On en fit le siége ;
Brasidas se défendit de la manière la plus brillante. Les Athéniens, ne pouvant prendre la place, se retirèrent sur leurs navires. Brasidas s'acquit l'estime des Spartiates pour avoir sauvé
Méthone par son courage et son intrépidité. Fier de cet exploit, il se distingua plus tard dans beaucoup d'autres combats
et gagna une grande réputation de bravoure. Cependant, les
Athéniens faisant le tour du Péloponnèse, se dirigèrent vers
l'Élide, dévastèrent le territoire de ce pays et vinrent bloquer
Phères, place de l'Élide. Les Éliens accoururent au secours de
cette place, mais ils furent vaincus dans un combat et perdirent
beaucoup de monde, et les Athéniens prirent Phères[1] d'assaut.
Mais bientôt les Éliens, revenus en masse, tombèrent sur les Athéniens, qui furent repoussés sur leurs navires. Les Athéniens se
portèrent de là sur Céphalonie, et après avoir conclu une alliance
avec les habitants de cette île, ils retournèrent avec leur flotte
à Athènes.

XLIV. Les Athéniens envoyèrent ensuite, sous les ordres de
Cléopompe, une flotte de trente navires pour défendre l'Eubée
et faire la guerre aux Locriens. Ce général mit à la voile, vint
ravager le littoral de la Locride et prit d'assaut la ville de Thronium. Il engagea un combat avec les Locriens, qu'il défit près
de la ville d'Alope. Continuant ensuite à faire la guerre aux
habitants du pays, il fit fortifier l'île d'Atalante, située en face
de la Locride[2].

Les Athéniens, accusant les Éginètes de seconder le parti des
Lacédémoniens, les expulsèrent de la ville d'Égine[3] ; ils envoyèrent ensuite des colons, tirés de la cité d'Athènes, qui se

---

[1] Le texte porte ici la première fois Φερίαν, et la seconde fois Φεράς. Mais il n'y avait en Élide aucune ville de ce nom. On n'y connaissait que la ville de Phies, Φείας, dont parle aussi Thucydide, II, 25.

[2] C'était une petite île déserte, sortie du sein de la mer, par voie de soulèvement, à une époque assez récente.

[3] Wesseling présume que cet événement est contemporain du décret athénien, d'après lequel tout Éginète devait avoir le pouce de la main droite coupé, afin qu'ils ne pussent se servir du javelot.

partagèrent Égine et son territoire. Les Lacédémoniens accordèrent pour domicile aux exilés d'Égine la ville de Thyrée[1], parce que les Athéniens avaient donné aux exilés de Messène Naupacte pour retraite.

Cependant les Athéniens firent partir Périclès à la tête d'une armée pour combattre les Mégariens. Ce général dévasta la campagne, détruisit les propriétés, et revint à Athènes chargé de butin.

XLV. Les Lacédémoniens, de concert avec les Péloponnésiens et leurs autres alliés, envahirent une seconde fois l'Attique. En traversant la campagne ils coupaient les arbres et livraient aux flammes les habitations éparses. Ils ravageaient ainsi presque toute la contrée, excepté la partie appelée la Tétrapole : ils l'épargnaient en mémoire de leurs ancêtres qui y avaient demeuré et étaient partis de là pour aller vaincre Eurysthée[2]. Car il leur paraissait juste que, comme descendants, ils s'acquittassent envers la postérité des bienfaiteurs de la dette de reconnaissance contractée par leurs ancêtres. Cependant, les Athéniens n'osaient se mesurer en rase campagne et se tenaient enfermés en dedans de leurs murs : ils furent atteints d'une maladie pestilentielle, occasionnée par l'encombrement d'une grande masse de population dans l'intérieur de la ville. Cette foule, agglomérée dans un étroit espace, et respirant un air corrompu, devait évidemment tomber malade[3]. Dans l'impossibilité de chasser les ennemis hors du territoire, les Athéniens firent de nouveau diriger vers le Péloponnèse une flotte nombreuse, sous les ordres de Périclès. Celui-ci, dévastant le littoral dans une grande étendue, et détruisant plusieurs villes, obligea les Lacédémoniens à évacuer l'Attique. Les Athéniens, voyant les arbres de leurs champs coupés, et la population décimée par la maladie, furent découragés, en même temps que fort irrités contre Périclès, qu'ils regardaient comme l'auteur de cette

---

[1] Située sur les frontières de la Laconie et de l'Argolide.
[2] Voyez livre IV, 57.
[3] Comparez Thucydide, II, 58.

guerre. Ils lui ôtèrent donc le commandement, et, saisissant quelques légers prétextes pour l'incriminer, ils le condamnèrent à une amende de quatre-vingts talents [1]. Ils envoyèrent ensuite des députés pour engager les Lacédémoniens à mettre une fin à la guerre ; mais, leurs propositions ayant été rejetées, ils se virent forcés de rendre à Périclès le commandement militaire. Tels sont les événements arrivés dans le cours de cette année.

XLVI. Épaminondas étant archonte d'Athènes, les Romains élurent pour consuls Lucius Papirius et Aulus Cornélius Macerinus [2]. Dans cette année, mourut à Athènes le commandant militaire Périclès, qui l'avait de beaucoup emporté sur ses concitoyens par sa naissance illustre, par sa richesse, par son éloquence et ses talents militaires. Cependant le peuple d'Athènes, jaloux de prendre d'assaut Potidée, fit partir Agnon avec l'armée qui avait auparavant servi sous les ordres de Périclès. Agnon se porta, avec toute sa flotte, sur Potidée, et se disposa à en faire le siége. A cet effet, il fit préparer des machines de guerre de toutes sortes, et pourvut les troupes d'une quantité d'armes défensives et offensives, ainsi que de provisions de bouche en abondance. Chaque jour il livrait de continuels assauts, et passa beaucoup de temps sans pouvoir prendre la ville ; car les assiégés, redoutant la prise de leur ville, et se fiant à la hauteur de leurs murailles qui dominaient le port, se défendirent vaillamment. Une maladie contagieuse fit, en outre, de grands ravages parmi les assiégeants, et répandit le découragement dans le camp. Néanmoins, Agnon, sachant que les Athéniens avaient déjà employé plus de mille talents pour la dépense de ce siége [3], et qu'ils étaient très-irrités contre les Potidéates, qui s'étaient les premiers déclarés en faveur des Lacédémoniens, n'osa pas lever le siége. Il y persista donc forcément, et obligea les soldats à presser le siége de la ville. Mais lorsqu'il les vit décimés, tant par la

[1] Quatre cent quarante mille francs.
[2] Quatrième année de la LXXXVIIe olympiade ; année 429 avant J.-C.
[3] Cinq millions cinq cent mille francs.

maladie pestilentielle que par les fréquents assauts qu'il avait livrés, il laissa une partie de son armée pour continuer le siége, et revint à Athènes, après avoir perdu plus de mille soldats[1]. Après ce départ, les Potidéates, manquant de vivres et tout à fait découragés, envoyèrent des parlementaires pour négocier une trêve. Ces parlementaires furent accueillis avec joie, et la trêve fut conclue aux conditions que tous les Potidéates sortiraient de leur ville, et que les hommes n'emporteraient avec eux qu'un seul vêtement et les femmes deux. Conformément à ce traité, tous les Potidéates quittèrent leur patrie avec femmes et enfants, et vinrent s'établir chez les Chalcidiens de la Thrace. Les Athéniens envoyèrent à Potidée une colonie de mille citoyens qui se partagèrent la ville et le territoire.

XLVII Les Athéniens élevèrent au commandement militaire Phormion, qui se mit en mer avec une flotte de vingt trirèmes. Il fit le tour du Péloponnèse, et vint mouiller dans les eaux de Naupacte; maître du golfe de Crisée, il interdisait aux Lacédémoniens la navigation dans ces parages.

De leur côté, les Lacédémoniens mirent en campagne une armée considérable, sous les ordres du roi Archidamus. Celui-ci pénétra dans la Béotie et vint camper sous les murs de Platée. Il menaça de ravager le territoire et il engagea les Platéens à abandonner l'alliance des Athéniens. Les Platéens s'y étant refusés, il dévasta la campagne et en détruisit les propriétés. Il vint ensuite cerner la ville dans l'espérance de réduire les Platéens par la famine. Il fit, en outre, approcher des machines de guerre avec lesquelles il battit les murs en brèche pendant les continuels assauts qu'il livrait à la ville. Ne réussissant pas davantage par la force à se rendre maître de la ville, il laissa aux environs des troupes suffisantes et retourna dans le Péloponnèse.

Les Athéniens dirigèrent contre la Thrace un corps de mille soldats, sous les ordres de Xénophon et de Phanomachus. Ce

---

[1] De quatre mille soldats, mille cinq cents moururent de la peste dans l'espace de quarante jours. Thucydide, II, 58.

corps s'étant avancé jusqu'à Pactole[1], dans la Bottique, ils coupèrent les arbres de la campagne et détruisirent le blé encore en herbe. Mais les Olynthiens étant accourus au secours des Bottiéens, les Athéniens furent défaits dans une bataille ; ils perdirent leurs chefs et un grand nombre de soldats.

Sur ces entrefaites, les Lacédémoniens cédant aux conseils des Ambraciotes, dirigèrent une expédition contre l'Acarnanie. Cnémus, chef de cette expédition, avait sous ses ordres mille hommes d'infanterie, et un petit nombre de navires. Après avoir réuni ce corps aux troupes assez considérables des alliés, il se porta vers l'Acarnanie, et vint camper dans le voisinage d'une ville nommée Stratos[2]. Les Acarnaniens se rassemblèrent de leur côté, et, ayant dressé aux ennemis une embuscade, ils en tuèrent un grand nombre et forcèrent Cnémus à ramener son armée dans le pays des OEniades.

XLVIII. A cette même époque, Phormion, général des Athéniens, rencontra, avec vingt trirèmes, la flotte lacédémonienne, composée de quarante-sept navires. Dans un combat naval qui s'engagea, il coula bas le vaisseau commandant des ennemis, en mit beaucoup d'autres hors de service, en prit douze avec tout leur équipage, et poursuivit le reste jusqu'à la côte. Les Lacédémoniens, qui ne s'étaient pas attendus à cette défaite, se réfugièrent, avec les débris de leur flotte, à Patras, dans l'Achaïe. Ce combat naval avait eu lieu près du cap Rhium. Les Athéniens y élevèrent un trophée, consacrèrent à Neptune un vaisseau dans l'isthme de Corinthe, et entrèrent dans le port de Naupacte, ville alliée. Cependant, les Lacédémoniens firent partir vers Patras d'autres bâtiments, qui, après s'être joints aux trirèmes échappées à la dernière défaite, se rassemblèrent dans les parages de Rhium. L'armée de terre des Péloponnésiens se porta dans ce même endroit, et vint camper dans

---

[1] C'est sans doute *Spartole* (Σπαρτωλός), ville de la Bottique, qu'il faut lire au lieu de *Pactole* (Πακτωλός), fleuve aurifère de la Lydie. Cette correction s'appuie sur l'autorité de Thucydide, II, 79.

[2] Stratopolis. Voyez XIX, 67.

le voisinage de la flotte. Phormion, enhardi par sa victoire antérieure, osa attaquer la flotte ennemie, qui était très-nombreuse. Après avoir coulé bas quelques bâtiments lacédémoniens, et perdu quelques-uns des siens, il laissa la victoire indécise. Mais, plus tard, il reçut d'Athènes un renfort de vingt trirèmes : les Lacédémoniens, épouvantés, se retirèrent à Corinthe, n'osant pas se mesurer avec la flotte athénienne. Tels sont les événements arrivés dans le cours de cette année.

XLIX. Diotimus étant archonte d'Athènes, les Romains nommèrent consuls Caïus Julius et Proclus Virginius Tricostus. Les Éliens célébrèrent alors la LXXXVIIIe olympiade, dans laquelle Symmaque de Messène, en Sicile, fut vainqueur à la course du stade[1]. Cnémus, commandant de la flotte lacédémonienne, stationnée dans les eaux de Corinthe, résolut d'occuper le Pirée. Il savait qu'il n'y avait pas alors de navires mouillés, et que ce port était laissé sans défense. En effet, les Athéniens avaient négligé d'y établir une garde, parce qu'ils ne pouvaient s'imaginer qu'on osât y pénétrer. Cnémus mit donc à flot quarante navires tirés sur la côte de Mégare, et se porta, pendant la nuit, sur Salamine. Il attaqua à l'improviste le port de Salamine, nommé Budorium, s'empara de trois navires, traînés à la remorque, et envahit le territoire de l'île. Pendant que les Salaminiens avaient allumé des feux en guise de signaux pour avertir les habitants de l'Attique, les Athéniens, croyant que le Pirée était pris, se précipitèrent en tumulte au secours du port. Revenus de leur erreur, ils se jetèrent en toute hâte dans leurs navires assez nombreux, et voguèrent vers Salamine. Les Péloponnésiens ayant échoué dans leur tentative, quittèrent Salamine et retournèrent chez eux. Après le départ des ennemis, les Athéniens mirent plus de soin à assurer la défense de Salamine, et y laissèrent une assez forte garnison. Quant au Pirée, ils le fortifièrent par une enceinte palissadée et y établirent des postes en nombre suffisant.

---

[1] Première année de la LXXXVIIIe olympiade ; année 428 avant J.-C.

L. A cette même époque, Sitalcès, roi des Thraces, quoique héritier d'un État de petite étendue, avait accru considérablement sa souveraineté par son propre courage et sa prudence. Ce roi était doux envers ses sujets, brave dans les combats, doué de talents militaires, et songeant à augmenter ses revenus. Enfin, il était parvenu à un tel degré de puissance, qu'il se trouva le souverain d'un territoire bien plus vaste que ceux qu'avaient possédés en Thrace les rois ses prédécesseurs. Le littoral de son empire s'étendait depuis le pays des Abdéritains jusqu'à l'Ister[1], et depuis la mer jusque dans l'intérieur du pays, dans un espace de treize journées de marche légère à pied. Maître d'un si vaste royaume, il avait plus de mille talents de revenus annuels[2]. Vers cette époque de notre histoire, il avait, pour soutenir une guerre, tiré de la Thrace une armée de plus de cent vingt mille hommes d'infanterie, et de quinze mille cavaliers. Mais il faut faire auparavant connaître les motifs de cette guerre, afin qu'il ne reste rien d'obscur dans l'esprit des lecteurs.

Sitalcès était allié des Athéniens, et leur avait accordé des secours dans la guerre contre la Thrace. Dans le dessein d'attaquer les Chalcidiens, de concert avec les Athéniens, il mit sur pied une armée considérable, et, indisposé contre Perdiccas, roi des Macédoniens, il résolut en même temps d'établir sur le trône de Macédoine Amyntas, fils de Philippe. Voilà le double motif qui lui avait fait lever des troupes si nombreuses. Tout étant prêt pour l'expédition projetée, Sitalcès se mit à la tête de toute son armée, s'avança à travers la Thrace et pénétra dans la Macédoine. Épouvantés du nombre de leurs ennemis, les Macédoniens n'osèrent pas se mesurer avec eux : ils firent transporter dans les places les plus fortes les vivres et tout ce qu'ils avaient pu ramasser de richesses, et attendirent les événements. Cependant, les Thraces établirent Amyntas sur le trône et essayèrent d'abord des voies pacifiques pour se con-

---

[1] Le Danube.

[2] Cinq millions cinq cent mille francs.

cilier les villes. Mais, ayant échoué dans leur tentative, ils attaquèrent le premier fort qu'ils rencontrèrent et le prirent d'assaut. Ce succès intimida quelques villes et forteresses, qui vinrent offrir volontairement leur soumission. Après avoir dévasté toute la Macédoine, et fait beaucoup de butin, les Thraces entrèrent dans les villes grecques des Chalcidiens.

LI. Pendant cette expédition de Sitalcès, les Thessaliens, les Achéens, les Magnètes, et tous les autres Grecs qui habitent entre la Macédoine et les Thermopyles, se liguèrent ensemble et formèrent en commun une armée considérable : ils craignaient que Sitalcès ne vînt avec ses milliers de Thraces envahir leur territoire, et ne mît leur patrie en danger. Les Chalcidiens en firent autant. Instruit des nombreuses levées de troupes que faisaient les Grecs, et voyant ses soldats fatigués par la saison d'hiver, Sitalcès fit la paix avec Perdiccas, épousa une des sœurs de ce roi et ramena son armée en Thrace.

LII. Sur ces entrefaites, les Lacédémoniens, réunis à leurs alliés du Péloponnèse, envahirent l'Attique, sous la conduite d'Archidamus, leur roi. Ils dévastèrent la campagne, détruisirent le blé encore en herbe, et rentrèrent dans leurs foyers. Les Athéniens n'avaient pas osé résister à cette invasion : décimés par une maladie pestilentielle, et pressés par la famine, ils désespéraient de l'avenir. Tels sont les événements qui remplissent l'espace de cette année.

LIII. Euclide étant archonte d'Athènes, les Romains nommèrent, au lieu de consuls, trois tribuns militaires, Marcus Manius, Quintus Sulpicius Prætextatus et Servilius Cornélius Cossus [1]. Dans cette année, les Léontins, en Sicile, descendants d'une colonie de Chalcidiens, et tirant ainsi leur origine des Athéniens, avaient à soutenir une guerre contre les Syracusains. Accablés par les forces supérieures de leurs ennemis, ils étaient menacés d'être soumis violemment. Dans leur détresse, ils envoyèrent des députés à Athènes, pour supplier le peuple

---

[1] Deuxième année de la LXXXVIII° olympiade; année 427 avant J.-C.

athénien de leur envoyer de prompts secours, et de défendre leur ville contre les dangers qui la menaçaient. A la tête de cette députation se trouvait Gorgias, le rhéteur, qui l'emportait sur tous ses collègues par la force de son éloquence. C'est lui qui, le premier, a inventé les artifices de la rhétorique, et il fut tellement supérieur aux autres dans la sophistique, qu'il recevait de ses disciples jusqu'à cent mines de salaire[1]. Arrivé à Athènes, et amené devant l'assemblée du peuple, il harangua les Athéniens pour obtenir leur alliance. La nouveauté de sa diction produisit beaucoup d'effet sur les Athéniens, qui ont le goût si délicat et qui aiment tant l'éloquence. En effet, Gorgias employa le premier les plus brillantes figures de rhétorique, l'artifice des anthithèses, les périodes à nombres égaux, les chutes de phrases par des consonnances, et d'autres artifices semblables, alors estimés pour leur nouveauté, mais qu'on regarde maintenant comme des affectations ridicules et souvent fastidieuses[2]. Quoi qu'il en soit, Gorgias parvint par son éloquence à décider les Athéniens à envoyer des secours aux Léontins; et, après avoir excité par son art de rhéteur l'admiration des Athéniens, il retourna à Léontium.

LIV. Les Athéniens convoitaient déjà depuis longtemps la Sicile, à cause de la fertilité de ce pays. Ils accueillirent donc avec empressement la demande de Gorgias et décrétèrent un envoi de secours aux Léontins, sous le prétexte de se rendre aux vœux d'un peuple lié avec les Athéniens par une origine commune, mais en réalité pour tâcher de conquérir l'île. Car déjà plusieurs années auparavant, à l'époque de la guerre des Corinthiens et des Corcyréens, lorsque chacune des parties belligérantes recherchait l'alliance d'Athènes, le peuple athénien s'était déclaré pour les Corcyréens, parce que Corcyre est

---

[1] Neuf mille cent francs.
[2] Voici comment s'exprime à ce sujet Cicéron, *de Oratore*, 52 : — *Paria, paribus adjuncta et similiter definita, itemque contrariis relata contraria, quæ sua sponte, etiamsi id non agas, cadunt plerumque numerose, Gorgias primus invenit, sed his usus est intemperantius.*

bien située pour tenter de là un débarquement en Sicile. Les Athéniens tenaient l'empire de la mer ; ils avaient accompli de grands exploits ; ils avaient beaucoup d'alliés, de nombreuses troupes, possédaient les plus grandes villes, et s'étaient emparés du trésor commun des Grecs, se montant à plus de dix mille talents qu'ils avaient fait venir de Délos. Ils avaient à leur service des généraux célèbres et renommés pour leur expérience stratégique. En possession de tous ces moyens, ils espéraient réduire les Lacédémoniens par la guerre, et une fois maîtres de la Grèce, arriver à la conquête de la Sicile. Tels étaient les motifs qui avaient engagé les Athéniens à voter les secours destinés aux Léontins. Ils firent donc partir pour la Sicile une flotte de cent navires, sous les ordres de Lachés et de Charœade [1]. Arrivés à Rhégium, ces généraux joignirent encore à leur flotte cent navires tirés des Rhégiens et de la colonie des Chalcidiens. En partant de là, ils se dirigèrent sur les îles de Lipari qu'ils ravagèrent parce que les Lipariens étaient alliés des Syracusains. Ils se portèrent ensuite sur Locres, et après s'être emparés de cinq navires locriens, ils firent le siége d'une forteresse. Les Siciliens, voisins des Myléens, étant arrivés au secours des assiégés, il s'engagea un combat dans lequel les Athéniens victorieux tuèrent plus de mille ennemis et firent aux moins six cents prisonniers. La forteresse prise d'assaut fut aussitôt occupée. Sur ces entrefaites, le peuple athénien, décidé à pousser la guerre avec plus de vigueur, avait fait mettre à la voile encore quarante navires. Ce renfort était commandé par Eurymédon et Sophocle. Tous ces navires réunis ensemble formaient une flotte de deux cent cinquante trirèmes. La guerre traînant en longueur, les Léontins envoyèrent des députés pour négocier avec les Syracusains et conclure la paix. Après la conclusion de cette paix, les trirèmes athéniennes rentrèrent dans leur port. Les Syracusains accordèrent à tous les Léontins les droits de cité, et firent de leur ville une place syracusaine. Tels sont les événements arrivés alors en Sicile.

---

[1] Chabrias. Voyez Cornélius Népos, *Chabrias*.

LV. En Grèce, les Lesbiens abandonnèrent l'alliance des Athéniens, accusés par eux d'avoir voulu centraliser à Mitylène toutes les villes de l'île[1]. Ils envoyèrent donc des députés aux Lacédémoniens avec lesquels ils conclurent une alliance, et conseillèrent aux Spartiates d'aspirer à la suprématie sur mer. Pour soutenir cette entreprise ils leur promettaient le concours de nombreuses trirèmes. Les Lacédémoniens accueillirent cette proposition avec joie, et s'occupèrent de la construction d'une flotte. Mais, dans ces dispositions, ils furent prévenus par les Athéniens, qui embarquèrent aussitôt sur quarante bâtiments une armée considérable, et l'envoyèrent à Lesbos sous le commandement du général Clinippide[2]. Celui-ci ayant rallié le renfort des alliés, se porta sur Mitylène. A la suite d'un combat naval, les Mitylénéens vaincus furent rejetés dans leur ville où ils soutinrent un siége. Les Lacédémoniens, pour fournir aux Mitylénéens les secours décrétés, préparaient une flotte considérable; mais ils furent encore une fois devancés dans leurs préparatifs par les Athéniens qui embarquèrent mille hoplites destinés contre Lesbos. Cette troupe était commandée par Pachès, fils d'Épiclérus. Arrivé à Mitylène, Pachès se réunit aux forces qui s'y trouvaient déjà, investit la ville et lui livra de continuels assauts par terre et par mer.

Cependant, les Lacédémoniens firent partir pour Mitylène quarante-cinq trirèmes sous les ordres d'Alcidas. Ils envahirent l'Attique avec leurs alliés. Dans cette nouvelle invasion, ils dévastèrent les points du territoire qui avaient été jusqu'ici épargnés, et rentrèrent dans leurs foyers. Pressés par le manque de vivres et par la guerre, et en proie à des dissensions intestines, les Mitylénéens rendirent leur ville par capitulation. Pendant que le peuple délibérait à Athènes sur le traitement à infliger aux Mitylénéens, le démagogue Cléon, homme cruel et violent, excita l'assemblée populaire et proposa de faire mourir tous les Mitylénéens adultes, et de vendre les enfants et les femmes comme

---

[1] Comparez Thucydide, III, 2.
[2] Thucydide l'appelle Clippide, III, 3.

esclaves. Les Athéniens se laissèrent persuader, adoptèrent la proposition de Cléon, et envoyèrent des commissaires chargés d'apporter au commandant le décret du peuple. Pendant que Pachès lisait ce décret, il lui en arriva un autre tout opposé au premier. Pachès se réjouit du repentir des Athéniens, et réunissant en une assemblée générale tous les Mitylénéens, il proclama leur pardon et les délivra des plus graves appréhensions. Les Athéniens entourèrent Mitylène d'un mur d'enceinte et se partagèrent toute l'île de Lesbos, à l'exception du territoire des Méthymnéens. Telle fut l'issue de la défection des Lesbiens.

LVI. A cette même époque, les Lacédémoniens faisaient le siége de Platée : ils avaient entouré la ville d'un mur d'enceinte gardé par de nombreux postes. Cependant le siége traînait en longueur, et les Athéniens n'envoyaient aucun secours aux assiégés, qui, pressés en même temps par la famine, avaient perdu, dans les assauts, beaucoup de citoyens. Dans ces circonstances critiques, ils délibéraient sur le moyen de salut qu'ils devaient prendre : la majorité fut d'avis de temporiser, mais les autres, au nombre d'environ deux cents, convinrent de forcer pendant la nuit les portes, et de se frayer un passage pour se jeter dans Athènes. Ils profitèrent donc d'une nuit sans clair de lune, pour engager le reste des citoyens à faire une attaque sur un autre point du mur d'enceinte. Pendant que les ennemis accouraient pour secourir les points menacés, les deux cents Platéens, ayant tenu leurs échelles toutes préparées, parvinrent à escalader le mur, tuèrent les sentinelles et se réfugièrent à Athènes. Les Lacédémoniens, irrités de cette escapade, attaquèrent vivement la ville des Platéens et employèrent tous leurs efforts pour la prendre d'assaut. Les Platéens, accablés, entrèrent en capitulation : la ville et ses habitants se livrèrent à la discrétion de l'ennemi. Les chefs des Lacédémoniens appelèrent devant eux, un à un, tous les Platéens, et leur demandèrent quel service chacun d'eux avait rendu aux Lacédémoniens. Tous avouèrent qu'ils ne leur avaient rendu aucun service. Puis, ces mêmes chefs demandèrent de nouveau si les Platéens avaient fait quelque mal aux Spartiates ; aucun des Platéens n'osant dire le contraire ils furent tous condamnés à mourir. Cette sentence fut exécutée sur tous les habitants qui restaient encore dans la ville, dont le territoire fut dévasté et affermé à prix d'argent. C'est ainsi que les Platéens, pour avoir conservé trop fidèlement leur alliance avec les Athéniens, éprouvèrent injustement le sort le plus cruel.

LVII. Pendant que ces événements avaient lieu, Corcyre fut déchirée par de graves dissensions et des discordes civiles. Voici à quelle occasion. Un grand nombre de Corcyréens faits prisonniers dans la guerre d'Épidamne, et jetés dans la prison de l'État, avaient promis aux Corinthiens de leur livrer Corcyre, si ces derniers voulaient les faire remettre en liberté. Les Corinthiens accueillirent cette offre avec joie, et les Corcyréens furent relâchés sous le prétexte que leurs hôtes avaient déposé une somme suffisante de plusieurs talents pour servir de rançon. Ces Corcyréens furent fidèles à leur engagement : rentrés dans leur patrie, ils se saisirent des chefs populaires, les égorgèrent et renversèrent le gouvernement démocratique[1]. Mais peu de temps après, les Athéniens étant venus au secours du peuple, les Corcyréens recouvrèrent leur liberté et se disposaient à châtier les auteurs des troubles. Ceux-ci, redoutant la vengeance, se réfugièrent aux autels et devinrent les suppliants du peuple et des dieux.

LVIII. Euthydème étant archonte d'Athènes, les Romains nommèrent, au lieu de consuls, trois tribuns militaires, Marcus Fabius, Marcus Falinius et Lucius Servilius[2]. Dans cette année, après quelque temps de répit, la population d'Athènes fut de nouveau ravagée par le fléau de la peste. Cette maladie était si violente qu'elle fit mourir plus de quatre mille hommes d'infanterie et quatre cents cavaliers, sans compter

---

[1] La ponctuation ordinaire du texte ne présente pas ici un sens convenable ; je l'ai changée dans ma traduction.

[2] A la place des deux derniers noms, il faut lire : *M. Foslius Flaccinator* et *L. Sergius*. Voyez Tite-Live, IV, 25. L'archontat d'Euthydème répond à la troisième année de la LXXXVIIIe olympiade ou à l'année 426 avant J.-C.

plus de dix mille habitants tant libres qu'esclaves. Comme l'histoire a recherché les causes de cette grave maladie, il faut en faire ici l'exposé. De grandes pluies étaient tombées dans l'hiver précédent : la terre en était détrempée ; les eaux s'étaient amassées dans les lieux bas et creux et avaient formé des étangs et des flaques d'eau stagnante, semblables à des marécages. Sous l'influence de la chaleur de l'été, ces eaux croupissantes se putréfiaient et produisaient des exhalaisons épaisses et fétides qui s'élevaient, corrompaient l'air environnant, ainsi que cela se voit dans les endroits marécageux où se manifestent les caractères pestilentiels. A cette cause se joignit une mauvaise nourriture ; car dans cette même année les fruits étaient entièrement gâtés par l'humidité, et de mauvaise qualité. Une troisième cause de maladie fut l'absence des vents étésiens dont le souffle frais tempère considérablement la chaleur de l'été. Cette chaleur devint alors si intense et l'air si embrasé, que le corps de l'homme, n'étant rafraîchi par aucun vent, contracta des germes de décomposition. Aussi, en raison de cette chaleur, toutes les maladies avaient alors les caractères des fièvres pernicieuses ; et la plupart des malades, pour se rafraîchir le corps, se jetaient dans les puits et les fontaines [1]. Accablés par le fléau, les Athéniens attribuèrent leur calamité à quelque vengeance divine. C'est pourquoi, suivant l'ordre d'un oracle, ils purifièrent l'île de Délos, consacrée à Apollon, considérée comme souillée par les morts qui y avaient été ensevelis. Ils ouvrirent donc tous les tombeaux à Délos et en transportèrent les cendres dans l'île de Rhénias, voisine de Délos. En même temps ils firent porter une loi qui défendait d'ensevelir aucun mort à Délos et qui interdisait aux femmes d'y faire leurs couches. Ils rétablirent aussi l'antique fête des Déliens, qu'on avait depuis longtemps négligé de célébrer.

LIX. Pendant que les Athéniens étaient occupés à détourner le fléau qui décimait leur population, les Lacédémoniens,

---

[1] Voyez Thucydide, II. 49.

réunis aux Péloponnésiens, vinrent camper dans l'isthme, méditant une nouvelle incursion dans l'Attique. Mais, saisis d'une terreur superstitieuse en sentant de grands tremblements de terre, ils rentrèrent dans leurs foyers. Ces tremblements de terre, qui s'étaient fait sentir dans beaucoup de parties de la Grèce, étaient si violents que plusieurs villes maritimes furent détruites par les débordements de la mer, et qu'une langue de terre de la Locride se rompit et devint l'île qu'on appelle Atalante [1].

Tandis que ces événements avaient lieu, les Lacédémoniens peuplèrent Trachine et changèrent le nom de cette ville en celui d'Héraclée, par les motifs que nous allons exposer. Les Trachiniens étaient depuis de longues années en guerre avec leurs voisins, les habitants du mont Œta, et avaient perdu la plupart de leurs citoyens. Leur ville étant devenue déserte, ils prièrent les Lacédémoniens d'envoyer des colons et de prendre sous leur protection la ville de Trachine. Ceux-ci, tant en considération de leur commune origine que par respect pour la mémoire d'Hercule, l'auteur de leur race, qui avait jadis habité Trachine [2], résolurent de donner à cette ville un grand développement. En conséquence, les Lacédémoniens et les Péloponnésiens firent partir une colonie de quatre mille hommes, à laquelle s'étaient joints d'autres Grecs volontaires, au nombre d'au moins six mille. Ils firent donc de Trachine une ville peuplée de dix mille habitants, entre lesquels ils partagèrent le territoire, et donnèrent à Trachine le nom d'Héraclée.

LX. Stratoclès étant archonte d'Athènes, les Romains nommèrent, au lieu de consuls, trois tribuns militaires, Lucius Furius Métellus, Spurius Lucius Pinarius et Posthumius Albus [3]. Dans cette année [4], les Athéniens portèrent Démosthène au

---

[1] Cette île paraît avoir existé déjà avant ces tremblements de terre. Voyez plus haut, chapitre 44.
[2] Voir plus haut, IV, 57.
[3] Ces noms sont également altérés. D'après Tite-Live, IV, 55, il faudrait lire Lucius Furius Médullinus, Lucius Pinarius et Spurius Posthumius.
[4] Quatrième année de la LXXXVIII° olympiade : année 425 avant J.-C.

commandement d'une flotte de trente navires, montés par des troupes suffisantes. Après avoir réuni à cette flotte quinze trirèmes, fournies par les Corcyréens, et les troupes des Céphaloniens, des Acarnaniens et des Messéniens de Naupacte, Démosthène fit voile pour Leucade. Il dévasta le territoire des Leucadiens, se dirigea de là sur l'Étolie dont il détruisit un grand nombre de hameaux. Cependant les Étoliens opposèrent de la résistance ; il s'engagea un combat dans lequel les Athéniens eurent le dessous, et ils se retirèrent à Naupacte. Enhardis par cette victoire, les Étoliens, s'étant joints à trois mille soldats lacédémoniens, marchèrent sur Naupacte ; mais ils furent repoussés par les Messéniens qui occupaient alors cette ville. Ils marchèrent ensuite sur la ville de Molycrie qu'ils prirent d'assaut. Dans la crainte que les Étoliens ne s'emparassent aussi de Naupacte, le général des Athéniens, Démosthène, fit venir de l'Acarnanie un contingent de mille hoplites, et l'envoya à Naupacte. Pendant son séjour dans l'Acarnanie, Démosthène rencontra un corps de mille Ambraciotes, l'attaqua et le détruisit presque entièrement. A la nouvelle de cet événement, les Ambraciotes se portèrent en masse contre l'ennemi ; Démosthène les battit de nouveau et en tua un si grand nombre que leur cité devint presque déserte. Démosthène crut devoir profiter de ce moment pour assiéger Ambracie : il espérait se rendre facilement maître d'une ville dégarnie de défenseurs. Mais les Acarnaniens, craignant que les Athéniens, une fois maîtres de cette ville, ne fussent pour eux des voisins encore plus incommodes que les Ambraciotes, refusèrent de les suivre. Au milieu de ces dissensions, une partie des Acarnaniens se réconcilia avec les Ambraciotes et conclut une paix de cent ans. Démosthène, ainsi abandonné des Acarnaniens, retourna à Athènes avec ses vingt navires. Les Ambraciotes, que le sort avait mis à une si rude épreuve, demandèrent aux Lacédémoniens une garnison ; car ils redoutaient toujours les Athéniens.

LXI. Démosthène se rendit à Pylos, et résolut de fortifier cette place dans le Péloponnèse. Pylos est situé dans une position naturellement très-forte et à quatre cents stades de Sparte ¹. Ayant avec lui une flotte nombreuse et des troupes suffisantes, Démosthène acheva l'enceinte de Pylos dans l'espace de vingt jours. A cette nouvelle, les Lacédémoniens rassemblèrent des forces de terre et de mer considérables. Ils se portèrent donc sur Pylos avec quarante-cinq navires bien équipés et avec une armée de terre de douze mille hommes; car ils regardaient comme honteux que ceux qui n'avaient osé venir au secours de leur pays d'Attique, livré au pillage, vinssent dans le Péloponnèse occuper une place et la fortifier. Les Lacédémoniens, sous la conduite de Thrasymède ², vinrent donc établir leur camp dans le voisinage de Pylos³. Résolus à tout braver pour s'emparer de Pylos, ils disposèrent leurs navires, les proues tournées vers l'entrée du port, de manière à en fermer le passage aux ennemis; les troupes de terre, rivalisant d'ardeur, attaquèrent l'enceinte de la ville; et dans ces attaques, sans cesse renouvelées, ils soutinrent des combats brillants. Thrasymède débarqua dans l'île de Sphactérie qui s'étend parallèlement à la côte ⁴ et

¹ J'ai suivi ici la correction proposée par Palmérius, en lisant Sparte au lieu de Messénie que porte le texte. D'abord Pylos, aujourd'hui *Navarin* ou *Néocastro*, était situé dans la Messénie, et puis Thucydide, parlant de ces mêmes événements, dit positivement que Pylos était à quatre cents stades de Sparte, livre IV, chap. 1.
² Thucydide l'appelle Thrasymélidas, IV, 11.
³ Le port de Pylos (*Navarin*) est un des plus beaux ports du monde; des escadres nombreuses y peuvent facilement déployer leurs manœuvres, ainsi qu'on l'a vu récemment, en 1826, dans la fameuse bataille de Navarin. Pour se faire une idée précise de ce port, il faut se placer (comme je l'ai fait pendant mon voyage en Morée) sur la montagne contre laquelle est adossée la petite ville de Navarin ou Néocastro. On y voit que le port de Pylos (Navarin) décrit un parallélogramme, dont les deux plus grands côtés (les côtés est et ouest) sont formés par la racine de la montagne aride qui domine la ville, et en face par l'île verdoyante de Sphactérie. L'entrée du port est très-étroite et bordée des deux côtés par des rochers escarpés. Cette entrée se trouve dans le petit côté sud, parallèle au petit côté nord, formé par l'extrémité de l'île de Sphactérie et le rivage qui présente du côté de l'Arcadie un léger coude.
⁴ Les mots Σφακτηρίαν, παρατεταμένην ἐπὶ μῆκος, Miot les a inexactement rendus par *Sphactérie, qui coupe dans sa longueur le port de Pylos*. J'ai dit, dans la note précédente, que le port de Navarin représentait un parallélogramme à peu près régulier, et que l'île de Sphactérie, protégeant le port à l'ouest contre les brisants, formait le grand côté parallèle au rivage. J'ai la conviction

protége le port contre les vagues de la mer, un détachement d'élite de Lacédémoniens et d'alliés. Il voulait ainsi devancer les Athéniens dans l'occupation de cette île, très-avantageusement située pour soutenir le siége. Les Lacédémoniens se livraient donc à des assauts continuels, et bien qu'ils fussent maltraités du haut des murailles très-élevées, ils ne cessèrent pas cependant leurs attaques dans lesquelles ils eurent beaucoup de morts et un grand nombre de blessés. Les Athéniens, maîtres d'une place fortifiée par la nature, et amplement pourvue d'armes de trait et d'autres munitions de guerre, se défendirent courageusement ; car ils espéraient que s'ils réussissaient dans leur entreprise, ils pourraient transporter dans le Péloponnèse le théâtre de la guerre et porter la dévastation au milieu des terres de leurs ennemis.

LXII. Le siége était poussé des deux côtés avec une extrême vigueur. Dans les assauts livrés aux murs de la ville, bien des Spartiates se firent admirer par leur bravoure, mais Brasidas fut celui qui se distingua le plus. Au milieu de l'hésitation que montraient les triérarques pour approcher de la côte, difficile à aborder, Brasidas qui commandait une trirème, cria au pilote de ne pas épargner le navire et de le porter vivement sur le rivage. Car il était, disait-il, honteux à des Spartiates, qui prodiguaient leur vie pour acheter la victoire, de ménager des barques pour laisser les Athéniens maîtres de la Laconie. Le pilote ayant été forcé de se jeter sur la côte, la trirème échoua. Brasidas se plaça alors sur l'*épibathre* du navire[1], et se défendit de là contre les Athéniens qui l'assaillirent en masse. Il en tua d'abord un grand nombre ; mais il fut ensuite accablé de traits et reçut par-devant de nombreuses blessures. Enfin, évanoui par la perte du sang qui coulait de ses plaies, il laissa tomber un bras hors du navire et le bouclier glissant dans la mer, les ennemis s'en emparèrent. Retiré du milieu des cadavres qu'il avait amoncelés

---

que Diodore a examiné de ses propres yeux presque toutes les localités qu'il décrit.

[1] Ἐπιβάθρα, échelle ou planche que l'on jetait du bord à terre ou d'un bâtiment à un autre.

autour de lui, il fut porté demi-mort par les siens hors du navire. Il s'était tellement distingué par sa bravoure que la perte du bouclier, qui pour d'autres eût été un crime capital, fut pour lui un titre de gloire. Cependant les Lacédémoniens pressaient Pylos par de continuels assauts, et, malgré les pertes qu'ils éprouvaient, ils persistèrent dans leur fatale entreprise. C'est ici le cas d'admirer la bizarrerie de la fortune et les particularités qu'offrit ce siége. Les Athéniens, repoussant les Spartiates de la Laconie, sont victorieux, et les Lacédémoniens, vaincus sur leur propre territoire, attaquent leurs ennemis par mer : ceux qui sont maîtres sur terre sont supérieurs sur mer, et les maîtres de la mer repoussent leurs ennemis du continent.

LXIII. Cependant le siége traînait en longueur ; les Athéniens, occupant le port avec leurs navires, interceptèrent les convois de vivres et réduisirent les Spartiates, laissés dans l'île de Sphactérie, à périr de famine. Inquiets du sort de leur détachement laissé dans cette île, les Lacédémoniens envoyèrent à Athènes une députation chargée de négocier la paix. Mais, ayant échoué dans cette négociation, ils firent proposer un échange d'hommes contre un nombre égal de prisonniers athéniens. Mais les Athéniens refusèrent cette proposition. Les envoyés spartiates se vantèrent alors à Athènes, que les citoyens de cette ville avouaient la supériorité des Lacédémoniens, par cela même qu'ils ne voulaient pas accepter l'échange des prisonniers. Cependant le détachement de l'île de Sphactérie, maltraité par la famine, se rendit à discrétion. Il se composait de cent vingt Spartiates et de cent quatre-vingts auxiliaires que le démagogue Cléon, alors commandant de l'armée, envoya chargés de fers à Athènes. Le peuple décréta qu'on leur laisserait la vie sauve, si les Lacédémoniens voulaient cesser les hostilités, et qu'il ferait mourir tous ces prisonniers, si les Lacédémoniens préféraient la guerre. Après cela, les Athéniens firent venir les plus braves des Messéniens établis à Naupacte, ainsi qu'une forte troupe d'auxiliaires, et leur confièrent la garde de Pylos ; car ils pensaient que les Messéniens, animés par leur haine contre les Spartiates, mettraient, en sortant d'une place forte, le plus d'ardeur à ravager la Laconie. Telle était la situation des choses à Pylos.

LXIV. A cette époque, Artaxerxès, roi des Perses, mourut après un règne de quarante ans [1]. Xerxès, son successeur, ne régna qu'un an [2].

En Italie, les Èques se révoltèrent contre les Romains. Ceux-ci nommèrent, pour les combattre, Aulus Posthumius, dictateur, et Lucius Julius, maître de la cavalerie. Ces chefs envahirent, avec une forte armée, le territoire des rebelles et en ravagèrent les propriétés. Les Èques résistant à la marche des ennemis, il s'engagea une bataille dans laquelle les Romains remportèrent la victoire. Ils tuèrent un grand nombre d'ennemis, firent beaucoup de prisonniers, et revinrent chargés de butin. Les rebelles, consternés de leur défaite, se soumirent aux Romains. Posthumius, qui avait heureusement terminé cette guerre, eut, suivant la coutume, les honneurs du triomphe. On attribue à Posthumius un fait singulier et tout à fait incroyable. On raconte que, pendant la bataille, son fils, emporté par l'ardeur guerrière, sortit hors des rangs que son père lui avait assignés, et que le père, fidèle aux mœurs antiques, condamna son fils à mort comme ayant quitté les rangs.

LXV. L'année étant révolue, Isarque fut nommé archonte d'Athènes, Titus Quintius et Caïus Iulius, consuls à Rome ; on célébra en Élide la LXXXIXe olympiade, dans laquelle Symmaque fut pour la seconde fois vainqueur à la course du stade [3]. Dans cette année, les Athéniens portèrent Nicias, fils de Nicératus, au commandement militaire ; ils lui confièrent soixante trirèmes et trois mille hoplites, avec l'ordre de ravager le territoire des alliés des Lacédémoniens. Nicias se dirigea d'abord sur Mélos, dévasta la campagne et assiégea la ville pendant plusieurs jours. Parmi les Cyclades c'était la seule île demeurée

---

[1] Voyez Thucydide, IV, 50.
[2] Voyez plus bas, chap. 71.
[3] Première année de la LXXXIXe olympiade ; année 424 avant J.-C.

fidèle à l'alliance des Lacédémoniens : c'était une colonie de Sparte. Les habitants de Mélos se défendirent avec vigueur, et Nicias, ne pouvant prendre leur ville, se dirigea sur Orope en Béotie. Là, il quitta la flotte, entra à la tête de ses hoplites dans le pays des Tanagréens, où il fut rejoint par un renfort envoyé d'Athènes, sous les ordres d'Hipponicus, fils de Callias. Ces deux corps s'étant réunis en un seul, ils envahirent le territoire ennemi et le livrèrent au pillage. Cependant les Thébains accoururent au secours des leurs et engagèrent un combat, d'où les Athéniens sortirent vainqueurs, après avoir tué un grand nombre d'ennemis. Après ce combat, Hipponicus retourna avec sa troupe à Athènes. Nicias rejoignit sa flotte, se porta sur la Locride, ravagea le littoral et reçut des alliés un convoi de quarante trirèmes, de manière à réunir sous ses ordres un total de cent bâtiments. Après avoir formé, par de nombreuses levées, une armée considérable, il fit voile pour Corinthe. Là, il fit débarquer ses soldats et alla se mesurer avec les Corinthiens. Les Athéniens furent victorieux dans deux combats, et élevèrent un trophée, après avoir fait perdre beaucoup de monde à l'ennemi. Les Athéniens n'eurent que huit morts et les Corinthiens plus de trois cents. Nicias se dirigea ensuite sur Crommyon[1], dont il dévasta le territoire et s'empara de la forteresse. De là, il partit aussitôt et vint fortifier la place de Méthone ; il y laissa une garnison tant pour garder cette place que pour ravager la campagne environnante. En longeant les côtes qu'il dévasta, il revint à Athènes. Après cela, les Athéniens dirigèrent sur Cythère soixante navires et deux mille hoplites, sous les ordres de Nicias et de quelques autres généraux ; Nicias vint bloquer l'île, et la ville se rendit par capitulation. Il laissa dans l'île une garnison, se dirigea vers le Péloponnèse et ravagea les côtes. Il prit d'assaut Thyrée, ville située sur les limites de la Laconie et de l'Argolide, la rasa et vendit les habitants comme esclaves : il envoya comme prisonniers à Athènes les Éginètes, domiciliés à Thyrée, et Tantale le Spartiate, chef de la garnison. Les Athéniens gardèrent

---

[1] Ville située à peu de distance de Corinthe.

en prison Tantale avec ses compagnons de captivité, ainsi que les Éginètes.

LXVI. Tandis que ces choses se passaient, les Mégariens commençaient à se fatiguer de la guerre qu'ils faisaient aux Athéniens et aux exilés. Pendant les négociations qui avaient lieu au sujet de ces derniers, quelques citoyens, mal disposés pour les bannis, promirent aux généraux athéniens de leur livrer la ville. Cette trahison convenue, les généraux Hippocrate et Démosthène profitèrent de la nuit pour diriger sur la ville un détachement de six cents hommes, et les traîtres reçurent les Athéniens en dedans des murs. La trahison était déjà connue dans l'intérieur, et la multitude se partageait incertaine sur le choix du parti à prendre soit pour embrasser l'alliance des Athéniens, soit pour rester fidèles aux Lacédémoniens, lorsqu'un citoyen proclama, de son propre mouvement, que les Mégariens étaient libres de joindre leurs armes à celles des Athéniens. Dès que les Lacédémoniens se virent près d'être abandonnés des Mégariens, ceux de la garnison des Longs murs[1] quittèrent leur poste et se retirèrent au Nisée, qui est le port des Mégariens. Les Athéniens l'entourèrent d'un fossé et le bloquèrent ; ensuite, après avoir fait venir des ouvriers, ils ceignirent le Nisée d'un mur de circonvallation. Dans la crainte d'être pris de vive force et mis à mort, les Péloponnésiens rendirent par capitulation la place aux Athéniens. Tel était alors l'état des choses chez les Mégariens.

LXVII. Brasidas partit à la tête d'une armée suffisante, composée tant de Lacédémoniens que d'autres Péloponnésiens, et se dirigea sur Mégare. Il frappa de terreur les Athéniens, les chassa du Nisée, délivra la ville des Mégariens, qu'il fit rentrer dans l'alliance des Lacédémoniens. Il traversa ensuite avec son armée la Thessalie et se porta sur Dium en Macédoine. De là il se rendit à Acanthe et vint au secours des Chalcidiens. Il détacha la ville des Acanthiens de l'alliance d'Athènes, moitié par

---

[1] Ces murs joignaient la ville au Nisée, port de Mégare.

intimidation, moitié par des insinuations bienveillantes, et parvint à entraîner dans le parti des Lacédémoniens beaucoup d'autres habitants de la Thrace. Après ces succès, décidé à pousser la guerre avec plus de vigueur, Brasidas fit venir des soldats de Lacédémone ; car il songeait à réunir des forces plus considérables. Les Spartiates, voulant se défaire des Hilotes les plus braves, lui en envoient mille des plus déterminés, dans la conviction que la plupart succomberaient dans les combats. Il commirent encore un autre acte violent et cruel, par lequel ils croyaient affaiblir les Hilotes : par la voix d'un héraut, ils invitèrent les Hilotes, qui avaient rendu quelques services à Sparte, à venir s'inscrire, promettant de leur donner la liberté. Deux mille se firent inscrire ; mais, en même temps, les Spartiates ordonnèrent à des hommes très-vigoureux d'égorger ces Hilotes chacun dans sa maison[1], car ils craignaient que ceux-ci ne profitassent d'une occasion favorable pour se ranger du côté des ennemis et qu'ils n'exposassent ainsi Sparte à de grands dangers. Cependant Brasidas reçut mille Hilotes qui, joints aux troupes auxiliaires, formèrent une armée considérable.

LXVIII. Confiant dans le nombre de ses soldats, Brasidas marcha contre la ville d'Amphipolis. Aristagoras de Milet, fuyant Darius, roi des Perses, avait jadis entrepris de fonder dans cette ville une colonie. A la mort d'Aristagoras, les nouveaux colons furent chassés par les Thraces Édoniens. Trente-deux ans après, les Athéniens envoyèrent à Amphipolis une colonie de mille citoyens ; cette colonie fut à son tour détruite par les Thraces à Drabesque. Enfin, après un intervalle de deux ans, les Athéniens, sous la conduite d'Apion[2], se mirent de nouveau en possession d'Amphipolis. C'est de cette ville, objet de tant de luttes, que Brasidas cherchait à se rendre maître. Il marcha donc contre

[1] Des nations comme les Spartiates seraient la honte de l'humanité. Je n'ai jamais partagé la stupide admiration qu'on a généralement pour ces sauvages de la Grèce. Si l'on veut chercher des exemples de bravoure, on en trouvera chez toutes les nations, voire même chez les peuplades sauvages de l'Amérique du nord, avec lesquelles les Spartiates ont plus d'un trait d'analogie.

[2] D'après Thucydide (IV, 102) il faudrait lire *Agnon* au lieu d'*Apion*.

elle avec une forte armée et vint établir son camp près du pont[1]. Il s'empara d'abord du faubourg; le lendemain, les Amphipolitains, consternés, rendirent la ville par capitulation : chaque citoyen fut déclaré libre de sortir de la ville et d'emporter tout ce qui lui appartenait. Immédiatement après ce succès, Brasidas prit plusieurs autres villes du voisinage, dont les plus considérables étaient Syme[2] et Galepsus, toutes deux colonies des Thasiens; enfin Myrcinum, petite ville des Édoniens. Il entreprit aussi de faire construire plusieurs trirèmes sur le fleuve Strymon, et fit venir des soldats de Lacédémone et des villes alliées. Il fit fabriquer un grand nombre d'armures complètes et les donna aux jeunes conscrits qui manquaient d'armes; enfin, il amassa des provisions de traits, de blé et de toutes sortes de munitions. Ces préparatifs terminés, il partit d'Amphipolis avec son armée et vint établir son camp dans la contrée qu'on nomme Acté[3]. Là se trouvaient cinq villes : les unes grecques, colonies des Andriens; les autres, peuplées par les Barbares bissaltiques qui parlent deux langues. Après avoir soumis cette région, il marcha sur la ville de Torone, colonie des Chalcidiens, occupée par les Athéniens. Quelques traîtres ayant livré la ville, Brasidas y fut introduit pendant la nuit, et s'empara de Torone sans coup férir. Voilà où en était arrivée l'expédition de Brasidas dans le cours de cette année.

LXIX. Pendant que ces événements avaient lieu, une bataille se livrait près de Délium en Béotie, entre les Athéniens et les Béotiens. En voici l'origine. Quelques Béotiens, mécontents du gouvernement établi, et désirant introduire dans les villes la constitution démocratique, étaient, au sujet de leurs plans, en pourparlers avec les généraux athéniens, Hippocrate et Démosthène, et promettaient de livrer les villes de la Béotie. Cette promesse ayant été accueillie avec joie, les généraux athéniens, pour la réussite du projet, divisèrent leur armée en deux corps :

---

[1] Comparez Thucydide, IV, 102.
[2] Cette ville porte d'ordinaire le nom d'OEsyme, Οἰσύμη.
[3] Cette contrée était près du mont Athos. Voir Thucydide, IV, 109.

Démosthène, à la tête de la plus forte division, pénétra dans la Béotie ; mais ayant trouvé les Béotiens prévenus de la trahison, il revint sans avoir rien exécuté. Hippocrate se porta avec la masse des Athéniens sur Délium, occupa la place, et devançant l'arrivée des Béotiens, il fortifia Délium par une enceinte. Cette place est située près d'Orope, sur les limites de la Béotie. Pantodas, général des Béotiens, ayant rassemblé ses soldats, tirés des villes de la Béotie, s'avança vers Délium à la tête d'une nombreuse armée. Il avait sous ses ordres environ vingt mille fantassins [1] et mille cavaliers. Les Athéniens étaient supérieurs en nombre aux Béotiens, mais ils n'étaient pas aussi bien armés que leurs ennemis. Car, sortis soudain et à la hâte de la ville, ils n'avaient pas eu le temps de revêtir leurs armures.

LXX. Les deux armées, animées d'une égale ardeur, étaient rangées en bataille dans l'ordre suivant. Dans l'armée des Béotiens, les Thébains occupaient l'aile droite, les Orchoméniens l'aile gauche, et les Béotiens formaient la phalange du centre. En avant du front étaient placés les *Hénioques* et les *Parabates*[2], élite de trois cents hommes. Les Athéniens étaient encore occupés à disposer leurs rangs, lorsqu'ils furent forcés d'en venir aux mains. Le combat fut acharné. La cavalerie athénienne, déployant une valeur brillante, mit d'abord en déroute la cavalerie ennemie. Mais l'infanterie ayant ensuite engagé le combat, les Athéniens, opposés aux rangs des Thébains, furent obligés de lâcher pied. Ceux qui avaient résisté au choc mirent en fuite les autres Béotiens, en tuèrent un grand nombre et les poursuivirent à une assez grande distance. Mais les Thébains, renommés pour la vigueur de leur corps, réparèrent cet échec, et, tombant sur les Athéniens qui poursuivaient les leurs, ils les forcèrent à prendre la fuite. Vainqueurs dans ce combat célèbre, ils s'acquirent une grande réputation de bravoure. Quant aux Athéniens, ils se réfugièrent, les uns à Orope, les autres à Dé-

---

[1] J'ignore sur quelle autorité Miot s'est appuyé pour lire «dix mille fantassins :» le texte n'autorise rien de semblable.
[2] Ἡνίοχοι, conducteurs du char ; παραβάται, combattants placés sur le char.

lium, quelques-uns gagnèrent les bords de la mer pour se retirer sur leurs navires, et le reste se dispersa au hasard. A l'entrée de la nuit, les Béotiens comptaient environ cinq cents morts; les Athéniens en avaient un nombre bien plus considérable. Si la nuit n'était pas survenue, la plupart des Athéniens auraient été passés au fil de l'épée ; mais l'obscurité ayant arrêté l'ardeur de la poursuite, les fuyards parvinrent à se sauver. Néanmoins le nombre des tués fut si grand que les Thébains, avec le prix des dépouilles, élevèrent sur la place publique de Thèbes un grand portique et l'ornèrent de statues d'airain ; avec les armes des vaincus ils décorèrent les temples, et avec les trophées suspendus ils couvrirent d'airain les portiques de la place. Enfin, ils employèrent l'argent retiré du butin à instituer la panégyrie[1] des Déliens.

Après la bataille, les Béotiens vinrent attaquer Délium et emportèrent la place d'assaut. La majeure partie de la garnison mourut noblement les armes à la main ; deux cents hommes furent faits prisonniers, le reste se réfugia sur les navires et rentra dans l'Attique avec les débris de l'armée.

Telle fut l'issue de la malheureuse tentative des Athéniens contre les Béotiens.

LXXI. En Asie, Xerxès, le roi, mourut après un an de règne. Suivant quelques écrivains, il n'avait régné que deux mois[2]. Son frère Sogdianus succéda à l'empire et ne régna que sept mois. Celui-ci fut assassiné par Darius, qui occupa le trône pendant dix-neuf ans.

L'historien Antiochus de Syracuse termine, dans cette année, son histoire de la Sicile. Cet ouvrage commence au règne de Cocalus, roi des Sicaniens, et comprend neuf livres[3].

LXXII. Aminias étant archonte d'Athènes, les Romains nommèrent consuls Caïus Papirius et Lucius Iulius[4]. Dans cette année, les Scionéens, qui méprisaient les Athéniens depuis la

---

[1] Πανήγυρις, fête solennelle.
[2] Selon Ctésias (*Excerpta Persica*, 44), ce roi n'a régné que quarante-cinq jours.
[3] Il n'a été rien conservé de cet ouvrage d'Antiochus, fils de Xénophane.
[4] Deuxième année de la LXXXIXᵉ olympiade ; année 423 avant J.-C.

défaite de Délium, abandonnèrent l'alliance des Athéniens pour passer du côté des Lacédémoniens, et livrèrent leur ville à Brasidas, chef de l'expédition des Lacédémoniens contre la Thrace.

Dans Lesbos, ceux qui avaient échappé à la captivité après la prise de Mitylène par les Athéniens, et ils étaient nombreux, avaient depuis longtemps essayé de rentrer dans Lesbos; mais maintenant ils se réunirent et s'emparèrent d'Antandros. De là, ils faisaient des sorties pour harceler les Athéniens qui occupaient Mitylène. Irrité de ces attaques, le peuple athénien fit marcher contre les agresseurs une armée commandée par les généraux Aristide et Symmaque. Ceux-ci se portèrent sur Lesbos, livrèrent la place à de continuels assauts, et prirent Antandros. Quant aux réfugiés, ils mirent les uns à mort, et expulsèrent les autres de la ville. Les généraux athéniens laissèrent un détachement pour garder cette place et quittèrent Lesbos.

Quelque temps après, Lamachus, commandant dix trirèmes, fit voile vers le Pont, et vint mouiller à Héraclée. Il perdit tous ses navires à l'embouchure du fleuve Cachès. Ce fleuve, grossi et devenu très-rapide par des pluies abondantes, lança les bâtiments contre quelques écueils et les fit échouer sur la côte.

Les Athéniens et les Lacédémoniens conclurent une trêve d'un an, en se garantissant réciproquement les possessions dont ils étaient alors les maîtres. Ils tenaient de fréquentes conférences, convaincus de la nécessité de terminer la guerre et de mettre une fin à leur lutte de rivalité. Les Lacédémoniens avaient hâte de se faire rendre les prisonniers faits dans l'île de Sphactérie. La trêve fut donc conclue comme nous venons de le dire, et on tomba d'accord sur toutes les conditions, excepté sur l'affaire de Scione[1]. La querelle se ralluma; la trêve fut rompue et on recommença la guerre au sujet de la possession de Scione. En ce même temps la ville de Mende[2] passa du côté des

---

[1] Scione était une ville de la Thrace; il ne faut pas la confondre avec Sicyone, ville du Péloponnèse.
[2] Ville de la Pallène.

Lacédémoniens, ce qui envenima encore la lutte au sujet de Scione : Brasidas fit emporter de Mende et de Scione les enfants, les femmes, ainsi que les effets les plus utiles, et il fortifia ces villes par des garnisons considérables. Irrités de ces événements, les Athéniens décrétèrent que tous les Scionéens adultes qui tomberaient en leur pouvoir seraient passés par les armes ; en même temps ils firent partir une flotte de cinquante trirèmes, sous le commandement de Nicias et de Nicostrate. Ces généraux se portèrent d'abord sur la ville de Mende et s'en emparèrent à l'aide de quelques traîtres. Puis, ils entourèrent Scione d'un mur de circonvallation, la mirent en état de siége et lui livrèrent de continuels assauts. La garnison de Scione, nombreuse et bien pourvue de vivres, de traits et d'autres munitions, se défendit facilement contre les Athéniens ; et, grâce à sa position qui dominait les assaillants, elle en blessa un grand nombre. Tels sont les événements arrivés dans le cours de cette année.

LXXIII. L'année suivante, Alcée fut nommé archonte d'Athènes, et les Romains élurent pour consuls Opitérus Lucrétius et Lucius Sergius Fidéniates [1]. A cette époque, les Athéniens, reprochant aux Déliens de s'être secrètement alliés avec les Lacédémoniens, chassèrent les habitants de l'île et occupèrent leur ville. Le satrape Pharnace accueillit les exilés et leur donna pour demeure la ville d'Atramytion [2]. Les Athéniens nommèrent Cléon le démagogue au commandement militaire, et le firent partir avec une nombreuse armée de terre pour la Thrace. Ce général fit voile pour Scione, joignit à ses troupes un détachement de soldats qui faisaient le siége de cette ville, et alla mouiller à Torone : il savait que Brasidas avait quitté ces lieux, et qu'il n'avait laissé à Torone qu'une faible garnison. Il établit son camp dans le voisinage de Torone, investit la ville par terre et par mer, la prit de vive force, réduisit en esclavage les enfants et les femmes, s'empara des prisonniers qui formaient la garnison et les envoya enchaînés à Athènes. Après avoir laissé dans la ville une

---

[1] Troisième année de la LXXXIXe olympiade ; année 422 avant J.-C.
[2] Ville de la Mysie.

forte garnison, il se remit en mer avec son armée, se dirigea vers le fleuve Strymon, vint camper à trente stades environ d'Amphipolis, près de la ville d'Eïon, et assiégea cette petite ville.

LXXIV. Instruit que Brasidas se trouvait avec son armée dans les environs d'Amphipolis, le général athénien se mit en route pour l'attaquer. A la nouvelle de l'approche des ennemis, Brasidas rangea son armée en bataille et se porta à la rencontre des Athéniens. Il se livra un grand combat. Les deux armées se battirent d'une manière brillante ; l'affaire fut d'abord indécise : les chefs opposés rivalisant d'ardeur pour décider la victoire, une multitude de braves tombèrent, entraînés au milieu de la mêlée par leurs généraux impatients de vaincre. Brasidas, ayant fait des prodiges de valeur et tué un grand nombre d'ennemis, mourut en héros. Cléon tomba aussi dans ce combat. Les deux armées, privées de leurs chefs, s'ébranlèrent ; enfin les Lacédémoniens remportèrent la victoire et érigèrent un trophée. Les Athéniens recueillirent les morts, dont ils avaient stipulé la reddition, et, après les avoir ensevelis, ils revinrent à Athènes. Quelques messagers, partis du champ de bataille, apportèrent à Lacédémone la nouvelle de la victoire en même temps que la mort de Brasidas. La mère de Brasidas, instruite des circonstances de la bataille, demanda comment son fils s'était conduit dans le combat. Les messagers répondirent que Brasidas s'était montré le plus brave des Lacédémoniens. « Sans doute, reprit la mère du mort, mon fils était brave ; mais il était encore inférieur à bien d'autres Spartiates. » Ces paroles s'étant répandues dans la ville, les éphores décernèrent à la mère de Brasidas des honneurs publics, parce qu'elle avait mis la gloire de la patrie au-dessus de celle de son fils[1]. Après la bataille mentionnée, les Athéniens résolurent de conclure avec les Lacédémoniens une trêve de cinquante ans aux conditions suivantes : de part et d'autre, les prisonniers seront restitués ; les villes prises pendant la guerre seront rendues. Telle fut l'issue de la guerre péloponnésiaque qui, jusqu'à l'époque où nous sommes arrivés, avait duré dix ans.

[1] La mère de Brasidas s'appelait Argiléonis.

LXXV. Ariston étant archonte d'Athènes[1], les Romains élurent pour consuls Titus Quintius et Aulus Cornélius Cossus[1]. Dans cette année, et presque aussitôt après la guerre du Péloponnèse, de nouveaux troubles éclatèrent. En voici l'origine. Les Athéniens et les Lacédémoniens, de concert avec leurs alliés, avaient conclu une alliance sans y comprendre les confédérés. Cet acte fit soupçonner que les deux peuples s'étaient ligués ensemble pour réduire en servitude tous les autres Grecs C'est pourquoi les villes les plus importantes s'envoyèrent réciproquement des députés pour s'entendre au sujet d'une alliance offensive et défensive, dirigée contre les Athéniens et le Lacédémoniens. A la tête de cette ligue se trouvaient quatre villes des plus puissantes, Argos, Thèbes, Corinthe, Élis. Ce n'était pas d'ailleurs sans motif qu'Athènes et Sparte étaient soupçonnées de conspirer contre la Grèce ; car, dans le traité commun, il avait été stipulé que les Athéniens ainsi que les Lacédémoniens auraient la faculté d'ajouter aux conditions arrêtées des articles nouveaux ou d'en retrancher, suivant le bon plaisir de l'un et de l'autre État. En outre, les Athéniens avaient décrété l'institution de dix magistrats chargés de veiller aux intérêts de la cité. Les Lacédémoniens en avaient fait autant, et l'ambition des deux États fut mise en évidence. Un grand nombre de villes songeant à la liberté commune, ne respectant plus d'ailleurs les Athéniens depuis la défaite de Délium, et voyant la gloire de Sparte ternie par les prisonniers de l'île de Sphactérie, se liguèrent entre elles et mirent à leur tête la ville des Argiens, entourée du prestige de son antique histoire ; car, avant le retour des Héraclides, les plus grands rois étaient presque tous sortis de l'Argolide. De plus, grâce à une longue paix, Argos avait considérablement augmenté ses revenus : elle possédait non-seulement beaucoup de richesses, mais encore une immense population. Les Argiens, se voyant investis de l'autorité suprême, firent choix de mille citoyens, pris parmi les plus jeunes et les plus distingués par leur force corporelle et leur fortune ; ils les affranchirent de tout

[1] Quatrième année de la LXXXIX° olympiade ; année 421 avant J.-C.

service public, les entretinrent aux frais de l'État et leur ordonnèrent de se livrer à de continuels exercices. Grâce à ce régime, ces jeunes gens devinrent bientôt de véritables athlètes, propres aux fatigues de la guerre.

LXXVI. Voyant le Péloponnèse ligué contre eux, et dans le pressentiment d'une guerre sérieuse, les Lacédémoniens prirent, pour garantir leur domination, toutes les mesures dont ils pouvaient disposer. D'abord ils affranchirent les Hilotes, au nombre de mille, qui avaient servi dans l'expédition de Brasidas contre la Thrace. Ensuite, ils réhabilitèrent les Spartiates qui avaient été faits prisonniers dans l'île de Sphactérie et notés d'infamie pour avoir déshonoré leur patrie. Conformément à ces maximes, ils excitèrent par des éloges et des honneurs les braves qui s'étaient déjà distingués et les portèrent à se surpasser eux-mêmes dans les périls imminents. Ils se conduisirent avec plus de douceur à l'égard de leurs alliés, et cherchèrent, par des prévenances, à s'attacher ceux dont ils s'étaient aliéné l'affection. Les Athéniens, au contraire, voulant intimider les alliés incertains, infligèrent aux Scionéens un châtiment exemplaire ; ayant pris d'assaut leur ville, ils égorgèrent tous les habitants adultes, vendirent les enfants et les femmes comme esclaves, et donnèrent leur ville pour demeure aux Platéens, expulsés de leur patrie par les Scionéens.

A cette même époque, en Italie, les Campaniens firent marcher contre Cumes une grande armée ; ils vainquirent les Cuméens dans un combat, et passèrent un grand nombre d'ennemis au fil de l'épée. Ils investirent la ville et s'en emparèrent après plusieurs assauts. Ils livrèrent ensuite la ville au pillage, vendirent comme esclaves les prisonniers qu'ils avaient faits, et y établirent une colonie tirée de leur sein.

LXXVII. Aristophylus étant archonte d'Athènes, les Romains nommèrent consuls Lucius Quintius et Aulus Sempronius, et les Éliens, célébrèrent la XCᵉ olympiade, dans laquelle Hyperbius, de Syracuse, remporta le prix de la course du stade [1]. Dans

---

[1] Première année de la XCᵉ olympiade ; année 420 avant J.-C.

cette année les Athéniens, selon l'ordre d'un oracle, rétablirent les Déliens dans leur île, et les Déliens habitant Atramytium [1] rentrèrent dans leur patrie. Les Athéniens ne rendant point aux Lacédémoniens Pylos, de nouveaux différends s'élevèrent entre ces deux nations. Le peuple d'Argos, qui en était informé, parvint à persuader les Athéniens de conclure avec les Argiens un traité d'alliance. La mésintelligence s'allumant de plus en plus, les Lacédémoniens engagèrent les Corinthiens d'abandonner la confédération et de se joindre aux Spartiates. Tels étaient les troubles et l'état anarchique où se trouvait alors le Péloponnèse.

En dehors du Péloponnèse, les Ænianes, les Dolopes et les Méliens, ligués ensemble, firent marcher des troupes considérables contre Héraclée dans la Trachinie. Il se livra une bataille sanglante dans laquelle les habitants d'Héraclée furent vaincus. Après avoir perdu beaucoup de monde, ils se retirèrent en dedans de leurs murs et appelèrent à leur secours les Béotiens. Ceux-ci leur envoyèrent une élite de mille hoplites thébains. Avec ce renfort, les Héracléotes se défendirent contre leurs agresseurs.

Pendant que ces choses se passaient, les Olynthiens marchèrent contre la ville de Mécyberne [2], gardée par les Athéniens : ils chassèrent la garnison et occupèrent la ville.

LXXVIII. Archias étant archonte d'Athènes, les Romains nommèrent consuls Lucius Papirius Mugilanus et Caïus Servilius Structus [3]. Dans cette année, les Argiens accusant les Lacédémoniens de ne pas avoir offert à Apollon Pythien les sacrifices dus, leur déclarèrent la guerre. A cette époque, Alcibiade, général des Athéniens, entra dans l'Argolide à la tête d'une armée. Les Argiens, réunis aux Athéniens, marchèrent contre Trézène, ville alliée des Lacédémoniens. Après avoir dévasté les champs et incendié les maisons de campagne, ils retournèrent chez eux. Indignés des traitements injustes infligés aux Trézé-

---

[1] Voyez chap. 73.
[2] Ville située dans le voisinage d'Olynthe.
[3] Deuxième année de la xc^e olympiade ; année 419 avant J.-C.

niens, les Lacédémoniens résolurent de faire la guerre aux Argiens. Ils mirent donc sur pied une armée dont ils donnèrent le commandement au roi Agis. Celui-ci marcha contre les Argiens, en ravagea le territoire, et, ayant conduit son armée dans le voisinage de la ville, il provoqua les ennemis au combat. Les Argiens, joints à un renfort de trois mille Éliens, et de presque autant de Mantinéens, firent sortir leurs troupes de la ville. Un combat allait s'engager, lorsque les généraux des deux armées s'envoyèrent des parlementaires et conclurent un armistice de quatre mois. Les généraux revinrent dans leurs foyers sans avoir rien fait ; l'un et l'autre État firent éclater leurs ressentiments contre les auteurs de l'armistice. Les Argiens lapidèrent leurs généraux et voulaient les tuer; ce ne fut que grâce à beaucoup de sollicitations qu'ils leur accordèrent la vie ; mais ils confisquèrent leurs biens et démolirent leurs maisons. Les Lacédémoniens, de leur côté, songèrent à châtier Agis, qui obtint à peine son pardon, en promettant de réparer sa faute par de belles actions. A dater de ce moment, ils confièrent l'administration des affaires de l'État à un conseil de dix, choisis parmi les citoyens les plus sages.

LXXIX. Plus tard, les Athéniens envoyèrent, par mer, au secours des Argiens, mille hoplites choisis et deux cents cavaliers. (Lachès et Nicostrate commandaient cette troupe, dans laquelle Alcibiade se trouvait comme simple soldat, entraîné par son amitié pour les Éliens et les Mantinéens.) Aussitôt tous les Argiens, réunis en conseil, résolurent de rompre la trêve et de commencer la guerre. Chaque général exhorta donc ses soldats au combat, et toutes les troupes, animées d'une ardeur guerrière, allèrent établir leur camp hors de la ville. On convint de marcher d'abord contre Orchomène, en Arcadie. En conséquence, les troupes entrèrent dans l'Arcadie, investirent Orchomène et en pressèrent le siége par des assauts journaliers. Après s'être emparé de cette ville, on alla camper dans le voisinage de Tégée, dans l'intention bien arrêtée d'en faire également le siége. Les Tégéates prièrent alors les Lacédémoniens de venir promptement à leur secours. Les Spartiates ayant réuni toutes leurs troupes à celles de leurs alliés s'avancèrent vers Mantinée, convaincus que l'investissement de cette ville ferait lever le siége de Tégée. Les Mantinéens, réunis à leurs alliés, se portèrent en masse à la rencontre des Lacédémoniens. Il se livra un combat sanglant. L'élite des Argiens, au nombre de mille hommes parfaitement habitués aux exercices militaires, mit la première en déroute les ennemis qui lui étaient opposés, les poursuivit et en fit un grand carnage. Cependant, les Lacédémoniens, après avoir ébranlé les autres divisions de l'armée, et tué un grand nombre d'ennemis, se tournèrent vers ce corps d'élite ; l'ayant enveloppé par des forces supérieures, ils se flattaient de passer tous les guerriers au fil de l'épée. Quoiqu'inférieurs en nombre aux bataillons des ennemis, les Argiens les surpassaient en bravoure, lorsque le roi des Lacédémoniens, combattant au premier rang, affronta tous les périls pour exterminer les Argiens (car il brûlait de remplir ses promesses, et d'effacer par quelque action d'éclat son ancienne tache d'infamie) ; mais il ne lui fut pas permis d'accomplir son projet. Car Pharax le Spartiate, l'un des membres du conseil, et jouissant de la plus grande considération à Sparte, ordonna d'ouvrir les rangs pour laisser passer les Argiens, afin de ne pas réduire ces malheureux aux efforts du désespoir. Le roi fut donc forcé, d'après l'ordre qui venait d'être donné conformément à l'avis de Pharax, de livrer passage au corps d'élite des mille Arcadiens [1] qui furent ainsi sauvés. Les Lacédémoniens, victorieux dans une grande bataille, élevèrent un trophée et rentrèrent dans leurs foyers.

LXXX. L'année étant révolue, Antiphon fut nommé archonte d'Athènes, et les Romains choisirent, au lieu de consuls, quatre tribuns militaires, Caïus Furius, Titus Quintius, Marcus Posthumius et Aulus Cornélius [2]. Dans cette année, les Argiens et les Lacédémoniens entrèrent en négociation. Ils

---

[1] C'est sans doute *Argiens* qu'il faudrait lire ici.
[2] Troisième année de la XCe olympiade ; année 418 avant J.-C.

firent la paix et conclurent un traité d'alliance. Les Mantinéens, privés du secours des Argiens, furent obligés de se soumettre aux Lacédémoniens.

En ce même temps, dans la ville d'Argos, les mille hommes d'élite, que les citoyens avaient choisis, se concertèrent ensemble, et convinrent de renverser la démocratie et de faire sortir de leur sein un gouvernement aristocratique. Supérieurs aux autres citoyens, tant par leur richesse que par leur bravoure, ils avaient beaucoup de complices. Ils commencèrent donc par se saisir des meneurs habituels du peuple et les mirent à mort; après avoir intimidé les autres, ils abrogèrent les anciennes lois et administrèrent l'État à leur propre gré. Ce gouvernement dura huit mois; il fut renversé par le peuple qui s'était soulevé contre les aristocrates. Ces derniers furent massacrés, et le peuple rétablit la démocratie.

Une autre insurrection éclata alors en Grèce. Les Phocidiens et les Locriens, animés d'une haine réciproque, résolurent, confiants en leurs propres forces, de décider leur querelle par les armes. Les Phocidiens remportèrent la victoire, après avoir tué plus de mille Locriens.

Les Athéniens, sous le commandement de Nicias, prirent deux villes, Cythère et Nisée[1]; puis ils bloquèrent Mélos et passèrent au fil de l'épée toute la population en état de porter les armes; les enfants et les femmes furent vendus comme esclaves. Telle était alors la situation des Grecs.

En Italie, les Fidénates avaient fait mourir, sous de frivoles prétextes, les députés envoyés de Rome. Les Romains, indignés de cet acte, répondirent par une déclaration de guerre; ils mirent en campagne une armée considérable et nommèrent dictateur Anius Æmilius, auquel ils joignirent, selon la coutume, un maître de cavalerie, Aulus Cornélius. Après avoir achevé les préparatifs de guerre, Æmilius marcha avec son armée contre les Fidénates. Ceux-ci opposèrent de la résistance.

[1] Voyez plus haut 65.

Il s'engagea un combat long et acharné, dont l'issue demeura indécise après des pertes réciproques [1].

LXXXI. Euphème étant archonte d'Athènes, les Romains élurent, au lieu de consuls, pour tribuns militaires, Lucius Furius, Lucius Quintius, Aulus Sempronius [2]. Dans cette année, les Lacédémoniens, réunis à leurs alliés, envahirent l'Argolide, prirent la place d'Hysies, en massacrèrent les habitants et démolirent le fort. Informés que les Argiens avaient construit de longues murailles jusqu'à la mer, les Lacédémoniens vinrent les renverser, et après cela retournèrent chez eux.

Les Athéniens nommèrent au commandement militaire Alcibiade ; ils lui confièrent vingt navires en le chargeant de rétablir l'ordre chez les Argiens, qui étaient en proie à des dissensions intestines, parce que l'aristocratie comptait encore beaucoup de partisans. A son arrivée à Argos, Alcibiade réunit en conseil les partisans de la démocratie, dressa la liste des Argiens qui paraissaient le plus favoriser le parti des Lacédémoniens, les exila de la ville, rétablit solidement le gouvernement démocratique et retourna à Athènes.

Vers la fin de cette année, les Lacédémoniens envahirent avec une nombreuse armée l'Argolide, ravagèrent une grande partie du territoire et mirent les exilés argiens en possession d'Ornée [3]. Ils fortifièrent cette place de l'Argolide et y établirent une forte garnison, chargée de harceler les Argiens. Après le départ des Lacédémoniens, les Athéniens envoyèrent au secours des Argiens quarante trirèmes et douze cents hoplites. Les Argiens, de concert avec les Athéniens, marchèrent contre Ornée ; ils emportèrent la ville d'assaut, et tuèrent ou chassèrent d'Ornée la garnison et les exilés. Ces événements sont arrivés dans la quinzième année de la guerre du Péloponnèse [4].

LXXXII. Dans la seizième année de la guerre du Pélopon-

---

[1] Voyez Tite-Live, IV, 31.
[2] Quatrième année de la XC^e olympiade ; année 417 avant J.-C.
[3] Bourg, situé entre Corinthe et Sicyone.
[4] Suivant la chronologie de Thucydide (V, 83), les événements qui viennent d'être racontés, sont arrivés dans la XVIe année de la guerre du Péloponnèse.

nèse, Aristomnestus étant archonte d'Athènes, les Romains nommèrent, au lieu de consuls, quatre tribuns militaires, Titus Claudius, Spurius Nautius, Lucius Sentius et Sextus Iulius. Dans cette même année, on célébra en Élide la xci[e] olympiade, Exænétus d'Agrigente étant vainqueur à la course du stade[1]. Les Byzantins et les Chalcédoniens, réunis aux Thraces, dirigèrent de nombreuses troupes contre la Bithynie, dévastèrent le territoire, prirent d'assaut beaucoup de petites villes et y commirent des actions d'une grande cruauté : maîtres d'une multitude de prisonniers, tant hommes que femmes et enfants, ils les égorgèrent jusqu'au dernier.

A cette même époque, en Sicile, les Égestéens étaient en guerre avec les Sélinontins au sujet d'un territoire litigieux. Un fleuve formait la limite des deux villes en querelle. Les Sélinontins le passèrent les premiers et se mirent de force en possession du pays riverain ; ayant ensuite accaparé une grande partie du territoire adjacent, ils ajoutèrent à l'offense l'insulte. Les Égestéens, irrités, employèrent d'abord la voie de la persuasion pour empêcher une violation de territoire ; mais comme ils ne furent point écoutés, ils marchèrent contre les agresseurs, les chassèrent tous des terres que les Sélinontins avaient occupées, et rentrèrent en possession de la contrée. La lutte s'échauffant entre les deux villes, on rassembla des deux côtés des troupes, et on décida l'affaire par les armes. Il se livra un combat acharné, dans lequel les Sélinontins furent vainqueurs, après avoir tué un grand nombre d'Égestéens. Abattus par cet échec, les Égestéens, hors d'état de se défendre avec leurs propres forces, engagèrent d'abord les Agrigentins et les Syracusains de venir à leur secours. Mais, ayant échoué dans cette négociation, ils envoyèrent des députés à Carthage, chargés de demander des secours. Sur le refus de leur demande, ils cherchaient quelque alliance d'outre-mer, lorsque le hasard vint à les servir.

[1] Première année de la xci[e] olympiade ; année 416 avant J.-C.

LXXXIII. Les Léontins avaient été chassés par les Syracusains et obligés de quitter leur ville et leur territoire. Cependant les exilés reprirent courage et résolurent d'avoir de nouveau recours aux Athéniens, auxquels ils étaient déjà alliés par les liens du sang[1]. Après s'être concertés avec les peuples qui avaient adopté leur cause, ils envoyèrent en commun une députation pour solliciter les Athéniens de venir au secours des villes offensées, en même temps qu'on s'engagerait à leur livrer la Sicile. La députation arriva à Athènes ; les Léontins faisaient valoir leur origine et leur ancienne alliance avec les Athéniens, tandis que les Égestéens promettaient de fournir de l'argent et des troupes pour soutenir la guerre contre les Syracusains. Les Athéniens résolurent de faire partir quelques citoyens des plus distingués avec la mission d'examiner les affaires de l'île et l'état des Égestéens. A l'arrivée de ces commissaires, les Égestéens montrèrent, pour faire parade, une multitude de richesses, apportées tant de chez eux que de chez leurs voisins. A leur retour, les envoyés firent connaître l'opulence des Égestéens, et le peuple s'assembla pour délibérer. L'assemblée proposa d'entreprendre une expédition en Sicile. Nicias, fils de Nicératus, admiré pour ses vertus, s'éleva contre cette proposition. Il est impossible, disait Nicias, de soutenir tout à la fois la guerre contre les Lacédémoniens et d'envoyer de grandes armées au delà de la mer. D'ailleurs, ajoutait-il, comment les Athéniens, impuissants à conquérir la suprématie sur les Grecs, espéreraient-ils se rendre maîtres de la plus grande des îles du monde. Les Carthaginois, malgré leur énorme puissance et leurs nombreuses expéditions contre la Sicile, n'ont pas réussi à s'emparer de cette île ; comment les Athéniens, si inférieurs en forces aux Carthaginois, se flatteraient-ils de conquérir par les armes la plus puissante des îles ?

LXXXIV. Après que beaucoup d'autres discours eurent été prononcés à l'appui de cette motion, Alcibiade, le plus brillant

---

[1] Les Léontins descendaient des Chalcidiens qui étaient alliés avec les Athéniens par les liens du sang. Voyez Thucydide, VI, 6 et 50.

des Athéniens, s'éleva pour ouvrir un avis contraire. Il persuada au peuple d'entreprendre cette guerre. Alcibiade joignit à son éloquence, par laquelle il surpassa tous ses concitoyens, le prestige de sa noble origine, de sa richesse et de son expérience militaire. Aussitôt le peuple construisit une flotte considérable; aux cent navires qu'il avait lui-même équipés, il joignit trente trirèmes fournies par ses alliés. Après les avoir pourvues de toutes les munitions de guerre nécessaires, il enrôla cinq mille hoplites et nomma au commandement de cette expédition trois généraux, Alcibiade, Nicias et Lamachus. Tel était l'état des affaires chez les Athéniens.

Nous voici arrivés au commencement de la guerre qui eut lieu entre les Athéniens et les Syracusains. Conformément à notre plan tracé au commencement, nous en exposerons l'histoire dans le livre suivant.

LIVRE TREIZIÈME.

SOMMAIRE.

Expédition des Athéniens contre Syracuse. — Départ des Athéniens pour la Sicile. — Mise en jugement d'Alcibiade; fuite de ce général. — Les Athéniens pénètrent dans le grand port et occupent les abords d'Olympium. — Les Athéniens s'emparent des Épipoles, sont victorieux dans un combat et bloquent Syracuse de deux côtés. — Les secours envoyés par les Lacédémoniens et les Corinthiens raniment le courage des Syracusains. — Combat livré entre les Syracusains et les Athéniens; grande victoire des Athéniens. — Nouveau combat. — Les Syracusains, maîtres des Épipoles, forcent les Athéniens de se concentrer en un seul camp près d'Olympium. — Préparatifs des Syracusains; résolution de livrer un combat naval. — Les Athéniens envoient Eurymédon et Démosthène, avec des troupes et de l'argent, pour remplacer Lamachus, décédé, et Alcibiade, appelé en jugement. — Rupture de la trêve par les Lacédémoniens, renouvellement de la guerre du Péloponnèse. — Combat naval entre les Syracusains et les Athéniens; victoire des Athéniens; prise des forts par les Syracusains; victoire sur terre. — Combat avec tous les navires dans le grand port; victoire des Syracusains. — Arrivée de Démosthène et d'Eurymédon avec une armée considérable. — Grand combat aux Épipoles; victoire des Syracusains. — Déroute des Athéniens et destruction de toute leur armée. — Les Syracusains se réunissent en assemblée pour délibérer sur le sort des prisonniers. — Les revers que les Athéniens ont éprouvés en Sicile leur font perdre beaucoup d'alliés. — Le peuple athénien, découragé, résigne le gouvernement démocratique et confie à quatre cents citoyens le gouvernement de la cité. — Les Lacédémoniens remportent des victoires navales sur les Athéniens. — Les Syracusains honorent de beaux présents ceux qui se sont distingués dans la guerre. — Dioclès, choisi pour législateur, rédige le code syracusain. — Les Syracusains envoient aux Lacédémoniens une armée considérable. — Les Athéniens battent le nauarque des Lacédémoniens, et bloquent Cyzique. — Les Lacédémoniens font partir d'Eubée, au secours des vaincus, cinquante bâtiments qui périssent avec tout l'équipage dans une tempête près du mont Athos. — Rentrée d'Alcibiade; son commandement militaire. — Guerre entre les Égestéens et les Sélinontins, au sujet d'un territoire litigieux. — Combat naval au cap Sigée, entre les Athéniens et les Lacédémoniens; victoire des Athéniens. — Les Lacédémoniens, comblant l'Euripe, rattachent l'Eubée au continent. — — Insurrection et meurtre à Corcyre. — Alcibiade et Théramène remportent sur terre et sur mer une victoire signalée sur les Lacédémoniens. — Les Carthaginois, descendant en Sicile avec de nombreuses armées, prennent d'assaut Sélinonte et Himère. — En entrant dans le Pirée, avec un immense butin, Alcibiade reçoit un bruyant accueil. — Le roi Agis échoue dans sa tentative d'assiéger Athènes avec une grande armée. — Bannissement d'Alcibiade; fondation de Thermes en Sicile. — Combat naval entre les Syracusains et les Carthaginois; victoire des Syracusains. — Prospérité d'Agrigente. — Les constructions qu'on voit dans cette ville. — Les Carthaginois se portent sur la Sicile avec trois cent mille hommes et viennent assiéger Agrigente. — Les Syracusains, réunis aux alliés, conduisent aux Agrigentins un secours de mille combattants. — Les Carthaginois se portent à la rencontre de ce renfort; les Syracusains sont victorieux et tuent plus de six mille ennemis. — Les Carthaginois interceptant les vivres, les Agrigentins sont forcés par la disette à quitter leur patrie. — Denys, nommé général, devient tyran de Syracuse. — Les Athéniens sont vainqueurs près des Arginuses dans un très-célèbre combat naval, et font injustement mourir les généraux. — Les Athéniens, défaits dans un grand combat naval, sont obligés de conclure la paix à tout prix; et là se termine la guerre du Péloponnèse. — Les Carthaginois, atteints d'une maladie pestilentielle, sont obligés de faire la paix avec Denys le tyran.

I. Si nous avions l'intention de traiter l'histoire comme l'ont fait les autres historiens, il serait à propos de placer ici quelques observations préliminaires avant de reprendre le fil de notre narration. Nous ferions ainsi dans notre exposition une courte halte au profit du lecteur, auquel ces observations préliminaires pourraient être de quelque utilité. Mais comme nous avons promis de renfermer, dans un petit nombre de livres, l'histoire de plus de onze cents ans, il est nécessaire de supprimer les longs avant-propos, et de suivre le fil de l'histoire. Nous nous bornerons à rappeler que dans les six livres précédents nous avons raconté les événements qui se sont passés depuis la prise de Troie jusqu'à la guerre déclarée par les Athéniens aux Syracusains, ce qui forme un intervalle de sept cent soixante ans [1]. Nous commencerons donc ce livre par l'expédition des Athéniens contre Syracuse, et nous le finirons au début de la seconde guerre des Carthaginois contre Denys, tyran des Syracusains.

II. Chabrias étant archonte d'Athènes, les Romains nommè-

[1] Il manque huit ans dans cette supputation. Voyez plus haut, I, 5; et plus bas, XIV, 2.

rent, au lieu de consuls, trois tribuns militaires, Lucius Sergius, Marcus Servilius et Marcus Papirius[1]. Dans cette armée les Athéniens, après avoir déclaré la guerre aux Syracusains, s'empressèrent de faire tous les préparatifs nécessaires à cette expédition; ils équipèrent une flotte dont ils confièrent le commandement absolu à trois généraux, Alcibiade, Nicias et Lamachus. De simples citoyens, désireux de complaire au peuple, équipèrent, à leurs frais, des trirèmes, et promirent de fournir de l'argent pour l'entretien de l'armée. Enfin, un grand nombre de particuliers, soit citoyens, soit étrangers ou alliés, se présentèrent spontanément pour se faire inscrire sur le rôle des soldats, tant les esprits étaient exaltés par l'espérance d'assister au partage de la Sicile. Déjà la flotte était prête à mettre à la voile, lorsque les Hermès[2], dont la ville était remplie, furent tous mutilés en une seule nuit. Le peuple en fut indigné, et, dans la persuasion que cette mutilation était le fait de quelques personnages puissants aspirant au renversement du gouvernement démocratique, il promit de fortes récompenses à celui qui en dénoncerait les auteurs. Un particulier se présenta au sénat, et déclara avoir vu à la nouvelle lune, vers minuit, entrer dans la maison d'un étranger plusieurs personnes, parmi lesquelles se trouvait Alcibiade. Interrogé par le sénat comment il avait pu distinguer la figure d'un homme au milieu de la nuit, il répondit qu'il l'avait reconnu au clair de la lune. Cet homme fut ainsi surpris en flagrant délit de faux témoignage. Toutes les investigations furent inutiles pour découvrir les traces des auteurs.

Cependant la flotte, composée de cent quarante trirèmes, sans compter les nombreux navires chargés de chevaux et de toutes sortes de provisions, le nombre des hoplites, des frondeurs, des cavaliers et des alliés, s'élevait en tout à plus de sept mille hommes, non compris les équipages des navires. Les chefs de

---

[1] Deuxième année de la XCI^e olympiade; année 415 avant J.-C.
[2] Statues de Mercure, emblèmes de la démocratie. Ces statues ne représentaient que la tête du dieu.

l'armée eurent alors avec le sénat une délibération secrète sur la manière dont ils administreraient la Sicile s'ils s'en rendaient les maîtres. Ils décidèrent que les Sélinontins et les Syracusains seraient vendus comme esclaves, et que les autres villes paieraient aux Athéniens un tribut annuel.

III. Le lendemain les généraux, à la tête de leurs troupes, descendirent au Pyrée : toute la population de la ville, tant citoyens qu'étrangers, les y accompagnèrent en foule, pour souhaiter bon voyage chacun à ses parents et à ses amis. Tout le port était couvert de trirèmes pavoisées et ornées, à leurs proues, de riches armures. Toute l'enceinte du port était garnie de vases à parfums et de cratères d'argent où l'on puisait, avec des coupes d'or, du vin pour faire libation en honneur de la divinité, et lui demander un succès heureux de cette expédition. Enfin, la flotte sortit du Pirée, doubla le Péloponnèse, et vint mouiller à Corcyre : là elle devait attendre pour faire sa jonction avec les alliés du voisinage. Dès que tous ces alliés furent rassemblés, on remit à la voile, et, traversant la mer Ionienne, on se dirigea vers le promontoire de l'Iapygie. De là la flotte longea les côtes de l'Italie ; n'ayant pas été admise dans le port des Tarentins, elle passa devant Métaponte et Héraclée, et aborda enfin à Thurium, où elle fut reçue avec beaucoup d'empressement. De là elle se rendit à Crotone, où elle se ravitailla. En continuant sa route, elle passa devant le temple de Junon Lucinienne et doubla le cap Dioscurias. Ensuite elle longea la côte de Scyllécium et la Locride, et, arrivée devant Rhégium, elle invita les habitants à se joindre à elle. Les Rhégiens répondirent qu'ils en délibéreraient avec les autres villes de l'Italie.

IV. Instruits de l'approche de la flotte des Athéniens, les Syracusains investirent du commandement en chef trois généraux, Hermocrate, Sicanus et Héraclide. Ceux-ci levèrent des soldats, et envoyèrent des députés aux villes de la Sicile pour les engager à s'intéresser au salut commun de la patrie. On leur représentait que la guerre contre les Syracusains n'était qu'un prétexte dont se servaient les Athéniens pour s'emparer de toute l'île. Les Agrigentins, les Naxiens déclarèrent vouloir persister dans leur alliance avec Athènes. Les Camarinéens et les Messiniens résolurent de rester neutres et firent une réponse dilatoire au sujet de l'alliance. Les Himériens, les Sélinontins, les Géléens et les Cataniens promirent de combattre dans les rangs des Syracusains. Les villes de la Sicile inclinaient secrètement pour le parti des Syracusains, mais elles se tenaient tranquilles en attendant les événements.

Cependant les Égestéens n'ayant consenti à fournir que trente talents pour les frais de l'expédition, les généraux athéniens les accusèrent d'avoir manqué de parole, quittèrent Rhégium avec leur armée, et vinrent aborder à Naxus en Sicile, où ils furent bien accueillis, et de là ils passèrent à Catane. Cette ville refusa de recevoir des troupes; elle n'admit dans son intérieur que les généraux athéniens qui, introduits dans l'assemblée, s'expliquèrent au sujet de l'alliance. Pendant qu'Alcibiade haranguait le peuple, quelques soldats enfoncèrent une petite porte, et se précipitèrent dans la ville. Cet événement força les Cataniens à prendre part à la guerre contre Syracuse.

V. Pendant que ces choses se passaient, les ennemis personnels d'Alcibiade à Athènes, prenant prétexte de la mutilation des statues, l'accusèrent dans les assemblées du peuple d'avoir conspiré contre le gouvernement démocratique. Ils s'appuyaient sur l'exemple d'Argos, où les amis d'Alcibiade, convaincus d'avoir conspiré contre le gouvernement populaire, furent mis à mort par les citoyens. Le peuple, ajoutant foi à ces accusations, et excité par les démagogues, fit partir pour la Sicile un navire salaminien, avec l'ordre de ramener au plus vite Alcibiade, cité en jugement. A l'arrivée de ce navire à Catane, Alcibiade, apprenant l'ordre du peuple, s'embarqua sur sa propre trirème avec ceux qui étaient accusés de complicité, et sortit du port en même temps que le navire salaminien. Arrivé à Thurium, Alcibiade, soit qu'il se sentît coupable du sacrilége, soit qu'il fût effrayé de l'imminence du danger, s'échappa avec ses complices; le navire salaminien se mit sur les traces des fugitifs; mais ne les pouvant atteindre, il revint à Athènes, et rendit compte de ce qui s'était passé. Alcibiade et ses complices furent mis en jugement et condamnés à mort par contumace. Cependant Alcibiade passa de l'Italie dans le Péloponnèse, se réfugia à Sparte, et excita les Lacédémoniens contre les Athéniens.

VI. Les deux généraux demeurés en Sicile avec l'armée des Athéniens s'avancèrent sur Égeste, s'emparèrent de la petite ville d'Hyccare, en tirèrent cent talents de butin; et après y avoir ajouté les trente talents reçus des Égestéens, ils revinrent à Catane. Dans le but de se rendre maîtres, sans coup férir, du poste voisin du grand port de Syracuse, ils dépêchèrent un Catanien, leur affidé, et qui avait lui-même la confiance des généraux syracusains. Il était chargé de leur dire qu'un certain nombre de Cataniens avait formé le complot de surprendre les Athéniens qui étaient venus en foule et sans armes passer la nuit dans la ville, et après les avoir égorgés, d'incendier leur flotte mouillée dans le port. Ce messager devait ajouter que, pour l'accomplissement et la réussite du projet, il importait que les généraux syracusains se montrassent avec une armée. Le Catanien fit ce qui lui était ordonné; les généraux syracusains, ajoutant foi à cet avis, désignèrent la nuit où ils mettraient les troupes en mouvement, et renvoyèrent le messager à Catane. Les généraux se mirent en marche la nuit désignée, et vinrent camper aux environs de Catane. Les Athéniens, de leur côté, s'avancèrent en silence vers le grand port de Syracuse, se rendirent maîtres de l'Olympium, et occupèrent les environs, où ils établirent leur camp. Les généraux des Syracusains, s'apercevant du piége, revinrent aussitôt sur leurs pas, et attaquèrent le camp des Athéniens. Les deux armées s'étant rangées en bataille, il se livra un combat, dans lequel les Athéniens tuèrent quatre cents ennemis, et mirent le reste en fuite. Mais les généraux athéniens, voyant l'ennemi supérieur en cavalerie, et voulant d'ailleurs mieux se munir de ce qui est nécessaire à un siége, revinrent à Catane. Ils dépêchèrent à Athènes des courriers porteurs de lettres dans lesquelles ils demandaient au peuple de la cavalerie et de l'argent, parce que le siége serait long. Le peuple décréta qu'on leur enverrait en Sicile trois cents talents et un renfort de cavalerie.

Pendant que ces choses se passaient, Diagoras, surnommé l'*Athée*, fut appelé en jugement sur une accusation d'impiété; mais, craignant le verdict du peuple, il s'enfuit de l'Attique. Les Athéniens firent publier par des hérauts que le meurtrier de Diagoras recevrait pour récompense un talent d'argent.

En Italie, les Romains, étant en guerre contre les Èques, prirent d'assaut Lavinium [1]. Tels sont les principaux événements arrivés dans cette année.

VII. Pisandre étant archonte d'Athènes, les Romains nommèrent, au lieu de consuls, quatre tribuns militaires, Publius Lucrétius, Caïus Servilius, Agrippa Ménénius et Spurius Véturius [2]. Dans cette année, les Syracusains envoyèrent des députés aux Corinthiens et aux Lacédémoniens pour leur demander du secours, et les prier de ne pas les abandonner dans le danger extrême. Alcibiade appuya cette demande; les Lacédémoniens décrétèrent un envoi de troupes sous les ordres de Gylippe. Les Corinthiens, occupés à l'équipement d'un plus grand nombre de trirèmes, firent, pour le moment, partir, avec Gylippe, Pythès [3] avec deux navires. Les généraux athéniens Nicias et Lamachus, cantonnés à Catane, après avoir reçu un renfort de deux cent cinquante cavaliers et une somme de trois cents talents d'argent, mirent à la voile pour Syracuse. Ils arrivèrent la nuit devant cette ville, et s'emparèrent, sans être aperçus, des Épipoles. Dès que les Syracusains en furent instruits, ils coururent à la défense de ce poste; mais ils furent repoussés dans la ville après avoir essuyé une perte de trois cents hommes. A la suite de ce succès, les Athéniens reçurent trois cents cavaliers d'Égeste et deux cent cinquante fournis

---

[1] Voyez Tite-Live, IV, 47.
[2] Troisième année de la xc1ᵉ olympiade; année 414 avant J.-C.
[3] Thucydide (VI, 104; VII, 1) l'appelle *Pythène*, ὁ Πυθήν.

par les Sicules, et réunirent ainsi huit cents hommes de cavalerie. Ils fortifièrent Labdalum, et entourèrent la ville de Syracuse d'un mur de circonvallation, ce qui jeta les habitants dans une grande terreur. Ceux-ci firent cependant une vigoureuse sortie pour empêcher la construction du mur; il s'engagea un combat, et, après avoir perdu beaucoup de monde, ils furent mis en déroute. Les Athéniens vinrent ensuite occuper, avec un corps d'armée, le poste qui domine le port; et, fortifiant Polychné ainsi que le temple de Jupiter, ils commencèrent des deux côtés le siége de Syracuse. Les assiégés furent découragés par tant d'échecs; mais dès qu'ils eurent appris que Gylippe avait abordé à Himère, et qu'il y levait des troupes, leur courage se ranima. En effet, Gylippe, arrivé à Himère avec quatre trirèmes qu'il avait fait tirer à terre, avait engagé les habitants de cette ville à se réunir aux Syracusains. Il avait également tiré des soldats des Géléens, des Sélinontins et des Sicaniens. Ayant ainsi rassemblé trois mille fantassins et deux cents cavaliers, il se rendit à Syracuse par la route de l'intérieur.

VIII. Peu de jours après, Gylippe joignit son armée à celle des Syracusains, et marcha contre les Athéniens. Le combat fut opiniâtre. Lamachus y perdit la vie, et, après des pertes réciproques, la victoire demeura aux Athéniens. Aussitôt après la bataille arrivèrent de Corinthe treize trirèmes; Gylippe en fit débarquer les troupes, qu'il réunit à celles des Syracusains, et alla bloquer les Athéniens dans les Épipoles. Ceux-ci firent une sortie, et en vinrent aux mains avec les Syracusains. Les Athéniens perdirent beaucoup de monde, et furent vaincus; la fortification de l'Épipole fut démolie. Chassés de ce poste, les Athéniens transportèrent toute leur armée dans un autre camp. Après ce succès, les Syracusains envoyèrent des députés à Corinthe et à Lacédémone pour demander encore du secours. Les Corinthiens, de concert avec les Béotiens et les Sicyoniens, leur envoyèrent mille hommes, et les Spartiates six cents. Gylippe, parcourant les villes de la Sicile, en entraîna u grand nombre dans l'alliance de Syracuse, et amena par terre trois mille soldats fournis par les Himériens et les Sicaniens. Mais les Athéniens, instruits de la présence de ces troupes, les surprirent en route, et en tuèrent la moitié ; le reste se sauva à Syracuse. L'arrivée de ce renfort fit prendre aux Syracusains la résolution de tenter le sort d'un combat naval. Ils mirent donc à flot les navires qui leur restaient, en construisirent d'autres, et les essayèrent aux manœuvres dans le petit port. Cependant Nicias, général des Athéniens, écrivit à Athènes des lettres contenant la nouvelle de ces armements de l'ennemi et la jonction des alliés avec les Syracusains ; en même temps il invita le peuple de lui envoyer incessamment des trirèmes et de l'argent, ainsi que des officiers généraux pour conduire la guerre ; car Alcibiade s'étant enfui et Lamachus mort, il se trouvait avec une faible santé chargé seul du commandement de l'armée. Les Athéniens firent donc partir pour la Sicile, vers le solstice d'été, dix navires sous les ordres d'Eurymédon, en même temps qu'ils envoyèrent cent quarante talents d'argent ; ils préparaient pour le printemps prochain un renfort encore plus considérable. C'est pourquoi ils levèrent des troupes chez tous leurs alliés, et amassèrent de grandes sommes d'argent. Dans le Péloponnèse, les Lacédémoniens, à l'instigation d'Alcibiade, rompirent la trêve qu'ils avaient conclue avec les Athéniens, et renouvelèrent une guerre qui dura douze ans.

IX. L'année étant révolue, Cléocrite fut nommé archonte d'Athènes, et les Romains remplacèrent les consuls par quatre tribuns militaires, Aulus Sempronius, Marcus Papirius, Quintus Fabius et Spurius Nautius[1]. Les Lacédémoniens, joints à leurs alliés, entrèrent dans l'Attique sous les ordres d'Agis et d'Alcibiade l'Athénien. Ils s'emparèrent de la place forte de Décélie, et en firent un rempart contre l'Attique ; c'est de là que cette guerre prit le nom de *Décélique*. De leur côté, les Athéniens envoyèrent, sous le commandement de Chariclès, trente trirèmes sur les côtes de la Laconie, et décrétèrent de faire partir pour

---

[1] Quatrième année de la xci⁰ olympiade ; année 413 avant J.-C.

la Sicile quatre-vingts navires montés par cinq mille hoplites. Les Syracusains, résolus à un combat naval, se portèrent, avec quatre-vingts trirèmes bien équipées, à la rencontre de la flotte ennemie. Soixante navires athéniens engagèrent le combat, qui devint acharné ; tous les Athéniens des garnisons voisines étaient descendus sur les bords de la mer, les uns pour être spectateurs du combat, les autres pour secourir leurs compatriotes en cas de revers. Les généraux syracusains s'apercevant de ce mouvement firent marcher les détachements de la ville contre les retranchements où les Athéniens conservaient leurs trésors, leurs bagages et autres munitions de guerre. Les Syracusains se rendirent facilement maîtres de ces retranchements, gardés par très-peu de soldats, et tuèrent un grand nombre de ceux qui accouraient du côté de la mer au secours des leurs. De grands cris s'élevèrent dans les forts et le camp, et retentirent jusqu'à la flotte des Athéniens qui, saisie de frayeur, se mit en fuite, et chercha à gagner le seul retranchement qui restât. Les Syracusains la poursuivirent sans ordre ; les Athéniens, mis dans l'impossibilité de gagner la terre à cause de la prise de deux de leurs forts, furent contraints de revenir au combat. Profitant du désordre des Syracusains qui avaient rompu leur ligne, les Athéniens coulèrent bas onze navires ennemis, et repoussèrent les autres jusqu'à l'Ile[1]. Le combat terminé, les uns et les autres élevèrent un trophée : les Athéniens pour la victoire gagnée sur mer, et les Syracusains pour les succès remportés sur terre.

X. Après ce combat naval, les Athéniens apprirent que Démosthène arriverait sous peu de jours avec une nouvelle flotte ; ils résolurent donc de ne rien entreprendre jusque-là. Les Syracusains, au contraire, voulant en venir à une bataille décisive avant l'arrivée de l'armée de Démosthène, harcelaient journellement les navires athéniens. Ariston, pilote corinthien, leur conseilla de rendre les proues de leurs navires plus courtes et plus basses ; cette modification procura aux Syracusains de

[1] Quartier de Syracuse, situé entre le grand et le petit port.

grands avantages. En effet, les trirèmes attiques, dont les proues étaient élevées et plus faibles, ne frappaient, dans l'abordage, que les parties les plus saillantes des navires ennemis, qui n'en recevaient pas un grand dommage; au lieu que les trirèmes syracusaines, ayant les proues fortes et basses, faisaient souvent d'un seul choc couler bas les navires athéniens. Pendant plusieurs jours, les Syracusains offrirent le combat à l'ennemi sur mer et sur terre, mais les Athéniens ne bougèrent pas. A la fin pourtant quelques triérarques, ne pouvant plus supporter les insultes des Syracusains, répondirent aux attaques des ennemis, et il s'engagea dans le grand port un combat avec toutes les trirèmes. Les Athéniens, dont les trirèmes étaient très-légères et gouvernées par des pilotes expérimentés, ne pouvaient profiter d'aucun de leurs avantages dans un espace trop étroit pour les manœuvres. Les Syracusains, les serrant de près, ne leur permettaient pas de reculer. Ils accablaient de traits les hommes combattant sur les ponts, et les obligeaient à coups de pierres d'abandonner les proues. Venant ensuite à l'abordage, ils sautèrent sur les ponts des navires, et y engagèrent un combat de pied ferme. Enfin, les Athéniens, pressés de toutes parts, prirent la fuite. Les Syracusains s'étant mis à leur poursuite leur coulèrent bas sept trirèmes, et en mirent un grand nombre hors de service.

XI. Victorieux sur terre et sur mer, les Syracusains se livraient aux plus hautes espérances, lorsque Eurymédon et Démosthène parurent en vue avec une puissante flotte et les troupes auxiliaires fournies, pendant le trajet, par les Thuriens et les Messapiens. Cette flotte se composait de plus de quatre-vingts trirèmes portant cinq mille soldats, non compris l'équipage. Des bâtiments de transport étaient chargés d'argent, d'armes, de machines de siége et de toutes sortes de munitions. A cet aspect, les Syracusains, se croyant dans l'impossibilité de résister à tant d'ennemis, abandonnèrent leurs premières espérances. Démosthène décida les généraux ses collègues à occuper les Épipoles, poste indispensable pour entourer la ville d'un mur de circonvallation, et il attaqua de nuit les Syracusains avec dix mille hoplites et autant de vélites. Cette attaque imprévue eut d'abord un plein succès. Les Athéniens s'emparèrent de quelques forts, et, pénétrant dans l'enceinte de l'Épipole, ils renversèrent une partie du mur. Les Syracusains y accoururent de tous côtés, et Hermocrate, avec un corps d'élite, repoussa les Athéniens; l'obscurité de la nuit et l'ignorance des localités contribuèrent à les disperser dans tous les sens. Les Syracusains, aidés de leurs alliés, les poursuivirent; ils tuèrent deux mille cinq cents ennemis, en blessèrent un grand nombre et prirent une quantité considérable d'armures. Après la bataille, les Syracusains envoyèrent Sicanus, un de leurs généraux, à la tête de douze trirèmes, pour annoncer cette victoire aux villes alliées et les engager à prêter leur concours.

XII. Les Athéniens, dont la situation empirait, se trouvaient, pour surcroît de malheur, campés dans un lieu marécageux, ce qui occasionna parmi les soldats une maladie pestilentielle. Ils délibérèrent sur le parti qui leur restait à prendre. Démosthène fut d'avis de retourner au plus vite à Athènes, ajoutant qu'il serait plus honorable de défendre la patrie contre les Spartiates que de demeurer en Sicile sans y rien accomplir d'utile. Nicias répliqua qu'il serait honteux d'abandonner le siége, étant encore amplement pourvus de troupes et d'argent; que s'ils faisaient la paix avec les Syracusains sans avoir consulté le peuple d'Athènes, ils n'échapperaient pas, à leur retour, aux accusations de ceux qui avaient l'habitude de calomnier les chefs militaires. Les membres du conseil se partagèrent entre l'avis de Démosthène et celui de Nicias; c'est pourquoi, ne sachant prendre aucun parti décisif, on resta dans l'inaction. Cependant les Syracusains recevaient des troupes auxiliaires de la part des Sicules, des Sélinontins, des Géléens, des Himériens et des Camariniens, ce qui augmenta encore la confiance des Syracusains et le découragement des Athéniens. D'un autre côté, la maladie faisait des progrès; beaucoup de soldats moururent; tous se repentaient de n'avoir pas pris plus promptement la résolution de se rembarquer. Comme l'armée murmurait et que la plupart des soldats se jetaient dans les navires, Nicias fut obligé de consentir au départ. Dès que les chefs furent d'accord, les soldats embarquèrent les bagages, montèrent sur les trirèmes et les tinrent prêtes pour le départ. Les généraux ordonnèrent de quitter le camp à un signal donné, et que tout retardataire serait abandonné. La nuit qui précéda le jour fixé pour le départ, il y eut une éclipse de lune. Nicias, homme naturellement superstitieux, et qui l'était alors d'autant plus à cause de la peste qui avait ravagé l'armée, appela les devins. Ceux-ci annoncèrent qu'il fallait, comme de coutume, différer le départ de trois jours. Démosthène et ses partisans furent obligés de consentir à ce délai par la crainte de la divinité.

XIII. Les Syracusains, instruits par quelques transfuges du motif de ce retard, armèrent toutes les trirèmes, au nombre de soixante-quatorze; et, déployant leurs troupes sur le rivage, ils attaquèrent l'ennemi par mer et par terre. Les Athéniens, dont la flotte se composait de quatre-vingt-six trirèmes, confièrent le commandement de l'aile droite à Eurymédon, qui se trouva opposé à Agatharchus, général des Syracusains; Euthydème, placé à la tête de l'aile gauche, avait en face de lui Sicanus, chef des Syracusains. Le centre était commandé, du côté des Athéniens, par Ménandre, et du côté des Syracusains, par Pythès de Corinthe. La ligne des Athéniens dépassait de beaucoup celle des navires syracusains, ce qui, loin d'être un avantage, fut la cause de leur défaite; car Eurymédon, s'étant détaché de la ligne pour essayer d'envelopper l'aile de l'ennemi, les Syracusains se portèrent sur lui, et le poussèrent dans le golfe de Dascon, occupé par les Syracusains. Là, renfermé dans un espace étroit, et obligé de se faire échouer, il reçut un coup mortel et perdit la vie. Sept navires périrent dans ce même endroit. Le combat était déjà engagé sur toute la ligne, lorsque le bruit de la mort du général athénien et de la perte des sept navires se répandit parmi les troupes, les bâtiments les plus proches de ceux qui avaient été coulés bas commencèrent à virer de bord. Bientôt les Syracusains, animés par ce succès, forcèrent tous les Athéniens à s'enfuir. Comme ils poursuivaient la flotte athénienne jusque dans la partie marécageuse du port, un grand nombre de trirèmes échouèrent dans la vase. Sicanus, un des généraux syracusains, remplit aussitôt un vaisseau de transport de sarments, de torches et de poix, et incendia les trirèmes drossées sur les bas-fonds. Les Athéniens éteignirent promptement la flamme, et n'eurent d'autre moyen de salut que de se défendre vigoureusement contre les assaillants. Les troupes de terre vinrent au secours des navires échoués sur le rivage. Là il s'engagea un combat opiniâtre. Les Syracusains, battus sur terre, mais victorieux sur mer, rentrèrent dans leur ville. Ils n'avaient perdu que quelques hommes, tandis que les Athéniens en avaient perdu au moins deux mille et dix-huit trirèmes.

XIV. Les Syracusains, pensant qu'il n'y avait plus rien à craindre pour leur ville et qu'il s'agissait avant tout de se rendre maîtres du camp des ennemis et de les faire tous prisonniers, fermèrent l'entrée du port par une chaîne de barques. Ils avaient liés ensemble par des chaînes de fer une file de bâtiments de transport, de trirèmes et de vaisseaux ronds fixés sur leurs ancres et couverts de planches qui servaient de ponts. En moins de trois jours l'ouvrage fut achevé. Les Athéniens, se voyant privés de tout moyen de salut, résolurent d'équiper toutes leurs trirèmes, d'y faire embarquer les soldats les plus vaillants, et d'effrayer ainsi l'ennemi par le nombre de leurs navires et la bravoure des combattants réduits au désespoir. En conséquence, les chefs et l'élite des soldats montèrent sur cent quinze trirèmes qui leur restaient; le reste de l'armée se rangea sur la côte. Les Syracusains, de leur côté, en dehors de la ville, déployèrent leurs troupes de terre, et armèrent soixante-quatorze trirèmes. Des jeunes gens, de condition libre et à peine sortis de l'enfance, suivaient la flotte dans des embarcations à rames pour combattre à côté de leurs pères. Toute l'enceinte du port, ainsi que la colline qui domine la ville, était pleine de monde. Femmes, filles, enfants, vieillards étaient spectateurs d'un combat dont ils attendaient l'issue avec anxiété.

XV. Dans ce moment, Nicias, général des Athéniens, examinant la flotte ennemie, et calculant la grandeur du péril, quitta le rivage, et, monté sur une barque pour passer en revue les trirèmes, il appela chaque triérarque par son nom, et, lui tendant les mains, l'exhortait à surpasser tous les autres, et à ne pas laisser échapper la dernière espérance de salut, ajoutant que de leur courage allait dépendre leur sort et celui de la patrie. Il rappela aux pères le serment de leurs enfants, aux fils la gloire de leurs pères. Il invitait ceux qui avaient reçu des récompenses nationales à se montrer dignes de leurs couronnes; et invoquant le trophée de Salamine, il les conjurait tous de ne point ternir la gloire de la patrie en se livrant comme esclaves aux Syracusains.

Après ce discours, Nicias retourna à son poste. Aussitôt la flotte entonna le péan, et se porta au-devant de l'ennemi pour rompre la chaîne qui fermait l'entrée du port. Mais les Syracusains se mirent aussitôt en mouvement, et repoussant les trirèmes athéniennes de l'estacade, ils leur présentèrent le combat. Les trirèmes athéniennes, attaquées tout à la fois par les soldats établis sur le rivage, par ceux qui occupaient le milieu du port, par ceux postés sur les murs de la ville, se dispersèrent et remplirent le port de combats isolés. La victoire fut chaudement disputée. Les Athéniens, confiants dans le nombre de leurs navires, et ne voyant aucun autre moyen de salut, affrontaient tous les dangers, en attendant une mort glorieuse. Les Syracusains, qui avaient pour témoins du combat leurs pères et leurs enfants, rivalisaient de bravoure, chacun voulant vaincre pour la patrie.

XVI. Dans ce combat on vit des marins, dont le navire était percé, sauter sur les proues des navires opposés, et continuer à se battre au milieu des adversaires. D'autres, avec des crocs de fer attiraient à eux les trirèmes ennemies, et forçaient les équipages à se battre comme sur terre. D'autres, enfin, voyant leurs navires brisés, se jetaient dans ceux de l'ennemi, y tuaient les matelots ou les précipitaient dans l'eau, et se rendaient ainsi maîtres des trirèmes. Tout le port retentissait du choc des navires, du cri des combattants et des gémissements des mourants. Bien des trirèmes, frappées par les éperons d'airain des navires assaillants, sombraient avec tout leur équipage. Lorsque quelques-uns des malheureux qui montaient ces navires coulés cherchaient à se sauver en nageant ou en plongeant, ils étaient aussitôt occis à coups de flèches ou de lance. Au milieu de ce tumulte et de ce combat acharné, les pilotes ne pouvaient faire entendre leurs ordres, et leurs signaux n'étaient point aperçus à travers les nuées de traits. Il était impossible d'entendre la voix des chefs au milieu du fracas avec lequel se brisaient les rames et les navires, et au milieu des cris, poussés tant par ceux qui combattaient sur mer que par ceux qui stationnaient sur le rivage, dont une partie était occupée par les Athéniens, et l'autre par les Syracusains, afin que les troupes navales fussent soutenues, de chaque côté, par des troupes de terre. Ceux qui occupaient les murs entonnaient le chant de victoire ou poussaient des lamentations en implorant les dieux, suivant qu'ils voyaient leur parti avancer ou fléchir. Quelques trirèmes syracusaines furent coulées au pied des murailles; ceux qui les montaient périrent sous les yeux mêmes de leurs parents. Quel triste spectacle que celui de la mort d'un fils devant son père, ou la mort d'un frère et d'un mari sous les yeux de la sœur et de l'épouse!

XVII. Le carnage dura longtemps sans que la victoire fût décidée. Aucun navire endommagé n'osait chercher un asile à la côte : les Athéniens demandaient à ceux qui voulaient ainsi déserter leurs rangs, s'ils croyaient pouvoir retourner à Athènes par terre. De leur côté, les Syracusains, dès qu'ils voyaient un de leurs navires approcher de la côte, s'écriaient : « Est-ce pour trahir la patrie que vous nous avez empêchés de monter les trirèmes sur lesquelles vous êtes? Avez-vous fermé l'entrée du port, non à l'ennemi, mais pour vous réfugier sur le rivage ? Et puisque tous les hommes doivent mourir, quoi de plus beau que de mourir pour la patrie ! L'abandonneriez-vous lorsque cette patrie est témoin de vos combats ? » Accueillis par de semblables reproches, les malheureux qui voulaient se réfugier sur la côte retournaient dans la mêlée, bien qu'ils fussent couverts de blessures et leurs navires avariés. Enfin, les Athéniens qui combattaient tout près de la ville, furent vigoureusement repoussés et plièrent; ceux qui étaient placés après les suivirent, et bientôt la fuite devint générale. Les Syracusains poursuivirent les navires à grands cris jusqu'à la côte : les Athéniens qui avaient survécu s'élancèrent de leurs bâtiments échoués sur les bas-fonds pour gagner le camp de l'armée de terre. Tout le port était couvert d'armes et de débris de bâtiments. Les Athéniens perdirent soixante trirèmes; les Syracusains en eurent huit coulées et seize gravement endommagées. Les Syracusains tirèrent à terre le plus grand nombre possible de trirèmes; ils enlevèrent les corps de leurs citoyens et de leurs alliés pour les faire ensevelir aux frais de l'État.

XVIII. Les Athéniens coururent aux tentes de leurs chefs, et les supplièrent de songer, non plus à la flotte, mais à leurs soldats, et à leur propre sûreté. Démosthène proposa de remonter à l'instant sur les trirèmes, et d'attaquer à l'improviste l'estacade et de la rompre. Nicias fut d'avis d'abandonner les bâtiments, et de gagner par terre les villes alliées de la Sicile. Cet avis prévalut. On mit le feu à quelques bâtiments, et on se prépara au départ. Dès qu'on apprit que les Athéniens allaient se retirer pendant la nuit, Hermocrate conseilla aux Syracusains de faire sortir nuitamment toute l'armée, et d'occuper d'avance tous les passages. Mais comme les généraux ne voulaient point suivre ce conseil, parce que la plupart des soldats étaient blessés, et accablés de fatigue, Hermocrate envoya quelques estafettes au camp des Athéniens, pour annoncer que les Syracusains étaient allés d'avance s'emparer des passages et des postes les plus importants. Comme les cavaliers exécutaient cet ordre au milieu de la nuit, les Athéniens s'imaginèrent que c'étaient quelques Léontins qui leur faisaient parvenir cet avis officieux. Ils en furent fort troublés, et ajournèrent le départ, qui aurait pu alors s'effectuer avec sécurité. Dès la pointe du jour, les Syracusains allèrent occuper tous les défilés de la route. Les généraux Athéniens divisèrent leurs troupes en deux corps; au centre se trouvaient les bagages et les malades : les hommes en état de combattre, formèrent l'avant et l'arrière-garde. Les deux corps commandés, l'un par Démosthène, l'autre par Nicias, prirent le chemin de Catane.

XIX. Cependant les Syracusains traînèrent dans la ville cinquante navires, ils en firent descendre tous les soldats qui les montaient, et après leur avoir donné des armes, ils se mirent avec toute cette troupe à la poursuite des Athéniens; ceux-ci, ainsi harcelés, furent entravés dans leur marche. Enfin, après trois jours de poursuite, ils furent enveloppés de toutes parts, et entièrement coupés de la route de Catane, ville alliée. Forcés de rebrousser chemin, les Athéniens traversèrent la plaine d'Hélorum ; mais arrivés aux bords du fleuve Asinarus, ils furent enveloppés par les Syracusains, qui en tuèrent dix-huit mille, et firent sept mille prisonniers, au nombre desquels étaient les deux généraux, Démosthène et Nicias. Tout le reste devint la proie des soldats syracusains. Les Athéniens, cernés de toutes parts, furent obligés de livrer leurs armes et leurs personnes. Après cette victoire, les Syracusains élevèrent deux trophées, auxquels ils attachèrent les armures des deux généraux, et retournèrent à la ville. Ce jour fut célébré par des sacrifices d'actions de grâce offerts aux dieux. Le lendemain, l'assemblée fut convoquée pour décider du sort des prisonniers. Dioclès, le plus renommé des orateurs populaires, proposa de faire mourir ignominieusement les généraux athéniens, et d'envoyer pour le moment tous les autres prisonniers aux carrières[1], et vendre à l'enchère les

[1] Voyez sur ces *latomies*, où les Syracusains faisaient travailler les condamnés à mort, Élien, V. H., XII, 44.

captifs des alliés d'Athènes. Enfin il proposa de donner à chaque Athénien qui travaillerait dans la prison deux chénices de farine [1]. Après la lecture de ce discours, Hermocrate s'avança dans l'assemblée, et s'efforça de démontrer qu'un usage humain de la victoire était plus beau que la victoire même. A cette proposition, le peuple fit entendre un murmure désapprobateur, et la rejeta bien loin, lorsqu'un citoyen, nommé Nicolaüs, qui avait perdu dans la guerre ses deux fils, monta à la tribune, s'appuyant, à cause de sa vieillesse, sur deux domestiques. Aussitôt son apparition fit cesser le tumulte. Le peuple se flattait que ce citoyen parlerait contre les captifs, et lui prêta un grand silence. Le vieillard commença ainsi son discours :

« Citoyens de Syracuse, ma part aux infortunes de la guerre n'est pas la moindre. Père de deux fils, je les ai envoyés tous deux pour défendre la patrie en danger, et je n'en ai reçu d'autre nouvelle que celle de leur mort. Mais, bien que je ressente journellement la privation de ne plus vivre avec eux, je les estime heureux, quand je considère quelle fut leur fin. Pour moi, la vie est un fardeau, et je m'estime le plus malheureux de tous. Mes fils, en achetant au prix de leur sang le salut de la patrie, ont laissé après eux une gloire immortelle. Et moi, parvenu au dernier terme de l'âge, et privé des soutiens de ma vieillesse, je me vois condamné à un double deuil; car, j'ai perdu en eux tout à la fois l'espoir de ma race et la vertu qui faisait ma consolation. Plus leur mort était glorieuse, plus le souvenir en est douloureux. J'ai donc sujet de haïr les Athéniens qui m'ont réduit à m'appuyer, comme vous voyez, sur des domestiques, au lieu d'être soutenu par mes enfants. Ainsi, s'il s'agissait maintenant, citoyens de Syracuse, de délibérer sur le sort des Athéniens, les maux communs de la patrie et mes propres malheurs, dont ils sont la cause, devraient me faire ranger de l'avis le plus rigoureux. Mais il

---

[1] Un litre et huit décilitres. Est-ce par jour ou par semaine ? Le texte ne le dit pas.

s'agit de montrer de la clémence envers des infortunés, en même temps que de soigner notre intérêt, et de faire pénétrer la gloire de Syracuse chez tous les hommes, j'émettrai mon opinion sans déguisement.

XXI. « Le peuple d'Athènes vient de recevoir d'abord des dieux, puis de nous-mêmes, le châtiment de son extravagance. Il est bon que la Divinité afflige de calamités inattendues ceux qui entreprennent des guerres injustes, et qui ne savent user humainement de leur supériorité. Qui aurait jamais prévu que les Athéniens, qui avaient tiré du trésor de Délos dix mille talents, et envoyé en Sicile deux cents trirèmes montées par plus de quatre mille soldats, essuieraient de si grands revers? Car, de cette grande flotte, de cette puissante armée, il ne reste pas un navire, pas même un homme pour porter à Athènes la nouvelle d'un si grand désastre. Instruits par cet exemple, ô Syracusains, que les orgueilleux sont également haïs des dieux et des hommes, respectez la fortune, et n'oubliez pas dans vos actes que vous êtes hommes. Est-ce bien glorieux d'égorger un ennemi terrassé? Quelle renommée accompagne la vengeance? Celui qui se montre cruel envers les malheureux outrage la faible nature humaine. Celui-là n'est pas sage, qui veut se mettre au-dessus de la fortune, qui prend plaisir aux calamités humaines et rend si poignants les changements de la prospérité. On dira peut-être : Les Athéniens nous ont fait du mal; nous avons le droit de nous venger. Mais ne vous êtes-vous pas déjà doublement vengés du peuple athénien? ces prisonniers ne sont-ils pas assez punis? ils vous ont livré leurs personnes et leurs armes. Ils comptent sur l'humanité des vainqueurs; ne serait-il pas indigne de leur en donner un démenti? Les adversaires les plus irréconciliables sont morts sur le champ de bataille; mais ceux qui se sont rendus à discrétion sont devenus vos suppliants. Ceux qui, dans les batailles, livrent leurs personnes à l'ennemi, le font dans l'espérance de sauver leur vie. Si vous infligez aux Athéniens qui se sont ainsi confiés à vous, le dernier supplice, ne méritez-vous pas d'être flétris du nom d'impitoyables ? Enfin, mes concitoyens, ceux qui aspirent à gouverner les hommes, ne doivent pas seulement se rendre formidables par les armes, mais ils doivent aussi adoucir leurs mœurs.

XXII. « Les sujets qui n'obéissent que par crainte n'attendent qu'une occasion pour se révolter par haine. Les chefs qui aiment leurs subordonnés et se conduisent humainement, ne font qu'accroître leur influence. Qu'est-ce qui a détruit l'empire des Mèdes ? la cruauté à l'égard des faibles. La défection des Perses entraîna celle de la plupart des autres nations. Comment Cyrus, de simple particulier, est-il devenu roi de toute l'Asie ? par sa générosité envers les vaincus. Non-seulement il ne maltraita point le roi Crésus, son prisonnier, mais il le combla de bienfaits. Il en usa de même à l'égard des autres rois et des peuples. Aussi la réputation de sa clémence s'étant répandue partout, toutes les nations de l'Asie s'empressèrent d'entrer dans l'alliance de ce roi. Mais pourquoi parler de choses si éloignées de nous par les temps et par les lieux ! A une époque assez récente, et dans notre cité, Gélon, de simple citoyen, ne devint-il pas, par la soumission volontaire des villes, le chef de toute la Sicile ? Sa douceur appela auprès de lui tous les malheureux. Depuis cette époque, Syracuse s'est placée à la tête de la Sicile. Ne ternissons donc pas la gloire de nos ancêtres ; ne nous montrons pas barbares et impitoyables envers les infortunés. Il ne convient pas de donner aux envieux sujet de dire que nous sommes indignes des faveurs de la fortune. Il est beau d'avoir des amis qui compatissent à nos peines et qui se réjouissent avec nous dans la prospérité. Les succès d'armes ne sont souvent dus qu'au hasard et aux circonstances ; mais la modération dans la prospérité caractérise les hommes vertueux. N'enviez donc point à la patrie la gloire de faire dire à tous les hommes qu'elle a vaincu les Athéniens, non-seulement par les armes, mais encore par l'humanité. On verra alors que les Athéniens, qui passent pour la nation la plus civilisée, sont surpassés par notre générosité ; et que ceux qui les premiers ont élevé un autel à la Pitié, l'ont trouvée dans la ville de Syracuse. Par tout cela, il sera évident que les Athéniens ont mérité d'échouer dans leur entreprise, et nous, de remporter la victoire. Enfin, si les Athéniens avaient le projet de nous faire du mal, à nous qui pardonnons à nos ennemis, nous aurons la gloire d'avoir cédé à la pitié même envers ceux qui ont osé manifester les intentions les plus hostiles. Ainsi, ils encourront non-seulement les reproches des autres nations, mais ils devront se condamner eux-mêmes pour avoir voulu offenser des hommes comme nous.

XXIII. « Il est beau, ô citoyens de Syracuse, de donner l'exemple de la réconciliation et d'expier les maux de la discorde par la pitié pour l'infortune. Conservons pour nos amis une amitié immortelle, et pour nos ennemis une haine périssable [1]. Avec ce principe vous augmenterez le nombre de vos alliés, et vous diminuerez celui de vos adversaires. Nourrir des haines éternelles et les transmettre comme un héritage à ses enfants, ce n'est là ni généreux ni sage. Car les plus forts peuvent en un instant devenir faibles : la guerre actuelle en est une preuve. Ces hommes qui étaient venus pour bloquer notre ville, et qui, fiers de leur supériorité, l'avaient déjà investie, ces hommes sont devenus, comme vous voyez, par un changement de fortune, vos prisonniers. Il est donc beau de nous montrer généreux et de nous assurer la compassion des autres, dans le cas où nous éprouverions nous-mêmes quelque revers. La vie offre tant d'événements imprévus, des troubles politiques, des brigandages, des guerres dont il n'est pas facile à un homme d'éluder les dangers. Si donc nous étouffons dans cette occasion tout sentiment de pitié, nous sanctionnerons contre nous-mêmes une loi éternellement amère. Il est impossible de prétendre à la générosité de ceux envers lesquels nous nous sommes conduits avec inhumanité ; et on n'a pas droit à la clémence, lorsqu'on aura, contre les usages des Grecs, cruellement égorgé tant

---

[1] Métellus rappelle, dans Tite-Live, XL, 46, un ancien proverbe romain : *Amicitias immortales, inimicitias mortales esse debere.*

d'hommes. On ne saurait invoquer la loi commune des nations, quand on l'a violée. Quel Grec a assouvi une implacable vengeance sur l'homme qui s'est livré à sa générosité? Et qui voudrait mettre la cruauté au-dessus de la pitié, et la témérité au-dessus de la prudence?

XXIV. « Tous les hommes résistent à ceux qui les attaquent, et ils cèdent à ceux qui les implorent; ils répriment l'audace des uns, et compatissent au malheur des autres. Le cœur s'attendrit lorsque nous voyons, par un changement de fortune, notre ennemi devenir notre suppliant, et forcé d'attendre son sort du vainqueur. Les âmes généreuses, entraînées par un sentiment de sympathie naturel, se laissent selon moi aisément gagner par la pitié. Ainsi, dans la guerre du Péloponnèse, nous avons vu les Athéniens renfermer un détachement de Lacédémoniens dans l'île de Sphactérie, et les rendre ensuite aux Spartiates en acceptant une rançon; les Lacédémoniens à leur tour en ont agi de même à l'égard de nombreux prisonniers athéniens et alliés. Les uns et les autres ont bien agi. Car, chez les Grecs, l'inimitié ne doit subsister que jusqu'à la victoire, et la vengeance s'arrêter devant les vaincus. Celui qui va plus loin, et tire vengeance du captif qui implore la clémence, ne punit pas un ennemi; il outrage la faible nature humaine. On pourra lui rappeler ces belles maximes des sages d'autrefois : *Homme, ne présume pas trop de tes forces, et connais-toi toi-même : sache que la fortune est la maîtresse de tous les événements*[1]. Pourquoi les ancêtres de tous les Grecs ont-ils voulu que les trophées, monuments de la victoire, fussent non en pierre, mais en bois recueilli au hasard? N'est-ce pas afin que ces souvenirs de l'inimitié fussent peu durables et disparussent promptement? En un mot, si vous voulez éterniser votre inimitié, sachez que, dans votre orgueil, vous prétendez

---

[1] *Vitam regit Fortuna, non sapientia* : c'était là une des maximes de Théophraste. Cicéron, *Disput. Tuscul.*, V, 9. Salluste, *Catilina*, 8, s'exprime ainsi à ce sujet : *Sed profecto Fortuna in omni re dominatur. Ea cunctas res ex libidine magis quam ex vero celebrat obscuratque.*

vous mettre au-dessus des infirmités humaines. En un instant, un revers de fortune humilie souvent les orgueilleux.

XXV. « Si, au contraire, vous voulez, comme il est probable, cesser la guerre, quelle plus belle occasion trouverez-vous de faire les premières avances de la paix, en traitant avec humanité les vaincus ? car enfin, ne croyez pas que le peuple athénien soit complétement abattu par les revers qu'il a éprouvés en Sicile : il est encore maître de presque toutes les îles de la Grèce, il a dans sa puissance le littoral de l'Europe et de l'Asie. Il n'y a pas bien longtemps qu'ayant perdu en Égypte trois cents trirèmes, avec tous leurs équipages, le peuple athénien força néanmoins le roi, qui se croyait vainqueur, à signer un traité honteux. Et Xerxès, après avoir détruit la ville d'Athènes, n'a-t-il pas été vaincu par ce même peuple qui a conquis l'empire de la Grèce? Cité vertueuse où les plus grands revers inspirent les plus grandes entreprises, et où jamais aucun conseil lâche ne prévaut! Il sera donc beau, au lieu de fomenter l'inimitié, de vous assurer, par votre clémence, de pareils alliés. Si vous immolez vos captifs, vous cédez à la colère en assouvissant une passion stérile. Si vous les épargnez, vous en recueillerez la reconnaissance, et vous serez glorifiés auprès de toutes les nations.

XXVI. « Mais quelques Grecs, me direz-vous, ont bien égorgé leurs prisonniers. Eh bien! si par cette action ils se sont attiré des éloges, imitons ceux qui ont été plus jaloux de leur gloire. Mais si nous avons été nous-mêmes les premiers à leur en faire un reproche, il ne faut pas agir comme ceux qui encourent la réprobation universelle. Tant qu'on n'aura infligé aucun supplice à ceux qui se sont livrés à notre foi, la conduite du peuple athénien sera justement blâmée par tout le monde ; mais si l'on apprend que nous avons sacrifié nos prisonniers, contrairement au droit des gens, c'est contre nous que se tournera le blâme public. S'il y a quelque ville dont il faille respecter le nom, c'est sans doute la ville d'Athènes, la bienfaitrice du genre humain. Les Athéniens n'ont-ils pas les premiers enseigné aux

Grecs la culture de ce doux aliment qu'ils avaient reçu des dieux, et qui est ensuite devenu d'un usage commun? N'ont-ils pas inventé des lois qui ont changé la vie sauvage en une société civilisée? N'ont-ils pas les premiers établi le droit d'asile, et donné en faveur des suppliants des lois respectées par tous les hommes? Il serait indigne de priver de la protection de ces lois ceux qui en sont les auteurs. Voilà des considérations qui sont bonnes pour tout le monde. Je vais ici ajouter encore quelques réflexions humanitaires qui s'appliquent plus particulièrement à vous.

XXVII. « Vous tous qui, dans Syracuse, possédez de l'instruction et le talent de la parole, ayez pitié de ceux dont la patrie est une école ouverte à tous les hommes. Vous tous qui êtes initiés dans les plus saints mystères, sauvez vos maîtres. Vous qui avez des sentiments humains, conservez la mémoire des bienfaits, et, par un moment de passion, n'enlevez pas aux autres l'espoir de participer un jour des mêmes bienfaits. En quel lieu les étrangers chercheront-ils une éducation libérale, quand Athènes ne sera plus[1]? La haine qu'inspire une offense doit être passagère; le souvenir des bienfaits doit être long et durable. Mettons même de côté les égards auxquels Athènes a droit, et examinons chacun de nos captifs, est-ce que nous ne les trouverons pas tous dignes de notre pitié? Les alliés que nous voyons parmi eux ont été forcés par une autorité supérieure à prendre part à l'expédition. C'est pourquoi, s'il est juste de punir ceux qui nous offensent avec préméditation, il serait inique de ne pas pardonner à ceux qui pèchent involontairement. Que dirai-je de Nicias qui, ayant défendu notre cause dès le commencement, s'est seul opposé à l'expédition contre la Sicile, et qui a toujours été le protecteur et l'hôte des voyageurs syracusains! Il serait odieux de punir Nicias qui parla en notre faveur à Athènes, de lui refuser les sentiments de bienveillance qu'il a montrés pour nous, et de le frapper impitoyablement en récompense des ser-

---

[1] *Ipsæ illæ bonarum artium magistræ et inventrices Athenæ.* Cicéron, *de Oratore*, c. 4.

vices qu'il a rendus à notre république. Et pendant que l'instigateur de cette guerre, Alcibiade, échappe tout à la fois à notre ressentiment et à celui de ses compatriotes, nous n'aurions aucune pitié pour celui qui passe pour le plus doux des Athéniens? Quand je considère les vicissitudes de cette vie, je ne puis assez déplorer le jeu du sort. Nicias, naguère le plus distingué des Grecs, loué pour la bonté de son âme, était le citoyen le plus heureux et le plus renommé d'Athènes; maintenant il présente l'attitude humiliante d'un esclave et éprouve les misères de la captivité, comme si la fortune avait voulu montrer par cet exemple toute sa puissance. Faisons donc de notre liberté un usage humain et ne soyons pas cruels envers nos semblables. »

XXVIII. Ainsi parla Nicolaüs aux Syracusains. Ce discours émut tous les auditeurs. Mais Gylippe le Spartiate, conservant contre les Athéniens une haine implacable, monta à la tribune et commença ainsi sa harangue : « Je m'étonne grandement de vous voir, par l'effet d'une parole éloquente, ô citoyens de Syracuse, changer de sentiments à l'égard de ceux qui vous ont fait tant de mal. Si vous ne conservez aucun courroux contre ceux qui étaient venus pour détruire votre ville et asservir la patrie, pourquoi faire ici de longs discours? Mais, au nom des dieux, pardonnez-moi, ô citoyens de Syracuse, si je viens ici exprimer ma pensée pleine et entière. Spartiate, je parlerai comme un Spartiate. D'abord on pourrait se demander comment Nicolaüs conseille d'user de clémence envers ces mêmes Athéniens qui ont rendu sa vieillesse si misérable, en la privant de l'appui de ses fils? Le père se présente en habit de deuil dans l'assemblée, et demande, les larmes aux yeux, miséricorde pour les meurtriers de ses enfants! Ce n'est pas faire preuve d'humanité que d'oublier la mort des êtres qui vous touchent de si près, pour sauver la vie des plus cruels ennemis. Combien de pères ici présents pleurent la mort de leurs fils tombés sous les coups de l'ennemi? » A ces mots, un grand nombre d'auditeurs manifestaient la plus violente agitation.

L'orateur, reprenant la parole : « Je vois par ce trouble, dit-il, que les malheurs que je déplore sont réels. Combien d'autres cherchent leurs frères, leurs parents, leurs amis, qui ne sont plus ! » L'agitation redoubla. « Voyez-vous, continua Gylippe, la foule des malheureux que les Athéniens ont faits ? Tous ces infortunés se trouvent, sans en avoir donné aucun motif, privés des êtres les plus chers. C'est donc leur devoir de haïr les Athéniens autant qu'ils regrettent ceux qui ne sont plus.

XXIX. « Est-il injuste, ô citoyens de Syracuse, de venger sur vos plus cruels ennemis la mort de ceux qui sont tombés volontiers pour votre cause ? Ne serait-il pas absurde de faire l'éloge de ceux qui ont acheté la liberté commune au prix de leur vie, tout en faisant le plus grand cas du salut de leurs meurtriers ? Vous avez décrété qu'on rendrait publiquement les honneurs funèbres à ceux qui sont morts pour la patrie. Quelles plus belles funérailles que d'immoler ceux qui les ont fait mourir ! Sinon, de par Jupiter, donnez-leur le droit de cité, et conservez-les comme des trophées vivants de la gloire de ceux qu'ils ont fait périr. Mais ils ont changé, direz-vous, le nom d'ennemis contre celui de suppliants. Mais ont-ils droit à votre humanité, ceux qui, les premiers, ont fait des lois sur les suppliants, et ont statué que l'on devait de la pitié aux malheureux, et infliger un châtiment aux criminels. Dans quelle classe rangerons-nous les prisonniers ? Dans celle des malheureux ? Mais quel sort les a forcés à troubler la paix et à faire la guerre aux Syracusains inoffensifs ? Pourquoi, rompant la paix si agréable à tous, sont-ils venus dans le dessein de raser votre ville ? Puisqu'ils ont choisi la guerre de leur plein gré, qu'ils en subissent résolument les conséquences, et qu'ils ne prétendent point que, vainqueurs, ils eussent pu se montrer cruels envers vous, et que, vaincus, il leur fût permis de racheter notre vengeance par des supplications. Si leur infortune est l'œuvre de leur perversité et de leur ambition, qu'ils n'en accusent pas le destin, et qu'ils n'invoquent pas le nom sacré de suppliants. La compassion n'est réservée qu'aux hommes qui ont l'âme pure, et auxquels le destin est contraire. Mais ces Athéniens, dont la vie est souillée de tant de forfaits, n'ont droit à aucune pitié, à aucun asile.

XXX. « En effet, quel honteux projet n'avaient-ils pas conçu? Quels crimes n'ont-ils pas commis? C'est le propre de l'ambition de ne pas se contenter des biens présents et d'appéter ce qui est éloigné et illicite. Les Athéniens, les plus opulents de tous les Grecs, comme las de la fortune qui les favorise, ont franchi la mer pour se partager la Sicile et vendre les habitants comme esclaves. N'est-ce pas affreux de déclarer la guerre à ceux qui ne l'ont provoquée par aucune offense? C'est pourtant là ce que les Athéniens ont fait. Amis de votre État depuis bien longtemps, ils sont venus vous surprendre en assiégeant Syracuse avec une armée formidable. C'est le comble de l'orgueil de décider du sort d'un peuple non encore vaincu, et d'en décréter d'avance le châtiment. C'est pourtant ce que les Athéniens n'ont pas oublié de faire. Avant de descendre en Sicile, ils ont arrêté de vendre les Syracusains et les Sélinontins comme esclaves, et de forcer les autres à payer un tribut. Qui donc aurait pitié de ces hommes poussés par l'ambition, la perfidie et l'orgueil? Et ne savez-vous comment les Athéniens en ont usé à l'égard des Mitylénéens? Après avoir vaincu ce peuple, qui ne leur avait fait aucun mal, et qui ne voulait que défendre sa liberté, ils décrétèrent de l'égorger dans la ville. Action cruelle et barbare! Et ces crimes, ils les ont commis envers des Grecs, envers des alliés, et souvent envers leurs bienfaiteurs. Qu'ils ne s'indignent donc pas aujourd'hui s'ils éprouvent le même châtiment qu'ils ont infligé à d'autres. Il n'y a rien de plus juste que d'obéir soi-même à la loi qu'on a portée contre les autres. Mais que dirais-je encore? Après avoir pris d'assaut la ville des Méliens, n'ont-ils pas égorgé toute la population adulte? et n'ont-ils pas fait éprouver le même sort aux Scionéens, de même origine que les Athéniens? De telle sorte que, de ces deux peuples, tombés victimes du courroux attique, il ne resta personne pour rendre aux morts les derniers devoirs.

Des Scythes ne se seraient pas ainsi conduits. Ce peuple athénien, qui prétend se distinguer par sa civilisation, a décrété la destruction de villes entières. Jugez maintenant de ce qu'ils auraient fait de la ville des Syracusains, si elle était tombée en leur pouvoir. Si cruels à l'égard des leurs, n'auraient-ils pas fait tomber tout le poids de leur vengeance sur une nation qui ne leur est attachée par aucun lien?

XXXI. « Ces hommes n'ont donc, dans leur infortune, aucun droit à la pitié ; ils s'en sont rendus indignes par leurs antécédents. Où leur serait-il permis de chercher un refuge ? auprès des dieux ? Mais ils se sont efforcés d'en détruire le culte antique. Auprès des hommes ? Mais ils étaient venus pour en faire des esclaves. Ils invoquent Cérès, Proserpine et leurs mystères ; n'ont-ils pas ravagé l'île consacrée à ces déesses ? Cela est vrai, dira-t-on ; mais le vrai coupable n'est point le peuple athénien, c'est Alcibiade qui a conseillé cette guerre. Et ne savons-nous pas que les conseillers accommodent, pour la plupart, leurs discours aux désirs de ceux qui les écoutent ? Le peuple qui donne les suffrages, fait parler les orateurs selon ses vues. Ce n'est point l'orateur qui est le maître de la volonté de la foule, c'est le peuple, dont la résolution est arrêtée d'avance, qui habitue l'orateur à ne déployer que son éloquence. Si l'on pardonnait aux coupables, lorsqu'ils font remonter la cause du crime à ceux qui l'ont conseillé, les méchants trouveraient une excuse facile. C'est le comble de l'injustice de faire tomber la punition des crimes sur les orateurs, tandis que c'est le peuple et non ses conseillers qui recueillent les fruits des bonnes actions. Quelques-uns se sont tellement écartés de la saine raison, qu'ils sont allés jusqu'à dire qu'il fallait châtier Alcibiade qui n'est pas dans notre pouvoir, et relâcher les captifs qui méritent une juste punition ; comme si le peuple syracusain n'éprouvait pas l'indignation que mérite la méchanceté. Et s'il est vrai que des orateurs ont conseillé cette guerre, c'est au peuple athénien à se venger de ceux qui l'ont trompé, et à faire justice de ceux qui vous ont offensés. S'ils reconnaissent parfaitement leur tort, ils méritent un châtiment en raison même de l'intention du crime ; et s'ils ont suivi un conseil téméraire en vous déclarant la guerre, il ne faut pas les absoudre, afin qu'ils ne continuent pas à compromettre aussi légèrement l'existence d'autrui. Il n'est pas juste que l'imprévoyance des Athéniens ait pu mettre Syracuse à deux doigts de sa perte, et il ne l'est pas davantage de laisser à ceux qui ont fait un mal irréparable, une aussi facile excuse de leurs actes.

XXXII. « Mais, par Jupiter, dira-t-on, Nicias avait plaidé la cause des Syracusains, et seul il avait opiné contre la guerre. Nous savons ce qu'il a dit à Athènes, mais nous voyons ce qu'il a fait à Syracuse. Là, il est opposé à l'expédition, ici il est le chef de l'armée athénienne, et le défenseur des Syracusains a entouré votre ville d'un mur de circonvallation. Cet homme, si généreux pour vous, a forcé de persister dans la guerre Démosthène et les autres chefs qui voulaient lever le siége. Je pense donc que les paroles ne doivent avoir pour vous plus de poids que les actions, les promesses plus que la réalité, les dispositions secrètes plus que les choses palpables. Mais, par Jupiter, il n'est pas beau, répliquera-t-on, d'éterniser la haine. Oui ; mais est-ce que, après la punition des coupables, vous n'êtes pas libres de mettre, si bon vous semble, un terme à toute inimitié ? Il ne serait pas juste que les Athéniens, vainqueurs, eussent eu le droit de faire esclaves leurs prisonniers de guerre, et que, vaincus, ils eussent obtenu leur pardon, comme s'ils n'avaient commis aucune injustice, et qu'ils fussent dispensés des châtiments de leurs forfaits, en rappelant, en temps utile et par des discours fardés, d'anciennes alliances. Encore un coup, si vous en usez ainsi à leur égard, vous offenserez les Lacédémoniens, ainsi que vos autres alliés qui, ailleurs, ont allumé la guerre en votre faveur, et envoyé ici des troupes auxiliaires. Il ne tenait qu'à eux de vivre tranquillement en paix, et d'abandonner la Sicile à son sort. Si vous relâchez les prisonniers, vous acquérez sans doute l'amitié des Athéniens, mais vous serez traîtres à vos alliés ; et vous laissere⁊

à l'ennemi commun des forces que vous pouviez affaiblir. Je ne croirai jamais que les Athéniens, qui ont fait éclater contre vous une haine si violente, conservent une amitié solide; tant qu'ils sont faibles, ils montrent une bienveillance hypocrite; mais, dès qu'ils se sentent des forces, ils poursuivent leurs anciens projets jusqu'au bout. Enfin, au nom de Jupiter et de tous les dieux que je prends à témoin, je vous adjure de ne point sauver la vie à vos ennemis, de ne point abandonner vos alliés, et de ne point exposer la patrie à de nouveaux dangers. Et vous, ô citoyens de Syracuse, si, après avoir relâché vos prisonniers, il vous arrive quelque malheur, il ne vous restera aucun moyen pour vous justifier honnêtement. »

XXXIII. Persuadé par le discours du Spartiate, le peuple changea d'opinion et sanctionna l'avis de Dioclès[1]. En conséquence, les généraux et les soldats alliés furent immédiatement mis à mort. Les Athéniens furent envoyés aux *latomies*[2], d'où quelques-uns, plus instruits que les autres, ont été tirés par la suite pour donner des leçons aux jeunes gens de la ville. Presque tous les autres, maltraités dans la prison, périrent misérablement. Après cette guerre, Dioclès rédigea pour les Syracusains un code de lois. Ce législateur eut une fin étrange. Impitoyable dans l'application des peines, et châtiant sévèrement les coupables, il avait ordonné que quiconque se rendrait armé sur la place publique serait condamné à mort, et ne pourrait faire valoir pour excuse ni l'ignorance ni aucun autre motif. Ayant un jour reçu la nouvelle de l'invasion des ennemis, il sortit avec son épée. Un tumulte s'étant élevé sur la place publique, il y courut sans songer qu'il portait une arme. Un citoyen lui reprochant qu'il violait ses propres lois. « Non, par Jupiter, s'écria-t-il, je les sanctionne ! » Et, tirant son épée, il se tua lui-même[3].

---

[1] Gylippe était donc le principal instigateur de la mort de Nicias et de Démosthène. En cela Diodore s'éloigne de Thucydide, VII, 86.

[2] Λατομίαι, carrières. Travaux forcés auxquels on condamnait les criminels.

[3] L'auteur a raconté la même chose de Charondas. Voyez plus haut, XII, 19.

Tels sont les événements arrivés dans le cours de cette année.

XXXIV. Callias étant archonte d'Athènes, les Romains nommèrent, au lieu de consuls, quatre tribuns militaires, Publius Cornélius, Caïus Fabius[1]; on célébra en Élide la XCII[e] olympiade, où Exænète d'Agrigente fut vainqueur à la course du stade[2]. A cette époque, les Athéniens, après l'échec éprouvé en Sicile, virent leur influence tomber en discrédit. Les habitants de Chio, de Samos, les Byzantins[3] et beaucoup d'autres de leurs alliés, se déclarèrent pour les Lacédémoniens. Le peuple, découragé, abolit, de son propre mouvement, le gouvernement démocratique, et choisit quatre cents hommes auxquels il confia l'administration de l'État[4]. Les chefs de cette oligarchie firent construire plusieurs trirèmes et partir une flotte de quarante navires sous les ordres de quelques chefs. Ceux-ci, en désaccord entre eux, firent voile pour Orope où les trirèmes ennemies avaient jeté l'ancre. Là fut livré un combat naval, dans lequel les Lacédémoniens furent vainqueurs, et s'emparèrent de vingt-deux bâtiments.

La guerre contre les Athéniens étant terminée, les Syracusains firent aux Lacédémoniens, leurs alliés commandés par Gylippe, une part honorable du butin pris sur l'ennemi. En même temps ils leur envoyèrent une flotte de trente-cinq trirèmes pour soutenir Sparte dans la guerre contre Athènes. Cette flotte était commandée par Hermocrate, un des principaux citoyens. Réunissant toutes les dépouilles, ils ornèrent par ces offrandes les temples, et honorèrent par des dons mérités les plus braves guerriers de l'armée. Après ces événements, Dioclès, le plus influent des orateurs populaires, conseilla au peuple de changer la forme du gouvernement, d'élire les ma-

---

[1] Les noms des deux derniers manquent. C'étaient Quinctius Cincinnatus et Fabius Vibulanus. Voyez Tite-Live, IV, 49.

[2] Première année de la XCII[e] olympiade; année 412 avant J.-C.

[3] Les Byzantins se déclarèrent un an plus tard que les habitants de Chio et de Samos. Thucydide, VIII, 5 et 80.

[4] Ce changement politique est raconté avec plus de détails par Thucydide, VIII, 8 - 50.

gistrats au sort, et de nommer des législateurs pour régler l'administration de l'État et rédiger un nouveau code de lois.

XXXV. En conséquence, les Syracusains choisirent pour législateurs les citoyens les plus sages, parmi lesquels Dioclès occupa le premier rang. En effet, il était, par ses talents, si supérieur à ses collègues, que le code de lois, bien qu'il fût l'ouvrage de plusieurs, garda le nom de Dioclès. Les Syracusains admirèrent cet homme non-seulement de son vivant, mais après sa mort ils lui décernèrent les honneurs héroïques, et lui élevèrent, aux frais de l'État, un temple qui subsista jusqu'à l'époque où Denys le fit abattre pour construire le mur de la ville[1]. Enfin, Dioclès fut également honoré des autres Siciliens ; ses lois étaient en vigueur dans beaucoup de villes jusqu'au moment où tous les habitants de la Sicile devinrent citoyens romains[2]. Dans des temps plus reculés, les Syracusains ayant adopté des lois publiées, sous Timoléon, par Céphalus[3], et sous le roi Hiéron, par Polydore, ne donnèrent ni à l'un ni à l'autre le nom de législateurs, mais seulement celui d'interprètes du législateur ; parce qu'en effet ils n'avaient fait qu'interpréter les lois qui étaient écrites dans un dialecte ancien et difficile à comprendre. Cette législation est digne de notre attention. Son auteur se montre ennemi implacable du vice, en portant les lois les plus sévères contre les coupables ; il aime la justice, en distribuant plus équitablement que ses prédécesseurs les punitions des crimes ; enfin, en homme d'une expérience consommée, il fixe pour tout genre de délit, soit public, soit privé, une peine proportionnée. Son code est concis, et tous ceux qui le lisent admirent sa précision. Enfin, Dioclès a lui-même démontré, par sa mort, le courage et la fermeté de son âme. J'ai cru devoir donner à ce sujet un peu plus de détails, parce que la plupart des historiens n'en ont dit que peu de chose.

[1] Voir plus bas, XVI, 18.
[2] Ce fut Jules César qui accorda aux Siciliens le droit de cité de Rome.
[3] Voir plus bas, XVI, 83.

XXXVI. Instruits de la destruction de leur armée en Sicile, les Athéniens sentirent tout le poids de ce revers ; mais ils n'en continuèrent pas moins leur lutte avec leurs rivaux, les Lacédémoniens, pour la suprématie sur la Grèce. Ils armèrent donc plusieurs navires, et se procurèrent de l'argent, déterminés à disputer à Sparte le premier rang tant qu'il leur resterait une lueur d'espérance. Ils choisirent quatre cents hommes auxquels ils donnèrent une autorité absolue sur la conduite de la guerre, se persuadant que l'oligarchie serait, dans la conjoncture actuelle, un gouvernement plus approprié que la démocratie. Mais le succès ne répondit pas à leur attente ; car la guerre était encore plus mal dirigée. A la tête d'une flotte de quarante navires, on avait envoyé des généraux qui étaient en discorde entre eux, dans un moment où les Athéniens, affaiblis, avaient besoin de la bonne harmonie de leurs chefs. Cette flotte mit enfin à la voile pour Orope[1], où, sans y être préparée, elle fut obligée de combattre la flotte des Péloponnésiens. Dans un combat mal soutenu, et par défaut de bravoure, les Athéniens perdirent vingt-deux navires ; à peine parvinrent-ils à mettre les autres en sûreté dans le port d'Érétrie. Cet événement, joint au désastre de la Sicile et à l'impéritie des chefs, détermina les alliés des Athéniens à embrasser le parti des Lacédémoniens.

Darius, roi des Perses, était l'allié des Lacédémoniens. Pharnabaze[2], qui avait le gouvernement du littoral de l'empire, fournissait aux Lacédémoniens de l'argent. Il fit aussi venir de la Phénicie trois cents trirèmes, dans l'intention de les envoyer en Béotie, au service des Lacédémoniens.

XXXVII. Sous le coup de tant de désastres qui avaient en un instant accablé les Athéniens, on prit la résolution unanime de mettre fin à la guerre. Personne ne croyait alors les Athéniens capables de la soutenir seulement un moment. Cependant, grâce à l'arrogance des ennemis, les affaires eurent une issue

---

[1] Ceci arriva plus tard, et les choses se passèrent autrement, d'après Thucydide, VIII, 95.

[2] Ce satrape du littoral de l'Asie s'appelait Tissapherne, s'il faut en croire Thucydide, VIII, 45.

toute contraire à celle que l'opinion générale s'était faite, ainsi que nous allons le voir.

Alcibiade, exilé d'Athènes, combattit pendant quelque temps dans les rangs des Lacédémoniens, et leur rendit de grands services dans cette guerre. Il était par son éloquence, par sa bravoure, par sa naissance et sa richesse le plus puissant et le premier des Athéniens. Désirant rentrer dans sa patrie, il fit tous ses efforts pour se rendre utile aux Athéniens qui étaient alors plongés dans la plus grande détresse. Lié d'amitié avec Pharnabaze, il le dissuada d'envoyer trois cents navires au secours des Lacédémoniens. Il lui représentait qu'il était contraire aux intérêts du roi d'aider à rendre les Spartiates si puissants, et qu'il vaudrait mieux laisser la balance égale entre les parties belligérantes, afin de prolonger la discorde le plus longtemps possible. Pharnabaze, qui goûta ce conseil, renvoya la flotte en Phénicie. C'est ainsi qu'Alcibiade enleva aux Lacédémoniens un si grand secours. Quelque temps après, il obtint de retourner dans sa patrie; et, mis à la tête d'une armée, il vainquit les Lacédémoniens en plusieurs batailles, et releva les affaires d'Athènes. Mais, pour ne pas anticiper sur notre récit, nous parlerons plus amplement de ces choses en temps et lieu convenables.

XXXVIII. L'année étant révolue, Théopompe fut nommé archonte d'Athènes, et les Romains élurent, au lieu de consuls, quatre tribuns militaires, Tibérius Posthumius, Caïus Cornélius, Caïus Valérius et Cæso Fabius[1]. A cette époque, les Athéniens abolirent le gouvernement oligarchique des quatre cents et rétablirent le régime populaire. L'auteur de tous ces changements fut Théramène, homme distingué par ses mœurs et sa sagesse. C'était lui qui seul avait conseillé le rappel d'Alcibiade, dont la présence ranima le courage des citoyens. Théramène, ayant fait adopter beaucoup d'autres réformes pour le bien de la patrie, s'acquit une grande estime. Mais ceci n'arriva qu'un peu plus tard.

---

[1] Deuxième année de la XCIIe olympiade; année 411 avant J.-C.

Les Athéniens nommèrent généraux Thrasylle et Thrasybule, qui réunirent une flotte à Samos, où ils exerçaient tous les jours leurs soldats aux manœuvres d'un combat naval. Mindarus, nauarque des Lacédémoniens, resta quelque temps à Milet, attendant le secours promis par Pharnabaze. Il se flattait d'anéantir, avec les trois cents trirèmes de la Phénicie, la puissance des Athéniens, lorsqu'il apprit que Pharnabaze, persuadé par Alcibiade, avait renvoyé la flotte en Phénicie. Ainsi, ne comptant plus sur Pharnabaze, il équipa lui-même les navires tirés du Péloponnèse, et des alliés étrangers. Il envoya Doriée, avec treize navires, à Rhodes, où, suivant divers rapports, il se tramait quelque nouveau complot. Ces navires venaient d'être fournis par quelques Grecs d'Italie, au secours des Lacédémoniens. Quant à Mindarus, il mit à la voile pour l'Hellespont avec le reste de la flotte de quatre-vingt-trois navires, parce qu'il avait appris que la flotte athénienne stationnait dans les eaux de Samos. Les généraux athéniens, voyant ce mouvement de la flotte ennemie, se portèrent à sa rencontre avec soixante bâtiments. Les Lacédémoniens s'étant dirigés sur Chio, les généraux athéniens résolurent d'aborder à Lesbos, pour y rejoindre les trirèmes auxiliaires, et ne pas rester inférieurs aux forces de l'ennemi.

XXXIX. Pendant que les Athéniens étaient occupés à cette manœuvre, Mindarus remit nuitamment à la voile, vogua en toute hâte vers l'Hellespont, et arriva le second jour au cap Sigée. Les Athéniens, instruits de ce départ, n'attendirent pas la jonction de toutes les trirèmes auxiliaires, et quoiqu'ils n'en eussent encore rallié que trois, ils se mirent à la poursuite des Lacédémoniens. Mais arrivés à Sigée, ils trouvèrent que la flotte ennemie avait déjà levé l'ancre, et qu'il n'était resté en arrière que trois trirèmes, dont ils s'emparèrent promptement. De là, ils se portèrent à Éléonte, et se préparèrent à un combat naval.

Les Lacédémoniens, voyant les ennemis se disposer au combat, exercèrent leurs rameurs aux manœuvres pendant cinq jours, et rangèrent leur flotte en ligne, composée de quatre-vingt-huit bâtiments. Les Lacédémoniens étaient appuyés sur la côte de l'Asie, et les Athéniens sur celle de l'Europe. Ces derniers étaient inférieurs en nombre, mais ils surpassaient leurs ennemis en expérience. Les Lacédémoniens avaient placé à l'aile droite les Syracusains, commandés par Hermocrate, l'aile gauche était occupée par les Péloponnésiens, sous les ordres de Mindarus. Du côté des Athéniens, Thrasylle commandait la droite, et Thrasybule la gauche. Les deux flottes se disputèrent d'abord l'avantage de la position, pour n'avoir pas le courant contraire. Elles manœuvrèrent ainsi longtemps en luttant pour gagner la position la plus favorable, et cherchant à fermer l'entrée du détroit; car, comme le combat avait lieu entre Sestos et Abydos, il était difficile de maîtriser le courant dans cet étroit passage. Enfin, les pilotes athéniens contribuèrent beaucoup à la victoire par leur expérience consommée.

XL. Les Péloponnésiens étaient, à la vérité, supérieurs à l'ennemi par le nombre des navires et la valeur des guerriers; mais les pilotes athéniens savaient, par leur habileté, rendre ce double avantage inutile. Chaque fois que les Péloponnésiens couraient, en ligne serrée, à l'abordage, les Athéniens manœuvraient si habilement qu'ils ne leur présentaient que les saillies des éperons. C'est pourquoi Mindarus, voyant ses attaques échouer, ordonna d'engager l'action avec un petit nombre de bâtiments, et de combattre navire contre navire. Cette tactique fut encore déjouée par l'adresse des pilotes athéniens, qui, évitant adroitement les éperons des navires ennemis, les frappaient eux-mêmes sur les parties latérales, et en endommagèrent un grand nombre. La lutte s'échauffa; on ne s'en tint pas seulement au choc des navires; on passa à l'abordage et au combat d'homme à homme. Embarrassés par la violence du courant, on se battit assez longtemps sans qu'aucun parti remportât la victoire. La bataille restait ainsi indécise, lorsque apparurent au loin vingt-cinq navires envoyés au secours des Athéniens. Les Péloponnésiens, saisis d'épouvante, se réfugièrent à Abydos, où les Athéniens les poursuivirent avec ardeur. Telle fut l'issue du combat, dans lequel les Athéniens prirent huit bâtiments aux habitants de Chio, cinq aux Corinthiens, deux aux Ambraciotes, un aux Syracusains, un aux Pallénéens et un aux Leucadiens. Ils en perdirent eux-mêmes cinq qui furent tous coulés. Après ce succès, Thrasybule éleva un trophée sur le promontoire où se trouve le tombeau d'Hécube[1], et il envoya des messagers annoncer à Athènes la nouvelle de cette victoire.

Les Athéniens se dirigèrent avec toute leur flotte à Cyzique. Cette ville, avant le combat naval, s'était déclarée pour Pharnabaze, général de Darius, et Cléarque, commandant des Lacédémoniens. La trouvant sans fortifications, ils la prirent aisément d'assaut ; et, après avoir levé sur les habitants des contributions, ils remirent à la voile pour Sestos.

XLI. Mindarus, commandant de la flotte lacédémonienne, réfugié, depuis sa défaite, à Abydos, radouba ses navires endommagés, et envoya Épiclès le Spartiate en Eubée, pour en amener au plus vite les bâtiments qui y étaient en station. Épiclès arriva en Eubée, y rassembla cinquante navires, et remit en mer en toute hâte. Mais, parvenu à la hauteur d'Athos, il fut assailli d'une tempête si violente, que tous ses bâtiments périrent, et qu'il ne sauva avec lui que douze hommes. C'est ce qu'indique un monument déposé dans un temple près de Coronée, qui, au rapport d'Éphore, porte l'inscription suivante :

« Des infortunés qui, après le naufrage de leur cinquante navires, essayèrent d'échapper à la mort, douze seulement ont pris terre aux rochers d'Athos ; tous les autres ont été engloutis dans les flots de la mer, ainsi que leurs navires, battus par la tempête mugissante. »

En ce même temps, Alcibiade se rendit avec treize trirèmes auprès des Athéniens stationnés à Samos, lesquels savaient déjà que Pharnabaze avait, sur le conseil d'Alcibiade, refusé aux Lacédémoniens un secours de trois cents bâtiments. Alcibiade

---

[1] Ce tombeau portait le nom de *Cynossema. Est Cynossema tumulus Hecubæ, sive ex figura canis, in quam conversa traditur, sive ex fortuna, in quam deciderat, humili nomine accepto.* Pomponius Mela, II. 2.

y fut donc très-bien accueilli. Il entama des négociations au sujet de sa rentrée à Athènes, et promit de rendre bien des services à sa patrie. Il se justifia ensuite, pleurant sur l'infortune qui l'avait contraint à employer son courage contre sa patrie.

XLII. L'armée accueillit avec joie les paroles d'Alcibiade, et envoya des députés à Athènes. Le peuple prononça l'acquittement d'Alcibiade, et le fit prendre part au commandement militaire. Considérant l'ardeur guerrière et la grande célébrité de ce citoyen, les Athéniens jugèrent ce qui devait arriver, que sa présence serait d'un grand poids dans la balance de la fortune. Théramène, homme d'ailleurs réputé très-capable, placé alors à la tête des affaires, avait conseillé au peuple le rappel d'Alcibiade. A la réception de ces nouvelles à Samos, Alcibiade joignit à ses treize navires neuf autres, et se porta sur la ville d'Halicarnasse, qu'il rançonna. Il partit de là pour ravager Méropis[1], et revint à Samos chargé de butin. Il distribua ces immenses dépouilles aux soldats cantonnés à Samos, et à tous ses compagnons, et s'attacha vite les troupes par cette libéralité.

A cette époque, les habitants d'Antandros, occupée par une garnison perse, demandèrent aux Lacédémoniens des soldats qui les aidèrent à chasser cette garnison et à recouvrer leur liberté. Les Lacédémoniens se vengèrent ainsi sur Pharnabaze du renvoi des trois cents navires phéniciens. L'historien Thucydide termine ici son histoire, comprenant un espace de vingt-deux ans[2], et divisée en huit livres, et d'après quelques-uns, en neuf. Xénophon et Théopompe commencent là où finit Thucydide. Xénophon embrasse un intervalle de quarante-huit ans[3]; Théopompe comprend un espace de dix-sept ans, en

[1] L'île de Cos portait anciennement le nom de Méropis. Strabon, XV, p. 1006 de l'édition de Casaubon.
[2] Cependant Thucydide, VIII, 109, dit lui-même que son ouvrage ne comprend qu'un espace de vingt et un ans. Diodore se serait donc trompé d'une année. Voyez la note de Wesseling, tom. V, p. 572.
[3] Jusqu'à la bataille de Mantinée, qui se trouve ici racontée à la fin du XVe livre.

terminant son histoire des Grecs, composée en douze livres, au combat naval de Cnide[1].

Telle était la situation des affaires en Grèce et en Asie.

Les Romains, en guerre contre les Èques, avaient envahi le territoire ennemi avec une nombreuse armée ; ils investirent la ville de Voles, et la prirent d'assaut.

XLIII. L'année étant révolue, Glaucippe fut nommé archonte d'Athènes, et les Romains élurent pour consuls Marcus Cornélius et Lucius Furius[2]. A cette époque, les Égestéens, en Sicile, qui s'étaient ligués avec les Athéniens contre Syracuse, commencèrent, depuis que la guerre était finie, à redouter la vengeance qu'ils avaient accumulée sur leur tête. En guerre avec les Sélinontins, au sujet d'un territoire contesté, les Égestéens cessèrent les hostilités, dans la crainte que les Syracusains, cherchant quelque prétexte pour prendre part à cette guerre, ne missent la patrie en danger. Mais après que les Sélinontins, non contents de la possession du territoire concédé, s'étaient aussi emparés des terres voisines, les habitants d'Égeste envoyèrent des députés à Carthage, pour demander du secours et offrir la soumission de leur ville. A leur arrivée, les envoyés exposèrent au sénat l'objet de leur mission. Les Carthaginois ne furent pas peu embarrassés ; car d'un côté ils avaient grande envie de s'approprier une ville si bien à leur convenance, et de l'autre ils redoutaient les Syracusains, qui venaient de triompher des forces des Athéniens. Cependant, l'avis d'accepter l'offre d'Égeste, ayant prévalu, les Carthaginois répondirent aux envoyés qu'ils leur donneraient des secours, dans le cas où la guerre éclaterait; ils nommèrent général Annibal, qui exerçait alors, selon les lois, la royauté[3]. Cet Annibal était petit-fils d'Amilcar, qui, dans la guerre contre Gélon,

---

[1] La bataille de Cnide fut livrée, d'après la chronologie de Diodore, dans la deuxième année de la xcvi⁰ olympiade.

[2] Troisième année de la xcii⁰ olympiade ; année 410 avant J.-C.

[3] Le premier magistrat des Carthaginois portait le nom de *Suffète*, mot phénicien qui signifie *juge* שבט (*choffète*).

périt à Himère[1], et fils de Gescon[2], qui, après la défaite de son père, fut exilé et passa ses jours à Sélinonte. Annibal, auquel les Grecs étaient naturellement odieux, brûlait donc du désir de venger ses ancêtres, et de se rendre utile à la patrie. Voyant que les Sélinontins ne se contentaient pas de la concession du territoire contesté, il envoya, de concert avec les Égestéens, des députés aux Syracusains, pour leur remettre la décision de ce différend. Il agissait ainsi en apparence pour servir la justice, mais, en réalité, dans l'intention de détacher les Syracusains du parti des Sélinontins, si ces derniers refusaient l'arbitrage proposé. Les Sélinontins envoyèrent aussi des députés, lesquels, récusant ce tribunal, cherchaient à rétorquer en grande partie les arguments des Égestéens et des Carthaginois. Enfin, les Syracusains décrétèrent qu'ils conserveraient leur alliance avec les Sélinontins, et la paix avec les Carthaginois.

XLIV. Après le retour des députés, les Carthaginois envoyèrent aux Égestéens cinq mille Libyens et huit cents Campaniens. Les Chalcidiens avaient d'abord pris ces hommes à leur solde pour le service des Athéniens dans la guerre contre les Syracusains. Comme ces auxiliaires n'arrivèrent qu'après la défaite, ils ne savaient comment se procurer de la solde. Les Carthaginois leur achetèrent à tous des chevaux, leur donnèrent une forte paie et les établirent à Égeste. Sélinonte, cité alors riche et populeuse, méprisait les Égestéens. Supérieurs en force, les Sélinontins se mirent d'abord, en bon ordre, à ravager la campagne; puis, se raillant de leurs ennemis, ils se dispersèrent sur tout le territoire. Les généraux des Égestéens, qui les observaient, tombèrent tout à coup sur eux avec les Carthaginois et les Campaniens. Cette attaque imprévue mit les Sélinontins promptement en déroute; on leur tua près de mille soldats, et on se rendit maître de tout leur butin.

Après cette rencontre, les Sélinontins envoyèrent aussitôt

---

[1] Voir plus haut, XI, 21.
[2] Il y a Γέσκων et non Ἴσκων dans le texte. Du reste, cet Annibal est de plus de cent ans antérieur à celui qui fit la guerre aux Romains.

demander du secours aux Syracusains, et les Égestéens aux Carthaginois. Les uns et les autres promirent leur alliance. C'est là que commence la guerre de Carthage. Les Carthaginois, prévoyant la longueur de cette guerre, confièrent à Annibal le commandement de toute l'armée, et pourvurent à tous les besoins de l'expédition. Annibal employa l'été et l'hiver suivant à faire des levées considérables dans l'Ibérie, et à enrôler un grand nombre de citoyens. Parcourant la Libye, il choisit dans chaque ville les hommes les plus robustes, et fit construire des navires, dans le dessein d'y embarquer ses troupes au printemps prochain. Tel était alors l'état des choses en Sicile.

XLV. En Grèce, Doriée le Rhodien, commandant des trirèmes d'Italie, venait d'apaiser les troubles de Rhodes. Il fit voile pour l'Hellespont, ayant hâte de rejoindre Mindarus; car celui-ci, en station à Abydos, rassemblait de tous côtés les bâtiments des alliés des Péloponnésiens. Doriée était déjà arrivé à la hauteur de Sigée, dans la Troade, lorsque les Athéniens stationnés à Sestos, avertis de ce mouvement, se portèrent à sa rencontre avec toute leur flotte, composée de soixante-quatorze navires. Doriée, ignorant encore la marche des Athéniens, continuait sa route en haute mer. Mais, à la vue de la flotte ennemie, aussi puissante, il fut épouvanté, et ne vit d'autre moyen de salut que de se réfugier à Dardanum. Il y débarqua ses soldats, et les réunit à ceux de la garnison de la ville; puis il rassembla promptement une grande quantité de projectiles, et rangea ses troupes en bataille, les uns sur les proues des navires, les autres dans un poste avantageux, aux bords de la mer. Les Athéniens, arrivant à voiles déployées, cherchèrent à tirer les bâtiments de la côte, et, ayant enveloppé l'ennemi de tous côtés, ils l'accablèrent. A cette nouvelle, Mindarus, commandant des Péloponnésiens, partit sur-le-champ d'Abydos avec toute sa flotte, et se dirigea sur le cap Dardanium[1]

[1] Ce cap était situé près de la ville de Dardanum. Voyez Strabon, XIII, p. 879, édit. Casaub.

avec quatre-vingt-quatre navires, pour venir au secours de Doriée. Pharnabaze se montra aussi avec une armée de terre, pour soutenir les Lacédémoniens. Les deux flottes étant arrivées en présence l'une de l'autre, on rangea des deux côtés les trirèmes en ligne de bataille. Mindarus, qui avait sous ses ordres quatre-vingt-dix-sept bâtiments, plaça à l'aile gauche les Syracusains, et lui-même commanda l'aile droite. Du côté des Athéniens, Thrasybule occupa la droite, et Thrasylle la gauche. Tout étant ainsi disposé, les chefs hissèrent le signal du combat, et, à un seul commandement, les trompettes se mirent à sonner la charge. Les rameurs rivalisèrent d'ardeur avec les pilotes, qui, déployant toute leur habileté à manier le timon, engagèrent bientôt un combat terrible; car ils ne présentaient jamais que le front au choc des navires assaillants, en effaçant par une manœuvre adroite les parties latérales. Les marins voyant ainsi toutes leurs trirèmes attaquées en flanc par l'ennemi, commençaient à craindre pour eux-mêmes; ils reprenaient courage, et se montraient joyeux, chaque fois que leurs pilotes évitaient avec adresse l'éperon d'un bâtiment agresseur.

XLVI. Les soldats montés sur les ponts ne restaient pas non plus oisifs. Les uns, placés à une trop grande distance, se servaient continuellement de leurs arcs, et le champ de bataille fut bientôt couvert de flèches. Les autres, se trouvant plus près, lançaient leurs javelots tantôt sur les combattants tantôt sur les pilotes. Lorsque les navires venaient à s'accrocher, on combattait à coups de lance, et dans l'abordage les soldats, sautant sur les trirèmes ennemies, se défendaient avec leurs épées. Des clameurs triomphantes, des cris de secours produisirent un bruit confus dont retentissait tout le champ de bataille. La victoire resta longtemps indécise en raison de l'ardeur des combattants, lorsqu'apparut soudain Alcibiade qui, parti de Samos avec vingt bâtiments, faisait par hasard voile pour l'Hellespont. Tant que ces bâtiments ne se montraient encore que dans le lointain, le combat se soutint des deux côtés avec acharnement, parce que chacun croyait que ce renfort venait à son secours ; mais lorsque la flotte était en vue, et que les Lacédémoniens n'aperçurent aucun signal pour eux, Alcibiade fit connaître aux Athéniens le signal convenu, en hissant un pavillon rouge sur son navire. Alors, les Lacédémoniens consternés prirent la fuite, et, poursuivis par les Athéniens, qui n'avaient garde de laisser échapper cet avantage, ils perdirent dix bâtiments. Mais une tempête violente qui s'éleva quelque temps après, apporta beaucoup d'obstacles à la poursuite; car les bâtiments n'obéissaient plus au gouvernail, à cause de la grosseur des vagues, et les attaques aux éperons étaient inutiles en tombant sur des navires ballottés au gré des vents. Enfin, les Lacédémoniens ayant touché terre, se sauvèrent dans le camp de l'armée de Pharnabaze. Les Athéniens essayèrent d'abord d'arracher les navires ennemis des côtes, et s'exposèrent, dans cette manœuvre, à de grands périls; mais, harcelés par les troupes perses, ils retournèrent à Sestos. Pharnabaze, pour se laver des reproches que lui faisaient les Lacédémoniens, avait alors vigoureusement combattu les Athéniens. De plus, il expliquait le renvoi des trois cents bâtiments en Phénicie, par la nouvelle qu'il avait apprise que le roi des Arabes et des Égyptiens fomentait des troubles dans la Phénicie.

XLVII. Après ce combat naval, les Athéniens partirent la nuit pour Sestos. Le lendemain, ils recueillirent les débris des navires naufragés, et élevèrent un nouveau trophée à côté du premier. Mindarus rentra de nuit à Abydos, à l'heure de la première veille, fit réparer les navires endommagés, et demanda aux Lacédémoniens un renfort de troupes de terre et de mer ; car il avait le projet, dès que ces préparatifs seraient terminés, de se joindre à Pharnabaze et de bloquer les villes de l'Asie, alliées des Athéniens.

Les Chalcidiens, et presque tous les autres habitants de l'Eubée, avaient déserté la cause des Athéniens ; aussi furent-ils tous dans la crainte que les Athéniens, qui étaient encore les maîtres de la mer, ne vinssent les assiéger dans leur île. Ils supplièrent donc les Béotiens de se réunir à eux pour combler l'Euripe, de manière à joindre par une digue l'Eubée à la Béotie. Les Béotiens agréèrent cette proposition ; car il était dans leur intérêt que l'Eubée fût pour eux un continent, et restât pour les autres une île. Aussi toutes les villes rivalisèrent-elles de zèle pour combler le détroit de l'Euripe. Tous les citoyens, et même les étrangers auxquels on défendit de s'éloigner, devaient prendre part à ce travail qui, grâce au nombre des bras, fut promptement achevé. Cette digue commençait, en Eubée, à Chalcis, et en Béotie, près d'Aulis. Car dans ces points le détroit était le plus resserré. C'est là qu'existait autrefois le courant de l'Euripe et que la mer faisait de nombreux tournants. Le canal fut de plus en plus rétréci, et le courant devint encore plus rapide dans le point où la digue ne laissait passage qu'à un seul navire, à travers une étroite ouverture. Aux deux extrémités de la digue furent construites des tours élevées, et l'ouverture fut recouverte d'un pont de bois[1]. Théramène, envoyé par les Athéniens avec trente bâtiments, chercha d'abord à empêcher les ouvriers de travailler à ces constructions. Mais à la vue du grand nombre de soldats établis pour la défense des ouvriers, il abandonna son projet et fit voile pour les îles. Pour soulager ses concitoyens et ses alliés du fardeau des impôts, il saccagea le pays de l'ennemi et en tira beaucoup de butin. Il aborda aussi les villes alliées et mit des impositions sur les habitants séditieux. Il aborda ensuite à Paros, renversa le gouvernement oligarchique de la ville et rendit au peuple son indépendance, après avoir levé de fortes contributions sur ceux qui avaient pris part au gouvernement oligarchique.

XLVIII. A cette même époque, Corcyre fut le théâtre d'une insurrection et de grands massacres. On en allègue, entre autres causes, surtout la haine que les habitants se portaient mutuellement. Jamais aucune ville n'offrit le spectacle de tant de citoyens égorgés, ni d'une si grande discorde, ou d'une dissension

---

[1] Ce pont avait deux plèthres de longueur. Strabon, IX, p. 615.

plus désastreuse. Déjà, avant que l'insurrection éclatât, le nombre des tués s'élevait à mille cinq cents, parmi lesquels il y avait tous les principaux citoyens de la ville. A ce désastre se joignit une circonstance malheureuse qui augmenta encore la discorde. Les Corcyréens les plus notables, aspirant à l'oligarchie, favorisaient le parti des Lacédémoniens, tandis que la multitude désirait l'alliance des Athéniens ; car ces deux peuples qui se disputaient l'empire de la Grèce, suivaient des systèmes politiques différents. Les Lacédémoniens mettaient, dans les villes alliées, les principaux citoyens à la tête des affaires politiques, pendant que les Athéniens y établissaient la démocratie. Ainsi donc, les Corcyréens voyant les plus puissants d'entre eux prêts à livrer la ville aux Lacédémoniens, demandaient aux Athéniens un envoi de troupes pour la garder. Aussitôt Conon, général des Athéniens, fit voile pour Corcyre, et établit, dans la ville, une garnison de six cents Messéniens, tirés de Naupacte. Il vint ensuite s'embosser avec ses navires dans la rade, et jeta l'ancre en face du temple de Junon. Les six cents garnisaires faisant cause commune avec la populace, se jetèrent au milieu de la place publique sur les citoyens favorables au parti lacédémonien ; ils firent les uns prisonniers, égorgèrent les autres, et en chassèrent plus de mille hors de la ville. Puis, ils donnèrent la liberté aux esclaves, et accordèrent aux étrangers le droit de cité, redoutant le nombre et la puissance des exilés qui s'étaient réfugiés sur le continent en face. Peu de jours après, quelques-uns des partisans des exilés s'emparèrent de la place publique et rappelèrent ceux qui étaient chassés de leur patrie. Alors commença un combat désespéré qui dura jusqu'à la nuit. Enfin la lutte cessa et on conclut un traité d'après lequel les deux factions devaient habiter avec les mêmes droits la patrie commune. Telle fut l'issue des événements arrivés à Corcyre.

XLIX. Archélaüs, roi des Macédoniens, instruit de la révolte des Pydnéens, marcha sur Pydna avec une forte armée. Théramène le seconda avec sa flotte ; mais comme le siége traînait en longueur, il se dirigea sur la Thrace, pour rejoindre

Thrasybule, commandant de toutes les forces navales. Archélaüs n'en continua pas moins le siége avec vigueur; il se rendit maître de Pydna, et transporta l'emplacement de la ville à environ vingt stades de la mer [1].

Vers la fin de l'hiver, Mindarus rassembla des trirèmes de tous côtés; il en fit venir un grand nombre du Péloponnèse et des autres alliés. Les généraux athéniens, avertis à Sestos de tous ces préparatifs, craignaient d'être attaqués par toutes les forces ennemies et de tomber avec leur flotte au pouvoir de leurs adversaires. En conséquence, ils remirent leurs bâtiments à flot, firent voile pour doubler la Chersonnèse, et vinrent mouiller à Cardia. De là ils firent partir quelques trirèmes en Thrace pour inviter Thrasybule et Théramène à venir au plus vite à leur secours avec la flotte. Ils appelèrent de même Alcibiade, qui se trouvait avec ses navires à Lesbos. Après avoir ainsi réuni toutes leurs forces navales en un seul point, les généraux se disposaient à livrer une bataille décisive. De son côté, Mindarus, commandant de la flotte lacédémonienne, fit voile vers Cyzique, débarqua ses troupes et investit la ville. Pharnabaze s'étant joint à lui avec une armée nombreuse, il emporta Cyzique d'assaut. A cette nouvelle, les généraux athéniens résolurent de se porter sur Cyzique; ils remirent donc à la voile avec tous leurs bâtiments, et doublèrent la Chersonnèse. Ils se rendirent d'abord à Éléonte. Puis, ils eurent soin de passer nuitamment devant Abydos, afin de dérober aux ennemis le nombre de leurs navires. De là ils arrivèrent à Prœconnèse, où ils stationnèrent la nuit. Le lendemain ils firent débarquer leurs troupes sur le territoire de Cyzique, et les dirigèrent contre la ville sous les ordres de Charès.

L. Les généraux partagèrent l'armée navale en trois divisions : l'une était commandée par Alcibiade; l'autre par Théramène,

---

[1] Cet emplacement s'est trouvé, par la suite des temps, plus rapproché de la mer. Car Strabon, VII, p. 309, édit. Casaub., appelle Pydna une ville littorale. Les eaux de la mer Égée auraient-elles successivement envahi les côtes de la Thrace et de la Macédoine ? ce serait un point fort intéressant à éclaircir.

et la troisième par Thrasybule. Alcibiade vint occuper la première ligne, dans l'intention de provoquer les Lacédémoniens au combat. Théramène et Thrasybule songeaient à manœuvrer de façon à envelopper l'ennemi et à lui couper la retraite sur la ville. A la vue des seuls navires d'Alcibiade, et ignorant le reste de la flotte, Mindarus méprisa son ennemi, et, sortant du port de la ville, il s'avança vers lui hardiment avec quatre-vingts navires. Lorsqu'il se fut ainsi approché d'Alcibiade, les Athéniens simulèrent la fuite, comme il leur était ordonné. Les Péloponnésiens s'en réjouirent, et, se croyant déjà sûrs de la victoire, se mirent immédiatement à leur poursuite. Dès qu'ils se furent ainsi éloignés à une certaine distance de la ville, Alcibiade hissa le signal convenu. A l'instant les trirèmes d'Alcibiade virèrent de bord et firent face à l'ennemi. Dans le même moment, Théramène et Thrasybule se dirigèrent vers la ville et coupèrent la retraite aux Lacédémoniens. Mindarus voyant cette multitude de navires ennemis, ne douta pas qu'il n'eût été dupe d'un stratagème, et son armée fut saisie d'épouvante. Enfin, les Athéniens apparaissant de toutes parts, et fermant aux Péloponnésiens le chemin de retour de Cyzique, Mindarus fut obligé de se réfugier à terre dans un endroit appelé les Clères[1], où Pharnabaze avait établi son armée. Cependant Alcibiade poursuivit avec ardeur les navires ennemis : les uns furent coulés; les autres, fortement endommagés, tombèrent en son pouvoir ; il lança aussi des crampons de fer sur un grand nombre de bâtiments ennemis mouillés, et essaya de les arracher du rivage. Les Péloponnésiens étant soutenus par les troupes de terre, il s'engagea un combat sanglant. Les Athéniens voulant profiter de leur succès, se battaient avec plus de courage que de prudence; car les Péloponnésiens étaient supérieurs en nombre et, de plus, soutenus par l'armée de Pharnabaze ; combattant à pied ferme, ils portaient des coups plus sûrs. Dès que Thrasybule se fut aperçu que les troupes de terre secondaient l'ennemi, il débar-

---

Κλῆροι, *sorts*, sur le territoire de Cyzique.

qua le reste de ses soldats, et les fit marcher en toute hâte au secours d'Alcibiade. Il ordonna à Théramène de se joindre aux troupes de terre qui étaient sous les ordres de Charès et de se rendre au plus vite sur le lieu du combat.

LI. Pendant que les Athéniens étaient occupés à ces manœuvres, le général des Lacédémoniens, Mindarus, continuait de défendre les bâtiments qu'Alcibiade cherchait à arracher de la côte. Il envoya Cléarque le Spartiate avec un détachement de Péloponnésiens pour combattre Thrasybule et y joignit les troupes mercenaires de Pharnabaze. Thrasybule avec ses marins et ses archers soutint d'abord courageusement le choc des ennemis; il en tua un grand nombre; mais il vit aussi tomber beaucoup des siens. Les mercenaires de Pharnabaze, supérieurs en nombre, allaient déjà envelopper de tous côtés les Athéniens, lorsque apparut Théramène avec son infanterie et celle de Charès. Les soldats de Thrasybule, fatigués et ayant déjà désespéré de leur salut, se ranimèrent à la vue de ce secours inattendu. Le combat fut long et opiniâtre. Les soldats mercenaires de Pharnabaze fléchirent les premiers, et désertèrent leurs rangs. Enfin, les Péloponnésiens, commandés par Cléarque, furent abandonnés à eux-mêmes, et après avoir commis plusieurs actions d'éclat et essuyé beaucoup de pertes, ils furent repoussés. Après cette victoire, Théramène vola au secours d'Alcibiade, qui était en danger. Mindarus ne s'effraya point de l'arrivée de Théramène, et de cette concentration des forces de l'ennemi. Il partagea les Péloponnésiens en deux moitiés; il opposa l'une aux assaillants et, gardant l'autre avec lui, il exhorta chaque guerrier à ne point ternir la gloire de Sparte, surtout dans un combat de pied ferme. Mindarus combattit en héros pour la défense de ses navires, et, s'exposant au premier rang, il tua de sa main un grand nombre d'ennemis. Enfin, après s'être dignement battu pour la patrie, il tomba sous les coups des soldats d'Alcibiade. A la vue de la mort de leur chef, les Péloponnésiens et tous leurs alliés furent terrifiés et se mirent à fuir. Les Athéniens poursuivirent quelque temps leurs ennemis; mais apprenant que

Pharnabaze s'avançait en toute hâte avec une nombreuse cavalerie, ils retournèrent à leurs navires, et après s'être emparés de la ville, ils élevèrent, pour célébrer cette double victoire, deux trophées, l'un dans l'île de Polydore, en l'honneur du combat naval, et l'autre en l'honneur de la bataille livrée sur terre, dans l'endroit où l'ennemi avait commencé à fuir. Les Péloponnésiens, qui se trouvaient dans la ville de Cyzique, et tous ceux qui s'étaient sauvés du combat, se réfugièrent dans le camp de Pharnabaze. Les généraux athéniens, vainqueurs de deux puissantes armées, se rendirent maîtres de tous les bâtiments de l'ennemi, firent un grand nombre de prisonniers, et amassèrent un immense butin.

LII. Dès que la nouvelle de cette victoire parvint à Athènes, le peuple, affligé auparavant de tant de revers, fut transporté de joie à ce retour si inattendu de la fortune. Partout on offrait des sacrifices aux dieux, et on célébrait des fêtes solennelles. En même temps, pour continuer la guerre, on choisit un corps d'élite de mille citoyens, des plus braves, et cent cavaliers. On envoya, en outre, à Alcibiade un renfort de trente trirèmes, afin qu'étant maître de la mer, il pût dévaster impunément les villes alliées des Lacédémoniens.

A la nouvelle de leur défaite à Cyzique, les Lacédémoniens envoyèrent des députés à Athènes pour faire des propositions de paix. Endius était le chef de cette députation. Ayant obtenu la permission de parler, il s'exprima avec concision et laconiquement. J'ai cru devoir reproduire ici son discours.

« Citoyens d'Athènes, nous voulons la paix aux conditions suivantes : Nous garderons, vous et nous, les villes que nous possédons ; les garnisons seront des deux côtés congédiées, les prisonniers de guerre seront échangés, un Laconien contre un Athénien. Nous n'ignorons pas que la guerre est nuisible aux uns et aux autres, mais surtout à vous. Laissant de côté mon discours, examinez les choses vous-mêmes. Nous cultivons tout le sol du Péloponnèse, et vous une faible partie de l'Attique. La guerre a procuré aux Laconiens un grand nombre d'alliés, et elle vous en a enlevé autant qu'elle en a donné à vos ennemis. Le plus riche roi de la terre est notre fournisseur [1], les vôtres sont les plus pauvres gens du monde. C'est pourquoi nos soldats nous servent volontiers en raison de la paie qu'ils reçoivent; les vôtres, au contraire, obligés de s'entretenir eux-mêmes, fuient tout à la fois les fatigues de la guerre et les dépenses qu'elle leur occasionne. Lorsque nous mettons une flotte en mer, l'État ne risque que les bâtiments, tandis que l'équipage de vos navires se compose en grande partie de vos citoyens. Et, ce qui plus est, si nous sommes inférieurs sur mer, nous conservons toujours notre supériorité sur terre ; car un guerrier spartiate ne sait pas fuir. Et dans vos combats sur mer, vous ne nous disputez pas notre suprématie sur terre : c'est pour votre existence que vous combattez. Il me reste maintenant à montrer comment, avec tant et de si grands moyens à continuer la guerre, nous demandons la paix. Je ne dis pas que la guerre soit utile à Sparte, mais elle lui est moins pernicieuse qu'aux Athéniens. D'ailleurs, c'est le comble de la folie de se féliciter en se rendant malheureux avec ses ennemis, quand il est permis de ne s'exposer à aucun malheur. La destruction de nos ennemis ne nous causerait jamais autant de joie que l'infortune des nôtres nous causerait de chagrins ; mais ce n'est pas seulement par ces motifs que nous désirons la paix. C'est pour rester fidèles aux traditions de nos pères : considérant les maux terribles et nombreux qu'entraînent les troubles de la guerre, nous croyons devoir déclarer devant les dieux et les hommes que ce n'est pas nous qui en serons la cause. »

LIII. Telles furent à peu près les paroles du Laconien. Les plus modérés des Athéniens inclinaient pour la paix, mais ceux qui étaient habitués au métier des armes, et qui trouvaient leur profit dans les discordes publiques, opinaient pour la guerre. A cet avis se rangea aussi Cléophon, l'un des orateurs populaires les plus influents. Il monta à la tribune, et, développant beaucoup d'arguments habiles, il exalta le peuple par l'éloge des

---

[1] Χορηγός, chef de chœur.

victoires récentes, comme si dans les succès de la guerre la fortune avait perdu l'habitude de distribuer ses dons alternativement. Les Athéniens, mal conseillés, adoptèrent donc l'opinion la moins convenable à leurs intérêts. Séduits par des discours flatteurs, ils finirent par tomber si bas qu'ils n'ont jamais pu se relever noblement. Mais nous parlerons plus tard de ces choses dans leur temps. Pour le moment, les Athéniens avaient conçu de grandes espérances, et après avoir mis Alcibiade à la tête de leurs armées, ils se flattaient de reconquérir promptement leur suprématie.

LIV. L'année où se passèrent ces événements étant révolue, Dioclès fut nommé archonte d'Athènes, et les Romains revêtirent de l'autorité consulaire Quintus Fabius et Caïus Furius[1]. Vers ce temps-là Annibal, général des Carthaginois, rassembla les soldats levés dans l'Ibérie et dans la Libye. Il équipa soixante vaisseaux longs, et fréta quinze cents bâtiments de transport chargés de troupes, de machines de siége, d'armes et d'autres munitions. Avec cette flotte il franchit la mer libyque et vint aborder en Sicile au cap Lilybée, situé en face de la Libye. Quelques cavaliers sélinontins occupant ce poste, furent spectateurs de l'arrivée de cette flotte puissante, et en apportèrent aussitôt la nouvelle à leurs concitoyens. Les Sélinontins envoyèrent sur-le-champ à Syracuse des messagers porteurs de lettres pour demander des secours. Cependant Annibal débarqua son armée, et la fit camper sur un terrain dans le voisinage d'un puits, appelé alors puits de Lilybée, où s'éleva plusieurs années après une ville qui reçut ce même nom[2]. Au rapport d'Éphore, Annibal avait en tout deux cent mille fantassins et quatre mille cavaliers. Timée n'estime pas cette armée à plus de cent mille hommes. Annibal fit mouiller tous ses navires dans le golfe de Motye, pour faire croire aux Syracusains qu'il n'était pas venu pour faire la guerre et se porter avec sa flotte sur Syracuse.

---

[1] Quatrième année de la XCII⁰ olympiade ; année 109 avant J.-C.
[2] La ville de Lilybée fut construite par les Carthaginois après la destruction de Motye par Denys. Voyez les fragments de Diodore, livre XXII.

Joignant à ses troupes celles des Égestéens et d'autres alliés, il partit de Lilybée, et marcha sur Sélinonte. Arrivé aux bords du fleuve Mazarus, il s'empara d'un entrepôt, et, s'étant approché de la ville, il divisa son armée en deux corps. Il investit la place, fit dresser les machines, et commença vivement les attaques. Il avait construit six tours d'une hauteur prodigieuse ; il fit jouer contre les murs ses béliers à tête de fer, pendant qu'il se servait d'un corps nombreux d'archers et de frondeurs pour repousser les soldats qui défendaient les remparts.

LV. Les Sélinontins, qui avaient depuis longtemps perdu l'expérience des siéges, et qui, dans la guerre de Gélon, avaient seuls d'entre les Siciliens embrassé le parti des Carthaginois[1], ne s'étaient point attendus à être si fort alarmés par ceux-là même auxquels ils avaient fait du bien. L'aspect de ces énormes machines, et la multitude des ennemis les remplit de terreur, et ils s'effrayaient de la grandeur du danger qui les menaçait. Cependant, ils ne désespéraient pas encore entièrement de leur salut, et ils se défendaient en masse contre les assaillants, dans l'espoir que les Syracusains et leurs alliés viendraient promptement à leur secours. Les hommes dans la force de l'âge avaient tous pris les armes, et ceux plus âgés faisaient tous les préparatifs nécessaires à la défense, et, visitant les remparts, ils exhortaient les jeunes guerriers à ne point les laisser tomber dans les fers de l'ennemi. Les femmes et les enfants, mettant de côté cette pudeur et cette réserve qui leur convient en temps de paix, apportaient des vivres et des flèches à ceux qui combattaient pour la patrie. La terreur était si grande que, dans la grandeur du danger, on avait imploré le secours des femmes.

Annibal, qui avait promis à ses soldats le pillage de la ville, frappait de ses machines les murs, et faisait successivement monter à l'assaut ses meilleurs soldats. Les trompettes sonnèrent à la fois la charge, et sur un seul commandement

---

[1] Voyez plus haut, liv. XI, 21.

toute l'armée des Carthaginois fit retentir le cri de guerre : les béliers battaient les murs en brèche, et du haut des tours les guerriers répandaient la mort parmi les Sélinontins. Les assiégés, ayant joui d'une longue paix, n'avaient mis aucun soin à l'entretien de leurs murailles, qui étaient de beaucoup dépassées en hauteur par les tours de bois ; ils furent donc aisément accablés par l'ennemi. Une brèche s'ouvrit ; les Campaniens, empressés de se signaler, pénétrèrent par là dans la ville. Ils frappèrent d'abord de terreur le petit nombre de défenseurs qu'ils rencontraient. Mais ensuite, de nombreuses troupes étant accourues, ils furent refoulés et perdirent beaucoup de monde, car la brèche n'ayant point été complétement nettoyée, ils s'embarrassaient dans les décombres, et furent facilement défaits. A la nuit tombante, les Carthaginois suspendirent l'assaut.

LVI. Les Sélinontins firent aussitôt partir pendant la nuit leurs meilleurs cavaliers, chargés de demander à Agrigente, à Géla et à Syracuse, les plus prompts secours ; car la ville ne pouvait pas tenir plus longtemps contre la puissance de l'ennemi. Les Agrigentins et les Géléens attendaient les Syracusains pour diriger leurs troupes réunies contre les Carthaginois. A la nouvelle du siége de Sélinonte, les Syracusains conclurent la paix avec les Chalcidiens avec lesquels ils étaient en guerre[1], et concentrèrent leurs troupes ; ils passaient leur temps en grands préparatifs, s'imaginant que Sélinonte soutiendrait le siége, et ne serait point saccagée. Mais dès le point du jour Annibal fit un assaut général, et à l'aide de ses machines il élargit la brèche ; l'ayant fait nettoyer, il fit successivement monter à l'assaut ses meilleurs soldats, et fit reculer peu à peu les Sélinontins ; car il n'était pas facile de refouler des hommes qui combattaient en désespérés. La perte fut donc grande des deux côtés ; mais les Carthaginois étaient sans cesse soutenus par des troupes fraîches, tandis que les Sélinontins ne recevaient aucun secours. Le siége dura neuf jours avec une ardeur inouïe ; les Carthaginois

---

[1] Il faut entendre ici par Chalcidiens les villes d'origine chalcidienne de l'Italie et de la Sicile. Voyez XII, 11.

avaient beaucoup souffert et beaucoup fait souffrir. Enfin, les Ibériens ayant franchi le mur croulé, les femmes placées sur le toit des maisons jetèrent de grands cris. Les Sélinontins, croyant déjà la ville prise, furent consternés ; abandonnant les murs ils s'attroupaient à l'entrée des passages étroits, essayaient de barricader les rues, et résistaient longtemps au choc de l'ennemi. Les Carthaginois forcèrent les barricades ; mais ils furent assaillis par une pluie de pierres et de tuiles, que les femmes et les enfants leur jetaient des maisons où ils s'étaient réfugiés. Pendant longtemps les Carthaginois se trouvèrent dans une position fâcheuse ; ils ne pouvaient, à cause des murs des maisons, ni envelopper ceux qui combattaient dans les rues, ni se défendre à armes égales contre les projectiles lancés du haut des toits. L'engagement dura ainsi jusqu'au soir ; les projectiles manquèrent à ceux qui combattaient dans les maisons, tandis que les Carthaginois fatigués étaient relevés par des troupes fraîches. Enfin, la force des assiégés s'épuisant, et les ennemis pénétrant sans cesse dans la ville en plus grand nombre, les Sélinontins furent entièrement balayés des rues.

LVII. La ville étant ainsi occupée, on n'entendit que les lamentations des Grecs mêlées aux cris de joie des Barbares. Les premiers, voyant devant eux la grandeur de leur infortune, étaient frappés de terreur ; et les derniers, exaltés par leur succès, s'animaient au carnage. Les Sélinontins qui s'étaient rassemblés sur la place publique pour tenter de la résistance, furent tous taillés en pièces. Les Barbares se répandirent dans toute la ville ; les uns pillaient les richesses des maisons, et livraient aux flammes les personnes qui y étaient restées ; les autres, pénétrant dans les rues, égorgeaient impitoyablement, sans distinction d'âge ni de sexe, les enfants, les nourrissons, les femmes, les vieillards. Selon la coutume de leur patrie, les Carthaginois mutilaient les cadavres ; les uns portaient une ceinture de mains autour de leurs corps[1], les autres

---

[1] Notre auteur a décrit une coutume presque semblable des Gaulois, liv. V, 29. Il est à remarquer que toutes les nations sauvages ou barbares aiment beaucoup

portaient des têtes à la pointe de leurs piques et javelots. Ils n'épargnaient que les femmes qui s'étaient réfugiées avec leurs enfants dans les temples. Ils leur garantissaient la vie, non par pitié pour des malheureux, mais parce qu'ils craignaient que ces femmes, réduites au désespoir, ne missent le feu aux temples et ne leur ôtassent ainsi le pillage des richesses sacrées. Car ces Barbares diffèrent tellement du reste des hommes par leur cruauté que, pendant que tous les autres peuples épargnent ceux qui se réfugient dans les temples par la crainte de commettre un sacrilége, ils épargnent leurs ennemis afin de violer les temples des dieux. Enfin, jusqu'à l'entrée de la nuit, la ville fut livrée au pillage; les maisons furent ou brûlées ou renversées; leur emplacement était couvert de sang et de cadavres. Seize mille personnes trouvèrent ainsi la mort; et le nombre des prisonniers fut de plus de cinq mille.

LVIII. Les Grecs qui servaient dans l'armée des Carthaginois étaient saisis de commisération à l'aspect de tant de malheureux. Les femmes, privées d'aliments, passaient la nuit exposées aux insultes des soldats, et supportaient la dernière misère. Quelques-unes furent contraintes de voir leurs filles nubiles souffrir des outrages indignes de leur sexe. La cruauté des Barbares ne faisait grâce ni aux enfants de condition libre, ni aux vierges; ils faisaient entrevoir à ces infortunés de terribles supplices. Et lorsque ces femmes songeaient à l'état de servitude qui les attendait dans la Libye, et qu'elles prévoyaient le traitement infâme et les insultes qu'elles et leurs enfants allaient essuyer de la part de leurs maîtres à mœurs sauvages et parlant une langue inintelligible, alors elles prenaient le deuil de leurs enfants vivants. Les mères ressentaient comme autant de coups de poignard les outrages faits à leurs enfants, et se lamentaient de leur affreuse destinée. Au contraire, elles estimaient bien heureux les pères et les frères qui, morts en combattant pour la patrie, n'étaient pas témoins des outrages

---

les trophées sanglants, comme mains, oreilles, cuir chevelu, enlevés en mutilant le corps d'un ennemi.

faits à la vertu. Deux mille six cents Sélinontins échappèrent seuls à la captivité en se sauvant à Agrigente, où ils furent bien accueillis par tous les habitants. Les Agrigentins leur firent publiquement distribuer du blé et ordonnèrent aux particuliers, tout disposés à obéir, de fournir à ces réfugiés toutes les choses nécessaires à la vie.

LIX. Pendant que ces événements se passaient, trois mille soldats d'élite, dépêchés par les Syracusains au secours des Sélinontins, arrivèrent à Agrigente. Mais, à la nouvelle de la prise de la ville, ils envoyèrent des députés à Annibal, chargés de demander l'extradition des prisonniers, moyennant une rançon, et de l'engager à épargner les temples des dieux. Annibal répondit que, puisque les Sélinontins n'avaient pu conserver leur liberté, ils devaient essuyer l'esclavage; et que les dieux, irrités contre les habitants, avaient quitté Sélinonte. Cependant les réfugiés députèrent auprès d'Annibal Empédion. Annibal leur rendit tous leurs biens. Empédion avait toujours favorisé le parti des Carthaginois; et, avant le siége, il avait conseillé aux citoyens de ne point faire la guerre aux Carthaginois. Annibal lui rendit les parents qui se trouvaient au nombre des captifs, et accorda aux Sélinontins réfugiés la permission d'habiter leur ville, et de cultiver le sol en payant tribut aux Carthaginois. C'est ainsi que la ville de Sélinonte fut prise deux cent quarante-deux ans[1] après sa fondation.

Après avoir démantelé Sélinonte, Annibal se dirigea avec toute son armée sur Himère, dans le plus vif désir de la détruire; car cette ville avait été la cause de l'exil de son père, et c'était auprès de cette même ville que son grand-père Amilcar avait péri victime des stratagèmes de Gélon, après avoir laissé cent cinquante mille morts et presque autant de prisonniers. Ainsi, respirant la vengeance, Annibal fit camper quarante mille hommes sur quelques hauteurs un peu éloignées d'Himère, et il investit de toutes parts la ville, avec le reste de ses

---

[1] Sélinonte fut donc fondée dans la seconde année de la XXXIe olympiade. Comparez Pausanias, VI, 19.

troupes, auxquelles étaient venus se joindre vingt mille Sicules et Sicaniens. Il dressa ensuite ses machines, ébranla le mur sur plusieurs points, et, faisant marcher ses soldats à l'assaut par colonnes successives, il maltraita les assiégés. Profitant de l'ardeur des soldats animés par le succès, il fit miner les murailles et les étaya sur des poutres de bois, qui, étant allumées, ouvrirent une large brèche par la chute d'un énorme pan de mur. Il s'engagea alors un combat terrible entre les assiégeants qui voulaient pénétrer de force en dedans du mur, et les assiégés, qui craignaient d'éprouver le sort des Sélinontins ; ils se battirent donc en désespérés, tant pour leurs enfants et leurs parents que pour la patrie menacée ; ils parvinrent à repousser les Barbares, et réparèrent promptement la brèche. Les Himériens furent secourus par les Syracusains arrivés d'Agrigente, et par quelques autres alliés, au nombre total de quatre mille hommes, placés sous les ordres de Dioclès de Syracuse.

LX. La nuit suspendit la lutte et fit lever le siège. Dès le point du jour, les Himériens arrêtèrent de ne pas se tenir lâchement renfermés dans leurs murs, comme l'avaient fait les Sélinontins. Ils placèrent donc quelques postes sur leurs murailles, et firent une sortie avec le reste de leurs soldats réunis aux alliés, en tout environ dix mille hommes. Cette troupe tomba à l'improviste sur les Barbares, parmi lesquels elle jeta l'épouvante ; car l'ennemi croyait avoir affaire à tous les alliés arrivés au secours des assiégés. Les Himériens, pleins d'audace et de bravoure, et, qui plus est, mettant dans la victoire leur unique espérance de salut, culbutèrent les premiers rangs de l'ennemi. Les autres Barbares accoururent en désordre, et, consternés de la hardiesse de cette attaque, furent fort mal reçus. Rassemblés à la hâte au nombre de quatre-vingt mille sur un seul point, les Barbares, tombant pêle-mêle les uns sur les autres, se firent plus de mal que s'ils avaient été chargés par l'ennemi. Les Himériens, qui avaient pour témoins du combat leurs pères, leurs enfants, leur famille entière, n'épargnaient pas leurs personnes pour le salut commun de la patrie. Après une brillante lutte, ils parvinrent à culbuter les Barbares, étonnés d'une attaque aussi hardie qu'inattendue : ils poursuivirent les fuyards qui se sauvaient en désordre vers le camp situé sur les hauteurs, et s'exhortèrent à ne faire aucun quartier. Ils tuèrent ainsi plus de six mille ennemis, selon Timée, et vingt mille, suivant Éphore[1]. Voyant les siens si maltraités, Annibal fit descendre des hauteurs les troupes du camp, et surprit les Himériens qui s'étaient livrés en désordre à la poursuite de l'ennemi. Le combat se renouvela avec acharnement; les Himériens furent à leur tour mis en déroute. Trois mille hommes soutenant le choc de l'armée des Carthaginois périrent jusqu'au dernier, après avoir fait des prodiges de valeur.

LXI La bataille était déjà terminée, lorsque vingt-cinq trirèmes, que les Siciliens avaient envoyées au secours des Lacédémoniens, abordèrent à Himère. Elles revenaient de leur expédition. Le bruit se répandit dans la ville que les Syracusains, pour soutenir les Himériens, étaient en marche avec toutes leurs forces et avec celles de leurs alliés, et qu'Annibal allait embarquer ses meilleurs soldats sur les trirèmes stationnées à Motye, pour surprendre Syracuse, privée de ses défenseurs. C'est pourquoi Dioclès, qui commandait dans Himère, conseilla aux navarques de faire au plus vite voile pour Syracuse, afin que cette ville, privée de ses plus braves défenseurs morts dans le combat, ne fût pas prise d'assaut. Il ajouta qu'il lui semblait utile de quitter la ville et d'embarquer la moitié des habitants sur des trirèmes qui les transporteraient hors du territoire himérien, et de laisser l'autre moitié des habitants dans la ville, jusqu'à ce que les trirèmes revinssent les ramener. Les Himériens furent affligés de cette proposition de Dioclès; mais, ne pouvant faire autrement, ils profitèrent de la nuit pour em-

---

[1] Ce dernier nombre est certainement exagéré. Du reste, Éphore ne passait pas pour un historien très-véridique. *Ephorus*, a dit Sénèque, *non religiosissimæ fidei, sæpe decipitur, sæpe decipit*.

barquer pêle-mêle et à la hâte les femmes, les enfants et d'autres personnes, et les transporter à Messine.

Dioclès se mit à la tête de ses soldats, et, laissant les morts sur le champ de bataille, revint chez lui. Beaucoup d'Himériens, suivis de leurs femmes et de leurs enfants, firent route ensemble avec les soldats de Dioclès, car les trirèmes n'auraient pu contenir toute la foule des fugitifs.

LXII. Ceux qui avaient été laissés dans la ville bivouaquèrent tout armés sur les murailles. Au lever du jour, les Carthaginois campés autour d'Himère réitérèrent les assauts; les Himériens qui restaient se défendirent vaillamment, attendant le retour des navires. Ils se soutinrent ainsi pendant toute cette journée. Mais le lendemain, au moment où les trirèmes apparaissaient en vue, les machines ouvrirent une large brèche par laquelle les Ibériens pénétrèrent en masse dans la ville. Une partie de ces Barbares repoussait les Himériens qui se défendaient, tandis que les autres occupaient les murs et facilitaient le passage à leurs camarades. La ville étant ainsi prise d'assaut, les Barbares égorgèrent pendant longtemps impitoyablement tous ceux qu'ils rencontraient. Annibal ayant ordonné de faire des prisonniers, le carnage cessa, mais les maisons furent pillées. Annibal dépouilla les temples, en arracha les suppliants, et y fit mettre le feu. La ville fut complétement rasée deux cent quarante ans après sa fondation [1]. Annibal conserva la vie aux femmes et aux enfants captifs, qu'il distribua à son armée; quant aux hommes, dont le nombre était de trois mille, il les fit conduire dans l'endroit où son aïeul Amilcar avait été tué par Gélon, et là il les fit tous mourir dans d'affreux supplices.

Après cette victoire, Annibal licencia son armée et renvoya les alliés siciliens dans leurs foyers; les Campaniens se retirèrent du service, en se plaignant de ce que les Carthaginois n'avaient pas dignement récompensé les principaux auteurs de leurs succès. Annibal embarqua son armée sur des vaisseaux longs et

---

[1] Himère avait donc été fondée presque en même temps que Sélinonte (dans la quatrième année de la XXXIIe olympiade).

des vaisseaux de transport, laissa à ses alliés des garnisons suffisantes, et partit de la Sicile. Arrivé à Carthage avec un immense butin, il fut l'objet d'une ovation générale, pour avoir accompli en si peu de temps des choses que n'avaient faites aucun général avant lui.

LXIII. En ce temps, Hermocrate le Syracusain rentra en Sicile. Il avait commandé dans la guerre contre les Athéniens, et jouissait d'un très-grand crédit auprès des Syracusains, à cause des nombreux services qu'il avait rendus à sa patrie. Plus tard, il avait été envoyé avec trente-cinq trirèmes au secours des Lacédémoniens. Il fut accusé par la faction opposée et condamné à l'exil. Il remit alors le commandement de la flotte stationnée dans le Péloponnèse à ceux qui venaient pour le remplacer. Lié d'amitié avec Pharnabaze, satrape des Perses, il reçut de lui de fortes sommes d'argent, avec lesquelles il revint à Messine, où il construisit cinq trirèmes, et prit à sa solde mille soldats. Il prit à son service environ mille Himériens réfugiés. C'est avec ces troupes qu'il entreprit de rentrer dans Syracuse, où il était soutenu par ses amis. Cette entreprise ayant échoué, il prit la route de l'intérieur, vint occuper Sélinonte, releva en partie les murs de cette ville, et appela de tous côtés à lui les débris de la population. Il rassembla dans ce même endroit beaucoup d'autres troupes, et parvint ainsi à former une armée de six mille hommes d'élite. De là, il se mit en campagne et ravagea d'abord le territoire de Motye; tombant sur les habitants sortis de leur ville, il en tua un grand nombre et poursuivit le reste jusqu'en dedans des murs. Il alla ensuite piller le territoire des Panormitains, et ramassa d'immenses dépouilles. Il battit un corps de Panormitains, rangés en bataille en avant de la ville, en tua environ cinq cents, et repoussa les autres dans l'enceinte des murailles. Il dévasta de même tout le pays appartenant alors aux Carthaginois, et par là il s'attira des éloges de la part des Siciliens. Les Syracusains ne tardèrent pas à se repentir d'avoir aussi indignement condamné à l'exil Hermocrate. Plusieurs discours furent prononcés en sa faveur dans les assemblées publiques; et le peuple manifesta hautement l'intention de rappeler un homme si célèbre. Hermocrate, instruit de tout ce qui se passait à son égard dans Syracuse, s'occupa activement de son retour qu'il savait entravé par la faction ennemie. Telle était la situation des affaires en Sicile.

LXIV. En Grèce, Thrasybule[1], envoyé par les Athéniens, fit voile pour Éphèse avec trente navires montés par un grand nombre d'hoplites et cent cavaliers. Ayant débarqué ses troupes, il investit la ville sur deux points. Les habitants ayant fait une sortie, il s'engagea un combat acharné. Les Éphésiens se battirent en masse, et les Athéniens laissèrent quatre cents hommes sur le champ de bataille. Thrasybule rembarqua le reste et se retira à Lesbos. Les généraux athéniens en station à Cyzique firent voile pour Chalcédoine, et construisirent le fort Chrysopolis, dans lequel ils mirent une garnison suffisante ; cette garnison devait exiger le dixième de la cargaison des navires sortant du Pont-Euxin. Après cela, ils partagèrent leurs troupes. Théramène fut laissé avec cinquante bâtiments pour assiéger Chalcédoine et Byzance, et Thrasybule fut envoyé dans la Thrace et soumit quelques villes dans cette région. Alcibiade, après avoir détaché Thrasybule avec trente navires, aborda dans la province de Pharnabaze, et, la livrant en grande partie au pillage, il enrichit les soldats, et retira de l'argent de la vente des dépouilles, pour alléger le peuple du fardeau des contributions.

Instruits de la présence de toutes les forces des Athéniens dans l'Hellespont, les Lacédémoniens marchèrent sur Pylos, occupée par une garnison messénienne. En même temps ils firent partir onze navires, dont cinq lancés des chantiers de la Sicile et montés par des citoyens de Sparte. Ils amenèrent par terre une armée suffisante, et investirent la place qui fut maltraitée par terre et par mer. A cette nouvelle, le peuple

---

[1] Palmerius avait déjà remarqué que tous les actes que notre auteur met ici et dans les chapitres suivants sur le compte de Thrasybule, Xénophon, dans ses *Helléniques*, les attribue à Thrasylle.

d'Athènes envoya au secours des assiégés trente bâtiments sous les ordres d'Anytus, fils d'Anthémion. Celui-ci mit à la voile; mais, assailli par des tempêtes, il ne put doubler le cap Malée, et retourna à Athènes. Le peuple, indigné, l'accusa de trahison, et le mit en jugement. Anytus, se voyant gravement compromis, racheta sa vie à prix d'argent; et il passe pour le premier Athénien qui ait corrompu ses juges. Les Messéniens occupant Pylos tenaient bon pendant quelque temps, espérant être secourus par les Athéniens; mais comme les ennemis faisaient marcher à l'assaut des colonnes fraîches, pendant que du côté des assiégés les uns mouraient de leurs blessures, et les autres succombaient de faim, ils évacuèrent la place par capitulation. C'est ainsi que les Lacédémoniens se rendirent maîtres de Pylos, après que les Athéniens l'eurent possédée pendant quinze ans, depuis le temps où Démosthène l'avait fortifiée.

LXV. Pendant que ces choses se passaient, les Mégariens prirent Nysée, appartenant aux Athéniens. Ces derniers détachèrent aussitôt contre les Mégariens Léotrophide et Timarque avec mille hommes d'infanterie et quatre cents cavaliers. Les Mégariens se portèrent en masse à la rencontre de l'ennemi, et, s'étant joints à quelques Siciliens, ils se rangèrent en bataille au pied des hauteurs appelées les *Cérates*[1]. Les Athéniens combattirent brillamment, et culbutèrent l'ennemi, bien plus nombreux qu'eux. Les Mégariens perdirent beaucoup de monde; les Lacédémoniens n'eurent que vingt hommes de tués. Les Athéniens, bien qu'irrités de la prise de Nysée, ne poursuivirent point les Lacédémoniens; mais, tournant leurs ressentiments contre les Mégariens, ils en firent un immense carnage. Cependant les Lacédémoniens nommèrent Cratésippidas commandant de la flotte, et l'envoyèrent au secours des Mégariens, avec vingt-cinq navires montés par des troupes auxiliaires. Cratésippidas s'arrêta quelque temps dans les pa-

---

[1] De κέρας, corne, sans doute à cause de leur configuration.

rages de l'Ionie, et ne fit rien qui mérite d'être rapporté. Ensuite, il reçut de l'argent des exilés de Chio, les réintégra et occupa la citadelle de Chio. Les exilés, rentrés dans leur patrie, chassèrent environ six cents citoyens de la faction opposée qui avait été la cause de leur exil. Ceux-ci se réfugièrent sur le continent situé en face de l'île, et s'emparèrent d'une place appelée Atarnée, et bien retranchée par la nature. De là ils faisaient la guerre à ceux qui occupaient l'île de Chio.

LXVI. Pendant ces événements, Alcibiade et Thrasybule fortifièrent Labdacum[1], et, après y avoir laissé une garnison suffisante, ils s'embarquèrent pour aller avec leurs troupes rejoindre Théramène, qui ravageait alors le territoire de Chalcédoine, ayant sous ses ordres soixante-dix navires, et une armée de cinq mille hommes. Toutes les forces athéniennes se trouvant ainsi réunies sur un seul point, les généraux athéniens entourèrent la ville, d'une mer à l'autre, par une enceinte de bois. Dans cette ville se trouvait posté Hippocrate, général des Lacédémoniens, que les Spartiates appelaient *Harmoste*[2]. Il fit une sortie avec ses soldats et toutes les troupes des Chalcédoniens. Le combat fut opiniâtre; Alcibiade fit des prodiges de valeur. Hippocrate tomba mort, et le reste de ses soldats fut en partie tué, en partie refoulé, couvert de blessures, dans l'intérieur de la ville. Après ce succès, Alcibiade se porta sur l'Hellespont et la Chersonèse, pour y lever des contributions. Théramène conclut avec les Chalcédoniens un traité par lequel ces derniers s'engageaient à payer aux Athéniens le même tribut qu'auparavant. De là Théramène conduisit ses troupes vers Byzance, investit cette ville, et poussa avec beaucoup d'ardeur les travaux du siége.

Alcibiade, en possession des sommes d'argent qu'il avait perçues, engagea à son service un grand nombre de Thraces;

---

[1] Au lieu de *Labdacum*, forteresse syracusaine en Sicile, il faudra lire *Lampsaque*.

[2] Ἁρμοστής, coordonateur. Les Spartiates donnaient ce nom à leurs gouverneurs de provinces, analogues aux satrapes des Perses, ou aux proconsuls des Romains.

il fit aussi des levées en masse parmi les habitants de la Chersonèse. Avec toute cette armée, il se mit en campagne et s'empara d'abord de Sélybrie par trahison ; il en tira de grandes richesses, et, après y avoir laissé une garnison, il se hâta de joindre Théramène devant Byzance. C'est avec toutes ces troupes réunies qu'on se prépara au siége ; car il s'agissait de prendre une ville importante et défendue par une forte garnison. Indépendamment des Byzantins qui formaient un corps nombreux, Cléarque, *harmoste* des Lacédémoniens, avait dans la place beaucoup de Péloponnésiens et de troupes mercenaires. Aussi, pendant quelque temps, les attaques des Athéniens ne faisaient aucun mal grave aux assiégés. Mais le gouverneur de la ville étant sorti pour demander de l'argent à Pharnabaze, quelques Byzantins, auxquels l'administration du gouverneur (c'était Cléarque, homme fort dur) était odieuse, livrèrent la ville à Alcibiade.

LXVII. Les Athéniens, faisant semblant de lever le siége et de ramener leurs troupes en Ionie, s'embarquèrent vers le soir sur tous leurs bâtiments, et l'armée s'éloigna à quelque distance. Mais, à la nuit close, les troupes revinrent sur leurs pas et approchèrent de la ville vers minuit. On avait en même temps détaché les trirèmes avec l'ordre d'arracher les navires ennemis, en poussant des cris, comme si toute l'armée était présente. Les troupes de terre étaient rangées en bataille sous les murs de la ville, attendant le signal convenu que leur devaient donner des traîtres. Les trirèmes exécutèrent l'ordre qu'elles avaient reçu. Les navires ennemis furent en partie brisés à coups d'éperon, en partie arrachés du rivage par des crochets de fer. Aux cris effroyables que poussaient les assaillants, les Péloponnésiens qui étaient dans la ville, ainsi que tous les habitants, ne se doutant point du stratagème, coururent secourir le port. Dans ce moment, les traîtres qui avaient promis de livrer la ville élevèrent sur les murs le signal convenu, et firent en toute sûreté escalader les murs aux soldats d'Alcibiade, pendant que la population s'était précipitée dans le port. Les Péloponnésiens, instruits de cet événement, laissèrent d'abord la moitié des troupes à la garde du port, et accoururent avec le reste défendre les murs déjà pris. Bien que presque toute l'armée athénienne eût déjà pénétré dans l'intérieur de la ville, les Péloponnésiens ne se découragèrent pas ; bravement secondés par les Byzantins, ils se défendirent pendant quelque temps vaillamment, et les Athéniens ne seraient pas même parvenus à forcer la ville, si Alcibiade, saisissant un moment favorable, n'eût fait proclamer par des hérauts que les Byzantins n'avaient rien à craindre des Athéniens. Aussitôt les citoyens changèrent de parti et tournèrent leurs armes contre les Péloponnésiens, qui furent presque tous tués après une vaillante résistance. Ceux qui avaient échappé au massacre se réfugièrent, au nombre de cinq cents, auprès des autels dans les temples. Les Athéniens rendirent aux Byzantins leur ville, et en firent leurs alliés. Quant aux suppliants qui avaient cherché un asile près des autels, ils obtinrent une capitulation, suivant laquelle ils devaient rendre les armes, et être transportés à Athènes où le peuple statuerait sur le sort de leurs personnes.

LXVIII. L'année étant révolue, les Athéniens nommèrent Euctémon archonte d'Athènes, et les Romains élurent pour consuls Marcus Papirius et Spurius Nautius ; on célébra la XCIII^e olympiade, dans laquelle Eubatus de Cyrène remporta le prix de la course du stade [1]. A cette époque, les généraux athéniens, maîtres de Byzance, entrèrent dans l'Hellespont et s'emparèrent de toutes les villes de ces parages, à l'exception d'Abydos. Puis ils y laissèrent comme gouverneurs Diodore et Mantithée avec une garnison suffisante, et retournèrent avec leur flotte à Athènes, chargés de butin et ayant bien mérité de la patrie. A leur approche, tout le peuple joyeux de tant de succès allait au-devant d'eux ; une foule de citoyens, d'étrangers, d'enfants et de femmes accoururent dans le Pirée. Ce retour de la flotte avait produit une grande sensation. Les généraux amenaient avec eux au moins deux cents navires pris sur l'ennemi, quantité de prisonniers

---

[1] Première année de la XCIII^e olympiade, année 408 avant J.-C.

et un immense butin ; à leurs propres trirèmes étaient suspendues des armures dorées, des couronnes et toutes sortes d'ornements, fruits de leurs conquêtes. Alcibiade surtout était l'objet d'une curiosité presque universelle : tout le monde, hommes libres et esclaves, accouraient à l'envie dans le port, et laissaient la ville entièrement déserte. Les citoyens les plus distingués d'Athènes pensaient que cet homme illustre, alors tant admiré, serait le plus apte à arrêter les débordements du pouvoir populaire, en même temps que les indigents voyaient en lui leur meilleur soutien et l'homme le plus capable de les tirer de la misère par une révolution politique. En effet, Alcibiade surpassait par son humeur entreprenante tous les autres citoyens; personne ne l'égalait en éloquence, en talents militaires, en audace. En même temps il réunissait à une grande beauté de corps, les qualités les plus brillantes de l'esprit. Enfin tout le monde s'imaginait qu'avec le retour de cet homme reviendrait aussi la fortune de l'État. De plus, comme les Lacédémoniens avaient le dessus tant qu'Alcibiade combattait dans leurs rangs, ils espéraient recouvrer leur suprématie, ayant un si grand homme pour auxiliaire.

LXIX. Lorsque la flotte fut entrée dans le port, la foule se dirigea sur le navire d'Alcibiade. Au moment où il en descendait, chacun lui donna la main pour témoigner la joie que causaient ses succès et son retour. Après avoir affectueusement salué le peuple, il convoqua une assemblée où il prononça un long discours pour défendre sa conduite. Ce discours produisit une impression si favorable que tout le monde blâma les décrets de la république qui avaient frappé Alcibiade. On lui rendit donc ses biens qui avaient été vendus publiquement; puis on jeta dans la mer les rouleaux sur lesquels avaient été inscrits les arrêts de justice. Le peuple décréta que les Eumolpides lèveraient les malédictions qu'ils avaient prononcées contre Alcibiade à l'époque où il fut accusé d'avoir profané les mystères[1]. Enfin, il le nomma commandant en chef de toutes les armées de terre

---

[1] Comparez Cornélius Népos, *Alcibiade*, V et VI.

et de mer, en lui confiant des pouvoirs absolus. Alcibiade, investi du pouvoir de désigner lui-même les généraux qui devaient commander sous ses ordres, choisit Adimante et Thrasybule. Après avoir équipé une flotte de cent navires, Thrasybule fit voile pour l'île d'Andros et prit le fort Catrium[1], qu'il entoura d'un mur. Les habitants d'Andros firent une sortie générale, secondés par les Péloponnésiens qui formaient la garnison de la ville. Il s'engagea un combat dans lequel les Athéniens furent vainqueurs. Une grande partie des habitants resta sur le champ de bataille; les autres, ayant échappé à la mort, se dispersèrent dans la campagne; d'autres enfin se réfugièrent en dedans des murs. Alcibiade attaqua ensuite la place; mais, n'ayant pu s'en emparer, il laissa une garnison dans le fort qu'il venait d'entourer d'un mur, et en donna le commandement à Thrasybule. Puis il partit avec son armée, ravagea les îles de Cos et de Rhodes et en tira beaucoup de provisions pour la subsistance de ses soldats.

LXX. Les Lacédémoniens qui avaient perdu leurs forces navales et leur prépondérance sur la Grèce, et qui avaient, en outre, à déplorer la perte de Mindarus, leur général, ne se laissèrent pas cependant abattre par ces revers; ils nommèrent commandant de la flotte Lysandre qui paraissait l'emporter en talents militaires sur tous les autres citoyens, et qui avait le génie audacieux et prêt à toutes les entreprises. Installé dans son commandement, Lysandre enrôla dans le Péloponnèse des troupes nombreuses et équipa autant de navires que possible. Il fit voile pour Rhodes, où il augmenta sa flotte de tous les bâtiments que les villes de cette île lui pouvaient fournir. De là il se porta vers Éphèse et Milet. Il mit à flot les trirèmes qu'il trouva dans ces villes et fit venir celles que possédait l'île de Chio. Il fit ainsi sortir d'Éphèse une flotte de près de soixante-dix navires. Informé que Cyrus, fils du roi Darius, avait été envoyé par son père pour seconder les Lacédémoniens, Lysandre se rendit à

---

[1] Suivant Xénophon (*Hellenica*, 1), ce fort s'appelait *Gaurium* (Γαύριον).

Sardes où il exhorta ce jeune homme à faire la guerre aux Athéniens, et reçut sur-le-champ dix mille dariques [1] pour payer la solde de ses soldats. Cyrus ajouta, en les lui donnant, qu'il pourrait à l'avenir en demander davantage, sans se gêner ; que son père lui avait donné l'ordre de fournir aux Lacédémoniens tout l'argent qu'ils demanderaient. Lysandre, étant retourné à Éphèse, convoqua les citoyens les plus puissants des villes, et conclut avec eux un pacte par lequel il s'engageait à les mettre à la tête du gouvernement de ces villes, lorsqu'ils auraient contribué à conduire les affaires à bonne fin. Ce qui fit qu'ils rivalisèrent de zèle pour donner plus qu'on ne leur demandait, et Lysandre se vit bientôt, et comme par enchantement, muni de toutes les choses nécessaires pour entrer en campagne.

LXXI. A la nouvelle que Lysandre préparait une flotte à Éphèse, Alcibiade s'y porta avec tous ses navires. Il s'avança ainsi jusqu'à l'entrée des ports, et, comme on ne lui opposait aucune résistance, il fit mouiller près de Notium [2] un grand nombre de navires et en confia le commandement à Antiochus, son pilote, avec l'ordre de ne point engager de combat avant qu'il fût de retour. Prenant ensuite avec lui ses bâtiments de guerre, il s'empressa de se rendre à Clazomène. Cette ville, alliée des Athéniens, venait d'être pillée par quelques exilés et avait eu beaucoup à souffrir. Cependant Antiochus, homme naturellement entreprenant, et brûlant du désir de faire lui-même quelque action d'éclat, ne tint aucun compte de l'ordre d'Alcibiade : il remplit de soldats dix de ses meilleurs bâtiments, et après avoir ordonné aux triérarques de tenir les autres bâtiments prêts à combattre, il se dirigea à l'encontre des ennemis, et les provoqua au combat. Instruit par quelques transfuges du départ d'Alcibiade avec ses meilleures troupes, Lysandre jugea l'occasion favorable de faire quelque chose digne de Sparte. S'étant donc préparé à la résistance avec tous ses navires, il

---

[1] Deux cent quatre-vingt-trois mille francs.
[2] Notium était un bourg situé en avant de Colophon (Harpocration).

coula bas le premier bâtiment ennemi qui marchait en avant de la ligne et qui portait Antiochus; il mit les autres en fuite et les poursuivit jusqu'à ce que les triérarques athéniens, ayant rempli leurs navires de combattants, vinssent tout en désordre à leur secours. Il s'engagea, non loin des côtes, une bataille générale dans laquelle les Athéniens, n'observant aucun ordre, furent défaits et perdirent vingt-deux navires; un petit nombre de soldats seulement furent faits prisonniers, le reste gagna la côte à la nage. Dès qu'Alcibiade apprit ce qui s'était passé, il revint en toute hâte à Notium; et ayant toutes ses trirèmes remplies de combattants, il entra dans les ports occupés par les ennemis. Lysandre n'osant point lui résister, remit à la voile pour Samos.

LXXII. Pendant que ces choses se passaient, Thrasybule, général des Athéniens, se porta avec quinze navires à Thasos. Il défit les habitants qui avaient fait une sortie hors de leur ville, et en tua près de deux cents. Ensuite il assiégea la place et força les habitants à accueillir les exilés, attachés au parti des Athéniens, à recevoir une garnison et à entrer en alliance avec Athènes. Après ce succès, Thrasybule appareilla pour Abdère; il entraîna dans le parti athénien cette ville qui était alors une des plus puissantes de la Thrace.

Tels étaient les exploits que les généraux athéniens avaient accomplis depuis qu'ils avaient quitté leurs foyers.

Agis, roi des Lacédémoniens, se trouvait alors à Décélie avec une armée. Averti que l'élite des Athéniens prenait part à l'expédition d'Alcibiade, il marcha, par une nuit obscure, sur Athènes. Il avait sous ses ordres vingt-huit mille fantassins, dont la moitié était des hoplites choisis, tandis que l'autre moitié se composait de troupes légères. Cette armée était suivie de douze cents cavaliers, dont neuf cents avaient été fournis par les Béotiens, et le reste par les Péloponnésiens. Arrivé dans le voisinage de la ville, il s'approcha, sans être aperçu, des avant-postes, les culbuta facilement, en massacra une partie et refoula les autres en dedans des murs. Les Athéniens, avertis du danger, appelèrent aux armes tous les vieillards et les enfants les plus grands.

Aussitôt l'enceinte du mur fut couverte de guerriers que le danger commun avait fait accourir à la défense de la patrie. Lorsque, au lever du jour, les généraux athéniens virent la phalange de l'ennemi déployée sur une colonne de quatre hommes d'épaisseur et de huit stades de longueur[1], de manière à envelopper presque les deux parties du mur, alors seulement ils comprirent toute la gravité du danger. Ils détachèrent ensuite la cavalerie, égale en nombre à celle de l'ennemi. Il s'engagea, aux portes de la ville, un combat opiniâtre qui dura quelque temps. La phalange lacédémonienne était à une distance d'environ cinq stades du mur, et les cavaliers seuls en étaient venus aux mains. Les Béotiens, jadis vainqueurs des Athéniens à Délium, ne voulaient point paraître inférieurs à ceux qu'ils avaient vaincus. Les Athéniens, ayant pour témoins de leur bravoure les spectateurs placés sur les murs et dont ils étaient individuellement connus, firent tous leurs efforts pour remporter la victoire. Enfin, après avoir enfoncé l'escadron ennemi, ils en firent un grand massacre et poursuivirent le reste jusqu'au pied de la phalange d'infanterie. Celle-ci se mettant ensuite en mouvement, les cavaliers rentrèrent dans la ville.

LXXIII. Agis, ne jugeant pas à propos de faire alors le siége de la ville, vint établir son camp dans l'Académie. Le lendemain, les Athéniens élevèrent un trophée. Agis déploya son armée et défia ceux qui étaient dans l'intérieur de la ville de venir défendre ce trophée. Les Athéniens conduisirent leurs soldats hors de la ville et les rangèrent en bataille au pied de l'enceinte. Les Lacédémoniens s'avancèrent les premiers pour engager le combat, mais, accablés par une quantité innombrable de flèches lancées du haut des remparts, ils s'éloignèrent de la ville. Après cette tentative, ils ravagèrent le reste de l'Attique et retournèrent dans le Péloponnèse.

Alcibiade, en quittant Samos, se porta avec toute sa flotte sur Cymes, et reprocha aux Cyméens quelques torts mal fondés, afin d'avoir un prétexte pour dévaster leur territoire. Il s'em-

---

[1] Environ 1500 mètres.

para d'abord d'un grand nombre de personnes, et les conduisit prisonnières sur ses navires. Les habitants firent une sortie générale pour venir au secours de leurs concitoyens, et tombèrent à l'improviste sur les soldats d'Alcibiade qui combattirent vigoureusement pendant quelque temps ; mais comme les Cyméens recevaient des renforts arrivés de la ville et de la campagne, ils forcèrent les Athéniens à lâcher les prisonniers et à se réfugier sur leur flotte. Alcibiade, irrité de cet échec, fit venir des hoplites de Mitylène, et déployant son armée devant les portes de la ville, il provoqua les Cyméens au combat. Comme personne ne se rendit à cette provocation, il ravagea la campagne et remit en mer pour Mitylène. Les Cyméens envoyèrent à Athènes une députation accusant Alcibiade d'avoir injustement maltraité une ville alliée. Bien d'autres accusations se joignirent bientôt à celle-ci. Quelques soldats de la garnison de Samos, mal disposés pour Alcibiade, se rendirent à Athènes et l'accusèrent en pleine assemblée de favoriser le parti des Lacédémoniens, et d'être lié d'amitié avec Pharnabaze, par l'aide duquel il espérait, à la fin de cette guerre, arriver à une domination absolue sur ses concitoyens.

LXXIV. Le peuple ajouta d'autant plus aisément foi à ces accusations, que la renommée d'Alcibiade s'était éclipsée par le mauvais succès du combat naval de Notium et les fautes commises devant Cymes. Le peuple athénien, suspectant l'audace guerrière d'Alcibiade, nomma dix généraux, Conon, Lysanias [1], Diomédon, Périclès, Erasinide, Aristocratès, Archestrate, Protomaque, Thrasybule [2], Aristogène. Il désigna Conon pour partir immédiatement et remplacer Alcibiade dans le commandement de la flotte. Alcibiade céda la place à Conon et lui remit le commandement de l'armée ; mais, refusant de se rendre à Athènes, il se retira avec une seule trirème à Pactye, en Thrace ; car il appréhendait la colère du peuple et les peines qu'il pourrait lui infliger. Depuis ses mauvais succès, les accu-

---

[1] Xénophon l'appelle *Lysias*.
[2] Thrasylle.

sations s'étaient multipliées contre lui. On lui faisait un très-grand crime d'avoir des chevaux estimés au prix de huit talents. On disait que Diomède, un de ses amis, lui avait envoyé un quadrige pour les jeux olympiques, et qu'Alcibiade avait inscrit sur la liste ordinaire les quatre chevaux qui avaient remporté le prix de la course, comme lui appartenant en propre, et s'était ainsi arrogé l'honneur de la victoire, mais qu'il n'avait pas même rendu les chevaux à celui qui les lui avait confiés. Songeant à toutes ces choses, Alcibiade craignit que les Athéniens ne profitassent de l'occasion pour lui faire expier ses torts envers la république, et se condamna lui-même à l'exil.

LXXV. C'est pendant la célébration de l'olympiade [où ces événements se passèrent] qu'on ajouta aux jeux olympiques la course des chars attelés de deux chevaux [1]. Dans cette même année mourut Pleistonax, roi des Lacédémoniens, après un règne de cinquante ans. Pausanias, qui lui succéda, régna quatorze ans. Les habitants de l'île de Rhodes, qui occupaient Ialyse, Linde et Camire, se réunirent dans une seule ville à laquelle ils donnèrent le nom de Rhodes.

[Reprenons l'histoire de Sicile.] Hermocrate de Syracuse, réunissant ses troupes, sortit de Sélinonte, se dirigea sur Himère, et vint camper dans les faubourgs de cette ville en ruines. Après s'être informé du lieu où avaient combattu les Syracusains, il recueillit les ossements des morts, les plaça sur des chars richement ornés, et les conduisit à Syracuse. Il s'arrêta sur les frontières que les lois défendent aux bannis de franchir, et détacha quelques-uns des siens pour conduire ces chars funèbres dans Syracuse. Hermocrate agissait ainsi afin d'ôter à Dioclès, qui s'opposait à son retour, tout prétexte de l'accuser d'avoir laissé les citoyens morts sans sépulture ; il espérait aussi par ces soins pieux regagner l'affection du peuple. Lorsque ces ossements furent apportés, il éclata un grand tumulte parmi la

---

[1] Dans la XCIII^e olympiade. Voyez Pausanias, V, 8.

foule. Dioclès voulait leur refuser la sépulture, tandis que la majorité était d'une opinion contraire. Enfin, les Syracusains rendirent les derniers devoirs à ces tristes débris, et tout le monde concourut à la pompe funèbre. Dioclès fut condamné à l'exil. Cependant Hermocrate ne fut pas encore rappelé, car on redoutait le génie entreprenant de cet homme, capable d'aspirer à la tyrannie. Hermocrate ne voyant pas le moment favorable pour employer la violence, se retira de nouveau à Sélinonte. Quelque temps après, sur l'invitation de ses amis, il partit de Sélinonte avec trois mille soldats, traversa Géla et arriva de nuit dans l'endroit qui lui avait été désigné. N'ayant pu être suivi de tous ses soldats, Hermocrate se rendit avec une faible escorte près de la porte de l'Achradine, dont les environs étaient occupés par quelques-uns de ses amis, et là il attendit ceux qui étaient restés en arrière. Les Syracusains apprenant ce qui s'était passé, vinrent en armes sur la place publique. Là, entourés d'une foule nombreuse, Hermocrate et la plupart de ses partisans furent tués. Ceux qui avaient échappé à la mêlée furent mis en jugement et condamnés à l'exil. Quelques-uns, criblés de blessures, avaient été donnés pour morts par leurs partisans, afin de se dérober à la colère du peuple. De ce nombre était Denys, qui devint plus tard tyran des Syracusains.

Tels sont les événements arrivés dans le cours de cette année.

LXXVI. Antigène étant archonte d'Athènes, les Romains élurent pour consuls Caïus Manius Æmilius et Caïus Valérius[1]. En ce temps, Conon, général des Athéniens, investi du commandement des troupes stationnées à Samos, s'occupa à réparer les anciens navires, en fit fournir de nouveaux par les alliés, et s'empressa de mettre sur pied une flotte capable de rivaliser avec celle de l'ennemi. Le temps du commandement de Lysandre étant expiré, les Spartiates lui envoyèrent pour successeur Callicratidas. C'était un tout jeune homme, simple et inoffensif, le plus juste des Spartiates, et ignorant encore les mœurs étran-

---

[1] Deuxième année de la XCIII^e olympiade ; année 407 avant J.-C.

gères. De l'aveu de tout le monde, pendant la durée de son commandement il ne commit aucune injustice ni envers l'État, ni envers les particuliers. Bien plus, il blâmait et punissait sévèrement ceux qui cherchaient à le corrompre par des offres d'argent. Callicratidas se rendit à Éphèse, rassembla les navires qui s'y trouvaient, et, après avoir fait venir tous ceux que lui remit Lysandre, il réunit une flotte de cent quarante bâtiments. C'est avec cette flotte qu'il se remit en mer et tenta le siége de la forteresse de Delphinium, que les Athéniens occupaient sur le territoire de Chio. Les Athéniens, au nombre d'environ cinq cents, s'effrayèrent de la puissance de l'ennemi et rendirent la place par capitulation. Callicratidas occupa cette forteresse, la démolit et se dirigea contre les Teïens ; il pénétra pendant la nuit dans l'intérieur des murs et livra la ville au pillage. De là il fit voile pour Lesbos et vint attaquer avec son armée Méthymne où les Athéniens avaient une garnison. Il fit des attaques réitérées, qui furent d'abord sans succès ; mais bientôt, secondé par quelques traîtres, il pénétra en dedans des murs, pilla les propriétés, épargna les habitants et rendit aux Méthymnéens leur ville. Après cette expédition, il marcha sur Mitylène et remit le commandement des hoplites à Thorax, de Lacédémone, avec l'ordre de s'avancer par terre. Quant à lui, il marcha de conserve avec la flotte.

LXXVII. Cependant Conon, général des Athéniens, avait sous ses ordres une flotte de soixante-dix navires parfaitement équipés ; aucun chef n'avait encore commandé une flotte si belle. Il conduisit cette flotte d'abord au secours de la ville de Méthymne, mais l'ayant trouvée déjà prise, il alla mouiller près d'une île appartenant au groupe appelé les *Cent îles*[1]. Voyant, au lever du jour, les navires ennemis se préparer à l'attaque, il jugea hasardeux de combattre contre des forces doubles ; c'est pourquoi il gagna la haute mer, cherchant à séparer quelques trirèmes de la ligne ennemie et d'engager le combat près de Mity-

---

[1] Ce groupe ne comprenait, suivant Timosthène, que quarante îles. Il était situé dans les parages de *Samos*.

lène. Il pensait que, s'il était vainqueur, il laisserait de l'espace à la poursuite, et que s'il était vaincu il pourrait se réfugier dans le port. Il embarqua donc ses troupes et fit ramer lentement afin de donner aux Péloponnésiens le temps d'approcher. Les Lacédémoniens faisaient, de leur côté, force rames, espérant atteindre l'arrière-garde de la flotte des ennemis. Conon continuait toujours à se retirer, pendant que les meilleurs bâtiments des Péloponnésiens, se livrant avec ardeur à la poursuite, finirent par s'écarter de la flotte qui resta loin en arrière. Conon s'en étant aperçu et se trouvant déjà dans les eaux de Mitylène, hissa sur son propre navire un pavillon pourpre, signal convenu avec ses triérarques. A ce signal, les bâtiments près d'être atteints par l'ennemi, virèrent tout à coup de bord ; l'équipage entonna le péan, et les trompettes sonnèrent la charge. Étourdis par ce mouvement inopiné, les Péloponnésiens essayèrent en toute hâte de se mettre en ligne. Mais n'ayant pas le temps d'exécuter cette manœuvre, ils furent mis dans le plus grand désordre, car les navires restés en arrière n'avaient pas encore pu prendre leur rang.

LXXVIII. Conon, profitant habilement de ce moment, tomba sur la flotte de l'ennemi ; il frappa les navires et en brisa les rames. Cependant, aucun des bâtiments qui se battaient contre Conon, ne prit la fuite ; mais reculant sans virer de bord, ils attendaient l'arrivée du reste de la flotte. L'aile gauche des Athéniens mit en déroute la ligne ennemie, et la poursuivit pendant longtemps. Mais, lorsque tous les bâtiments des Péloponnésiens furent réunis, Conon, redoutant la supériorité des forces ennemies, arrêta la poursuite et se rendit à Mitylène avec quarante navires. Cependant l'aile gauche des Athéniens, qui n'avaient pas cessé la poursuite, fut enveloppée par toute la flotte péloponnésienne qui lui coupa la retraite vers la ville, et la força à se réfugier en désordre sur les côtes. Ne voyant devant eux aucun moyen de salut, les Athéniens abandonnèrent leurs bâtiments et se réfugièrent à Mitylène. Callicratidas, après s'être rendu maître de trente navires, regardait la flotte des ennemis comme détruite, et croyait n'avoir plus à combattre que les troupes de terre. En conséquence, il se dirigea sur la ville. Conon, qui s'attendit bien à un siége, s'occupa, dès son arrivée, de la défense de l'entrée du port. A cet effet, il fit échouer sur les bas-fonds du port de petites barques chargées de pierres ; et là où la mer était profonde, il plaça des vaisseaux de transport également remplis de pierres. Les Athéniens, aidés d'une multitude de Mityléniens que le spectacle de la guerre avait attirés de la campagne, eurent bientôt achevé tous les préparatifs de défense. Callicratidas débarqua ses soldats sur le rivage voisin de la ville, traça l'enceinte du camp et éleva un trophée en honneur de la victoire navale. Le lendemain, il choisit les meilleurs navires, leur ordonna de ne jamais perdre de vue le sien, et tâcha de pénétrer dans le port, en rompant l'estacade qui en fermait l'entrée. De son côté, Conon embarqua une partie de ses troupes sur les trirèmes qui, la proue en avant, devaient défendre l'entrée du port ; une autre partie était montée sur les vaisseaux longs ; enfin, un troisième détachement occupait les jetées du port, de telle façon que la place fut mise en défense de tous côtés, par terre et par mer. Conon commandait lui-même les trirèmes qui remplissaient les intervalles de l'estacade. Les soldats montés sur les vaisseaux de transport, lançaient du haut des mâts des pierres sur les ennemis, pendant que ceux qui occupaient les jetées du port s'opposaient à toute tentative de débarquement.

LXXIX. Les Péloponnésiens ne se montrèrent pas moins ardents que les Athéniens. Ils commencèrent l'attaque sur toute la ligne ; l'élite des soldats placés sur le pont des navires engagea à la fois un combat de pied ferme et un combat sur mer. Ils tentèrent de rompre violemment la ligne ennemie, persuadés que des hommes déjà vaincus précédemment ne soutiendraient pas un pareil choc. Les Athéniens et les Mityléniens, voyant que leur unique salut était dans la victoire, ne songeaient qu'à vaincre ou à mourir glorieusement, et à ne pas quitter leurs rangs. Les deux armées étant animées d'une ardeur inexprimable, la bataille devint acharnée; tous les combattants prodiguaient leur vie. Les soldats placés sur les ponts étaient atteints d'une grêle de flèches; les uns, blessés mortellement, tombaient dans la mer; les autres, dans l'ardeur du combat, ne sentaient point leurs blessures saignantes. La plupart tombaient atteints par d'énormes pierres que les Athéniens lançaient du haut des mâts. Le combat avait déjà duré longtemps, et beaucoup de monde était tombé de part et d'autre, lorsque Callicratidas rallia les soldats au son de la trompette pour leur donner un moment de relâche. Puis il recommença le combat qui se prolongea longtemps, jusqu'à ce que le nombre des navires et la bravoure des guerriers qui les montaient eussent repoussé les Athéniens, qui se réfugièrent dans le port intérieur de la ville. Callicratidas pénétra au même moment à travers l'estacade et vint s'embosser devant la ville des Mityléniens. Car le passage, qui avait été si vivement disputé, et qui conduit à un beau port, est situé en dehors de la ville. L'ancienne ville forme une petite île, tandis que la ville, plus récemment fondée, est située en face de Lesbos; et entre les deux est un bras de mer étroit qui rend la position de la ville très-forte. Callicratidas débarqua ses troupes et investit la place de toutes parts. Tel était l'état des choses à Mitylène.

[Revenons à la Sicile.] Les Syracusains envoyèrent des députés à Carthage pour se plaindre au sujet de la guerre et pour demander la cessation des hostilités. Les Carthaginois leur donnèrent des réponses évasives; ils faisaient en même temps en Libye d'immenses levées de troupes, dans le dessein de soumettre toutes les villes de la Sicile. Déjà avant d'avoir entrepris cette expédition, ils avaient choisi quelques citoyens, et des Libyens volontaires pour fonder en Sicile la ville de Thermes, située auprès des sources d'eaux chaudes[1].

LXXX. L'année étant révolue, Callias fut nommé archonte

---

[1] Voyez plus haut IV, 23, *Himera deleta, quos cives belli calamitas reliquos fecerat, ii se Thermis collocarant, in ejusdem agri finibus, neque longe ab oppido antiquo.* Cicéron (*in Verrem*, II, 35.)

d'Athènes, et les Romains élurent pour consuls Lucius Furius et Cneïus Pompeïus[1]. Dans ce temps, les Carthaginois enflés de leurs succès en Sicile, et cherchant à se rendre maîtres de toute l'île, décrétèrent les préparatifs de nombreuses troupes. Ils choisirent pour général ce même Annibal qui avait détruit Sélinonte et Himère, et lui confièrent toute la direction de la guerre. Mais, comme il était déjà avancé en âge, on lui donna, sur sa demande, pour collègue dans le commandement *Imilcon*[2], fils d'Hannon, de la même famille qu'Annibal. Ces deux chefs s'étant concertés ensemble, firent partir avec de fortes sommes d'argent quelques commissaires choisis parmi les citoyens les plus considérables ; ces commissaires avaient reçu l'ordre d'enrôler, en Ibérie et dans les îles Baléares, le plus grand nombre possible de soldats étrangers. Annibal et Imilcon parcouraient eux-mêmes la Libye, enrôlant des Libyens, des Phéniciens et des citoyens de Carthage le plus en état de porter les armes. Les nations et les rois alliés étaient invités à fournir des soldats mauritains et numides ainsi que quelques-uns de ceux qui habitent les contrées de la Cyrénaïque. En Italie, ils prirent à leur solde des Campaniens, et les transportèrent en Libye ; car ils savaient que ces derniers pourraient leur être d'une grande utilité, et que les Campaniens laissés en Sicile et mal disposés pour les Carthaginois, allaient faire cause commune avec les Siciliens. Enfin toutes ces troupes assemblées à Carthage, composèrent une armée, y compris la cavalerie, de près de cent vingt mille hommes, au rapport de Timée, et de trois cent mille, s'il faut en croire Éphore. Pour le transport de cette armée, les Carthaginois mirent en mer toutes leurs trirèmes et réunirent plus de mille vaisseaux de transport. Pendant qu'un détachement de quarante trirèmes formait l'avant-garde de cette flotte et se dirigeait sur la Sicile, les Syracusains se montrèrent avec un égal nombre de bâtiments dans les environs d'Éryx. Il s'engagea un combat naval de longue durée, dans lequel quinze bâtiments

---

[1] Troisième année de la XCIII^e olympiade ; année 406 avant J.-C.
[2] Plus loin il est appelé indifféremment *Imilcar*, *Imilcas*, *Amilcas* et *Amilcar*.

phéniciens furent coulés, le reste s'échappa à la faveur de la nuit et gagna le large. Dès que la nouvelle de cette défaite parvint à Carthage, Annibal mit à la voile avec cinquante navires tant pour empêcher les Syracusains de profiter de leur avantage, que pour assurer la retraite à ses propres forces.

LXXXI. Depuis qu'on avait appris en Sicile les levées de troupes qu'Annibal faisait chez tous les alliés, on s'attendait à chaque instant à voir ces troupes débarquer. Les villes informées de ces immenses préparatifs, et comprenant qu'il s'agissait d'une lutte décisive, se disposèrent à une résistance désespérée. Les Syracusains demandèrent des secours aux Grecs d'Italie et aux Lacédémoniens. Ils envoyèrent aussi dans les villes de la Sicile des députés pour engager les hommes influents à exciter les populations à prendre les armes pour défendre la liberté commune. Les Agrigentins, connaissant la puissance envahissante des Carthaginois, comprirent qu'ils sentiraient tout les premiers le poids de la guerre. En conséquence, ils résolurent de transporter en dedans des murs de la ville, le blé, les fruits et tous les autres produits de la campagne. A cette époque, le territoire de la ville des Agrigentins jouissait d'une prospérité très-grande, dont il ne me semble pas hors de propos de communiquer quelques détails.

Aucun pays ne produisait des vignobles plus étendus et plus beaux. Presque tout le territoire était planté d'oliviers dont le fruit s'exportait et se vendait à Carthage, la Libye n'étant point encore alors cultivée. Les Agrigentins, recevant de l'argent en échange de leurs produits naturels, amassèrent des richesses immenses. Les monuments dont nous allons parler sont une preuve de ces richesses.

LXXXII. La construction des monuments sacrés et surtout le temple de Jupiter, témoignent de la splendeur opulente dont jouissaient jadis les habitants d'Agrigente. [A l'exception du dernier], tous les autres temples ont été brûlés ou détruits par les ennemis qui se sont à plusieurs reprises emparés de la ville. La guerre empêcha de placer sur l'Olympium [1] le toit qu'il devait

---

[1] Voyez sur ce temple de Jupiter, Polyb., IX, 27, qui s'accorde avec Diodore.

recevoir; et depuis que la ville fut saccagée, les Agrigentins n'eurent plus les moyens d'achever ce monument. Le temple de Jupiter a trois cent quarante pieds de longueur, soixante de largeur et cent vingt pieds de haut, non compris le fondement. C'est le plus grand temple de la Sicile et il peut avec raison être comparé aux autres monuments de ce genre qui se voient à l'étranger; car, bien qu'il n'ait point été complétement achevé, le dessin qui en subsiste témoigne de la grandeur du plan. Quant aux autres temples, ils sont ou enceints de murs, ou de colonnes qui entourent le sanctuaire; l'Olympium participe à la fois de ces deux modes d'architecture. Les colonnes se confondent avec le mur d'enceinte; la partie extérieure est arrondie, et la partie qui regarde en dedans est carrée en forme de pilastres. En dehors, ces colonnes ont vingt pieds de circonférence et leurs cannelures peuvent contenir chacune le corps d'un homme; la partie intérieure a douze pieds. Les portiques sont vastes et d'une hauteur prodigieuse; sur la face orientale on a représenté le combat des géants, ouvrage de sculpture remarquable par sa dimension et sa beauté; sur la face occidentale, on a figuré la prise de Troie, composition achevée où l'on distingue chacun des héros par leur mise en scène. A cette époque, on voyait aussi en dehors de la ville un lac creusé de main d'homme, ayant sept stades de tour et vingt coudées de profondeur [1]. Par des moyens ingénieux on y conduisait des eaux pour entretenir une multitude de poissons de toutes espèces, servant aux repas publics. Sur ces eaux nageaient des cygnes et une foule d'autres oiseaux qui réjouissaient beaucoup la vue. On admirait le luxe et la magnificence déployés dans les monuments funèbres érigés soit aux chevaux qui avaient remporté le prix de la course, soit à de petits oiseaux élevés dans des volières par des filles et de jeunes garçons. Timée dit avoir vu de ces monuments qui ont subsisté jusqu'à son temps.

Dans l'Olympiade précédente, c'est-à-dire dans la XCII^e,

---

[1] Environ dix mètres.

Exænète d'Agrigente, vainqueur à la course du stade, fut conduit sur un char dans la ville. Indépendamment de beaucoup d'autres, il était suivi de trois cents chars (*biges*) attelés de chevaux blancs, et tous fournis par les Agrigentins. En un mot, ces citoyens avaient, dès leur enfance, contracté l'habitude du luxe : ils portaient pour vêtements des étoffes molles, brodées d'or, et se servaient dans les bains de brosses et de flacons montés en argent ou en or.

LXXXIII. Le plus riche des Agrigentins était alors Gellias. Il avait construit dans sa maison plusieurs appartements pour recevoir des hôtes, et avait placé devant sa porte des domestiques qui devaient inviter tous les étrangers à recevoir chez lui l'hospitalité. Cet exemple était suivi par beaucoup d'autres Agrigentins qui pratiquaient ainsi les antiques mœurs hospitalières. Empédocle dit, en parlant d'Agrigente : « Ports vénérés où les étrangers peuvent se reposer à l'abri de tout danger. » Si l'on en croit Timée dans le quinzième livre de son histoire, Gellias logea un jour chez lui cinq cents cavaliers arrivant de Géla, et comme c'était pendant l'hiver, il leur distribua aussitôt à tous des manteaux et des tuniques. Polyclite donne, dans son histoire[1], des détails curieux sur la cave de Gellias qu'il assure avoir vue lorsqu'il servait dans l'armée à Agrigente. Il y avait dans cette cave trois cents tonneaux taillés dans une même roche, chaque tonneau contenant cent amphores. Auprès de ces tonneaux se trouvait une citerne tapissée de chaux[2], de la capacité de mille amphores, d'où l'on faisait couler le vin dans les tonneaux. On

---

[1] On ne sait rien sur cet historien originaire de Larisse ; il est également cité par Athénée.

[2] Κολυμβήθρα κεκονιαμένα. Rien n'indique que κόνις (poussière) soit ici de la cendre de volcan ou la pouzzolane, ainsi que Miot l'a traduit. Dans la construction de cette citerne, il importait avant tout que le liquide ne s'écoulât pas dans le sein du sol. Or, pour obtenir cet effet, il fallait employer une espèce de chaux hydraulique, dont les Grecs et les Romains faisaient un fréquent usage. C'était un mélange en proportions convenables de chaux vive, d'argile et de silice (espèce de chaux hydraulique) qui se durcissait considérablement sous l'eau, et s'opposait à l'écoulement des liquides aussi bien qu'une couche de vernis. Telle est sans doute ici la véritable signification de κόνις, d'où dérive le verbe κονιάζω.

raconte que cet homme, de mœurs si extraordinaires, était d'un extérieur tout à fait disgracieux. Envoyé en ambassade auprès des Centoripiens[1], il excita, lorsqu'il parut dans l'assemblée, le rire de la foule qui trouvait, à ne juger que d'après sa figure, Gellias bien au-dessous de sa réputation. S'en étant aperçu, il dit à l'assemblée de ne pas s'étonner. « Car, ajoutait-il, les Agrigentins ont l'habitude d'envoyer dans les cités célèbres les citoyens les plus beaux, tandis qu'ils n'envoient dans les villes petites et chétives que des gens qui me ressemblent. »

LXXXIV. Gellias n'était pas le seul qui se distinguât par sa richesse ; beaucoup d'autres citoyens d'Agrigente étaient dans le même cas. On cite, entre autres, Antisthène, surnommé le Rhodien. Aux noces de sa fille, il donna un repas aux citoyens dans les rues mêmes où chacun demeurait. La mariée était accompagnée de plus de huit cents chars ; non-seulement les citoyens d'Agrigente, mais encore les citoyens des villes voisines, invités au festin, accompagnaient à cheval le cortége nuptial. Mais, ce qu'il y avait de plus extraordinaire, ce fut l'illumination que l'on raconte. Antisthène avait placé sur les autels de tous les temples et sur les autels élevés dans toutes les rues de la ville des amas de bois, et avait distribué aux gardiens des fagots et des sarments avec l'ordre d'y mettre tout à la fois le feu, dès qu'ils verraient briller la flamme du haut de la citadelle. Les gardiens exécutèrent cet ordre au moment où la jeune épouse fut conduite chez elle, précédée d'un grand nombre d'hommes portant des torches ; toute la ville était comme en feu et les rues pouvaient à peine contenir la foule qui, avide de contempler tant de magnificence, suivait le cortége. A cette époque, Agrigente comptait plus de vingt mille habitants, et près de deux cent mille en y comprenant les étrangers[2]. On raconte encore d'Antisthène que, voyant son fils chercher dispute à un de ses voisins, pauvre, et employer la violence pour l'amener à lui vendre son

---

[1] Centoripa, petite ville de la Sicile.

[2] Ce nombre d'étrangers est cn de proportion avec le nombre des habitants de la ville.

petit champ, opposa une vive résistance à ce désir immodéré d'étendre ses propriétés ; et qu'il avait dit à son fils de songer plutôt à enrichir qu'à appauvrir un voisin qui était dans l'indigence, et ne pouvant acheter la terre de son voisin, de vendre celle qu'il avait pour en acheter une autre ailleurs, et de satisfaire alors le désir d'agrandir ses domaines. Enfin, l'opulence et le luxe des citoyens d'Agrigente étaient arrivés à un tel degré, que, lors du siége de la ville, un décret défendit à ceux qui montaient la garde pendant la nuit, d'avoir, pour se coucher, plus d'un tapis, d'un matelas, d'une couverture et deux oreillers. Si un tel lit passait pour un coucher dur, on peut juger quel devait être le luxe pour les autres besoins de la vie. Mais nous nous sommes assez étendus sur ce sujet ; nous ne voulons pas en dire davantage, de crainte de négliger le récit de choses plus importantes.

LXXXV. Les Carthaginois, ayant transporté leurs troupes en Sicile, marchèrent sur Agrigente. Ils établirent deux camps : l'un était situé sur quelques hauteurs occupées par environ quarante mille Ibériens et Libyens ; l'autre, à peu de distance de la ville, était entouré d'un fossé profond et palissadé. Les Carthaginois envoyèrent d'abord des députés aux Agrigentins pour les engager à entrer dans leur alliance ou du moins à rester neutres et amis de Carthage ; mais, les Agrigentins n'ayant point accepté cette proposition, le siége fut aussitôt poussé vigoureusement. De leur côté, les citoyens appelèrent aux armes tous les hommes à la fleur de l'âge ; ils en firent une milice régulière dont une partie fut échelonnée sur les murs et l'autre gardée pour la réserve. Ils avaient un utile auxiliaire en Dexippe le Lacédémonien qui venait d'arriver de Géla avec quinze cents soldats étrangers. Car, Dexippe, si l'on en croit Timée, séjournait alors à Géla, où il jouissait, en sa qualité de Lacédémonien, d'une grande considération. Les Agrigentins l'avaient sollicité de prendre à sa solde le plus grand nombre possible de soldats, et de se rendre dans leur ville. En même temps, les Campaniens, qui avaient, dans la guerre précédente, combattu sous les ordres d'Annibal, s'engagèrent au nombre de huit cents au service des Agrigentins. Ces auxiliaires occupèrent un poste élevé, appelé l'Athénéum qui, par sa position, dominait la ville.

Cependant Imilcar et Annibal, généraux des Carthaginois, reconnurent, en examinant les murs, un point par lequel il était facile de pénétrer dans la ville ; ils construisirent donc deux tours d'une hauteur démesurée et les approchèrent des murailles. Le premier jour, les Carthaginois dirigèrent leurs attaques du haut de ces tours, et après avoir tué beaucoup de monde, rappelèrent les combattants au son de la trompette. La nuit étant survenue, les assiégés firent une sortie et mirent le feu aux machines.

LXXXVI. Annibal, désirant attaquer la ville sur plusieurs points à la fois, ordonna à ses soldats de démolir les tombeaux et de combler les fossés jusqu'aux murailles. Grâce au grand nombre de bras, cet ordre fut promptement exécuté. Cependant l'armée entière fut saisie d'une crainte superstitieuse ; car le tombeau de Théron, monument d'une grandeur immense, venait d'être ébranlé par la foudre ; c'est ce qui engagea quelques devins à s'opposer à la démolition de ce monument. Bientôt après une maladie contagieuse se déclara dans le camp ; un grand nombre de soldats en moururent ; beaucoup d'autres furent en proie à d'atroces douleurs et d'horribles souffrances. Annibal, le chef de l'armée, succomba lui-même ; et quelques sentinelles d'avant-postes assurèrent qu'elles avaient aperçu, pendant la nuit, les fantômes des morts. Dès qu'Imilcar vit ses troupes ainsi effrayées, il fit cesser la destruction des tombeaux ; puis il ordonna des supplications aux dieux, selon les rites de sa patrie, en sacrifiant un enfant à Saturne[1] et en plongeant dans la mer une foule de victimes en honneur de Neptune. Cependant il ne discontinua pas les travaux commencés ; car après avoir comblé le fleuve qui baigne la ville et construit une digue jusqu'aux murailles, il y dressa toutes ses machines de guerre et livra chaque

[1] Voyez plus bas, XX, 14.

jour des assauts. Les Syracusains voyant Agrigente ainsi assiégée, et craignant que cette ville n'éprouvât le sort de Sélinonte et d'Himère, étaient depuis longtemps résolus à lui envoyer des secours ; ils nommèrent Daphnée au commandement des troupes auxiliaires qui venaient alors d'arriver d'Italie et de Messine. Après avoir réuni ces troupes, ils se mirent en marche et, pendant leur route, ils reçurent un renfort de Camarinéens et de Géléens. Ils firent encore venir quelques autres détachements de l'intérieur de l'île et se dirigèrent sur Agrigente, accompagnés d'une flotte de trente navires qui longeaient la côte. Cette armée se composait de plus de trente mille hommes d'infanterie et d'au moins cinq mille chevaux.

LXXXVII. Dès qu'Imilcar fut instruit de l'arrivée de ces troupes, il envoya à leur rencontre les Ibériens et les Campaniens dont le nombre n'était pas au-dessous de quarante mille. Les Syracusains avaient déjà franchi le fleuve Himère lorsqu'ils rencontrèrent les Barbares. L'action dura longtemps ; enfin les Syracusains demeurèrent vainqueurs : ils tuèrent plus de six mille ennemis, détruisirent tout le corps d'armée et en poursuivirent les débris presque sous les murs de la ville. Mais le général des Syracusains voyant ses soldats se livrer en désordre à cette poursuite, les arrêta dans la crainte qu'Imilcar ne se montrât avec le reste de son armée pour réparer cet échec ; car il n'ignorait pas que c'était à une semblable faute que les Himériens avaient dû leur perte. Pendant que les Barbares fuyaient ainsi pour chercher un asile dans leur camp près d'Agrigente, les soldats de l'intérieur de la ville, témoins de cette défaite des Carthaginois, supplièrent leurs généraux d'ordonner une sortie et de saisir ce moment pour achever de mettre en déroute les forces de l'ennemi. Mais les généraux, soit qu'ils eussent été corrompus par de l'argent, ainsi qu'on le disait, soient qu'ils eussent craint qu'Imilcar ne s'emparât de la ville privée de ses défenseurs, comprimèrent l'ardeur de leurs soldats. Les fuyards purent ainsi en toute sûreté se sauver dans leur camp près de la ville ; cependant Daphnée atteignit celui que les Barbares venaient d'abandonner et s'y établit. Aussitôt les troupes qui étaient dans Agrigente, en sortirent pour se réunir aux Syracusains ; Dexippe les accompagna. Cette multitude forma une assemblée dans laquelle tout le monde fit entendre des cris d'indignation contre la conduite des généraux qui n'avaient pas profité de l'occasion de châtier les Barbares déjà battus et qui, s'opposant à une sortie, avaient laissé échapper tant de milliers d'hommes qui n'auraient pas dû être épargnés. Le tumulte était à son comble, lorsque Ménès de Camarine, s'emparant du commandement, s'avança dans l'assemblée ; il accusa les généraux agrigentins avec tant de force, que lorsque ceux-ci essayèrent de se défendre, personne ne voulut les entendre ; la foule fut tellement exaspérée qu'elle leur jeta des pierres et en tua quatre sur place ; le cinquième, nommée Argée, fut épargné à cause de son extrême jeunesse. Dexippe le Lacédémonien ne fut pas non plus à l'abri des accusations ; car on était persuadé que ce commandant, qui passait pour si habile dans l'art militaire, n'avait agi ainsi que par trahison.

LXXXVIII. Après cette assemblée, Daphnée fit avancer ses troupes et entreprit d'investir le camp des Carthaginois ; mais le voyant très-fortifié, il se désista de son entreprise. Il se contenta d'occuper les routes par des détachements de cavalerie, et de saisir ceux qui étaient envoyés en fourrage ; interceptant ainsi les convois de vivres, il réduisit à la dernière extrémité les Carthaginois, n'osant combattre et pressés par le manque de vivres. Un grand nombre de soldats périrent de faim ; les Campaniens et presque toutes les troupes étrangères à la solde de Carthage se ruèrent sur la tente d'Imilcar, demandant à grands cris leurs rations ordinaires, et menaçant, s'ils ne les recevaient pas, de passer à l'ennemi. Sur ces entrefaites, Imilcar fut averti que les Syracusains envoyaient par mer une grande quantité de blé à Agrigente. Regardant cette circonstance comme l'unique moyen de salut, il engagea les soldats à patienter encore quelques jours, en leur laissant en gage les coupes d'argent appartenant aux citoyens de Carthage qui servaient dans l'armée. Cela fait, il fit venir de Panorme et de Motye quarante trirèmes avec lesquelles il attaqua celles qui transportaient le convoi de vivres. Les Syracusains, qui croyaient les Barbares, depuis leur dernière défaite, hors d'état de tenir la mer, d'autant plus que l'hiver était déjà proche, méprisaient les Carthaginois comme des gens qui n'oseraient point équiper leurs trirèmes. C'est pourquoi leur convoi était escorté par un très-petit nombre de navires, lorsque apparut Imilcar avec quarante trirèmes : il coula huit vaisseaux longs, et força les autres à se jeter sur la côte. Après s'être ainsi rendu maître de toute la flotte, il changea, par ce succès, tellement les espérances des deux partis, que les Campaniens, qui se trouvaient dans Agrigente, désespérant de la cause des Grecs, se laissèrent corrompre pour quinze talents [1] et passèrent du côté des Carthaginois. Cependant les Agrigentins, croyant d'abord les Carthaginois dans une mauvaise situation, ne ménageaient point leurs vivres et d'autres approvisionnements, s'attendant à chaque moment à voir le siége levé. L'espoir des Barbares se ranima en voyant tant de milliers d'hommes réunis dans une seule ville et ignorant encore la prise du convoi qui devait leur amener des vivres. On dit que Dexippe le Lacédémonien se laissa également corrompre moyennant quinze talents. Il est certain qu'il conseilla tout à coup aux généraux des troupes italiques, comme une chose utile, de transporter ailleurs le théâtre de la guerre, en alléguant pour raison le manque de vivres. En conséquence, ces généraux, prétextant que le temps de leur commandement était expiré, firent embarquer leurs troupes. Après ce départ, les généraux des Syracusains se réunirent et convinrent de faire le recensement des vivres qui se trouvaient dans la ville ; et comme ils les trouvèrent insuffisants, ils déclarèrent à leur tour être obligés de quitter la ville. Dès que la nuit fut arrivée, ils ordonnèrent le départ de toutes leurs troupes.

LXXXIX. Ce départ fut suivi de celui d'une multitude immense d'hommes, de femmes et d'enfants ; toutes les maisons

---

[1] Quatre-vingt-deux mille cinq cents francs.

retentissaient de longs gémissements et de lamentations. Les habitants étaient tout à la fois en proie à la crainte des ennemis et à la douleur de se voir forcés d'abandonner au pillage les trésors qui faisaient le bonheur de leur vie. Bien que le sort leur enlevât tous leurs biens, ils s'estimaient encore bien heureux de sauver leurs personnes. Il fallait être témoin non-seulement de la perte des richesses d'une ville si opulente, mais encore de la mort de tant de citoyens. Les malades furent délaissés par les domestiques qui les gardaient, car chacun ne songeait qu'à son propre salut; les vieillards furent abandonnés à leur infirmité. Beaucoup d'autres, aimant mieux mourir que de quitter leur patrie, mirent volontairement fin à leurs jours, afin d'exhaler le dernier soupir dans le foyer paternel. Une multitude d'habitants, sortant de la ville, furent escortés jusqu'à Géla par des soldats armés. Toute la route qui conduit d'Agrigente à Géla était couverte de femmes et d'enfants. On voyait aussi dans cette foule en désordre des jeunes filles qui échangeaient volontiers leurs habitudes de luxe contre les fatigues d'une marche précipitée, tant la terreur leur avait donné d'énergie. Toute cette foule parvint heureusement à Géla; elle s'établit dans Léontium, ville que les Syracusains lui avaient donnée à habiter.

XC. Dès le point du jour[1] Imilcar fit, avec ses troupes, son entrée dans la ville, et passa au fil de l'épée presque tous ceux qui y étaient abandonnés. Les Carthaginois arrachèrent des temples ceux qui y avaient cherché un asile et les mirent à mort. On raconte que Gellias, ce citoyen qui surpassait tous ses semblables par ses richesses et sa bienfaisance, partagea le sort infortuné de sa patrie. Il avait voulu, avec quelques autres, se réfugier dans le temple de Minerve, pensant que cet asile sacré serait respecté des Carthaginois; mais voyant leur impiété, il mit le feu au temple et se brûla lui-même ainsi que tous les trésors que renfermait ce monument. Par ce seul acte il sut

---

[1] Je préfère la leçon ἅμ' ἡμέρᾳ à ἅμα τῷ ῥόδῳ que porte le texte de l'édition Bipontine.

prévenir l'outrage qui menaçait les dieux, détourner le pillage d'immenses trésors, et surtout dérober sa personne à l'insolence des Barbares. Imilcar pilla les temples et les maisons, qu'il fit minutieusement fouiller, et amassa une quantité de trésors telle que devait fournir une ville de deux cent mille âmes, qui, depuis sa fondation, n'avait jamais été prise par l'ennemi, presque la plus riche de toutes les villes grecques, et dont les habitants rivalisaient en ouvrages de luxe de tout genre. En effet, on y trouva un grand nombre de chefs-d'œuvre de peinture et d'innombrables statues d'une exécution achevée.

Imilcar expédia à Carthage les plus beaux de ces chefs-d'œuvre, parmi lesquels se trouvait aussi le taureau de Phalaris, et il vendit le reste du butin à l'enchère. Timée qui, dans son histoire, affirme que ce taureau n'a pas existé du tout, a été dans l'erreur, ainsi que les événements mêmes l'ont démontré. Car Scipion, qui, environ deux cent soixante ans après la prise d'Agrigente, détruisit Carthage, renvoya aux Agrigentins, entre autres objets conservés à Carthage, le taureau de Phalaris, lequel se trouvait encore à Agrigente à l'époque où nous écrivions cet ouvrage[1]. Nous avons cru devoir insister sur ce fait, parce que Timée, qui adresse des reproches si amers et ne fait pas grâce aux historiens antérieurs à lui, est pris en flagrant délit de mensonge précisément sur un sujet où il s'est dit de la plus grande exactitude. Quant à moi, je pense qu'il faut pardonner aux historiens les erreurs qui peuvent leur échapper; car ils sont hommes, et la vérité est difficile à saisir dans des temps reculés. Mais ils méritent d'être blâmés sévèrement lorsqu'ils manquent d'exactitude dans le récit des faits, et qu'ils outragent la vérité, soit par flatterie, soit par inimitié.

XCI. Après un siége de huit mois, Imilcar se rendit maître de la ville, un peu avant le solstice d'hiver; il ne la détruisit pas immédiatement, afin que les troupes pussent y établir leurs quartiers d'hiver. Dès que le bruit du désastre d'Agrigente se

---

[1] Carthage fut détruite dans la troisième année de la CLVIII^e olympiade. Quant au taureau de Phalaris rendu aux Agrigentins, voyez Cicéron, *in Verrem*, IV, 33.

répandit, les habitants de la Sicile furent saisis d'une telle frayeur que les uns transportèrent leur domicile à Syracuse et que les autres firent passer en Italie leurs enfants, leurs femmes et tous leurs biens. Les Agrigentins qui avaient échappé à la captivité, arrivèrent à Syracuse où ils mirent en accusation les généraux auxquels ils reprochèrent la ruine de leur patrie. Les autres Siciliens se plaignirent, de leur côté, des Syracusains en leur reprochant de ne choisir que des chefs qui mettent toute la Sicile à deux doigts de sa perte. Au milieu de cette terreur universelle, une assemblée générale fut convoquée à Syracuse; mais personne n'osa émettre un avis sur le parti à prendre dans cette guerre. Enfin, tout le monde gardant le silence, Denys fils d'Hermocrate, parut à la tribune, accusa les généraux de trahison et d'avoir livré l'État au pouvoir des Carthaginois. Il excita la multitude à la vengeance, en exhortant les assistants à ne pas attendre le délai que demande un jugement légal, mais à procéder sur-le-champ et par la force au châtiment des coupables. Les magistrats condamnèrent, selon les lois, l'orateur à une amende, pour avoir provoqué le désordre; mais, Philistus, le même qui, par la suite, écrivit l'histoire [de la Sicile], et qui possédait une fortune considérable, paya l'amende prononcée et engagea Denys à continuer de dire tout ce qu'il voudrait; en même temps il l'assura qu'il serait prêt à payer pour lui toutes les amendes que les magistrats pourraient prononcer pendant une journée entière. Encouragé par cette promesse, Denys continua à exciter la multitude et mit le désordre dans l'assemblée, en reprochant publiquement aux généraux d'avoir vendu à prix d'argent le salut des Agrigentins; en même temps il accusa les principaux citoyens de Syracuse de s'être mis au service de l'oligarchie. Il proposa alors de nommer au commandement des armées, non pas les citoyens les plus puissants, mais les mieux intentionnés et les plus populaires, ajoutant que les premiers gouverneraient l'État despotiquement, méprisant la populace et faisant tourner à leur profit les malheurs de la patrie, tandis que les citoyens d'un rang inférieur n'agiraient point ainsi, par cela même qu'ils avaient la conscience de leur propre faiblesse.

XCII. Par ce discours démagogique, qui flattait si bien les passions de l'assemblée, en même temps que les propres desseins de l'orateur, Denys parvint à porter l'exaspération à son comble. Le peuple, haïssant déjà les généraux, parce qu'ils avaient déserté leur poste, et irrité par les paroles qu'il venait d'entendre, leur ôta aussitôt le commandement et nomma d'autres généraux, au nombre desquels se trouvait aussi Denys, qui s'était déjà distingué dans plusieurs combats contre les Carthaginois, et qui jouissait d'une grande réputation auprès des Syracusains. Enflé d'espérances, il commença dès lors à mettre tout en œuvre pour devenir le tyran de sa patrie. Parvenu au commandement, il ne fréquentait point les autres généraux et ne se rendait point à leurs conférences; tout en agissant ainsi, il faisait répandre le bruit que ses collègues entretenaient des intelligences avec les ennemis. Par cette conduite, il espérait leur faire retirer le commandement et se faire conférer un pouvoir absolu. Cette manière d'agir n'échappa pas aux citoyens les plus sincèrement attachés à la république, qui, prévoyant ce qui devait arriver, blâmaient la conduite de Denys dans toutes les assemblées. Mais la populace, ne pénétrant point les vrais desseins de Denys, lui prodiguait des éloges en criant que l'on trouverait difficilement un plus ferme défenseur de l'État. Cependant, dans les réunions fréquentes convoquées pour délibérer sur les préparatifs de la guerre, Denys, voyant encore les Syracusains sous le coup de la terreur que leur inspirait l'ennemi, proposa le rappel des exilés, faisant ressortir combien il était absurde de faire venir de l'Italie et du Péloponnèse des secours étrangers, et de refuser d'accueillir ces citoyens qui avaient rejeté les offres brillantes de l'ennemi pour les engager à son service, et qui aimaient mieux mourir bannis sur la terre étrangère que de conspirer contre leur patrie. Il ajouta que leur exil ayant été la cause de graves désordres, ils combattraient courageusement par reconnaissance envers leurs bienfaiteurs qui les auraient rappelés dans leurs foyers. En donnant beaucoup d'autres motifs à l'appui de sa proposition, il emporta les suffrages des Syracusains. Aucun de ses collègues n'osa lui répliquer, car ils craignaient tous d'irriter encore davantage la multitude, et de s'attirer une haine générale, pendant que Denys recueillerait des bénédictions. Denys espérait ainsi s'attacher les exilés, hommes avides de changement et propres à l'aider dans l'exécution du projet qu'il méditait pour s'emparer de la tyrannie. En effet, ces exilés devaient se réjouir d'avance du massacre de leurs ennemis, de la vente publique des biens appartenant à ceux-ci, et de la réintégration dans leurs propriétés. Enfin, la proposition concernant les exilés ayant été adoptée, ceux-ci rentrèrent immédiatement dans leur patrie.

XCIII. Des lettres apportées de Géla demandèrent un renfort de troupes. Denys saisit l'occasion de poursuivre ses projets. Il partit donc avec un détachement de deux mille hommes d'infanterie et de quatre cents chevaux, et arriva promptement à Géla, alors gardée par Dexippe le Lacédémonien, que les Syracusains y avaient établi. Denys trouvant les plus riches citoyens de cette ville soulevés contre le peuple, les mit en accusation dans l'assemblée publique, les fit condamner à mort, exécuter et vendre leurs biens à l'enchère. Avec l'argent retiré de cette vente, il paya à la garnison commandée par Dexippe la solde qui lui était due. Quant aux soldats qu'il avait amenés avec lui de Syracuse, il leur promit le double de la paie que la ville de Syracuse leur avait stipulée. De cette manière, il mit dans ses intérêts la garnison de Géla et le détachement qu'il avait amené avec lui. En même temps, il fut comblé d'éloges de la part du peuple, qui le regardait comme son libérateur; car, jaloux des citoyens les plus puissants, le peuple appelait leur supériorité despotisme. C'est ainsi que les Géléens envoyèrent à Syracuse des députés chargés de prononcer l'éloge de Denys, et d'apporter les décrets par lesquels ils le comblaient d'honneurs et de présents. Denys tenta de faire entrer Dexippe dans ses projets; mais, n'ayant point réussi, il se prépara à retourner avec ses soldats à Syracuse. Les Géléens, informés que les Carthaginois allaient ouvrir la campagne en marchant avec toutes leurs forces contre Géla, supplièrent Denys de rester et de ne point les laisser tomber dans les malheurs qu'avaient essuyés les Agrigentins. Denys leur promit de revenir bientôt avec une armée plus forte, et partit de Géla à la tête de ses troupes.

XCIV. On célébrait alors à Syracuse des jeux publics. Denys entra dans la ville au moment où l'on sortait du théâtre. Aussitôt la foule se pressa autour de lui, demandant des nouvelles des Carthaginois. Il répondit qu'il n'en avait rien entendu, mais que les Syracusains avaient des ennemis intérieurs bien plus redoutables que ceux du dehors dans les chefs de l'administration publique, qui, pendant que le peuple trop confiant se livrait à des réjouissances, dilapidaient le trésor public et laissaient les soldats sans solde. Les Carthaginois, ajoutait-il, font d'immenses préparatifs de guerre et se proposent de marcher sur Syracuse, au milieu de l'insouciance de ses magistrats. Il assura que, s'il avait, dès le commencement, soupçonné la raison de cette conduite, il la connaissait maintenant d'une manière certaine, depuis qu'Imilcar lui avait envoyé un héraut, sous prétexte de traiter de l'échange des prisonniers, mais en réalité pour l'engager à ne pas s'enquérir avec trop d'activité des relations qu'Imilcar pourrait entretenir avec la plupart des généraux entraînés dans son parti et à ne pas s'y opposer, dans le cas où lui, Denys, ne voudrait pas y prendre part. Il ne croyait donc pas, continuait-il, devoir conserver le commandement et il était venu pour s'en démettre; que c'était pour lui une chose intolérable, pendant que les autres vendaient la patrie, de partager avec les citoyens tous les dangers, en même temps de paraître tremper dans une odieuse trahison. Ce discours enflamma le peuple et se répandit dans toute l'armée; chacun se retira dans un état d'angoisse inexprimable. Le lendemain, une assemblée fut convoquée. Denys porta contre les magistrats les accusations les plus violentes; par son discours, il se rendit le peuple très-favorable et l'exaspéra contre les généraux. Enfin, quelques assistants se levèrent en criant qu'il fallait le nommer au commandement absolu de l'armée et ne pas attendre pour cela que l'ennemi eût ébranlé les murailles. L'importance de cette guerre exige, ajoutaient-ils, qu'on nomme un général capable de faire face aux affaires; on décidera dans une autre assemblée du sort des traîtres; ce jugement pourra se remettre; trois cent mille Carthaginois furent jadis vaincus à Himère, pendant que Gélon avait un commandement illimité. A ces cris, la multitude prenant, comme d'ordinaire, la pire des résolutions, nomma Denys général en chef avec un pouvoir dictatorial.

XCV. Après ce premier succès, Denys rendit un décret qui doubla la solde des troupes. Il donna pour motif que les soldats se battraient avec plus de courage; il ajouta qu'il ne fallait pas s'inquiéter de cette augmentation de dépense, parce qu'il serait facile d'y pourvoir. L'assemblée étant dissoute, beaucoup de Syracusains blâmaient ce qui venait de se passer, comme s'ils n'y avaient pas donné leur sanction; car, se livrant à leurs propres réflexions, ils prévoyaient déjà l'établissement d'un pouvoir absolu. Au lieu d'affermir la liberté, ils venaient, à leur insu, de donner à la patrie un tyran. Denys, voulant prévenir le repentir de la multitude, qu'il craignait, songeait aux moyens de se faire donner une garde attachée à sa personne, pensant bien qu'une fois qu'elle lui serait accordée, il lui serait facile de s'emparer de la tyrannie. Il ordonna ensuite que tous les hommes jusqu'à l'âge de quarante ans eussent à se pourvoir de vivres pour trente jours et à se rendre immédiatement en armes à Léontium. Les Syracusains avaient une garnison dans cette ville, qui était alors remplie d'exilés et d'étrangers. Il espérait attacher à son service ces hommes avides de changement; et il prévoyait que la plupart des Syracusains s'abstiendraient d'aller à Léontium. Quoi qu'il en soit, Denys était campé avec ses troupes dans la campagne, lorsqu'au milieu de la nuit, il fit répandre, par ses domestiques, l'alarme et jeter de grands cris comme si l'on avait voulu attenter à sa personne. En même temps, il se réfugia dans la forteresse de la ville, où il passa la nuit en allumant des feux et en appelant auprès de lui les plus braves de ses soldats. Dès le lever du jour, la foule se rassembla à Léontium, et Denys vint lui-même raconter les détails de cette prétendue conspiration, et il persuada à la multitude de lui donner une garde de six cents hommes qu'il choisirait lui-même. Denys imita en cela l'exemple de Pisistrate l'Athénien. En effet, on rapporte que celui-ci, après s'être blessé lui-même, parut au milieu de l'assemblée comme une victime de la persécution ; et qu'il obtint ainsi des citoyens une garde qui l'aida ensuite à s'emparer de la tyrannie. Denys trompa le peuple par un semblable stratagème, afin d'arriver au but qu'il se proposait d'atteindre.

XCVI. Pour former sa garde, Denys choisit des hommes pauvres, mais braves, au nombre de plus de mille, les revêtit d'armes magnifiques et stimula leur ambition par de brillantes promesses. Il appela aussi auprès de lui des troupes mercenaires et se les attacha par les flatteries qu'il leur prodiguait. Il changea les cadres de l'armée et ne donna de commandement qu'à ses affidés. De plus il congédia Dexippe le Lacédémonien, le renvoya en Grèce, craignant qu'un tel homme ne saisît un moment favorable pour rendre aux Syracusains leur liberté. Il fit aussi venir les troupes étrangères établies à Géla, et rassembla de tous côtés les exilés et les impies, dans l'espérance de trouver en eux un appui pour conserver la tyrannie. Après ces dispositions, il se rendit à Syracuse, dressa sa tente dans le Naustathme[1], et se proclama le tyran de sa patrie. Les Syracusains furent, en dépit d'eux-mêmes, obligés de se tenir tranquilles ; il leur était impossible de rien tenter contre cette usurpation ; car, d'un côté, la ville était remplie de soldats étrangers, d'un autre côté, ils avaient à redouter les forces si nombreuses des Carthaginois. Denys s'empressa ensuite d'épouser la fille d'Hermocrate, de ce général qui avait vaincu les Athéniens, et donna sa sœur en mariage à Polyxène, frère de la femme

---

[1] Quartier du port de Syracuse.

d'Hermocrate. Il voulait ainsi s'allier à une maison illustre, afin d'affermir sa tyrannie. Après cela, il convoqua une assemblée dans laquelle il condamna à mort Daphnée et Démarque, deux hommes très-puissants qui lui portaient ombrage. C'est ainsi que Denys, de simple scribe et de la condition la plus humble, s'éleva au pouvoir de tyran de la plus grande des villes grecques. Il conserva jusqu'à sa mort l'autorité absolue, et régna pendant trente-huit ans. Nous parlerons en temps et lieu, avec plus de détails, des exploits de ce tyran et de l'accroissement de son empire; car, de toutes les tyrannies dont l'histoire nous a conservé la mémoire, Denys a su acquérir la plus vaste et la plus durable.

Après la prise d'Agrigente, les Carthaginois firent passer à Carthage les monuments sacrés, les statues et d'autres objets très-précieux. Après avoir incendié les temples et pillé la ville, ils y établirent leurs quartiers d'hiver. Au retour du printemps, ils préparèrent des machines et des munitions de guerre de toutes sortes, se proposant d'ouvrir la campagne par le siége de Géla.

XCVII. [Revenons à l'histoire de la Grèce.] Les Athéniens, affaiblis par des défaites continuelles, accordèrent le droit de cité aux étrangers domiciliés à Athènes, et à tous ceux qui voulaient servir dans l'armée. Le nombre de citoyens s'étant ainsi considérablement accru, les généraux enrôlèrent tous ceux qui étaient en état de porter les armes. Ils construisirent une flotte de soixante navires, et, après l'avoir parfaitement équipée, ils appareillèrent pour Samos où ils rejoignirent les autres généraux, qui, de leur côté, avaient réuni quatre-vingts trirèmes tirées des îles. Ayant, de plus, reçu un renfort de dix autres trirèmes, qu'ils avaient demandées aux Samiens, ils levèrent l'ancre et dirigèrent leur flotte, composée de cent cinquante navires, sur les îles Arginuses, se hâtant de faire lever le siége de Mitylène. Le commandant de la flotte lacédémonienne, Callicratidas, averti de cette expédition navale, laissa Étéonicus avec une armée nombreuse pour continuer le siége, et, après avoir lui-même équipé cent quarante bâtiments, il s'empressa d'aller bloquer les îles Arginuses. Ces îles étaient alors habitées et renfermaient une petite ville éolienne ; elles sont situées entre Mitylène et Cymes, à très-peu de distance de la côte et du promontoire de Catanis[1]. Les Athéniens, dont la station n'était pas très-éloignée, eurent bien vite connaissance de la marche des ennemis. La violence des vents empêchait les navires d'engager un combat ; mais les Athéniens, aussi bien que les Lacédémoniens, se tenaient prêts pour le lendemain, bien que les devins fussent, des deux côtés, opposés à une rencontre. En effet, du côté des Lacédémoniens, la tête de la victime sacrifiée sur le rivage avait disparu soudain, emportée par une vague. C'est ce qui fit prédire au devin la mort du commandant de la flotte ; à quoi Callicratidas a, dit-on, répondu qu'en mourant sur le champ de bataille il ne déshonorerait point Sparte. Quant aux Athéniens, Thrasybule, qui avait ce jour-là le commandement en chef, eut pendant la nuit le songe que nous allons raconter. Il lui avait semblé être à Athènes, en plein théâtre, et jouer, lui et six autres généraux, *les Phéniciennes*, tragédie d'Euripide, tandis que les acteurs qui leur disputaient le prix, représentaient *les Suppliantes*, mais que les généraux ne représentaient qu'une victoire cadméenne, en périssant tous, à l'exemple des sept chefs devant Thèbes. Le devin, après avoir écouté ce récit, déclara que les sept généraux allaient mourir dans le combat. Cependant, les victimes promettant la victoire, les généraux présents ordonnèrent de ne faire connaître la prédiction de mort qu'à leurs collègues, mais de répandre dans toute l'armée la prédiction qui annonçait la victoire.

XCVIII. Callicratidas, commandant de la flotte lacédémonienne, rassembla ses troupes et excita leur courage par un discours convenable qu'il termina par ces paroles : « Je suis tellement prêt à braver le danger pour la défense de la patrie qu'au moment même où le devin vous prédit la vic-

---

[1] On ignore la position de ce promontoire dont ne parle aucun géographe. Voyez la note de Wesseling, tom. V, p. 629.

toire et à moi la mort, je ne balance pas à sacrifier ma vie. Mais, sachant que la mort des chefs met les armées en désordre, je nomme dès à présent, dans le cas où il m'arriverait quelque malheur, comme mon successeur au commandement, Cléarque, homme éprouvé dans le métier des armes. »

Ces paroles inspirèrent à un grand nombre l'ardeur du combat et stimulèrent les soldats à imiter leur chef. Les Lacédémoniens, s'encourageant mutuellement, montaient sur les navires. De leur côté, les Athéniens, animés au combat par leurs généraux, ne montrèrent pas moins d'empressement à monter à bord de leurs trirèmes et à se ranger en bataille. L'aile droite était commandée par Thrasybule et par Périclès, fils de celui qui, par son éloquence mérita le surnom d'Olympien. Thrasybule s'adjoignit encore, pour le commandement de cette aile, Théramène, qui servait alors comme simple volontaire, bien qu'il eût eu plusieurs fois sous ses ordres des corps d'armée. Il plaça ensuite les autres généraux sur toute l'étendue de la ligne, cherchant ainsi, autant que possible, à envelopper les îles Arginuses. Callicratidas se mit en mouvement à la tête de l'aile droite, ayant confié l'aile gauche aux Béotiens, commandés par Thrasondas le Thébain. Ne pouvant déployer un front égal à celui des ennemis, Callicratidas partagea ses forces en deux armées dont chacune devait combattre séparément. Ces dispositions étonnèrent grandement tous les témoins du combat : ils voyaient, pour ainsi dire, quatre flottes qui combattaient à la fois, en composant un total de près de trois cents navires. En effet, ce fut là le plus grand combat naval que des Grecs eussent jamais livré contre des Grecs.

XCIX. Au premier signal que les chefs firent donner par les trompettes, les soldats sur les deux lignes répondirent par des cris de guerre épouvantables. De tous les navires sillonnant les ondes, chacun voulait être le premier à commencer le combat. La plupart des soldats, instruits par une longue guerre, avaient l'expérience des dangers qu'ils allaient affronter; ils étaient animés d'une ardeur extrême en voyant l'élite des guerriers dont la bravoure allait décider du sort de la patrie. Et ils étaient tous persuadés que les vainqueurs seraient les maîtres de mettre un terme à cette guerre. Cependant, Callicratidas connaissant par le devin la fin qui lui était réservée, ne songea plus qu'à trouver une mort brillante : le premier il se dirigea sur le navire du général athénien Lysias, le fit couler, et blessa les flancs des trirèmes qui escortaient ce navire; puis, se portant sur les autres bâtiments, il les frappa à coups redoublés et les mit hors de service, en brisant les rames qui les faisaient mouvoir. Enfin il atteignit d'un choc très-violent la trirème de Périclès et la perça profondément; mais, comme la proue de son bâtiment s'était engagée dans les éperons du vaisseau ennemi de manière à ne pouvoir plus se mouvoir librement, Périclès lança sur le navire de Callicratidas des mains de fer au moyen desquelles il le tira à lui. Aussitôt les Athéniens y sautèrent à l'abordage et égorgèrent tous ceux qui s'y trouvaient. Ce fut là que, selon le rapport des historiens, Callicratidas, après s'être battu longtemps et brillamment, trouva la mort, accablé sous les coups des assaillants. A la nouvelle de la perte de leur chef, les Péloponésiens, saisis d'épouvante, plièrent. Pendant que l'aile droite, occupée par les Péloponésiens, prenait la fuite, l'aile gauche, composée de Béotiens, soutenait pendant quelque temps le combat vaillamment. Les Béotiens, ainsi que les Eubéens dont ils avaient partagé le sort, et tous ceux qui avaient abandonné l'alliance d'Athènes, avaient à craindre que si jamais les Athéniens recouvraient leur suprématie, ceux-ci ne tirassent une vengeance éclatante de la défection de leurs alliés. Mais, lorsque les Béotiens virent la plupart de leurs bâtiments endommagés et les forces des vainqueurs dirigées contre eux, ils furent forcés de s'enfuir. Les Péloponésiens se sauvèrent, les uns à Chio, les autres à Cymes.

G. Les Athéniens, ayant poursuivi assez loin les vaincus, laissèrent ces parages couverts de cadavres et de débris de navires. Après cette victoire, une partie des généraux jugea nécessaire d'enlever les morts, afin d'éviter tout sujet de reproche de la part des Athéniens qui blâmaient sévèrement ceux qui laissaient les cadavres sans sépulture ; mais les autres généraux étaient d'avis qu'il fallait d'abord marcher sur Mitylène et en faire lever au plus vite le siége.

Bientôt il s'éleva une tempête violente ; les trirèmes furent tellement ballottées que les soldats, ayant déjà souffert dans le combat, se refusèrent à lutter contre la force des brisants pour enlever les cadavres. Enfin, la tempête augmentant de violence, ils ne purent ni marcher sur Mitylène ni recueillir les cadavres. Ils furent forcés par les vents à revenir aux Arginuses. Les Athéniens perdirent, dans ce combat, vingt-cinq navires et presque tout l'équipage ; les Péloponnésiens en perdirent soixante-dix-sept. La perte de tant de bâtiments et la mort des guerriers qui les avaient montés, expliquent pourquoi tout le littoral de Cymes et de Phocée était jonché de cadavres et de débris de navires.

Lorsque Étéonicus, qui assiégeait Mitylène, apprit par un messager la déroute des Péloponnésiens, il envoya les bâtiments à Chio, et se retira avec ses troupes de terre à Tyrrha, ville alliée de Lacédémone ; car il craignait que, s'il était attaqué par la flotte des Athéniens, secondés par une sortie des assiégés, il ne courût risque de perdre toute son armée. Cependant les généraux athéniens appareillèrent pour Mitylène, et, s'étant réunis à Conon, qui avait sous ses ordres quarante navires, ils se portèrent sur Samos ; en partant de cette station, ils allèrent dévaster le pays des ennemis.

Après ces événements, les Lacédémoniens cantonnés dans l'Éolide, dans l'Ionie et les îles alliées, se rassemblèrent à Éphèse. Ils décidèrent d'envoyer des députés à Sparte pour demander que Lysandre fût nommé nauarque ; car, pendant tout le temps que ce chef commandait la flotte, les affaires allaient bien, et il paraissait supérieur aux autres généraux. Les Lacédémoniens ont une loi qui défend d'investir deux fois le même homme du commandement des forces navales. Or, ne voulant pas déroger à cet antique usage, ils nommèrent Aratus commandant de la flotte, mais ils lui adjoignirent Lysandre comme simple volontaire, avec l'ordre de suivre tous les avis de ce dernier. Investis du commandement, ces chefs firent venir du Péloponnèse et des autres alliés le plus grand nombre de trirèmes qu'ils pouvaient rassembler.

CI. A la nouvelle de la victoire remportée aux îles Arginuses, les Athéniens comblèrent d'éloges leurs généraux, mais ils les blâmèrent aussi sévèrement d'avoir laissé sans sépulture ceux qui étaient morts en combattant pour la suprématie d'Athènes. Théramène et Thrasybule avaient devancé l'arrivée de leurs collègues à Athènes. Or, ceux-ci, soupçonnant que Théramène et Thrasybule les avaient accusés auprès de la multitude d'avoir négligé la sépulture des morts, adressèrent au peuple des lettres dans lesquelles ils déclaraient que c'étaient eux-mêmes qui avaient ordonné à ces deux généraux de recueillir les morts; cette démarche fut la principale cause de leur malheur. Ils pouvaient trouver dans Théramène et dans ses nombreux amis des défenseurs éloquents et puissants d'une cause qui leur était commune à tous; tandis qu'en les attaquant, ils s'en étaient fait des adversaires et des accusateurs pleins de fiel. A la lecture de ces lettres en pleine assemblée, le peuple se montra aussitôt fort irrité contre Théramène et ses partisans; mais, ceux-ci ayant justifié leur conduite, cette irritation se tourna de nouveau contre les généraux [absents]. Le peuple les mit donc en jugement, et décréta leur rappel immédiat, après avoir absous Conon et l'avoir investi du commandement des forces navales. Aristogène et Protomaque, craignant l'irritation de la multitude, s'enfuirent. Trasylle, Calliadès, Lysias, Périclès et Aristocratès, se rendirent, avec une grande partie de la flotte, à Athènes, comptant sur l'appui de leurs nombreux soldats de marine, dans le procès qui leur était intenté. Le peuple se réunit en assemblée : il écouta l'accusation et les orateurs qui flattent les passions populaires, mais il devint tumultueux et ne laissa point la parole aux défenseurs des accusés. Ce qui nuisit surtout à ces derniers, ce fut l'apparition des parents des morts, en habits de deuil, suppliant de punir les généraux qui n'avaient pas donné la sépulture à ceux qui étaient tombés en combattant pour la patrie. En un mot, ces parents, forts de l'appui de leurs amis et des nombreux partisans de Théramène, l'emportèrent. Les généraux mis en accusation furent condamnés à mort, et leurs biens vendus publiquement.

CII. Ces sentences rendues, les bourreaux se disposaient déjà à exécuter les condamnés à mort, lorsque Diomédon, l'un des généraux, homme brave, d'une expérience consommée dans l'art militaire, et connu pour sa justice ainsi que pour d'autres vertus, s'avança au milieu de l'assemblée ; après que le silence se fut rétabli, il s'exprima en ces termes : « Citoyens d'Athènes, puisse l'arrêt qui nous frappe, tourner au profit de l'État! Puisque le sort nous refuse de remplir nous-mêmes les vœux que nous avions faits pour obtenir la victoire, il est convenable que vous vous en acquittiez vous-mêmes. Rendez des actions de grâces à Jupiter le sauveur, à Apollon, et aux vénérables déesses[1]. C'est en invoquant ces divinités que nous avons battu les ennemis. » Après ce discours, qui excita la pitié et les larmes des bons citoyens, Diomédon fut entraîné avec ses collègues, pour subir l'exécution de la sentence de mort. On admira Diomédon en l'entendant, bien qu'il fût injustement condamné à mourir, ne point se plaindre de son infortune, mais demander d'accomplir des vœux sacrés pour une cité qui était si injuste à son égard. Cela ne pouvait être que le fait d'un homme plein de piété, magnanime, et qui ne méritait pas un sort si indigne. Cependant, les onze magistrats, institués par les lois pour l'exécution des sentences criminelles, remplirent leur office. Ainsi périrent ces généraux, qui, non-seulement n'avaient commis aucun crime contre l'État, mais qui, vainqueurs dans la plus grande bataille navale que des Grecs eussent livrée contre des Grecs, et après avoir montré un brillant courage dans maints autres combats, avaient, grâce à leur propre courage, fait élever des trophées témoignant de la défaite des ennemis.

---

[1] Les Furies.

Telle fut l'aberration du peuple, injustement excité par des orateurs populaires; il appesantit sa colère sur des hommes qui méritaient, non pas un châtiment, mais bien des louanges et des couronnes.

CIII. Bientôt ceux qui avaient ainsi excité le peuple se repentirent et avec eux le peuple qui s'était laissé entraîner, comme si un dieu eût été irrité : les citoyens qui avaient été ainsi séduits ne tardèrent pas à expier leur conduite insensée ; car, peu de temps après, ils tombèrent sous le joug, non pas d'un seul tyran, mais de trente. Dès que la multitude commença à se repentir, Callixenus, qui avait proposé l'arrêt de condamnation, fut mis en jugement, comme ayant trompé le peuple. Sans vouloir écouter sa défense, on le chargea de chaînes et on l'enferma dans la prison de l'État. Mais il parvint, avec l'aide de quelques autres prisonniers, à miner la prison, et à se réfugier à Décélie, auprès des ennemis. Il échappa ainsi à la mort, mais il fut, chez tous les Grecs, montré au doigt, et traîna une existence misérable pendant tout le reste de sa vie.

Tels sont à peu près les événements arrivés dans le cours de cette année. C'est ici que l'historien Philistus termine la première partie de son histoire de la Sicile, ouvrage composé de sept livres, qui, depuis la prise d'Agrigente, comprend un espace de plus de huit cents ans. La seconde partie, continuant la première, est écrite en quatre livres. Ce fut dans ce même temps que mourut Sophocle, fils de Sophilus, poëte tragique, après avoir vécu quatre-vingt-dix ans ; il avait dix-huit fois remporté le prix. On raconte que cet homme célèbre, à la nouvelle que sa dernière tragédie avait été couronnée, fut saisi d'une si grande joie, qu'il en mourut[1]. Apollodore, auteur d'une histoire chronologique, rapporte qu'Euripide est mort dans la même année; d'autres disent qu'Euripide, qui vivait chez Archélaüs, roi des Macédoniens, étant un jour sorti à la campagne, fut attaqué par des chiens et mis en pièces, un peu avant l'époque qui nous occupe.

[1] Comparez Valérius Maximus, IX, 12.

CIV. L'année étant révolue, Alexias fut nommé archonte d'Athènes ; les Romains élurent, au lieu de consuls, trois tribuns militaires, Caïus Julius, Publius Cornélius et Caïus Servilius[1]. Dans ce temps, les Athéniens, après l'exécution des généraux, portèrent Philoclès au commandement de l'armée ; et après lui avoir confié une flotte, ils l'envoyèrent auprès de Conon, pour lui faire partager avec ce général le commandement des forces navales. Après qu'il eut rejoint Conon à Samos, il équipa tous les navires, dont le nombre s'éleva à cent soixante-treize. On résolut d'en laisser vingt à Samos, et de se diriger avec tous les autres vers l'Hellespont, sous les ordres de Conon et de Philoclès. Lysandre, nauarque des Lacédémoniens, ayant réuni dans le Péloponnèse trente-cinq bâtiments tirés des alliés les plus voisins, se porta sur Éphèse. Il y appela la flotte stationnée à Chio, et l'arma. Il se rendit ensuite auprès de Cyrus, fils du roi Darius, dont il reçut beaucoup d'argent pour l'entretien des troupes. Et lorsque Cyrus fut, par son père, rappelé en Perse, il confia à Lysandre le gouvernement des villes qui appartenaient aux Perses, et qui devaient payer les tributs à Lysandre. Après s'être pourvu de toutes les provisions de guerre nécessaires, Lysandre retourna à Éphèse.

A cette époque, quelques citoyens de Milet, aspirant à l'oligarchie, renversèrent, avec l'aide des Lacédémoniens, le gouvernement démocratique. Ils commencèrent, pendant les fêtes de Bacchus, par saisir dans les maisons ceux qui s'étaient montrés les plus hostiles à ce projet, et en égorgèrent une quarantaine. Ensuite, à l'heure où la place publique est remplie de monde, ils massacrèrent trois cents citoyens, choisis parmi les plus riches. Effrayés de ces massacres, les principaux partisans du régime populaire se réfugièrent, au nombre de près de mille, auprès du satrape Pharnabaze. Celui-ci les accueillit avec bienveillance ; il leur donna à chacun un statère d'or[2], et leur ac-

---

[1] Quatrième année de la XCIIIe olympiade ; année 405 avant J.-C.
[2] Vingt-sept francs cinquante-huit centimes.

corda pour demeure Clauda, place forte située dans la Claudie[1].

Lysandre se porta, avec la plus grande partie de sa flotte, sur Thasus, en Carie, ville alliée d'Athènes, qu'il prit d'assaut. Il égorgea tous les habitants ayant atteint l'âge viril, au nombre de huit cents, vendit à l'enchère les enfants et les femmes, et rasa la ville. Il dirigea ensuite sa flotte contre l'Attique et d'autres points du littoral de la Grèce; mais il ne fit aucun exploit digne de mémoire. C'est pourquoi nous ne nous sommes pas empressés d'en faire une mention particulière. Enfin, Lysandre prit Lampsaque, et relâcha la garnison athénienne sur la foi d'un traité; et, après avoir pillé les propriétés, il rendit aux habitants le gouvernement de leur ville.

CV. Les généraux athéniens, apprenant que les Lacédémoniens assiégeaient Lampsaque avec toutes leurs forces, firent venir de tous côtés des trirèmes et rassemblèrent ainsi cent quatre-vingts navires qui furent immédiatement dirigés contre les Lacédémoniens. Mais, trouvant la ville déjà prise, ils mouillèrent près d'Ægos-Potamos. De là ils se portèrent à l'encontre des ennemis qu'ils défiaient journellement au combat. Mais les Péloponnésiens ne répondant pas à ces défis, les Athéniens furent embarrassés sur le parti qu'ils devaient prendre; car il était impossible de subvenir à l'entretien des troupes, en occupant plus longtemps la même station. Ils étaient dans cet embarras lorsqu'arriva Alcibiade qui leur dit que Médocus et Seuthès, rois des Thraces, étant ses amis, consentiraient à fournir une nombreuse armée dans le cas où lui, Alcibiade, voudrait faire la guerre aux Lacédémoniens. Il pria donc les généraux athéniens de le laisser participer au commandement, en leur promettant de faire de deux choses l'une : ou de forcer l'ennemi à accepter un combat naval, ou de l'attaquer par terre avec une troupe de Thraces. Alcibiade agissait ainsi parce qu'il

---

[1] Aucun autre auteur ne parle du fort Clauda dans la Claudie. Wesseling pense qu'il faut lire ici *Blauda* dans la *Lydie*. Voyez la note de Wesseling dans l'édition Bipontine, tom. V, p. 631

désirait rentrer en grâce auprès du peuple d'Athènes, en faisant une action d'éclat au profit de sa patrie. Mais les généraux athéniens, persuadés que, dans le cas d'une défaite, c'est à eux qu'on imputerait la faute, et dans le cas d'un succès, tout l'avantage en reviendrait à Alcibiade, lui ordonnèrent de s'éloigner sur-le-champ et de ne jamais approcher de l'armée.

CVI. Comme les ennemis continuaient à refuser le combat et que la disette se fit sentir dans le camp, Philoclès, qui avait ce jour-là le commandement, ordonna aux triérarques d'embarquer des troupes sur leurs trirèmes et de le suivre ; lui-même se mit rapidement en mer avec trente bâtiments qu'il tenait tout prêts. Lysandre, informé de ce mouvement par quelques déserteurs, sortit avec tous ses navires, mit Philoclès en déroute, et le poursuivit en le rejetant sur les autres bâtiments. Comme les Athéniens ne s'étaient pas encore tous embarqués sur leurs trirèmes, cette apparition inattendue des ennemis répandit le désordre dans tous les rangs. Lysandre, s'apercevant de ce tumulte, fit immédiatement débarquer Étéonicus avec ses troupes de terre. Celui-ci, saisissant d'un coup d'œil le moment propice, s'empara d'une partie du camp des Athéniens. Lysandre fit avancer toutes ses trirèmes rangées en ligne ; il lança des mains de fer sur les bâtiments athéniens et les arracha de la côte. Les Athéniens, étourdis par cette attaque imprévue, n'ayant plus d'espace pour faire manœuvrer leurs bâtiments, et se trouvant dans l'impossibilité de soutenir un combat de pied ferme, furent défaits après une courte résistance. Abandonnant aussitôt la flotte et le camp, ils se réfugièrent là où chacun espérait trouver un asile. Dix trirèmes seulement échappèrent de cette débâcle ; l'une d'elles était montée par le général Conon, qui, craignant la colère du peuple, renonça à retourner à Athènes. Il se sauva auprès d'Évagoras, gouverneur de Cypre, avec lequel il était lié d'amitié. Quant aux soldats, ils s'enfuirent la plupart par terre jusqu'à Sestos, où ils se trouvèrent en sûreté. Lysandre captura le reste de la flotte, fit prisonnier le général Philoclès et le conduisit à Lampsaque, où il le fit mourir. Il envoya ensuite à Lacédémone, pour annoncer cette victoire, des messagers qu'il fit transporter sur la meilleure trirème, ornée des armes les plus magnifiques et des dépouilles les plus riches. Il marcha contre les Athéniens réfugiés à Sestos, s'empara de la ville et relâcha les Athéniens par capitulation. Aussitôt après, il se dirigea vers Samos, et bloqua la ville. De là il envoya à Sparte Gylippe, le même qui avait combattu en Sicile dans les rangs des Syracusains; il le chargea d'apporter le butin pris sur l'ennemi et quinze cents talents d'argent[1]. Cet argent était mis dans des sachets dont chacun portait une scytale (étiquette) indiquant la somme qui s'y trouvait renfermée. Gylippe, ne sachant pas lire ces scytales, ouvrit les sachets et en déroba trois cents talents. Mais les éphores ayant reconnu le vol par la lecture des scytales, Gylippe échappa par la fuite à la peine de mort prononcée contre lui. Ce fut pour un motif analogue que le père de Gylippe, Cléarque, s'était autrefois enfui de sa patrie; car, convaincu d'avoir accepté de l'argent offert par Périclès pour détourner les Lacédémoniens d'une invasion dans l'Attique, Cléarque fut condamné à mort; mais il se sauva à Thurium en Italie où il passa le reste de ses jours. C'est par de tels actes que ces deux hommes, d'ailleurs fort capables, ont à jamais déshonoré leur vie.

CVII. Instruits de la destruction de leur armée, les Athéniens renoncèrent à l'empire de la mer, et se mirent à relever leurs murailles, à fortifier leurs ports par des digues, prévoyant ce qui devait arriver, qu'ils auraient un siège à soutenir. Agis et Pausanias, rois des Lacédémoniens, envahirent aussitôt l'Attique avec une nombreuse armée, et vinrent camper sous les murs d'Athènes. Lysandre entra, en même temps, dans le Pirée, avec plus de deux cents trirèmes. Bien qu'atteints de différents revers, les Athéniens cependant ne perdirent pas courage; ils firent facilement défendre leur ville pendant quelque temps. Comme le siège offrait de grands obstacles, les Péloponnésiens résolurent de retirer leurs troupes de l'Attique

---

[1] Huit cent vingt-cinq mille francs.

et de croiser à distance avec leurs navires pour intercepter les convois de vivres. L'exécution de ce plan réduisit les Athéniens à une affreuse disette, car les vivres leur étaient principalement apportés par mer. La famine faisait de jour en jour des progrès; la ville se remplissait de morts, et le reste de la population envoya des parlementaires pour traiter de la paix avec les Lacédémoniens. La paix fut conclue aux conditions suivantes : « Les Athéniens démoliront la longue enceinte[1] et les murs du Pirée; ils ne pourront entretenir plus de dix vaisseaux longs; ils évacueront toutes les villes et recevront des commandants lacédémoniens. »

Telle fut l'issue de la guerre du Péloponnèse, la plus longue que nous connaissions; elle avait duré vingt-sept ans.

CVIII. Peu de temps après cette paix mourut Darius, roi de l'Asie, après un règne de dix-neuf ans. Il eut pour successeur son fils aîné, Artaxerxès, qui régna quarante-trois ans. A cette époque florissait le poëte Antimachus, selon le rapport d'Apollodore d'Athènes.

[Revenons à l'histoire de la Sicile]. Au commencement de l'été, Imilcar, général des Carthaginois, rasa la ville d'Agrigente; il acheva de détruire les plus beaux ornements des temples, les ouvrages de sculpture et d'autres chefs-d'œuvre que le feu ne lui paraissait pas avoir encore assez détériorés. Il envahit ensuite, à la tête de toute son armée, le territoire des Géléens. Après avoir pris possession de tout ce territoire ainsi que de celui de Camarine, il répandit parmi ses troupes l'abondance en toutes sortes de provisions. De là il se dirigea sur Géla, et vint camper aux bords du fleuve qui porte le nom de cette ville. Les Géléens avaient, en dehors de leur ville, une immense statue d'Apollon, en airain; le général carthaginois la prit et l'envoya à Tyr. Les Géléens avaient érigé cette statue d'après l'ordre d'un oracle. Plus tard les Tyriens, à l'époque où ils furent assiégés par Alexandre le Macédonien, insultèrent cette statue, comme si le dieu qu'elle représentait combattait

[1] Τὰ μακρὰ σκέλη, les longs murs qui réunissaient le Pirée à la ville.

dans les rangs de leurs ennemis. Alexandre, au rapport de Timée, prit la ville de Tyr le même jour de l'année, et à la même heure où les Carthaginois sacriléges avaient enlevé la statue d'Apollon à Géla ; les Grecs offrirent à ce dieu des sacrifices, et assignèrent à son culte de très-grands revenus, pour lui rendre grâce d'avoir contribué à la prise de la ville. A cause de leur singularité, nous avons cru devoir rapprocher ces deux événements l'un de l'autre, quoiqu'ils soient arrivés à des époques différentes[1].

Les Carthaginois coupèrent les arbres de la campagne, et entourèrent leur camp d'un fossé ; car ils s'attendaient à ce que Denys viendrait, avec une nombreuse armée, au secours des assiégés. En raison de ces dangers imminents, les Géléens décrétèrent d'abord de faire transporter leurs enfants et leurs femmes à Syracuse. Mais les femmes s'étaient réfugiées près des autels de la place publique, et suppliaient de partager le sort de leurs maris. C'est ce qui leur fut accordé. Après cela, on divisa les soldats en corps, qui furent détachés dans la campagne. Ces soldats, connaissant bien les localités, tombaient sur les maraudeurs ; ils amenaient journellement des prisonniers et tuaient beaucoup d'ennemis. Les habitants se défendirent vaillamment contre l'armée des Carthaginois qui approchaient de la ville jusqu'au pied des murs battus en brèche à coups de bélier. Les pans de murailles tombés pendant le jour, ils les reconstruisaient pendant la nuit, aidés des femmes et des enfants. Tous les jeunes gens en état de porter les armes étaient occupés à combattre, tandis que le reste de la population se livrait avec la plus grande ardeur aux divers travaux de défense. Enfin, les Géléens soutinrent le choc des Carthaginois avec tant d'intrépidité que, bien que leur ville fût sans fortifications et sans alliés, leurs murs tombés dans plusieurs endroits, ils ne se laissèrent point abattre par les dangers qui les menaçaient.

CIX. Cependant Denys, tyran de Syracuse, fit venir d'Italie

---

[1] L'expédition d'Amilcar est de soixante-quinze ans antérieure à la prise de Tyr exandre le Grand.

un corps auxiliaire composé de Grecs, qui fut réuni aux troupes fournies par les autres alliés. Il enrôla un très-grand nombre de Syracusains en état de porter les armes, et ajouta, en outre, à son armée, les soldats étrangers qu'il avait à sa solde. Cette armée s'élevait, suivant quelques historiens, à cinquante mille hommes. Mais, si l'on en croit Timée, elle ne se composait que de trente mille fantassins, de mille cavaliers et de cinquante vaisseaux *cataphractes*[1]. C'est avec ces forces que Denys marcha au secours de Géla et établit son camp dans le voisinage de la ville, sur les bords de la mer; car il lui importait de ne pas disperser ses forces, mais de diriger d'un même point l'attaque par terre et par mer. Avec ses troupes légères, il harcelait l'ennemi et l'empêchait d'aller fourrager dans la campagne; et, à l'aide de sa cavalerie et de sa flotte, il cherchait à intercepter les convois de vivres envoyés aux Carthaginois par leurs sujets. Vingt jours se passèrent ainsi, sans qu'il arrivât aucun événement remarquable. Denys divisa ensuite son armée en trois corps : le premier, tout composé de Siciliens, reçut l'ordre de s'avancer, en laissant la ville à gauche, contre les retranchements de l'ennemi; le deuxième corps, formé d'alliés, devait se porter jusqu'aux bords de la mer, en laissant la ville à droite ; enfin, le troisième corps, comprenant les troupes étrangères, et commandé par Denys lui-même, se dirigea, en traversant la ville, vers l'endroit où les Carthaginois avaient dressé leurs machines de guerre. La cavalerie avait reçu l'ordre, dès qu'elle verrait l'infanterie se mettre en route, de passer le fleuve et de s'avancer dans la plaine; de plus, de prendre part au combat dès qu'elle verrait cette infanterie avoir l'avantage, et de la recevoir dans ses rangs, si elle recevait quelque échec. Enfin, la flotte devait s'approcher du camp des ennemis pour seconder l'attaque des Italiotes.

CX. Ces ordres étant ponctuellement exécutés, les Carthaginois se mirent en défense en s'opposant au débarquement des troupes; car, du côté du rivage, le camp n'était point du tout

---

[1] Vaisseaux à l'abri des coups d'éperons des bâtiments ennemis.

fortifié. Les Italiotes, franchissant dans ce moment tout l'espace qui les séparait de la mer, se portèrent sur le camp des Carthaginois qui se trouvaient, pour la plupart, occupés du côté de la flotte ; ils culbutèrent les avant-postes et pénétrèrent dans le camp. Après ce mouvement, la plus grande partie de l'armée carthaginoise revint sur ses pas, et eut, après un long combat, beaucoup de peine à refouler ceux qui avaient forcé les retranchements. Les Italiotes, accablés par le nombre des Barbares, et ne recevant pas de renfort, se mirent en retraite et furent, en se retirant, acculés aux palissades aiguës qui garnissaient le fossé. En effet, le corps des Siciliens qui s'était mis en marche à travers la plaine, arriva trop tard, et le corps de troupes étrangères à la solde de Denys était embarrassé dans les rues de la ville, ne pouvant marcher aussi vite qu'il l'aurait désiré. Les Géléens firent, il est vrai, une sortie pour seconder le corps des Italiotes, mais ils ne s'avancèrent qu'à une petite distance de la ville, craignant de laisser les murs sans défense ; leur secours n'arriva donc pas à temps. Les Ibériens et les Campaniens qui servaient dans l'armée des Carthaginois, attaquèrent vigoureusement les Grecs d'Italie, et en passèrent plus de mille au fil de l'épée. Les soldats de la flotte arrêtèrent la poursuite à coups de traits, et le reste des Italiotes parvint heureusement à se réfugier dans la ville. Sur un autre point du champ de bataille, les Siciliens soutinrent le choc des Libyens ; ils en tuèrent un grand nombre et poursuivirent les autres jusque dans le camp. Mais, les Ibériens, les Campaniens et les Carthaginois, venant au secours des Libyens, les Siciliens perdirent environ six cents hommes, et se retirèrent dans la ville. Lorsque la cavalerie vit la défaite des siens, elle se retira, à son tour, à Géla, pressée par les ennemis. Denys venait, avec peine, de traverser la ville, lorsqu'il apprit la déroute de l'armée ; c'est ce qui l'engagea à rentrer en dedans des murs.

CXI. Après ce revers, il appela ses amis en conseil pour délibérer sur le parti à prendre au sujet de la guerre. Tout le monde étant d'avis que la place n'était pas favorable pour livrer une bataille décisive, en raison des ennemis auxquels on avait affaire, Denys dépêcha vers le soir un héraut chargé de traiter de l'enlèvement des morts pour le lendemain ; mais à l'heure de la première garde, il fit, pendant la nuit, sortir de la ville toute la population ; lui-même se mit en route vers minuit, en ne laissant en arrière qu'environ deux mille hommes armés à la légère. Ceux-ci eurent ordre d'entretenir, durant toute la nuit, des feux et de faire beaucoup de bruit, afin de faire croire aux Carthaginois, que l'ennemi était cantonné dans la ville. A la pointe du jour ils rejoignirent Denys à marche forcée. Dès que les Carthaginois eurent appris le véritable état des choses, ils transportèrent leur camp à Géla et mirent au pillage tout ce qui était resté abandonné dans les maisons. Arrivé à Camarine, Denys obligea aussi les habitants de se réfugier à Syracuse avec leurs enfants et leurs femmes. La terreur ne permettant aucun délai, les uns rassemblaient à la hâte l'argent, l'or et tout ce qu'ils pouvaient aisément emporter ; les autres enlevèrent dans leurs bras leurs parents et leurs jeunes enfants, sans prendre aucun soin de leurs richesses ; d'autres enfin, affaiblis par leur grand âge ou par des maladies, privés de l'appui de leurs familles ou de leurs amis, furent abandonnés, tout le monde s'attendant à voir apparaître les Carthaginois. Le sort de Sélinonte, d'Himère et d'Agrigente épouvantait tous les hommes et leur remettait en quelque sorte sous les yeux la cruauté des Carthaginois. En effet, ceux-ci ne faisaient aucun quartier aux prisonniers ; ces infortunés étaient impitoyablement mis en croix ou soumis à des tortures dont il faut détourner les yeux [1]. Ainsi on vit les femmes, les enfants, et tout le reste de la population chassés de ces deux villes [2], errer dans la campagne. A ce spectacle, les soldats furent irrités contre Denys, en même temps qu'ils étaient touchés du sort de ces malheureux. Des enfants de

---

[1] Le crucifiement était un genre de supplice très-commun chez les Carthaginois. Il était même infligé à des personnages de distinction. Les Romains ne l'infligeaient qu'aux esclaves. Voyez Justin, XVIII, 7 ; Polybe, I, 24.

[2] Gela et Camarine.

condition libre, de jeunes filles nubiles, étaient jetés au hasard sur la grand'route, sans égard pour leur âge et privés des attentions et des soins qu'on aurait eus pour eux dans un autre temps. Le sort des vieillards était également digne de commisération ; ils étaient forcés, contre nature, à marcher aussi vite que les adolescents.

CXII. Ces circonstances étaient propres à exciter le ressentiment le plus violent contre Denys qui passait pour avoir ainsi agi afin de se constituer plus sûrement le tyran des autres villes, en entretenant les habitants dans la crainte des Carthaginois. On commentait la lenteur qu'il avait mise à venir au secours des Géléens ; on faisait remarquer qu'aucun soldat de sa troupe mercenaire n'était tombé, et qu'il avait lui-même pris la fuite sans avoir éprouvé d'échec sérieux et sans motif raisonnable ; mais ce qui était le plus grave, c'est qu'il ne s'était mis à la poursuite d'aucun des ennemis. Toutes ces circonstances semblaient comme amenées par la providence des dieux pour favoriser le dessein de ceux qui, depuis quelque temps, épiaient un moment propice pour se soulever et secouer le joug de la tyrannie. Les Italiotes abandonnèrent donc Denys et passèrent par l'intérieur du pays pour retourner chez eux. La cavalerie syracusaine tenta d'abord de tuer le tyran pendant la route ; mais, le voyant constamment entouré de sa troupe soldée, elle résolut unanimement de hâter le pas vers Syracuse. Elle surprit la garnison établie dans les ports au moment où l'on ignorait encore les événements de Géla, et entra dans la ville sans obstacle. Les cavaliers se dirigèrent sur la maison de Denys et la mirent au pillage. Cette maison était remplie d'argent, d'or et de toutes sortes de richesses. Saisissant ensuite la femme de Denys, les cavaliers la violèrent, afin que cet outrage excitât le ressentiment le plus vif du tyran et devînt par là même un engagement pour les conspirateurs à ne point se désister de leur entreprise. Cependant Denys, soupçonnant en route ce qui devait arriver, choisit dans la cavalerie et l'infanterie les hommes les plus fidèles, se mit à la tête de ce détachement d'élite et se porta en toute hâte sur Syracuse, persuadé qu'il ne viendrait à bout des cavaliers que par la rapidité de ses mouvements[1]. En arrivant ainsi d'une manière imprévue, il espérait déjouer facilement les projets de ses ennemis. C'est ce qui arriva en effet. Les cavaliers syracusains s'imaginaient que Denys n'oserait ni revenir ni rester dans l'armée; et croyant avoir atteint leur but, ils disaient hautement que Denys, en quittant Géla, avait feint de fuir les Carthaginois, mais que maintenant c'étaient les Syracusains qu'il fuyait réellement.

CXIII. Après une marche forcée de près de quatre cents stades[2], Denys arriva, vers minuit, à la tête de cent cavaliers et de six cents fantassins, devant la porte de l'Achradine. La trouvant fermée, il fit apporter des roseaux qui croissent dans les marais et que les Syracusains emploient d'ordinaire pour lier la chaux[3]; il les fit entasser et y mit le feu. Pendant que les portes brûlaient, l'autre partie de la troupe qui était en retard vint le rejoindre. Après que les portes furent entièrement consumées par le feu, Denys entra dans la ville, et, accompagné de ses troupes, il traversa l'Achradine. Les plus puissants des cavaliers syracusains, informés de ce qui se passait, accoururent sans attendre le secours du peuple, et quoiqu'en très-petit nombre, se rassemblèrent sur la place publique; mais enveloppés par les troupes soldées de Denys, ils furent tous massacrés.

Denys, traversant la ville, tua tous ceux qui accouraient en désordre pour s'opposer à sa marche; pénétrant ensuite dans les maisons des partisans contraires à la tyrannie, il mit les uns à mort et chassa les autres de la ville. Le reste des cavaliers syracusains, expulsé de la ville, alla s'emparer d'un lieu qu'on nomme aujourd'hui l'*Etna*[4]. A la pointe du jour, le gros des

---

[1] J'adopte ici la conjecture de Wesseling, et je lis σπεύσοι, au lieu de πειθοῖ, qui se trouve dans le texte.

[2] Plus de sept myriamètres.

[3] Cette espèce de mortier était employée dans les constructions des murs et des toits des maisons. Voyez Vitruve, VII, 3.

[4] Le texte porte *Achradine*, Ἀχραδινήν. C'est une erreur, ainsi qu'on peut s'en assurer en lisant les chapitres VII et LVIII.

troupes soldées et l'armée des Siciliens firent leur entrée dans Syracuse. Quant aux Géléens et aux Camarinéens, mal disposés pour Denys, ils furent envoyés chez les Léontins.

CXIV. Forcé par les événements, Imilcar envoya à Syracuse un héraut pour faire aux vaincus des propositions de paix. Denys accepta avec joie, et la paix fut conclue aux conditions suivantes : « Les Carthaginois, indépendamment de leurs anciennes colonies, auront sous leur domination les Sicaniens, les Sélinontins, les Agrigentins et les Himériens. Les Géléens et les Camarinéens habiteront dans des villes non fortifiées, et paieront tribut aux Carthaginois. Les Léontins et les Messiniens et tous les Sicules se gouverneront par leurs propres lois. Les Syracusains demeureront soumis à Denys. Enfin, on rendra réciproquement les prisonniers de guerre et les navires capturés. » Après la ratification de ce traité, les Carthaginois mirent à la voile pour retourner en Libye, ayant perdu plus de la moitié de leur armée par suite de maladies. Arrivés en Libye, ils continuèrent, ainsi que leurs alliés, à être décimés par la peste qui y faisait de non moins grands ravages.

Après être parvenus, dans notre narration, à la fin de la guerre du Péloponnèse livrée en Grèce, et de la guerre en Sicile, la première que les Carthaginois eussent soutenue contre Denys, et après avoir ainsi exécuté notre plan, nous croyons devoir remettre au livre suivant le récit des événements ultérieurs.

LIVRE QUATORZIÈME

SOMMAIRE.

Renversement de la démocratie à Athènes ; institution des trente. — Cruautés que les trente exercent sur les citoyens. — Denys le tyran construit une citadelle, et distribue la ville et le territoire à la multitude. — Denys recouvre contre toute attente la tyrannie qui avait été abolie. — Les Lacédémoniens règlent les affaires de la Grèce. — Mort d'Alcibiade ; tyrannie de Cléarque le Laconien à Byzance ; renversement de cette tyrannie. — Lysandre échoue dans sa tentative de renverser la dynastie des Héraclides. — Denys réduit en esclavage Catane et Naxos, et transporte le domicile des Léontins à Syracuse. — Fondation d'Alésa en Sicile. — Guerre des Lacédémoniens contre les Éliens. — Denys construit une enceinte près des Hexapyles. — Cyrus marche contre son frère, et périt. — Les Lacédémoniens viennent au secours des Grecs de l'Asie. — Fondation d'Adranum en Sicile ; mort de Socrate le philosophe. — Construction de l'enceinte de la Chersonèse. — Préparatifs de Denys pour faire la guerre aux Carthaginois ; fabrication d'armes ; invention de la catapulte. — Guerre entre les Carthaginois et Denys. — Denys prend d'assaut Motye, ville célèbre des Carthaginois. — Pillage des temples de Cérès et de Proserpine par les Carthaginois. — Les dieux châtient les sacriléges ; l'armée des Carthaginois est détruite par une maladie pestilentielle. — Combat naval entre les Syracusains et les Carthaginois ; victoire des Syracusains. — Discours de Théodore sur la liberté. — Denys fait périr par un stratagème mille mercenaires des plus turbulents. — Denys assiége les forts et le camp des Carthaginois. — Denys bloque les Carthaginois et incendie un grand nombre de leurs navires. — Défaite des Carthaginois par terre et par mer. — La flotte des Carthaginois s'échappe la nuit, à l'insu des Syracusains et avec la coopération de Denys gagné pour quatre cents talents. — La détresse des Carthaginois est la punition de leur impiété. — Rétablissement des villes détruites en Sicile. — Denys prend d'assaut une partie des villes siciliennes et engage les autres dans son alliance. — Traité d'alliance conclu avec les souverains Agyris d'Agyre et Nicodème de Centoripium. — Agésilas, roi des Spartiates, passe en Asie avec une armée et dévaste le pays soumis aux Perses. — Agésilas est victorieux des Perses qui sont conduits par Pharnabaze. — Guerre béotique. — Conon nommé général par les Perses, relève les murs d'Athènes. — Les Lacédémoniens battent les Béotiens à Corinthe ; guerre corinthiaque. — Denys est rejeté de la citadelle de Tauroménum qu'il était, avec beaucoup de peine, parvenu à occuper. — Les Carthaginois sont défaits par Denys près de la ville de Bacéna. — Expédition des Carthaginois en Sicile ; fin de la guerre. — Thibrus, général lacédémonien, est vaincu et tué par les Perses. — Denys assiége Rhégium. — Les Grecs d'Italie, réunis en un seul corps, opposent de la résistance à Denys. — Denys est victorieux dans un combat, fait dix mille prisonniers, les renvoie sans rançon et accorde aux villes la faculté de se gouverner par leurs propres lois. — Prise et destruction de Caulonia et d'Hipponia ; transport des habitants à Syracuse. — Les Grecs concluent avec Artaxerxès la paix par la négociation d'Antalcidas. — Prise de Rhégium ; désastres de cette ville. — Prise de Rome par les Gaulois, à l'exception du Capitole.

I. Tous les hommes souffrent naturellement avec impatience le mal que l'on dit d'eux. Et, en effet, ceux mêmes dont la méchanceté est tellement manifeste qu'il est impossible de la nier, s'indignent cependant dès qu'on leur adresse des reproches et cherchent à justifier leur conduite. Tout le monde, mais surtout ceux qui aspirent au pouvoir ou à une fortune élevée, doivent donc éviter avec soin le reproche d'une mauvaise action ; car, exposés par l'éclat de leur position à tous les regards, il leur est impossible de cacher leurs torts. Aucun homme placé au-dessus des autres ne doit espérer échapper au reproche d'une faute qu'il pourrait commettre. Et s'il parvient pendant sa vie à échapper à la réprobation qui frappe les méchants, qu'il sache que la vérité éclatera un jour et qu'elle fera connaître ouvertement tout ce qui avait été jadis tenu secret. C'est déjà une punition pour les méchants de laisser après eux, à la postérité, un souvenir immortel de toute leur vie. Quand même il n'y aurait après la mort, pour nous, que le néant (ainsi que quelques philosophes l'insinuent), la vie n'en serait cependant que plus misérable, si elle ne devait laisser qu'une mémoire odieuse. Le lecteur trouvera, dans les détails du livre suivant, des preuves évidentes de la vérité de ces réflexions.

II. Les trente tyrans établis dans Athènes plongèrent, par leur ambition, la patrie dans de grands malheurs ; et après avoir eux-mêmes perdu le pouvoir, ils ont laissé un opprobre éternel attaché à leurs noms. De même, les Lacédémoniens s'étant acquis sur la Grèce une suprématie incontestée, en ont été dépouillés du moment où ils voulurent commettre des actes injustes envers les alliés. Les chefs conservent leur autorité par des sentiments de bienveillance et d'équité; ils la perdent par leur injustice qui excite le ressentiment des subordonnés. Denys, tyran des Syracusains, offre un exemple analogue : pendant toute sa vie il était en butte à des conspirations, et la crainte d'être assassiné lui faisait porter sous sa tunique une cuirasse de fer. Enfin, la mémoire qu'il a laissée après lui est le plus frappant objet d'exécration pour toute la postérité. Mais nous parlerons de ces choses plus amplement en temps convenable. Actuellement, nous allons reprendre le fil de notre histoire en suivant l'ordre chronologique. Dans les livres précédents nous avons consigné tous les faits historiques depuis la prise de Troie jusqu'à la fin de la guerre du Péloponnèse et de la suprématie des Athéniens, en comprenant un espace de sept cent soixante-dix-neuf années. Dans le livre présent, nous allons compléter notre récit en commençant par l'établissement des trente tyrans à Athènes, et en terminant ce livre à la prise de Rome par les Gaulois; ce qui comprend un espace de dix-huit ans.

III. La destruction de l'autorité établie à Athènes tombe dans la sept cent quatre-vingtième année après la prise de Troie. Dans cette même année, les Romains conférèrent l'autorité consulaire à quatre tribuns militaires, Caïus Furius, Caïus Servilius, Caïus Valérius, Numérius Fabius, et on célébra la XCIV^e olympiade, où Corcinas de Larisse fut vainqueur à la course du stade[1]. A cette époque, les Athéniens, accablés de malheurs, conclurent avec les Lacédémoniens un traité en vertu duquel ils devaient abattre leurs murailles et conserver le droit de se gouverner d'après leurs anciennes lois. Les murailles de la ville furent démolies; mais les Athéniens n'étaient pas d'accord entre eux sur la forme du gouvernement à adopter. Les partisans de l'oligarchie voulaient revenir à l'ancienne constitution, suivant laquelle le pouvoir était entre les mains d'un petit nombre. La majorité désirait la démocratie, alléguant que

---

[1] Première année de la XCIV^e olympiade; année 404 avant J.-C.

c'était là aussi une constitution ancienne et qu'ils lui donneraient, d'un commun accord, la préférence. Comme les discussions à ce sujet se prolongeaient pendant plusieurs jours, les partisans de l'oligarchie envoyèrent des députés près de Lysandre le Spartiate (celui-ci, après la fin de la guere, avait été chargé de régler l'administration des villes, dans la plupart desquelles il institua un gouvernement oligarchique). Ces députés espéraient ainsi le faire entrer, ce qui était vraisemblable, dans leurs desseins. Ils mirent donc à la voile pour Samos où séjournait alors Lysandre qui venait de s'emparer de la ville. Lysandre se rendit à leur invitation : après avoir confié le gouvernement de Samos à Thorax l'harmoste spartiate, il entra dans le Pirée avec cent bâtiments. Il convoqua une assemblée et conseilla aux Athéniens d'élire trente citoyens qui seraient placés à la tête du gouvernement et de l'administration de la ville. Théramène s'opposa à ce projet, et donnant lecture du traité de paix, qui accordait aux Athéniens le droit de se gouverner d'après leurs propres lois, il ajouta que ce serait le comble de l'injustice d'enlever aux Athéniens, contrairement à la foi jurée, la liberté de choisir eux-mêmes le gouvernement qui leur conviendrait. Lysandre répliqua que les Athéniens avaient déjà violé le traité, parce qu'ils n'avaient démoli leurs murs qu'après l'expiration du terme fixé dans le traité. En même temps il menaça Théramène de tout le poids de sa colère, lui déclarant qu'il le ferait mettre à mort s'il résistait plus longtemps aux volontés des Lacédémoniens. C'est ainsi que Théramène et le peuple, effrayés de ces menaces, furent contraints de voter l'abolition du gouvernement démocratique. Ils choisirent donc trente citoyens chargés de l'administration de l'État, magistrats de nom, tyrans de fait.

IV. Le peuple, considérant la modération de Théramène, et espérant que les qualités éminentes de ce citoyen pourraient servir de frein à l'ambition démesurée des chefs du gouvernement, le mit, par ses suffrages, au nombre des trente magistrats. Ces magistrats élus devaient organiser le sénat ainsi que les diverses fonctions publiques, et rédiger des lois d'après lesquelles serait gouverné l'État. Mais ils ajournaient sans cesse la rédaction de ces lois, sous des prétextes spécieux; en même temps ils composaient de leurs amis le sénat et les magistratures, en sorte que ce n'était là que des magistrats de nom, car, en réalité, c'étaient les serviteurs des trente. Ils commencèrent l'exercice de leurs fonctions, en livrant à la justice et en faisant condamner à mort les hommes les plus pervers d'Athènes. Jusque-là les actes des trente étaient approuvés par les citoyens les plus modérés. Mais, plus tard, les trente, voulant tenter des entreprises violentes et contraires aux lois, demandèrent aux Lacédémoniens une garnison, en leur promettant d'établir un gouvernement conforme à leurs intérêts. En effet, ils n'ignoraient pas qu'ils ne pourraient exécuter les massacres qu'ils méditaient sans l'appui de troupes étrangères, et que toute la population se soulèverait pour défendre la sûreté commune. Les Lacédémoniens envoyèrent la garnison demandée. Les trente gagnèrent d'abord Callibius, commandant de cette garnison, par des présents et par tout ce qui peut flatter un homme. Puis, désignant les plus riches citoyens, ils les accusèrent de projets séditieux, les firent condamner à mort et vendre leurs biens à l'enchère. Théramène se mit en opposition avec ses collègues, et comme il les menaçait de se réunir à leurs adversaires pour défendre le salut public, les trente assemblèrent le sénat. Critias, leur chef, accusa Théramène de plusieurs choses; il lui reprocha surtout de trahir ce même gouvernement dont il faisait volontairement partie. Théramène prit alors la parole, et sa défense complète lui concilia la bienveillance de tout le sénat. Critias et ses partisans, craignant qu'un tel homme ne parvînt, par son influence, à détruire l'oligarchie, le firent entourer de soldats, l'épée nue à la main, et ordonnèrent de le saisir. Théramène prévint leurs desseins en s'élançant vers le foyer sacré du sénat, non pas, disait-il, pour implorer la protection des dieux, mais pour que ceux qui le tueraient se rendissent coupables de sacrilége.

V. Les satellites des trente arrachèrent Théramène de son asile. Il supporta noblement son infortune, car il avait appris la philosophie à l'école de Socrate. Le reste de la population déplora le sort de Théramène; mais personne n'osa le secourir, à cause des hommes armés qui l'environnaient. Cependant Socrate le philosophe et deux de ses amis accoururent pour résister aux satellites. Mais Théramène les pria de n'en rien faire; et, tout en louant cette preuve d'amitié et leur courage, il leur dit qu'il serait bien plus malheureux s'il devenait la cause de la mort de ceux qui donnaient des témoignages d'une si profonde affection. Socrate et ses amis n'étant pas soutenus, et voyant que les plus puissants l'emportaient, se tinrent tranquilles. Les satellites des trente arrachèrent alors Théramène des autels qu'il embrassait, et le traînèrent au milieu de la place publique, jusqu'au lieu du supplice. Le peuple, effrayé de l'attitude menaçante de la garnison, ne manifesta que de la commisération pour le malheureux Théramène; il pleura son infortune en même temps qu'il versa des larmes sur sa propre servitude; car les citoyens des classes inférieures, voyant les vertus de Théramène ainsi foulées aux pieds, prévoyaient bien qu'on mépriserait leur faiblesse pour les asservir. Après la mort de Théramène, les trente dressèrent la liste des plus riches citoyens, et portant contre eux de fausses accusations, ils les mirent à mort et pillèrent leurs propriétés. Au nombre de ces victimes se trouva Nicératus, fils de Nicias, qui avait commandé l'expédition contre Syracuse : il passait pour le plus riche et le plus considérable des Athéniens. Dans toutes les maisons on pleura la mort de ce citoyen, qui laissa après lui tant de témoignages de sa bienfaisance. Cependant les trente, loin de s'arrêter dans leur scélératesse, ne montrèrent que plus de fureur : ils égorgèrent soixante des plus riches étrangers pour s'emparer de leurs biens. Les massacres se renouvelant journellement, presque tous les citoyens jouissant de quelque opulence s'enfuirent d'Athènes. Autolycus [1], orateur populaire,

---

[1] C'était un athlète dont il est question dans le banquet de Xénophon.

perdit également la vie; en un mot, les citoyens les plus aimés devinrent le point de mire des trente. La ville d'Athènes fut tellement ruinée, que plus de la moitié de ses habitants l'abandonna.

VI. Les Lacédémoniens, voyant la ville d'Athènes déserte, se réjouirent, et décidés à empêcher les Athéniens de reconquérir leur puissance primitive, ils firent bientôt connaître leurs intentions. Ils décrétèrent que les émigrés d'Athènes seraient arrêtés dans toute la Grèce et livrés aux trente; que quiconque s'opposerait à l'exécution de ce décret, serait passible d'une amende de cinq talents. Bien que cette mesure fût souverainement inique, les autres villes, redoutant le pouvoir des Spartiates, se soumirent. Cependant les Argiens, révoltés de la cruauté des Lacédémoniens, furent les premiers qui, saisis de compassion, accueillirent avec bienveillance les réfugiés. Les Thébains en firent autant; ils rendirent même un décret qui condamnait à une amende tout individu qui, voyant arrêter un réfugié, ne lui porterait pas tout le secours possible.

Telle était la situation des Athéniens.

VII. En Sicile, Denys, tyran des Sicules, ayant fait la paix avec les Carthaginois, songea à affermir sa dynastie; car il prévoyait que les Syracusains, débarrassés de la guerre, auraient le loisir de songer à recouvrer la liberté. Voyant que le quartier appelé l'Ile était la partie la plus forte de la ville et facile à défendre, il le sépara du reste de la ville par la construction d'un beau mur, sur lequel il construisit des tours élevées très-rapprochées les unes des autres. En avant de cette enceinte il bâtit des halles et des portiques assez vastes pour réunir une masse de peuple; en dedans, il construisit à grands frais une forte citadelle où il pourrait se réfugier promptement. Il renferma dans cette enceinte les chantiers situés dans le petit port appelé *Laccium*. Ce port, qui contenait soixante trirèmes, était fermé d'une porte par laquelle les navires entraient un à un. Denys donna ensuite la meilleure portion du territoire à ses amis et aux magistrats en fonction; le reste fut également réparti entre les étrangers et les citoyens, désignant par ce dernier nom les esclaves affranchis, qui furent appelés *néopolites* [1]. Il distribua au peuple les maisons de la ville, à l'exception de celles du quartier de l'Ile, dont il fit don à ses amis et à ses troupes mercenaires. Lorsqu'il pensa avoir assez affermi sa tyrannie, il conduisit son armée contre les Sicules, ayant le projet de subjuguer toutes les villes libres, et surtout celles qui, dans la guerre précédente, avaient embrassé le parti des Carthaginois. Il dirigea d'abord sa marche contre la ville des Herbésiniens, et s'occupa à en faire le siége. Cependant les Syracusains qui faisaient partie de cette expédition, une fois en possession des armes qu'on leur avait confiées, se révoltèrent et se reprochèrent les uns aux autres de n'avoir point secondé la cavalerie lorsqu'elle avait tenté de renverser le tyran. Le commandant que Denys avait mis à la tête de ses troupes proféra d'abord des menaces contre un soldat qui parlait trop librement. Comme cet homme répliqua effrontément, le chef s'avança pour le frapper. A cette vue, les soldats, indignés, égorgèrent ce commandant, qui s'apppelait Doricus, et, appelant les citoyens à la liberté, ils firent venir les cavaliers d'Etna. Ces cavaliers occupaient cette place depuis qu'ils avaient été exilés au commencement du règne de Denys.

VIII. Effrayé de l'insurrection des Syracusains, Denys leva le siége d'Herbésus, et retourna précipitamment à Syracuse pour s'emparer de la ville. Pendant qu'il était en fuite, les auteurs de la révolte choisirent pour généraux les soldats qui avaient massacré leur commandant, et, s'étant réunis aux cavaliers arrivés d'Etna, ils vinrent camper aux Épipoles [2] et interceptèrent au tyran toute communication avec la campagne. Ils dépêchèrent aussitôt des envoyés à Messine et à Rhégium, pour engager les habitants à les aider par mer à reconquérir leur liberté. Ces villes étaient, à cette époque, assez fortes pour mettre en mer

---

[1] Νεοπολῖται, nouveaux citoyens.
[2] Monticules fortifiés, situés autour de Syracuse.

au moins quatre-vingts trirèmes; elles les envoyèrent au secours des Syracusains dans la lutte entreprise pour secouer le joug du tyran. Des hérauts annoncèrent que l'on donnerait une forte somme d'argent à ceux qui tueraient le tyran, et que les étrangers qui abandonneraient le parti de Denys obtiendraient le droit de cité. En même temps les Syracusains préparèrent des machines de guerre pour battre les murs en brèche, et renouvelèrent journellement leurs attaques contre le quartier de l'Ile, et ils accueillirent avec bienveillance les étrangers qui abandonnaient le parti du tyran. Privé de toute communication avec la campagne, abandonné de ses mercenaires, Denys assembla ses amis pour délibérer sur le parti à prendre. Déjà il désespérait de conserver le pouvoir au point de chercher, non plus à combattre les Syracusains, mais à ne pas finir son règne par une mort ignominieuse. Héloris, un de ses amis, et, selon quelques-uns, son père adoptif[1], lui répondit que le plus bel ornement funèbre était le signe de l'autorité souveraine. Polyxène, son beau-frère, lui conseilla de monter sur le plus rapide de ses chevaux, et de se rendre chez les Campaniens, dans le domaine des Carthaginois. Imilcar avait laissé ces Campaniens en garnison dans les places que les Carthaginois occupaient en Sicile. Philistus, qui, dans la suite, a écrit l'histoire de la Sicile, fut d'un avis contraire à celui de Polyxène; « ce n'est pas, disait-il à Denys, en fuyant à toute bride qu'il sied de quitter la tyrannie; il n'en faut sortir que tiré par les jambes. » Denys se rendit à ce dernier avis, et résolut de tout supporter plutôt que d'abdiquer le pouvoir. En conséquence, il envoya des parlementaires aux Syracusains pour les prier de lui accorder la faculté de sortir de la ville avec les siens; en même temps il dépêcha en secret des députés auprès des Campaniens, auxquels il promit tout l'argent qu'ils lui demanderaient, pour les engager à venir faire lever le siége de l'Ile.

---

[1] Je suis de l'avis de Wesseling, qu'il faut lire ici ὁ ποιητὸς πατήρ au lieu de ὁ ποιητὰς πατήρ, qui n'a guère de sens.

IX. Les Syracusains accordèrent au tyran la faculté de se retirer avec cinq navires, et, croyant la victoire assurée, ils se tinrent moins sur leurs gardes. Ainsi, ils congédièrent la cavalerie comme inutile dans un siége; la plupart des fantassins se dispersèrent dans la campagne, comme si la tyrannie était complétement renversée. Cependant, les Campaniens, séduits par les promesses de Denys, s'avancèrent d'abord sur Agyre. Là, ils confièrent leur bagage à Agyris, commandant de la ville, et, armés à la légère, ils se mirent en route vers Syracuse, au nombre de douze cents cavaliers. Ayant fait ce trajet avec la plus grande célérité, ils tombèrent à l'improviste sur les Syracusains, en tuèrent un grand nombre et se firent jour, les armes à la main, jusqu'au quartier où Denys se trouvait renfermé. En ce même moment, trois cents soldats mercenaires se joignirent au tyran, qui reprit ainsi du courage. Pendant que la puissance de Denys se relevait, les Syracusains se désunirent : les uns proposèrent de continuer le siége, les autres de licencier l'armée et de quitter la ville. Instruit de cela, Denys fit une sortie, et, tombant sur les Syracusains en désordre, il les refoula jusque dans le quartier appelé *ville neuve*. Il n'y eut pas beaucoup de morts, car Denys était accouru à cheval pour défendre de massacrer les fuyards. Les Syracusains se dispersèrent immédiatement dans la campagne; et peu de temps après ils se réunirent au nombre de sept mille cavaliers. Denys donna la sépulture aux Syracusains tombés dans cette affaire et envoya des députés à Etna, pour inviter les réfugiés à se soumettre et à rentrer dans leur patrie, leur promettant sur l'honneur de ne conserver aucun souvenir du passé. Quelques-uns, qui avaient laissé à Syracuse leurs enfants et leurs femmes, se rendirent forcément à cette invitation. Quant aux autres, pendant que les envoyés préconisaient la générosité que Denys avait montrée en faisant inhumer les morts, ils répondirent qu'il était digne du même bienfait et qu'ils priaient les dieux de leur fournir au plus tôt l'occasion de le lui faire sentir. Ceux-là, ne voulant en aucune façon se fier aux paroles du tyran, restèrent dans

Etna, et épièrent le moment favorable pour marcher contre lui. Denys traita avec douceur les émigrés rentrés dans leur patrie, espérant par cet exemple engager les autres à revenir. Quant aux Campaniens, après les avoir comblés de présents, il les renvoya de la ville, se défiant de leur inconstance. Ils se rendirent à Entella et parvinrent à persuader aux habitants de les laisser vivre au milieu d'eux; mais, profitant de la nuit pour exécuter leur dessein, ils égorgèrent tous les hommes adultes, épousèrent les femmes de leurs victimes, et prirent possession de la ville.

X. En Grèce, les Lacédémoniens, ayant terminé la guerre du Péloponnèse, obtinrent, d'un commun accord, la suprématie sur terre et sur mer. Ils nommèrent Lysandre au commandement de la flotte et lui ordonnèrent de se rendre dans les villes de la Grèce et d'y établir des *harmostes*. Abolissant le gouvernement démocratique, les Lacédémoniens cherchaient partout à introduire l'oligarchie. Ils imposaient des tributs aux peuples soumis, et eux, qui autrefois n'avaient pas l'usage de la monnaie, recueillaient annuellement de leurs impôts une somme de plus de mille talents [1].

Après avoir réglé, selon leur gré, les affaires de la Grèce, ils envoyèrent à Syracuse Ariste, un des hommes les plus considérables de Sparte, sous le prétexte d'abolir la tyrannie, mais en réalité pour contribuer à la consolider; car ils se flattaient de se faire de Denys un allié fidèle, en l'aidant à reconquérir son autorité. Arrivé à Syracuse, Ariste eut une entrevue secrète avec le tyran, et excita les Syracusains à la révolte, en invoquant la liberté. Ayant fait périr Nicotelès le Corinthien, chef des Syracusains, et trahi les conjurés qui s'étaient fiés à lui, il affermit le pouvoir du tyran, et, par cette action indigne, se couvrit de honte lui et sa patrie. Quelque temps après, Denys envoya les habitants faire leurs moissons, pénétra dans les maisons et enleva toutes les armes qui s'y trouvaient; il entoura

---

[1] Cinq millions cinq cent mille francs.

ensuite la citadelle d'un second mur, fit construire des bâtiments et réunit un grand nombre de mercenaires; enfin il ne négligea rien pour l'affermissement de son autorité, instruit qu'il était, par l'expérience, que les Syracusains pouvaient tout supporter hormis l'esclavage.

XI. Pendant que ces choses se passaient, Pharnabaze, satrape de Darius, le roi, arrêta Alcibiade et le mit à mort, pour complaire aux Lacédémoniens. Comme Éphore attribue cette fin tragique d'Alcibiade à d'autres causes, je crois qu'il n'est pas inutile de dire ici quel motif cet historien donne de l'attentat commis sur Alcibiade. D'après ce qu'Éphore dit dans le dix-septième livre de son histoire, Cyrus et les Lacédémoniens s'étaient entendus en secret pour se préparer à faire la guerre à Artaxerxès, frère de Cyrus. Instruit du projet de Cyrus, Alcibiade alla trouver Pharnabaze, et, après lui avoir appris tous les détails de la conspiration, il le pria de lui donner la permission de se mettre en route pour se rendre auprès d'Artaxerxès; car il voulait être le premier à dénoncer au roi la trame du complot. Pharnabaze, après avoir écouté Alcibiade, voulut s'approprier le mérite de cette dénonciation et envoya, en conséquence, des messagers affidés pour la porter au roi. Cependant, Alcibiade ne recevant pas de Pharnabaze la permission de se rendre auprès du roi, alla trouver le satrape de la Paphlagonie pour obtenir la facilité de faire le voyage. Mais Pharnabaze, craignant que le roi n'apprît ainsi la vérité, dépêcha des sbires qui devaient assassiner Alcibiade en route. Ils l'atteignirent dans un village de la Phrygie[1], où il s'était arrêté; pendant la nuit ils entourèrent la maison d'un amas de bois auquel ils mirent le feu. Alcibiade chercha d'abord à se défendre, mais, atteint par les flammes, et accablé des flèches qui étaient lancées sur lui, il rendit la vie.

A cette même époque, mourut le philosophe Démocrite, après avoir vécu quatre-vingt-dix ans. Lasthène le Thébain,

---

[1] Ce village s'appelait Melissa, suivant Athénée.

qui avait remporté le prix aux derniers jeux olympiques, fut, dans la même année[1], vainqueur à une course de cheval. L'espace à parcourir était de Coronée à Thèbes[2].

En Italie, les Romains occupaient Erruca, ville des Volsques; les ennemis, revenus à la charge, se rendirent maîtres de la ville, et tuèrent la plus grande partie de la garnison.

XII. L'année étant révolue, Euclide fut nommé archonte d'Athènes; à Rome, quatre tribuns militaires furent revêtus de l'autorité consulaire, Publius Cornélius, Numérius Fabius, Lucius Valérius et Tarentius Maximus. A cette époque, les Byzantins se trouvaient dans une position critique, résultant des troubles intérieurs et de la guerre qu'ils avaient entreprise contre leurs voisins, les Thraces. Dans l'impossibilité d'apaiser ces dissensions intestines, ils demandèrent aux Lacédémoniens un commandant militaire. Les Spartiates leur envoyèrent Cléarque, avec l'ordre de régler l'administration de la ville. Investi d'un pouvoir absolu, et à la tête d'une nombreuse troupe de mercenaires, il avait bien plutôt l'autorité d'un tyran que celle d'un gouverneur. Il commença d'abord par mettre à mort tous les magistrats qu'il avait invités à la solennité d'un sacrifice; ensuite, la ville étant plongée dans l'anarchie, il fit arrêter les chefs qu'on nommait les trente sénateurs[3] et les fit étrangler. Après s'être approprié les biens des victimes, il dressa une liste des plus riches citoyens, et fit, sur de fausses accusations, condamner les uns à mort, les autres à l'exil. Il amassa ainsi d'immenses richesses, réunit de nombreux mercenaires, et s'affermit dans l'autorité souveraine. Cependant, le bruit des cruautés et des violences exercées par ce tyran s'étant répandu, les Lacédémoniens lui envoyèrent d'abord des députés chargés de l'inviter à résigner volontairement l'autorité souveraine. Comme il ne se rendit pas à cette

---

[1] Deuxième année de la xcıv^e olympiade ; année 403 avant J.-C.
[2] Plus de quinze lieues.
[3] Le texte paraît être ici corrompu. On ne sait s'il faut lire Βυζαντίους, Βοιωτούς ou ῥωϊστάς. J'ai préféré cette dernière variante.

invitation, les Lacédémoniens firent marcher contre lui une armée sous les ordres de Panthœdas. Instruit de l'approche de cette armée, Cléarque transporta ses troupes à Selybria, ville dont il était également le maître : comme il avait à se reprocher beaucoup de torts commis envers les Byzantins, il ne se dissimula pas qu'il aurait pour ennemis, non-seulement les Lacédémoniens, mais encore les habitants de Byzance. C'est pourquoi, croyant se défendre avec plus de sûreté dans Selybria, il y avait transporté ses richesses et ses troupes. Lorsqu'il apprit que les Lacédémoniens n'étaient plus loin, il se porta à leur rencontre et engagea un combat avec l'armée de Panthœdas, dans un lieu nommé Porus. L'action dura longtemps ; les Lacédémoniens se battirent brillamment et mirent en déroute l'armée du tyran. Cléarque s'enferma d'abord à Selybria, avec un petit nombre de ses partisans, et se prépara à soutenir un siége ; mais ensuite, craignant pour sa personne, il s'enfuit la nuit et fit voile pour l'Ionie. Là, il se lia avec Cyrus, frère du roi, et fut nommé à un commandement de troupes. Cyrus, institué chef de toutes les satrapies maritimes, et plein d'ambition, méditait alors le projet d'une expédition contre son frère Artaxerxès. Voyant en Cléarque un homme d'un caractère résolu et entreprenant, il le combla de richesses et le chargea d'enrôler un grand nombre de soldats étrangers ; car il était persuadé qu'il trouverait en lui un auxiliaire utile dans l'exécution de ses projets téméraires.

XIII. Lysandre le Spartiate avait réglé, suivant l'ordre des éphores, l'administration des villes soumises à la domination des Lacédémoniens, en établissant dans les unes le décemvirat, dans les autres l'oligarchie, et jouissait de la plus grande considération à Sparte. En effet, en terminant la guerre du Péloponnèse, il avait procuré à sa patrie une suprématie incontestée sur terre et sur mer. Son ambition s'étant accrue par ces succès, il forma le projet de renverser la dynastie des Héraclides, et de rendre l'élection à la royauté accessible à tous les Spartiates ; car il espérait que le souvenir de ses hauts faits et des services rendus à la patrie, le feraient bientôt appeler au pouvoir suprême. Sachant que les Lacédémoniens attachaient une grande importance aux oracles[1], il essaya de gagner à prix d'argent la prêtresse de Delphes; il se flattait d'atteindre facilement son but, s'il parvenait à rendre l'oracle favorable à ses desseins. Comme il n'avait réussi, par aucune promesse d'argent, à séduire l'oracle de Delphes, il s'adressa aux prêtresses de Dodone, par l'intermédiaire d'un certain Phérécrate, natif d'Apollonie, qui était lié avec les familiers du temple. N'ayant pas davantage réussi, il entreprit un voyage à Cyrène, sous le prétexte d'accomplir des vœux faits à Jupiter Ammon, mais en réalité pour essayer de corrompre l'oracle. Avec les sommes d'argent qu'il avait apportées, il se flattait de gagner les ministres du temple, d'autant plus facilement que Libys, roi de ces contrées, avait été lié avec son père par le lien de l'hospitalité, et que le frère de Lysandre avait reçu le nom de Libys, en mémoire de cette amitié. Cependant, non-seulement il ne réussit par aucun de ces moyens à séduire l'oracle, mais les préposés du temple firent partir des envoyés chargés d'accuser Lysandre d'avoir voulu corrompre l'oracle. Lysandre, de retour à Lacédémone, se justifia d'une manière plausible de l'accusation portée contre lui. Alors les Lacédémoniens ne savaient rien encore du dessein qu'il avait conçu d'abolir la royauté héréditaire des Héraclides. Quelque temps après la mort de Lysandre, en cherchant dans sa maison des comptes d'argent, on trouva un discours soigneusement écrit, qu'il devait prononcer devant le peuple, pour le persuader de décréter tous les citoyens éligibles à la royauté.

XIV. En Sicile, Denys, tyran des Syracusains, après avoir conclu la paix avec les Carthaginois et apaisé les troubles de la ville, s'occupa à soumettre à son pouvoir les villes chalcidiennes, Naxos, Catane, Léontium. Il désirait se rendre maître de ces villes, parce qu'elles étaient situées dans le voisinage de Syracuse, et qu'elles lui facilitaient les moyens d'étendre sa domination. Il marcha d'abord contre la ville d'Etna, et s'empara de cette

---

[1] Cicéron, *de Divinatione*, I. 43. [*Lacedæmonii*] *de rebus majoribus semper aut Delphis oraculum, aut ab Hammone, aut a Dodona petebant.*

place, les réfugiés qui s'y trouvaient n'étant pas de force à lui résister. De là, il se porta sur Léontium, et établit son camp dans les environs de la ville, aux bords du fleuve Téria. Après avoir rangé son armée en bataille, il envoya aux Léontins un héraut pour les sommer de rendre la ville, espérant ainsi les intimider. Les Léontins, loin d'écouter cette sommation, prirent toutes les dispositions pour soutenir un siége. Denys, qui manquait de machines de guerre, renonça pour le moment à investir la ville, et se contenta de ravager toute la campagne. Il marcha ensuite contre les Sicules, en apparence pour leur faire la guerre, mais en réalité pour que les Cataniens et les Naxiens fussent moins sur leurs gardes. Il s'arrêta quelque temps à Enna, et engagea Aïmnestus, citoyen de cette ville, à aspirer à la tyrannie, lui promettant son concours. Aïmnestus se laissa persuader; mais comme il ne voulut pas faire entrer Denys dans la ville, ce dernier, irrité, changea de dessein, et excita les Ennéens à renverser le tyran. Ils accoururent tous armés sur la place publique, pour reconquérir la liberté, ce qui mit le désordre dans toute la ville. Informé du tumulte qui venait d'éclater, Denys, prenant avec lui quelques affidés, pénétra dans la ville par un quartier désert, se saisit d'Aïmnestus et le livra à la vengeance des Ennéens; il se retira ensuite de la ville sans avoir fait aucun mal. Il agissait ainsi, non par amour pour la justice, mais pour gagner la confiance des autres villes.

XV. En partant de là, Denys se dirigea vers la ville des Erbitéens, et tenta de la prendre d'assaut. Ayant échoué dans cette tentative, il conclut avec les habitants un traité de paix, et se porta avec son armée sur Catane; car Arcésilaüs, qui commandait les Cataniens, avait promis de lui livrer la ville. Introduit à Catane, au milieu de la nuit, Denys se rendit maître de la ville, fit désarmer les habitants et y établit une forte garnison. Après cela, Proclès, chef des Naxiens, séduit par de grandes promesses, livra également sa patrie à Denys. Celui-ci, après avoir récompensé le traître et toute sa famille, vendit les habitants à l'enchère, abandonna à ses soldats le pillage des propriétés, et démolit les maisons et les murs. Le même sort fut réservé aux Cataniens; Denys vendit à Syracuse, comme esclaves, les prisonniers qu'il avait faits. Il concéda le territoire des Naxiens aux Sicules, limitrophes, et donna pour demeure aux Campaniens la ville des Cataniens. Après cela, Denys marcha avec toute son armée contre les Léontins, et investit leur ville de tous côtés. Il envoya aux habitants des parlementaires pour les sommer de livrer la ville et d'accepter le droit de cité à Syracuse. Les Léontins n'espérant aucun secours, et considérant les désastres que venaient d'éprouver les Naxiens et les Cataniens, craignaient de s'exposer aux mêmes malheurs. Ils cédèrent donc au destin en abandonnant leur ville, et en transportant leur domicile à Syracuse.

XVI. Après que les Erbitéens eurent fait la paix avec Denys, Archonide, gouverneur d'Erbite, conçut le projet de fonder une ville. Il avait à sa disposition une troupe de mercenaires, ramassis d'hommes, qui était accourue dans la ville d'Erbite pendant la guerre de Denys. Un grand nombre d'Erbitéens s'engagèrent également à faire partie de la colonie. A la tête de cette population mixte, Archonide alla occuper une hauteur à huit stades de la mer, et y fonda la ville d'Alesa. Comme il y avait en Sicile d'autres villes de ce nom, il l'appela, d'après lui, *Archonidium*. Lorsque, plus tard, cette ville eut pris un grand développement, tant par ses relations maritimes que par les immunités que les Romains lui avaient accordées, ses habitants désavouèrent leur origine erbitéenne, regardant comme un déshonneur de se reconnaître les descendants d'une ville qui leur était si inférieure. Quoi qu'il en soit, les deux villes offrent encore aujourd'hui plusieurs témoignages d'une origine commune; elles observent les mêmes cérémonies dans les sacrifices offerts à Apollon. Quelques-uns prétendent qu'Alesa fut fondée par les Carthaginois à l'époque où Imilcar conclut avec Denys un traité de paix.

En Italie, les Romains firent la guerre aux Véiens, pour

les motifs suivants......[1]. Ce fut dans ce temps que les Romains décrétèrent, pour la première fois, de donner à leurs soldats une solde annuelle. Ils prirent d'assaut la ville des Volsques, laquelle s'appelait alors Anxur, et qui porte maintenant le nom de Taracine.

XVII. L'année étant révolue, Micion fut nommé archonte d'Athènes, et à Rome on investit de l'autorité consulaire six tribuns militaires, Titus Quintius, Caïus Julius et Aulus Manlius [2]. Dans ce temps [3], les habitants d'Orope eurent des troubles civils par suite desquels plusieurs citoyens furent envoyés en exil. Pendant quelque temps les exilés essayèrent, par leurs propres moyens, de rentrer dans leur patrie; mais n'ayant pu venir à bout de leur entreprise, ils engagèrent les Thébains à leur envoyer une armée. Les Thébains marchèrent donc contre les Oropiens, s'emparèrent de la ville d'Orope et en transportèrent les habitants à sept stades de la mer. Ils les laissèrent d'abord se gouverner d'après leurs propres lois; mais ensuite ils leur conférèrent le droit de cité et incorporèrent leur territoire à la Béotie.

Tandis que ces choses se passaient, les Lacédémoniens reprochaient aux Éliens, entre plusieurs autres torts, d'avoir empêché leur roi Pausanias [4] de sacrifier au dieu, et de s'être opposé à ce que les Lacédémoniens prissent part aux jeux olympiques. Décidés donc à faire la guerre aux Éliens, ils leur envoyèrent dix députés, avec ordre d'exiger d'abord que les villes limitrophes eussent la faculté de se gouverner elles-mêmes, suivant leurs propres lois, et de leur demander ensuite leur quote-part des frais de la guerre contre les Athéniens. Ces demandes n'étaient que des prétextes et des motifs en apparence plausibles

---

[1] Il y a ici une lacune dans le texte. Les motifs de cette guerre sont indiqués dans Tite-Live, lib. IV, c. 59.

[2] Les noms des trois derniers tribuns militaires manquent dans le texte. D'après Tite-Live, IV, 61, c'était Quintus Cincinnatus, Lucius Furius Médullinus et Manlius Æmilius Mamercus.

[3] Troisième année de la XCIV° olympiade ; année 402 avant J.-C.

[4] Il s'agit ici du roi Agis, suivant l'autorité de Xénophon et de Pausanias.

pour leur déclarer la guerre. Comme les Éliens, non-seulement refusèrent de répondre à ces prétentions, mais qu'ils reprochèrent aux Lacédémoniens de vouloir asservir tous les Grecs, les Lacédémoniens firent marcher contre eux Pausanias, un de leurs rois, avec quatre mille hommes. A cette troupe se joignit un grand nombre de soldats, fournis par presque tous les alliés, excepté les Béotiens et les Corinthiens, qui, désapprouvant la conduite des Lacédémoniens, ne prirent aucune part à l'expédition contre l'Élide. Pausanias, passant par l'Arcadie, envahit l'Élide et prit aussitôt Lasion, place forte. Conduisant ensuite son armée à travers les montagnes, il alla soumettre quatre villes, Thræstum, Alium, Eupagium et Oponte. De là il vint camper près de Pylos, et s'empara immédiatement de cette place, à soixante-dix stades d'Élis. Après cela, il continua sa marche sur Élis même, et vint établir son camp sur les hauteurs situées en deçà du fleuve[1]. Les Éliens venaient alors de recevoir des Étoliens un secours de mille hommes d'élite qu'ils avaient préposés à la garde du gymnase. Pausanias essaya d'abord d'assiéger ce poste par bravade, persuadé que les Éliens n'oseraient faire aucune sortie, lorsque tout à coup les Étoliens, secondés d'un grand nombre de citoyens, se précipitèrent hors de la ville, mirent le désordre parmi les Lacédémoniens et leur tuèrent environ trente hommes. Pausanias leva alors le siége, et, voyant combien la prise de la ville serait difficile, il alla ravager le territoire sacré, où il fit un immense butin. Comme l'hiver approchait déjà, il fortifia les places de l'Élide dont il s'était rendu maître, y laissa de fortes garnisons, et alla, avec le reste de son armée, prendre ses quartiers d'hiver à Dyme.

XVIII. En Sicile, Denys, tyran des Syracusains, après avoir réussi à souhait à consolider son autorité, forma le projet de déclarer la guerre aux Carthaginois. N'étant pas encore suffisamment préparé à la guerre, il cacha son projet, tout en prenant les dispositions nécessaires pour en tenter l'exécution. Sachant que, dans la guerre attique, Syracuse avait pu être entourée

[1] Le Pénée en Élide.

d'un bras de mer à l'autre par un mur de circonvallation, il craignait que, dans un cas de revers, il ne fût privé de toute communication avec la campagne. Comme il voyait que les Épipoles étaient une position très-favorable pour attaquer la ville de Syracuse, il fit venir des architectes, sur l'opinion desquels il jugea nécessaire de fortifier les Épipoles par un mur qui subsiste encore aujourd'hui près des Hexapyles. Cette position située au nord de la ville, est toute garnie de rochers et inaccessible par les côtés extérieurs. Désirant hâter la construction de ce mur, Denys fit venir une multitude de gens de la campagne, parmi lesquels il choisit soixante mille ouvriers robustes, de condition libre, et leur distribua l'emplacement de l'enceinte. Pour chaque stade de terrain il établit un architecte, et pour chaque plèthre[1] un maître constructeur, ayant à son service deux cents ouvriers. Indépendamment de ceux-là, une multitude de bras étaient employés à tailler les pierres. Six mille couples de bœufs étaient employés sur l'emplacement désigné. L'activité de ces milliers de travailleurs, dont chacun s'empressait d'achever sa tâche, présentait un spectacle étonnant. Denys, pour stimuler leur zèle, promit de fortes récompenses à ceux qui achèveraient les premiers leur tâche; et ces promesses étaient faites aux architectes qui devaient recevoir le double, ainsi qu'aux maîtres constructeurs et aux ouvriers. Il assistait lui-même, avec ses amis, à ces travaux, pendant des journées entières, se montrant partout et faisant relever ceux qui étaient fatigués; bref, déposant la gravité du magistrat, il se montrait comme un simple particulier, et, présidant aux travaux les plus lourds, il supportait la même fatigue que les autres. Il fit ainsi naître une telle émulation que quelques ouvriers ajoutaient à leurs journées une partie de la nuit. Aussi l'enceinte fut-elle, contre toute attente, achevée dans l'espace de vingt jours. Elle avait trente stades[2] de longueur sur une hauteur proportionnée; elle était si solidement construite qu'elle passait pour imprenable. Elle était flan-

---

[1] Trente mètres.
[2] Plus de cinq mille cinq cent vingt mètres.

quée de tours élevées, très-rapprochées les unes des autres, et bâties en pierres de taille, de quatre pieds, soigneusement jointes entre elles.

XIX. L'année étant révolue, Exainète fut nommé archonte d'Athènes; à Rome, on revêtit de l'autorité consulaire six tribuns militaires, Publius Cornélius, Caeso Fabius, Spurius Nautius, Caïus Valérius, Manius Sergius et Junius Lucullus [1]. Cyrus, gouverneur des satrapies maritimes, avait déjà formé le projet d'entreprendre une expédition contre son frère Artaxerxès. Cyrus était un jeune homme plein d'ambition, et avait des dispositions réelles pour la carrière militaire. Il avait pris à sa solde un grand nombre de troupes étrangères et fait de bons préparatifs pour l'expédition projetée. Mais il cacha à son armée ses véritables desseins, en lui disant qu'il allait la conduire en Cilicie pour châtier les tyrans qui s'étaient insurgés contre l'autorité du roi. Il avait aussi dépêché des envoyés pour demander aux Lacédémoniens des troupes auxiliaires, en leur rappelant les services qu'il leur avait rendus dans la guerre contre les Athéniens. Les Lacédémoniens estimant cette guerre utile à leurs intérêts, consentirent à fournir les secours demandés, et firent sur-le-champ prévenir leur nauarque, nommé Samius, de se mettre aux ordres de Cyrus. Samius commandait vingt-cinq trirèmes avec lesquelles il se rendit à Éphèse pour se joindre au nauarque de Cyrus, et se tenir prêt à toute coopération. Les Lacédémoniens firent aussi partir huit cents hommes d'infanterie, sous les ordres de Cheirisophus. Tamos était à la tête de toutes les forces navales des Perses, composées de cinquante trirèmes parfaitement équipées. Après l'arrivée des Lacédémoniens, les flottes réunies se dirigèrent vers les côtes de la Cilicie. Cependant Cyrus avait enrôlé en Asie et pris à sa solde treize mille hommes, qu'il rassembla à Sardes. Il confia les gouvernements de la Lydie et de la Phrygie à des Perses : il donna le gouvernement de l'Ionie, de l'Éolie et des contrées limitrophes à Tamos, son fidèle ami, originaire de

---

[1] Quatrième année de la XCIV⁰ olympiade ; année 401 avant J.-C.

Memphis. Il se dirigea ensuite, à la tête de son armée, vers la Cilicie et la Pisidie, sous le prétexte d'y châtier quelques rebelles. Il avait en tout soixante-dix mille Asiatiques, dont trois mille cavaliers, et treize mille soldats mercenaires, tirés du Péloponnèse et d'autres pays de la Grèce. Les Péloponnésiens, à l'exception des Achéens, étaient commandés par Cléarque le Lacédémonien, les Béotiens par Proxenus le Thébain, les Achéens par Socrate l'Achéen, les Thessaliens par Ménon de Larisse ; les divers corps de Barbares étaient sous les ordres de généraux perses. Cyrus s'était réservé le commandement en chef. Il communiqua aux généraux le projet d'une expédition contre son frère, mais il le cacha aux troupes, craignant de les voir reculer devant la gravité de cette entreprise. Pour parer à tout événement, il comblait ses soldats de soins pendant la route, se familiarisait avec eux, et pourvoyait abondamment à tous leurs besoins [1].

XX. Cyrus traversa la Lydie, la Phrygie, les contrées limitrophes de la Cilicie, et atteignit le défilé des portes ciliciennes. Ce défilé est très-étroit, formé par des précipices et a une étendue de vingt stades des deux côtés [2]. Il est environné de montagnes très-élevées et presque inaccessibles. De chaque côté de ces montagnes descend un mur jusqu'au milieu de la route où sont construites les portes qui la ferment. Après avoir dépassé ce défilé, Cyrus entra avec son armée dans une plaine aussi belle qu'aucune autre de l'Asie. De là il se rendit à Tarse, la plus grande des villes de la Cilicie, et s'en empara promptement. Syennesis, chef de la Cilicie, fut très-embarrassé à la nouvelle des forces nombreuses de l'ennemi, car il ne se trouvait pas assez fort pour s'opposer à leur marche. Cyrus le fit venir, après lui avoir donné un sauf-conduit. Syennesis ayant appris la vérité sur cette expédition, consentit à prendre les armes contre Artaxerxès, appela auprès de lui un de ses fils et le fit partir avec

---

[1] Le récit abrégé que Diodore fait de l'expédition de Cyrus s'accorde assez bien avec l'*Anabasis* de Xénophon.

[2] Plus de trois mille six cents mètres.

Cyrus à la tête d'une forte troupe de Ciliciens. Mais, en homme prudent, et se mettant en garde contre l'inconstance de la fortune, il dépêcha secrètement son autre fils près du roi, pour l'informer des forces nombreuses qui marchaient contre lui. Ce messager devait, en même temps, annoncer au roi que si Syennesis avait fourni à Cyrus une troupe auxiliaire, c'est que, d'un côté, il y avait été contraint, mais que, d'un autre côté, il avait ainsi agi par affection pour Artaxerxès, s'étant proposé d'abandonner à propos le parti de Cyrus, pour se joindre à l'armée du roi. Cyrus laissa son armée se reposer à Tarse pendant vingt jours. Lorsqu'il se remit en route, les troupes commencèrent à soupçonner que l'expédition était dirigée contre Artaxerxès. Chacun se mit à calculer la longueur du chemin et le nombre des peuples ennemis qu'il aurait à combattre pour se frayer une route. Enfin, l'armée était pleine d'anxiété. Le bruit s'était répandu qu'il fallait marcher quatre mois pour arriver jusqu'à Bactres, et que le roi avait rassemblé une armée de plus de quatre cent mille hommes. Les soldats étaient tout à la fois inquiets et indignés : ils voulaient tuer leurs chefs comme des perfides qui les avaient trahis. Cependant, Cyrus adressa à tous de vives instances et leur assura que l'expédition était dirigée, non pas contre Artaxerxès, mais contre un satrape de la Syrie. Les soldats se laissèrent persuader, et, ayant reçu une augmentation de solde, ils revinrent à leurs bonnes dispositions.

XXI. Après avoir traversé la Cilicie, Cyrus arriva à Issus, ville située sur les bords de la mer et la dernière de la Cilicie. Au même moment y entra la flotte lacédémonienne ; elle débarqua ses troupes et amena à Cyrus, comme un témoignage de la bienveillance des Spartiates, les huit cents hommes d'infanterie qui étaient commandés par Cheirisophus. Les Lacédémoniens lui remirent ces troupes comme si elles lui avaient été envoyées par de simples particuliers, amis de Cyrus; cependant, en réalité, tout avait été fait avec l'approbation des éphores. Les Lacédémoniens ne voulaient pas faire la guerre ouvertement à Artaxerxès; ils cachaient leurs desseins en attendant l'issue de la lutte.

Cyrus se mit en route avec toute son armée; il passa par la Syrie et ordonna aux nauarques de longer les côtes. Parvenu aux portes de la Syrie, il se réjouit de trouver ce poste sans défenseurs, car il était bien inquiet de le voir occupé d'avance. C'est un défilé étroit et escarpé, de manière à pouvoir être aisément défendu par une poignée de soldats. Il est encaissé entre deux montagnes très-rapprochées; l'une est presque taillée à pic et remplie de précipices; l'autre sert de point de départ au seul chemin qui soit praticable dans ces lieux; elle s'appelle le Liban[1] et s'étend jusqu'à la Phénicie. L'espace compris entre ces montagnes est de trois stades, complètement fortifié par un mur et fermé, dans sa partie la plus étroite, par des portes que Cyrus franchit sans encombre, pendant qu'il ordonna à la flotte de retourner à Éphèse. En effet, la flotte lui devenait inutile, puisqu'il devait continuer sa route dans l'intérieur du pays. Après vingt jours de marche, il atteignit la ville de Thapsacus, située sur les rives de l'Euphrate. Il s'y arrêta cinq jours, et, s'étant attaché l'armée par les abondantes provisions qu'il lui avait fournies et par le butin qu'il lui avait laissé faire, il convoqua une assemblée générale et découvrit aux troupes réunies le but réel de son expédition. Comme le discours fut mal accueilli par les soldats, Cyrus les supplia tous de ne point l'abandonner; en même temps il promit de les combler de présents, ajoutant qu'arrivé à Babylone il donnerait à chaque homme cinq mines d'argent[2]. Exaltés par l'espoir de ces récompenses, les soldats se laissèrent persuader à le suivre. Cyrus passa l'Euphrate avec son armée, et parvint, par des marches forcées, aux frontières de la Babylonie où il fit reposer ses troupes.

XXII. Le roi Artaxerxès, déjà instruit précédemment par

---

[1] Cette montagne est sans doute une ramification éloignée du Liban proprement dit.

[2] Quatre cent cinquante-huit francs.

Pharnabaze de l'expédition que Cyrus préparait en secret contre lui, avait, à la nouvelle de l'approche de l'ennemi, concentré toutes ses forces à Ecbatane en Médie. Comme les Indiens et les autres nations étaient, vu la distance des lieux, en retard pour l'envoi de leurs contingents, le roi, avec l'armée déjà réunie, se porta à la rencontre de Cyrus. Toute cette armée s'élevait, au rapport d'Euphore, à quatre cent mille hommes, y compris la cavalerie. Arrivé dans la plaine babylonienne, le roi établit son camp sur les rives de l'Euphrate, ayant l'intention d'y laisser son bagage; car il savait que l'ennemi n'était pas loin et il jugeait de son audace par la témérité de son entreprise. Il creusa donc un fossé de soixante pieds de largeur sur dix de profondeur, et l'entoura comme d'un mur, par tous les chariots rangés en cercle, qui avaient suivi l'armée. Il laissa dans ce camp ainsi retranché, tout son bagage avec la foule inutile et y établit une garnison suffisante. Quant à lui, il se mit à la tête de ses troupes, libres de toutes entraves, et alla au-devant des ennemis qui étaient proches. Dès que Cyrus vit l'armée du roi se porter en avant, il rangea aussitôt la sienne en bataille. L'aile droite, s'appuyant à l'Euphrate, était formée par l'infanterie lacédémonienne et quelques corps mercenaires, sous le commandement de Cléarque le Lacédémonien, qui était soutenu par la cavalerie paphlagonienne, au nombre de mille chevaux. L'aile gauche était occupée par les troupes tirées de la Phrygie et de la Lydie, et par un détachement de mille cavaliers sous les ordres d'Aridée[1]. Le centre de l'armée était commandé par Cyrus lui-même. Cette phalange était formée des plus braves des Perses et d'autres Barbares, au nombre d'environ dix mille. Elle était précédée d'un corps de mille cavaliers, magnifiquement équipés, portant des cuirasses et des épées grecques. Artaxerxès avait placé sur le front de son armée un grand nombre de chars armés de faux. Il avait confié le commandement des ailes à des chefs perses, et s'était lui-même réservé le centre, composé d'au moins cinquante mille hommes d'élite.

---

[1] Xénophon appelle partout ce chef Ariée, Ἀριαῖος.

XXIII. Lorsque les deux armées n'étaient plus éloignées l'une de l'autre que de trois stades[1], les Grecs entonnèrent le péan et s'avancèrent d'abord doucement. Mais, arrivés à portée de trait, ils pressèrent le pas. C'était là l'ordre donné par Cléarque le Lacédémonien. En effet, en s'abstenant de parcourir rapidement un long intervalle, les soldats se réservaient frais et dispos au combat; et en accélérant, au contraire, le pas, en présence des ennemis, ils se dérobaient aux coups des projectiles qui devaient voler au-dessus de leurs têtes. Dès que l'armée de Cyrus fut en présence de celle du roi, elle fut reçue par une immense quantité de flèches, comme devait en lancer une armée de quatre cent mille hommes. Mais le combat à distance ne dura pas longtemps; les soldats en vinrent bientôt aux mains. Dès le commencement de la mêlée, les Lacédémoniens et les autres mercenaires étonnèrent les Barbares par la splendeur de leurs armes et la prestesse de leurs mouvements. Car les Barbares étaient couverts d'armures de petite dimension; presque tous leurs rangs étaient armés à la légère et, de plus, ils étaient sans aucune expérience de la guerre; tandis que les Grecs avaient passé leur vie dans les combats, et avaient acquis une grande supériorité dans l'art militaire pendant la longue guerre du Péloponnèse. Aussi firent-ils promptement lâcher le terrain aux rangs qui leur étaient opposés et tuèrent un grand nombre de Barbares. Le hasard avait placé au centre de leurs armées les deux adversaires qui se disputaient la couronne. A cette vue, ils fondirent l'un sur l'autre, jaloux de décider par eux-mêmes le sort de la bataille. La fortune semblait avoir ainsi réduit la lutte entre deux frères à un combat singulier, comparable à celui d'Étéocle et de Polynice, chanté par les poëtes tragiques. Cyrus fut le premier à lancer son javelot à distance et atteignit le roi qui tomba à terre. Les soldats qui l'entouraient le relevèrent aussitôt et l'entraînèrent hors du combat. Tissapherne, Perse d'origine, succédant au roi dans le commandement, exhorta les troupes et combattit lui-même bril-

[1] Environ cinq cent cinquante mètres.

lamment. Il répara l'échec amené par la chute du roi et, se montrant partout à la tête d'un corps d'élite, il porta la mort dans les rangs de l'ennemi : sa valeur le faisait reconnaître au loin. Cyrus, fier de l'avantage qu'il venait de remporter, se précipita au milieu de la mêlée et, abusant de son audace, il tua de sa propre main un grand nombre d'ennemis. Il continuait à s'exposer ainsi de plus en plus, lorsqu'il tomba frappé mortellement par un soldat perse inconnu [1]. Sa mort ranima le courage des troupes du roi qui, par leur nombre et leur ardeur guerrière, parvinrent enfin à culbuter l'ennemi.

XXIV. Aridée, satrape de Cyrus, commandant l'aile gauche de l'armée, soutint d'abord intrépidement le choc des Barbares. Cependant, menacé d'être enveloppé par la phalange ennemie qui s'étendait considérablement, et apprenant la mort de Cyrus, il se réfugia avec ses soldats dans un des quartiers où il pouvait trouver un asile. Cléarque, à la vue de la déroute du centre et des autres corps auxiliaires, s'abstint de poursuivre les ennemis et, appelant à lui les soldats, il leur fit faire halte ; car il craignait que les Grecs, attaqués par toute l'armée des Perses, ne fussent enveloppés de toutes parts et complètement exterminés. Les soldats victorieux du roi se mirent d'abord à piller les bagages de Cyrus ; et ce ne fut qu'à l'approche de la nuit qu'ils se rallièrent pour tomber sur les Grecs. Ceux-ci reçurent l'attaque vaillamment. Les Barbares lâchèrent bientôt le terrain, vaincus et mis en déroute par le courage et l'agilité des Grecs. Les soldats de Cléarque tuèrent un grand nombre de Barbares ; la nuit étant déjà close, ils élevèrent un trophée et se retirèrent dans leur camp vers l'heure de la seconde garde.

Telle fut l'issue de cette bataille, dans laquelle le roi perdit plus de quinze mille hommes ; la majeure partie avait été tuée par les Lacédémoniens de Cléarque et les troupes mercenaires. L'aile gauche de l'armée de Cyrus compta environ trois mille morts. Quant aux Grecs, on rapporte qu'ils ne perdirent pas

---

[1] Diodore a probablement suivi ici l'opinion de Ctésias. D'après d'autres historiens, Cyrus a été tué de la main même d'Artaxerxès.

un seul homme, et qu'un petit nombre seulement fut blessé. Dès que la nuit fut passée, Aridée qui s'était réfugié dans ses quartiers, envoya des messagers à Cléarque pour l'inviter à se joindre à lui dans une retraite commune vers les bords de la mer. Car la mort de Cyrus et les troupes nombreuses du roi inspirèrent les plus vives alarmes à ceux qui avaient osé prendre les armes pour renverser le trône d'Artaxerxès.

XXV. Cléarque convoqua les généraux et les chefs de corps pour délibérer sur les conjonctures actuelles. Ils étaient encore à se consulter, lorsque arriva, de la part du roi, une députation dont le chef était un Grec, nommé Phalinus, natif de Zacynthe. Introduits dans l'assemblée, les envoyés s'exprimèrent ainsi : « Le roi Artaxerxès vous fait dire : Puisque j'ai vaincu et tué Cyrus, rendez les armes. Venez vous asseoir aux portes de mon palais, et cherchez, par votre soumission, à recueillir quelque bienfait. » A ces paroles chacun des généraux grecs répondit comme Léonidas, lorsque, gardant le passage des Thermopyles, il fut sommé par Xerxès de mettre bas les armes : « Si nous sommes devenus les amis du roi, disait Léonidas aux envoyés de Xerxès, nous serons, en conservant nos armes, des auxiliaires plus utiles; si, au contraire, nous sommes forcés d'être ses ennemis, nous pourrons mieux le combattre avec les armes[1]. » Cléarque fit une réponse semblable. Proxène le Thébain s'exprima ainsi : « Maintenant nous avons à peu près tout perdu ; il ne nous reste plus que notre courage et nos armes. Nous croyons donc que si nous conservons nos armes, le courage pourra nous servir ; mais que si nous les livrons, notre courage nous sera inutile. Allez dire au roi que s'il songe à nous faire du mal, nous combattrons pour notre salut commun, les armes à la main. » On rapporte aussi que Sophilus, l'un des chefs de corps, adressa aux envoyés d'Artaxerxès ces mots : « Les paroles du roi me surprennent. S'il s'estime supérieur aux Grecs, qu'il vienne avec son armée nous enlever nos armes; s'il veut employer les moyens de persuasion, qu'il nous dise quelle grâce

---

[1] Voyez plus haut, XI, 5.

il nous accordera pour prix de ce sacrifice. » Enfin Socrate l'Achéen tint le discours suivant : « Le roi se conduit envers nous d'une façon fort étrange. Ce qu'il veut nous prendre, il nous le demande sur-le-champ; et ce qu'il doit nous donner en échange, il ordonne de le lui demander en suppliants. Enfin, si c'est par ignorance qu'il commande à des hommes victorieux comme à des gens vaincus, qu'il s'avance avec ses nombreuses troupes; il apprendra de quel côté est la victoire. Si, au contraire, il sait parfaitement que nous avons vaincu, et qu'il nous trompe par un mensonge, comment pourrions-nous dans la suite ajouter foi à ses paroles? » Les messagers partirent avec ces diverses réponses. Cléarque se retira dans le quartier où s'était déjà réfugiée l'armée. Là, on délibéra sur le plan de retraite et sur la route pour gagner ensemble les bords de la mer. Il fut convenu que l'on ne suivrait pas le même chemin par lequel on était venu. Car le pays qu'on avait traversé était en grande partie désert, et les troupes, sans cesse harcelées par les ennemis, auraient manqué de vivres. Il fut donc décidé que l'on passerait par la Paphlagonie. Aussitôt les troupes prirent le chemin de la Paphlagonie, s'avançant à petites journées, pour avoir le temps de se munir de provisions.

XXVI. Dès que le roi, qui était à peu près remis de sa blessure, apprit le départ des ennemis, il se mit à leurs trousses à la tête de son armée, croyant avoir affaire à des fuyards. Il les atteignit bientôt, car ils marchaient lentement; et comme il faisait déjà nuit, il établit son camp tout près de celui de ses ennemis. A la pointe du jour, les Grecs se rangèrent en bataille. Le roi leur envoya des parlementaires et conclut d'abord une trêve de trois jours; il y fut stipulé que le roi s'engageait à faire cesser les hostilités dans le pays [que les Grecs allaient traverser], à leur donner des guides qui devaient les conduire jusqu'à la mer, et à leur ouvrir, dans leur retraite, des marchés de vivres. De leur côté, les mercenaires de Cléarque et toutes les troupes d'Aridée s'engageaient à ne causer aucun dommage dans les contrées qu'ils devaient parcourir. Après la conclusion de ce traité, les Grecs continuèrent leur marche, et le roi ramena son armée à Babylone. Là, il récompensa, chacun selon son mérite, ceux qui s'étaient distingués dans la bataille, et proclama Tissapherne le plus brave de tous. Il le combla de présents, lui donna sa fille en mariage, et eut en lui, pendant le reste de sa vie, le plus fidèle de ses amis. Il lui confia aussi le gouvernement des satrapies maritimes qui avaient été sous les ordres de Cyrus. Comme Tissapherne voyait le roi fort irrité contre les Grecs, il lui promit de les faire tous massacrer, s'il voulait mettre à sa disposition des corps d'armée, et pardonner à Aridée, qui devait lui livrer les Grecs pendant leur retraite. Le roi accueillit avec joie cette proposition, et permit à Tissapherne de choisir dans toute l'armée les plus braves. [Tissapherne partit à la tête de ce corps, et, après plusieurs journées de marche, il vint établir son camp dans le voisinage de celui des Grecs. De là, il envoya des députés chargés d'inviter Cléarque et]¹ les autres chefs à venir parler avec lui. Cléarque, presque tous les généraux et une vingtaine de capitaines² se rendirent auprès de Tissapherne; ils étaient accompagnés d'environ deux cents hommes qui avaient l'intention d'acheter des vivres. Tissapherne appela les généraux dans sa tente; les simples capitaines restèrent à l'entrée. Peu d'instants après, il s'éleva un drapeau rouge sur la tente de Tissapherne; c'était le signal pour arrêter les généraux qui étaient dans l'intérieur, en même temps que les capitaines furent égorgés par ceux qui en avaient reçu l'ordre. D'autres tuèrent les soldats qui venaient pour acheter des vivres. Un seul s'échappa et vint annoncer dans le camp des Grecs ce triste événement.

XXVII. A cette nouvelle, les soldats, frappés d'abord d'épou-

---

¹ Les mots renfermés entre deux crochets manquent dans le texte grec qui est ici tronqué. Je propose de le rétablir par l'intercalation suivante : Ὁ δὲ Τισσαφέρνης ὥρμησε μετὰ τῆς δυνάμεως, καὶ ὁδοιπορήσας ἡμέρας πλείους, τὴν στρατοπεδείαν ποιήσατο ἐγγὺς τοῦ στρατοπέδου τῶν Ἑλλήνων· ἐκεῖθεν πέμψας ἀγγέλους Κλεάρχῳ καὶ ἄλλοις...

² Le texte porte ὡς εἰκός, au lieu de ὡς εἴκοσι qui se trouve dans Xénophon (Anabasis, II) : πέντε μὲν στρατηγούς, εἴκοσι δὲ λοχαγούς.

vante, coururent tous, dans le plus grand désordre, aux armes, et n'obéirent plus à aucun commandement. Mais, voyant ensuite qu'on ne venait point fondre sur eux, ils élurent plusieurs nouveaux généraux et donnèrent le commandement en chef à Cheirisophus le Lacédémonien. Ce fut sous les ordres de ces chefs que l'armée se mit en marche, et se dirigea, sur la route la plus frayée, vers la Paphlagonie. Quant à Tissapherne, il chargea de chaînes les généraux grecs et les envoya à Artaxerxès. Celui-ci les fit tous mettre à mort, à l'exception de Ménon, qu'il relâcha, parce que ce général, s'étant brouillé avec ses camarades, paraissait avoir eu l'intention de trahir les Grecs. Tissapherne, à la tête de ses troupes, se mit à la poursuite des Grecs; mais il n'osa pas les attaquer de front, redoutant le courage d'hommes réduits au désespoir. Il se bornait à les harceler en occupant les postes les plus favorables, mais il ne pouvait pas leur faire beaucoup de mal; il les poursuivit ainsi jusque chez les Carduques. Dans l'impossibilité de rien exécuter d'important, il se dirigea avec son armée vers l'Ionie. Les Grecs mirent sept jours à franchir les montagnes des Carduques, ayant beaucoup à souffrir de la part des indigènes, hommes robustes et connaissant parfaitement le pays. Ces montagnards étaient ennemis du roi, indépendants, exercés à la guerre, très-habiles à lancer avec leurs frondes d'énormes pierres, et à manier des arcs immenses. Échelonnés sur les hauteurs, ils lancèrent de là leurs projectiles sur les Grecs, en tuèrent beaucoup et en maltraitèrent un grand nombre. Leurs flèches avaient plus de deux coudées de long; elles pénétraient à travers les boucliers et les cuirasses, au point qu'il était impossible de s'en garantir. On raconte même que ces flèches étaient si longues, que les Grecs s'en servaient en guise de sarnies, après les avoir fixées à des courroies. Enfin, après une marche pénible à travers cette contrée, les Grecs arrivèrent sur les bords du fleuve Centrite[1]; ils le passèrent et entrèrent dans l'Arménie. Tiribaze était satrape de cette province. Les Grecs

---

[1] Le Centrite séparait, suivant Xénophon, l'Arménie du pays des Carduques.

conclurent avec lui un traité de paix et traversèrent le pays comme amis.

XXVIII. En traversant les montagnes de l'Arménie, ils rencontrèrent beaucoup de neige et faillirent tous périr. L'air étant agité, la neige tomba d'abord peu abondante et ne mit point d'obstacle à la continuation de la marche ; mais bientôt le vent souffla plus violemment, et comme la neige tomba en grande quantité, elle couvrit tout le sol et ne permit plus de distinguer les routes ni la situation des lieux. Le découragement et la peur s'emparèrent alors de tous les soldats, qui, de crainte de périr, ne voulaient point revenir sur leurs pas, et ne pouvaient plus avancer en raison de l'épaisseur de la neige. Cependant, l'hiver se faisait de plus en plus sentir : les vents impétueux étaient accompagnés d'une grêle abondante, qui frappa directement dans la figure et obligea l'armée entière de faire halte. Dans l'impossibilité de résister aux fatigues de la marche, chacun dut s'arrêter où le hasard l'avait placé. Manquant des choses les plus nécessaires à la vie, les Grecs passèrent toute cette journée et la nuit en plein air, exposés à beaucoup de maux. La neige, qui n'avait pas cessé de tomber, couvrait toutes les armes, et le froid, devenu très-intense par un temps serein, avait engourdi les corps. En proie à cet excès de maux, ils veillaient durant toute la nuit ; les uns allumaient des feux pour en tirer quelque soulagement ; les autres, saisis par le froid et ayant presque tous les membres gelés, désespéraient de tout salut. Aussi, à la pointe du jour, la plupart des bêtes de somme étaient crevées ; beaucoup d'hommes étaient morts sur place, et un grand nombre de ceux qui avaient encore conservé leurs facultés mentales, ne pouvaient remuer leurs corps engourdis par le froid. Quelques-uns avaient perdu la vue par le froid et l'éclat de la neige[1]. Enfin, l'armée entière aurait péri, si elle n'eût pas bientôt rencontré des villages remplis de vivres. Dans

---

[1] Les cas de cécité, produits par l'éclat de la neige, sont très-fréquents. Le genre de cécité ainsi produit consiste dans l'amaurose ou dans la paralysie de la rétine par suite d'une réflexion trop vive des rayons lumineux.

ces villages, le bétail était gardé dans des souterrains où on le faisait descendre; les hommes entraient dans les maisons par des échelles. Les bêtes de somme étaient nourries avec du foin, et les soldats y trouvaient en abondance toutes les provisions nécessaires à la vie.

XXIX. Après s'être arrêtés huit jours dans ces villages, les Grecs continuèrent leur route en se dirigeant vers le fleuve Phasis. Là, ils séjournèrent quatre jours, et traversèrent ensuite le pays des Chaoniens et des Phasianiens. Attaqués par les indigènes, ils les défirent dans un combat et en tuèrent un grand nombre. Ils occupèrent les habitations de ces indigènes, pleines de richesses, et s'y arrêtèrent quinze jours. De là, ils se dirigèrent vers le pays des Chalybes[1], qu'ils traversèrent en sept jours, et atteignirent les bords du fleuve appelé Harpagus[2], large de quatre plèthres[3]. De là, passant par une plaine, ils entrèrent sur le territoire des Scutines, où ils se reposèrent pendant trois jours, au sein de l'abondance. En quittant ce pays ils atteignirent, après quatre jours de marche, une grande ville appelée Gymnasia. Le chef de cette contrée fit un traité avec les Grecs et leur donna des guides qui devaient les conduire jusqu'à la mer. En quinze jours de route, ils atteignirent le mont Chénium. Dès que les soldats de l'avant-garde eurent aperçu la mer, ils témoignèrent leur joie en poussant de telles clameurs, que ceux qui étaient à l'arrière-garde coururent aux armes, croyant être attaqués par les ennemis. Mais lorsqu'ils furent tous parvenus dans le lieu d'où ils pouvaient découvrir la mer, ils rendirent grâce aux dieux en élevant leurs mains, et s'estimèrent déjà sauvés; puis, entassant des pierres en un monceau, ils en construisirent des colonnes élevées, auxquelles ils suspendirent les dépouilles enlevées aux Barbares, afin de laisser après eux un monument immortel de leur expédition. Enfin, ils firent présent d'une coupe d'argent et d'un vêtement

[1] Le texte porte inexactement *Chalcidiens*. Xénophon parle ici du pays des Chalybes.
[2] Ce fleuve était sans doute l'*Apsarus* d'Arrien ou l'*Apsorus* de Ptolémée.
[3] Plus de cent vingt mètres.

persique au guide, qui se sépara d'eux, après leur avoir montré le chemin qui conduit chez les Macrons. Arrivés dans le pays des Macrons, les Grecs firent avec ce peuple un traité de paix; en signe de garantie, ils reçurent une lance fabriquée à la manière des Barbares, tandis qu'ils donnèrent en retour une lance grecque. C'était là, disaient les Barbares, l'usage de leurs ancêtres, lorsqu'ils voulaient donner à la foi jurée la plus forte garantie. Ayant franchi les limites du pays des Macrons, ils entrèrent dans la région des Colchidiens. Assaillis par les indigènes qui s'étaient attroupés, ils les défirent dans un combat et leur tuèrent beaucoup de monde. Ils s'emparèrent ensuite d'une position retranchée d'où ils portèrent la dévastation dans les campagnes voisines. Après avoir ainsi amassé des dépouilles, ils se reposèrent au sein de l'abondance.

XXX. Les Grecs trouvèrent dans cette région de nombreux essaims d'abeilles qui avaient formé de belles ruches. Tous ceux qui avaient goûté du miel de ces abeilles, furent atteints de symptômes étranges. Les uns devinrent maniaques, tombaient à terre et étaient semblables à des morts. Séduits par la douceur de cet aliment, beaucoup de soldats en mangèrent, et, en peu de temps, le sol fut jonché d'hommes comme après la perte d'une bataille. Ce jour-là, toute l'armée était découragée par cet étrange accident, et consternée à la vue de tant de malheureux. Le lendemain, à la même heure [où l'accident était arrivé], tous furent rétablis, et ayant bientôt repris leurs sens, ils se levèrent et se sentirent comme des hommes qui ont fait usage d'une préparation pharmaceutique[1]. Ainsi rétablis, ils se mirent en route et parvinrent, dans trois jours, à Trapézonte, ville grecque, colonie de Sinope, située dans la Colchide. Les Grecs y

---

[1] Ce miel est appelé par Dioscoride μέλι μαινόμενον, c'est-à-dire du miel qui produit la folie (Dioscoride II, 103); Pline (H. N., XXI, 17); Strabon, XII, p. 826, édit. Casaub.; Élien (*Hist. Anim.*, V, 12) et Procope (*Bell. Goth*, IV, 2) en parlent également. Ce miel devait ses qualités toxiques aux fleurs de certaines plantes vénéneuses (plusieurs espèces d'*Azalea*, de *Rhododendron*, de *Solanum*) sur lesquelles les abeilles s'étaient posées. Voyez mon *Histoire de la Chimie*, tom. I, p. 189.

séjournèrent trente jours, et reçurent chez les indigènes une brillante hospitalité. Ils y célébrèrent un sacrifice et des jeux gymniques en honneur d'Hercule et de Jupiter Sauveur, dans le même endroit où, selon la tradition, abordèrent le navire Argo et les compagnons de Jason. Cheirisophus, le commandant des troupes, fut ensuite dépêché à Byzance pour ramener des bâtiments et des trirèmes. Il passait pour l'ami d'Anaxibius, nauarque byzantin. Cheirisophus partit donc sur une *céloce*[1]. [Pendant l'absence de leur chef], les Grecs obtinrent des Trapézontins deux navires légers, et firent des excursions sur mer et sur terre pour piller les Barbares du voisinage. Ils attendirent ainsi pendant trente jours le retour de Cheirisophus; mais comme celui-ci tardait à revenir et que les provisions commençaient à manquer, ils partirent de Trapézonte, et arrivèrent, après trois jours de marche, à Césaronte, ville grecque, colonie des Sinopéens. Ils s'y arrêtèrent quelques jours et se rendirent de là chez les Mosynœques. Assaillis par ces Barbares, ils les vainquirent dans un combat et en tuèrent un grand nombre. Les fuyards se retirèrent dans un village où ils habitaient des tours de bois de sept étages. Les Grecs les y poursuivirent, et s'en emparèrent après des assauts non interrompus. Ce village était le chef-lieu de toutes les autres forteresses; c'était la résidence du roi qui y habite le point plus élevé[2]. Suivant une coutume antique, le roi occupe ce séjour pendant toute sa vie, et donne de là des ordres à ses peuples. Selon le rapport des soldats, cette nation était la plus barbare de celles qu'ils avaient vues; les hommes approchent des femmes à la vue de tout le monde. Les enfants des plus riches habitants sont nourris avec des châtaignes cuites. Ils ont tous, dès leur enfance, le dos et la poitrine tatoués. Les Grecs traversèrent toute cette contrée dans l'espace de huit jours. Ils se rendirent en trois jours de marche dans le pays limitrophe, nommé la Tibarène.

[1] Κέλης, bâtiment léger.
[2] Mela (I, 19) s'exprime ainsi sur les Mosynœques : *Reges suffragio deligunt, vinculisque et arctissima custodia tenent; atque ubi culpam prave quid imperando meruere, inedia totius diei afficiunt.*

XXXI. En quittant cette région, ils parvinrent à Cotyore, ville grecque, colonie des Sinopéens. Là, ils demeurèrent cinquante jours occupés à marauder dans les environs de la Paphlagonie, et chez les autres Barbares. Les Héracléotes et les Sinopéens leur envoyèrent des bâtiments, sur lesquels les Grecs s'embarquèrent avec leur bagage. Sinope, colonie des Milésiens, située dans la Paphlagonie, était alors la ville la plus importante de ces régions. Et même de nos jours, Mithridate, qui a combattu les Romains, y avait établi sa principale résidence. Là, les Grecs furent rejoints par Cheirisophus qui avait échoué dans la mission d'emprunter des trirèmes aux Byzantins. Les Sinopéens accueillirent les Grecs très-hospitalièrement, et les firent transporter par mer jusqu'à Héraclée, colonie des Mégariens. La flotte mouilla en vue de la presque île d'Achéruse où, selon la tradition, Hercule amena Cerbère tiré des enfers. De là, les Grecs continuèrent leur marche à pied à travers la Bithynie, où ils furent fort maltraités par les indigènes qui les harcelaient sur la route. Enfin, de dix mille hommes, il n'y en eut que trois mille huit cents [1] qui parvinrent avec peine à Chrysopolis en Chalcédoine. De là, plusieurs se rendirent aisément dans leur patrie; les autres se rassemblèrent dans la Chersonèse et allèrent ravager une ville située dans le voisinage des Thraces. Telle fut l'issue de l'expédition de Cyrus contre Artaxerxès.

XXXII. Les trente tyrans qui exerçaient le pouvoir souverain dans Athènes, continuaient à condamner journellement les citoyens, les uns à l'exil, les autres à la mort. Les Thébains, indignés de ces cruautés, accueillirent les exilés avec empressement. Enfin, Thrasybule, surnommé le Tyrien, d'origine athénienne et banni par les trente, parvint, avec l'appui secret des Thébains, à s'emparer d'un endroit de l'Attique que l'on nomme Phylé. C'était une place très-forte, éloignée de cent stades d'Athènes [2], et bien située pour envahir de là l'Attique.

---

[1] Les débris de l'armée grecque étaient plus considérables; il y avait encore huit mille six cents hommes à Cérasonte, suivant Xénophon qui commandait lui-même l'arrière-garde.

[2] Près de dix-huit kilomètres et demi.

Dès que les trente tyrans en furent instruits, ils envoyèrent d'abord des troupes pour investir cette place. Pendant que ces troupes étaient campées dans le voisinage de Phylé, il tomba beaucoup de neige; comme quelques soldats étaient occupés à transporter leurs tentes ailleurs, tous les autres s'imaginèrent que leurs camarades fuyaient à l'approche des forces de l'ennemi, ce qui produisit une terrreur panique dans l'armée, et le camp fut changé de place. Les trente voyant que les citoyens d'Athènes, exclus de la classe privilégiée des trois mille [1], conspiraient le renversement de la tyrannie, les obligèrent de transporter leurs demeures dans le Pirée, et firent occuper la ville par des troupes étrangères. Ils mirent à mort tous les habitants d'Éleusis et de Salamine, accusés de favoriser les projets des exilés. Sur ces entrefaites un grand nombre de bannis affluaient au camp de Thrasybule. [Dès que les trente en furent informés, ils envoyèrent auprès de Thrasybule des députés][2], en apparence pour traiter de l'échange des prisonniers, mais en réalité pour lui conseiller secrètement de disperser le rassemblement des exilés, et l'engager à partager avec eux le gouvernement, en remplacement de Théramène; ajoutant qu'ils lui accordaient la permission de choisir, à son gré, dix réfugiés, et de les reconduire avec lui dans leur patrie. Thrasybule répondit qu'il préférait son exil au pouvoir des trente, et qu'il ne cesserait les hostilités que lorsque tous les citoyens rentreraient dans leurs foyers et que le peuple aurait recouvré son ancienne constitution. Les trente voyant beaucoup de monde se détacher d'eux par la haine qu'ils inspiraient, pendant que le rassemblement des bannis s'accroissait de plus en plus, envoyèrent des députés à Sparte pour demander des secours. Les Lacédémoniens firent partir toutes les troupes qu'ils purent réunir. Celles-ci vinrent camper, en rase campagne, près du bourg des Acharnes.

---

[1] C'est parmi ces trois mille citoyens qu'étaient choisis ceux qui remplissaient des fonctions publiques. Voyez Xénophon, *Hellenica*, liv. II.

[2] Il y a ici dans le texte une lacune que j'ai remplie par les mots renfermés entre deux crochets.

XXXIII. Thrasybule laissa dans la place une garnison suffisante, s'avança avec les exilés au nombre de douze cents, et vint ainsi à l'improviste attaquer nuitamment le camp des ennemis ; il en tua un grand nombre, et répandit la terreur parmi le reste de l'armée qu'il refoula dans Athènes. Après ce combat, Thrasybule se porta sur le Pirée et s'empara de Munychie, hauteur fortifiée et laissée sans défense. De leur côté, les tyrans firent descendre toute leur armée dans le Pirée, et attaquèrent Munychie, sous le commandement de Critias. Le combat dura longtemps : les tyrans étaient supérieurs en forces, mais les exilés avaient l'avantage d'occuper une position très-forte. Enfin, Critias tomba[1] ; sa mort consterna les soldats des trente qui se retirèrent alors dans la plaine où les exilés n'osaient pas les suivre. Mais comme le nombre de ceux qui vinrent se joindre aux exilés grossissait, Thrasybule tomba soudain sur les ennemis, les défit en bataille rangée et se rendit maître du Pirée. Aussitôt une multitude de citoyens, impatients de secouer le joug de la tyrannie, se précipitèrent dans le Pirée. Dès que les autres bannis, disséminés dans les différentes villes de la Grèce, apprirent ce succès de Thrasybule, ils vinrent tous au Pirée. Les exilés, dont les forces étaient devenues ainsi de beaucoup supérieures à celles des trente, tentèrent le siége de la ville. Cependant les citoyens restés dans Athènes déposèrent les trente, les expulsèrent de la ville, et revêtirent dix hommes de l'autorité souveraine, espérant ainsi pouvoir terminer la guerre à l'amiable. Mais à peine installés, ces dix magistrats, peu soucieux des intérêts de l'État, se proclamèrent eux-mêmes tyrans, et firent venir de Lacédémone quarante navires et une troupe de mille soldats sous les ordres de Lysandre. Mais Pausanias, roi des Lacédémoniens, jaloux de Lysandre, et voyant aussi que Sparte se déshonorait par sa conduite aux yeux des Grecs, se mit en campagne avec une forte armée, se rendit à Athènes et y réconcilia les exilés avec les citoyens qui étaient restés dans la ville.

---

[1] Hippomaque, collègue de Critias, trouva également la mort en cette occasion.

C'est ainsi que les Athéniens furent réintégrés dans leur patrie et purent se gouverner par leurs propres lois[1]. Ceux qui avaient à craindre quelque châtiment des injustices qu'ils avaient commises, obtinrent la permission d'établir leur domicile à Éleusis.

XXXIV. Les Éliens, intimidés par la supériorité des Lacédémoniens, mirent un terme à la guerre qui avait éclaté entre les deux nations[2], et ils convinrent de livrer aux Lacédémoniens leurs trirèmes et de laisser les villes limitrophes se gouverner par leurs propres lois. Débarrassés ainsi des entraves de la guerre, les Lacédémoniens profitèrent de leur loisir pour faire une expédition contre les Messéniens, dont les uns occupaient une place forte dans l'île de Céphalonie, et les autres habitaient, avec l'agrément des Athéniens, Naupacte, située sur le territoire des Locriens occidentaux[3]. Les Lacédémoniens les expulsèrent de ces lieux; ils rendirent le fort aux habitants de Céphalonie et Naupacte aux Locriens. Traqués de toutes parts par la haine des Spartiates, les Messéniens sortirent de la Grèce, emportant leurs armes; une partie vint aborder en Sicile et s'engagea au service de Denys; les autres passèrent à Cyrène, au nombre d'environ trois mille hommes, et se rangèrent du parti des exilés qui s'y trouvaient. Dans ce temps, les Cyrénéens étaient en proie à des dissensions intestines, pendant lesquelles Ariston et quelques-uns de ses partisans s'emparèrent de la ville. Cinq cents des plus puissants Cyrénéens y perdirent la vie; d'autres citoyens, des plus estimés, s'exilèrent. Ces bannis, réunis aux Messéniens, marchèrent ensemble contre ceux qui avaient pris possession de la ville. Les Cyrénéens perdirent des deux côtés beaucoup de monde; les Messéniens restèrent presque tous sur le champ de bataille. Après cette sanglante mêlée, les Cyrénéens s'envoyèrent réciproquement des parlementaires et con-

---

[1] Suivant d'autres historiens, le rétablissement de la constitution ancienne d'Athènes tomba, non dans la quatrième année, mais dans la première année de la XCIV^e olympiade Voyez la note de Wesseling, tom. VI, p. 529.

[2] Voyez chap. 17.

[3] Voyez liv. XI, chap. 83 et 84.

clurent la paix. Ils s'engagèrent par des serments à oublier le passé, et habitèrent en commun la ville.

A cette époque les Romains envoyèrent des colons à Vélétri.

XXXV. L'année étant révolue, Lachès fut nommé archonte d'Athènes, à Rome furent investis de l'autorité consulaire les tribuns militaires Manius Claudius, Marcus Quintius, Lucius Julius, Marcus Furius, Lucius Valérius; et on célébra la xcv^e olympiade, où Minos l'Athénien fut vainqueur à la course du stade[1]. Dans ce temps, Artaxerxès, roi de l'Asie, après la défaite de son frère Cyrus, envoya Pharnabaze[2] prendre le gouvernement de toutes les satrapies maritimes. Les satrapes et les villes qui avaient fourni des troupes à Cyrus, étaient dans une grande anxiété; car ils craignaient d'être punis de leurs torts envers le roi. Tous ces satrapes envoyèrent donc des députés à Tissapherne pour lui offrir leurs hommages, et mirent tout en usage pour se concilier sa faveur. Mais Tamos, le plus considérable d'entre eux, et gouverneur de l'Ionie, fit transporter ses richesses sur des trirèmes et s'y embarqua avec tous ses fils à l'exception d'un seul, nommé Gaüs, qui devint, quelque temps après, commandant des troupes royales. Pour se soustraire à la vengeance de Tissapherne qu'il redoutait, Tamos mit à la voile pour l'Égypte et se réfugia avec sa flotte auprès de Psammitichus, alors roi des Égyptiens, et descendant de l'ancien Psammitichus[3]. Comme il avait jadis rendu des services à ce roi, il espérait se trouver auprès de lui comme dans un port, à l'abri de tout danger. Mais Psammitichus, oubliant les services rendus, et violant le droit sacré de l'hospitalité, fit égorger son hôte et son ami avec tous ses enfants, et s'empara de la flotte avec les richesses qu'elle contenait.

Les villes grecques de l'Asie, apprenant l'arrivée de Tissapherne, tremblaient pour leur existence; elles envoyèrent des députés aux Lacédémoniens pour les supplier de ne point rester

---

[1] Première année de la xcv^e olympiade; année 400 avant J.-C.
[2] Le texte porte Pharnabaze. Il faudrait lire Tissapherne.
[3] Psammitichus Ier régnait 670 ans avant J.-C. Voyez liv. I, chap. 67.

spectateurs indifférents à la ruine dont elles étaient menacées par les Barbares. Les Lacédémoniens leur promirent des secours en même temps qu'ils dépêchèrent auprès de Tissapherne une députation pour l'engager à ne point porter les armes contre les villes grecques. Mais déjà Tissapherne avait fait avancer des troupes contre la ville de Cymes, en avait ravagé tout le territoire, et enlevé un grand nombre de prisonniers. Après cela, il refoula les habitants dans la ville qu'il assiégea. Mais comme il ne réussissait pas à s'en rendre maître, et que l'hiver approchait, il leva le siége et rendit les prisonniers pour de fortes rançons.

XXXVI. Les Lacédémoniens déclarèrent donc la guerre au roi, et firent marcher contre lui mille citoyens sous les ordres de Thimbron, qui était autorisé à lever autant de troupes auxiliaires qu'il jugerait convenable. Thimbron se rendit à Corinthe, et après y avoir rassemblé tous les soldats envoyés par les alliés, il s'embarqua pour Éphèse, ayant avec lui au moins cinq mille hommes. Là, il enrôla environ deux mille hommes tirés, tant des villes soumises à Sparte, que des autres villes indépendantes, et ouvrit la campagne avec plus de sept mille hommes. Après environ cent vingt stades de marche[1], il arriva à Magnésie, ville gouvernée par Tissapherne; et l'ayant prise d'emblée, il se porta promptement sur Tralles d'Ionie, et en tenta le siége. Mais, comme il ne parvint pas à se rendre maître de cette ville, qui était très-fortifiée, il retourna à Magnésie. Cette dernière ville n'étant point fortifiée, et craignant qu'après son départ Tissapherne ne vînt à s'en emparer, Thimbron la transporta sur une montagne voisine qu'on appelle Thorax. Lui-même, envahissant le territoire des ennemis, procura à ses soldats toute sorte de provisions en abondance; mais lorsque Tissapherne parut avec une nombreuse cavalerie, Thimbron, redoutant un engagement, se retira à Éphèse.

XXXVII. A cette même époque, les Grecs qui avaient pris part à l'expédition de Cyrus, parvinrent heureusement dans leur

[1] Environ vingt-deux kilomètres.

pays et rentrèrent en partie dans leurs foyers. Mais la plupart, au nombre de près de cinq mille hommes, accoutumés à la vie des camps, élurent pour chef Xénophon qui les mena faire la guerre aux Thraces, habitant les environs du golfe Salmydesse. Ce golfe est situé à la gauche du Pont-Euxin; il s'avance profondément dans le continent; beaucoup de navires y échouent. Les Thraces, passant leur vie dans ces parages, guettent les marchands naufragés et les font prisonniers. Xénophon pénétra avec son armée dans le pays de ces Thraces, les défit dans un combat, et incendia la plupart de leurs villages. Thimbron invita ces Grecs à accepter une solde dans son armée. Ceux-ci s'y rendirent et firent avec les Lacédémoniens la guerre contre les Perses.

Pendant que ces choses se passaient, Denys fonda en Sicile, au pied de l'Etna, une ville à laquelle il donna le nom d'Adranum, d'après celui d'un temple célèbre.

Dans cette même année mourut en Macédoine le roi Archélaüs, à la suite d'une blessure que Crater, son favori, lui avait involontairement portée dans une chasse. Il avait régné sept ans. Oreste, encore fort jeune, lui succéda. Celui-ci fut assassiné par Aëropus, son tuteur, qui usurpa le trône pendant six ans.

Dans Athènes, Socrate le philosophe, accusé par Anytus et Mélitus d'être impie et de corrompre les jeunes gens, fut condamné à mort et mourut en buvant la ciguë[1]. Cette sentence ayant été reconnue injuste, le peuple se repentit d'avoir laissé tuer un tel homme. Vivement irrité contre les accusateurs, il les livra, sans jugement, au dernier supplice.

XXXVIII. L'année étant révolue, Aristocratès fut nommé archonte d'Athènes, et les Romains élurent, au lieu de consuls, six tribuns militaires, Caïus Servilius, Lucius Verginius, Quintus Sulpicius, Aulus Manlius, Claudius Capitolinus et Marcus Ancus[2]. Les Lacédémoniens informés que Thimbron

---

[1] Ce poison, appelé κώνειον, était-ce réellement de la ciguë, ou plutôt une préparation toxique portant le nom de κώνειον? C'est ce qui parait assez difficile de décider.

[2] Deuxième année de la XCV^e olympiade; année 399 avant J.-C.

conduisait mal la guerre, le remplacèrent dans le commandement par Dercyllidas, qui fut envoyé en Asie. Ce général se mit à la tête de l'armée, et marcha contre les villes de la Troade. Il prit d'emblée Hamaxitum, Colones et Arisbe; après ce premier succès, il se porta sur Ilium, Cébrénie et toutes les autres villes de la Troade; il prit les unes par la ruse, les autres par la force. Après cela, il conclut avec Pharnabaze une trêve de huit mois et entreprit une expédition contre les Thraces qui habitaient alors la Bithynie. Après avoir dévasté leur territoire, il ramena son armée dans les quartiers d'hiver. Cependant, des troubles ayant éclaté à Héraclée, en Trachinie, les Lacédémoniens envoyèrent Éripidas pour calmer les esprits. Arrivé à Héraclée, Éripidas convoqua une assemblée générale, et, ayant entouré le peuple d'hommes armés, il saisit les auteurs de l'insurrection et les fit tous mourir, au nombre d'environ cinq cents. Les habitants du mont OEta s'étaient également révoltés. Éripidas marcha contre les rebelles, leur fit beaucoup de mal et les força de quitter le pays. La plupart d'entre eux se réfugièrent en Thessalie avec leurs enfants et leurs femmes; cinq ans après, ils furent transportés en Béotie. Pendant que ces événements avaient lieu, les Thraces pénétraient en masse dans la Chersonèse, ravageaient toute la campagne et tenaient les habitants renfermés dans les murs des villes. Les Chersonésites, ainsi assiégés, firent venir de l'Asie Dercyllidas le Lacédémonien. Celui-ci arriva avec son armée et chassa les Thraces de la Chersonèse, qu'il fortifia par un mur s'étendant d'une mer à l'autre. Par ce moyen, il mit un terme aux incursions des Thraces. Il fut comblé de présents, et repassa avec son armée en Asie.

XXXIX. Pendant que durait la trêve conclue avec les Lacédémoniens, Pharnabaze se rendit auprès du roi et le persuada d'équiper une flotte et d'en donner le commandement à Conon l'Athénien. Celui-ci était, en effet, très-expérimenté dans l'art militaire et avait une exacte connaissance des ennemis. Ce militaire si renommé demeurait alors en Cypre, chez le roi Évagoras. Artaxerxès goûta ce conseil et accorda à Pharnabaze cinq cents talents d'argent [1] pour l'équipement d'une flotte. Abordant dans l'île de Cypre, Pharnabaze enjoignit aux divers souverains de cette île de lui fournir cent trirèmes; et, s'étant entretenu avec Conon au sujet du commandement, il le nomma chef des forces maritimes et lui fit entrevoir, de la part du roi, de grandes récompenses. Conon accepta l'offre de Pharnabaze; car il se flattait en abaissant les Lacédémoniens, de relever la puissance de sa patrie, et d'acquérir en même temps une immense gloire. Toute la flotte n'était pas encore prête, lorsque Conon mit en mer avec quarante navires, et vint aborder en Cilicie où il acheva tous les préparatifs de guerre. De leur côté, Pharnabaze et Tissapherne, réunissant les troupes de leurs satrapies, ouvrirent la campagne en marchant sur Éphèse où l'ennemi tenait son armée. Les deux généraux perses étaient suivis de vingt mille fantassins et de dix mille cavaliers. Instruit de l'approche des Perses, Dercyllidas, commandant des Lacédémoniens, fit avancer toutes ses troupes qui ne dépassaient pas sept mille hommes. Lorsque les deux armées se trouvèrent en face l'une de l'autre, les chefs, au lieu de combattre, conclurent un armistice et fixèrent un terme pendant lequel Pharnabaze devait envoyer prendre les ordres du roi relativement à un traité de paix définitif, et Dercyllidas, de son côté, en référa aux Spartiates. Ce fut ainsi que les deux armées furent congédiées.

XL. [Reprenons l'histoire de la Sicile.] Les habitants de Rhégium, colonie des Chalcidiens, voyaient de mauvais œil l'augmentation du pouvoir de Denys. Ce dernier avait réduit en esclavage les Naxiens et les Cataniens, de même origine que les Rhégiens. Ceux-ci, craignant de subir le même sort, éprouvèrent la plus vive inquiétude à la vue de ces événements. Ils résolurent donc de marcher promptement contre le tyran avant qu'il se fût complétement affermi dans son autorité. Les Syracusains, qui avaient été exilés par Denys, secondèrent puissamment les Rhégiens dans cette entreprise. Dans

[1] Deux millions sept cent cinquante mille francs.

ce temps, la plupart de ces exilés demeuraient à Rhégium et ne cessaient de dire dans leurs conversations, que tous les Syracusains n'attendaient qu'un moment propice pour se soulever contre le tyran. Enfin, les Rhégiens nommèrent des généraux et les firent partir avec six mille hommes d'infanterie, six cents chevaux et cinquante trirèmes. Les généraux passèrent le détroit et vinrent engager les chefs des Messiniens à prendre part à la guerre, en leur faisant comprendre combien il serait affreux de laisser détruire par le tyran les villes grecques d'alentour. Les généraux de Messine, ainsi entraînés par les Rhégiens, mirent leurs forces en mouvement, sans prendre l'avis du peuple. Ces forces consistaient en quatre mille hommes d'infanterie, quatre cents chevaux et trente trirèmes. A leur arrivée aux frontières du territoire de Messine, les soldats s'insurgèrent à l'instigation de Laomédon le Messinien. Cet orateur populaire leur conseillait de ne point commencer la guerre contre Denys qui ne leur avait fait aucun mal. Les soldats de Messine se laissèrent aussitôt persuader; et comme la guerre n'avait point été décrétée par le peuple, ils abandonnèrent leurs généraux et retournèrent dans leur patrie. Les Rhégiens n'étant pas de force à soutenir seuls la guerre, imitèrent l'exemple des Messiniens, levèrent le camp et revinrent promptement à Rhégium. A la première nouvelle de cette expédition, Denys avait conduit son armée jusqu'aux frontières du territoire de Syracuse, et se tenait prêt à recevoir l'attaque des ennemis. Mais, lorsqu'il apprit leur départ, il ramena son armée à Syracuse. Les Rhégiens et les Messiniens envoyèrent des parlementaires. Denys, jugeant qu'il serait de son intérêt de faire cesser les hostilités, conclut avec les deux villes un traité de paix.

XLI. Voyant que plusieurs Grecs accouraient s'établir dans les villes soumises à la domination des Carthaginois et qu'ils y avaient acquis le droit de cité et des possessions, Denys pensa que, tant que la paix conclue entre lui et les Carthaginois durerait, beaucoup de ses sujets prendraient part à cette émigration; mais que, si la guerre recommençait, tous ces Grecs, traités en esclaves par les Carthaginois, se révolteraient pour revenir à lui. De plus, il avait appris qu'un grand nombre de Carthaginois étaient morts de la peste qui désolait alors la Libye. Jugeant donc le moment favorable pour rompre la paix, il se prépara à recommencer la guerre. Il ne se dissimulait pas que cette guerre devait être sérieuse et longue, car il s'agissait de combattre une des nations les plus puissantes. Aussitôt il rassembla des ouvriers qu'il fit venir en partie des villes soumises à son autorité, en partie de l'Italie, de la Grèce et même des États carthaginois; il les attira par la promesse d'un fort salaire. Il avait l'intention de les employer à la fabrication d'une grande quantité d'armes de guerre de toutes sortes, et à la construction de tirèmes et de quinquerèmes. Après avoir ainsi rassemblé un grand nombre d'ouvriers, il les distribua dans les ateliers, leur donna pour inspecteurs les citoyens les plus distingués, et proposa de grands prix pour encourager la fabrication des armes. Il donna aux ouvriers un modèle de chaque espèce d'armes, désirant que les mercenaires, tirés de tant de nations diverses, trouvassent toutes prêtes les armes en usage dans leur patrie. Il se flattait aussi de donner par là un aspect plus formidable à son armée, en même temps qu'il pensait que les combattants se serviraient avec plus d'avantage des armes qu'ils étaient déjà habitués à manier. Les Syracusains secondèrent les projets de Denys; ces travaux étaient pour eux un objet d'émulation. Non-seulement les porches et les arrière-constructions des temples, mais les gymnases et les portiques des marchés étaient tous remplis d'ouvriers. Indépendamment des lieux publics, les maisons les plus considérables étaient transformées en ateliers pour fabriquer des armes.

XLII. La catapulte fut dans ce même temps inventée à Syracuse qui était alors le rendez-vous des plus habiles artisans. L'élévation du salaire et la multitude de prix proposés à ceux qui se distingueraient le plus, excitèrent une émulation générale. Outre cela, Denys visitait lui-même journellement les ouvriers, leur adressait des paroles affectueuses, remettait des présents aux plus laborieux et les admettait à sa table. Aussi ces ouvriers s'empressaient-ils à l'envi d'imaginer des machines extraordinaires et capables des plus grands effets. Denys se mit à faire construire des trirèmes et des bâtiments à cinq rangs de rames, genre de construction qu'on n'avait pas encore vu jusqu'alors. Denys, qui avait entendu que la première trirème avait été construite à Corinthe, voulut que la ville, colonie des Corinthiens, eût aussi augmenté la dimension des navires. Après avoir fait venir d'Italie un convoi de bois de charpente, il partagea en deux moitiés les ouvriers employés à la coupe du bois ; les uns furent envoyés sur le mont Etna, alors couvert de forêts de pins et de sapins ; les autres furent détachés en Italie. En même temps il fit faire des attelages propres à transporter les matériaux jusqu'à la mer, où des matelots montés sur des barques devaient les conduire immédiatement à Syracuse. Après avoir ainsi réuni une quantité suffisante de matériaux, il fit, en un seul moment, mettre sur les chantiers plus de deux cents navires, et en réparer cent dix des anciens. Enfin il fit bâtir de magnifiques hangars, rangés tout autour de ce qu'on appelle aujourd'hui le port ; ces hangars étaient au nombre de cent soixante et la plupart pouvaient contenir deux navires. En même temps il fit réparer les anciens qui étaient déjà au nombre de cent cinquante.

XLIII. L'aspect de tous ces ouvriers réunis, travaillant à la fabrication des armes[1] et à la construction des navires, offrait un spectacle étonnant. Lorsqu'on regardait les travaux du port, on aurait cru que tous les bras de la Sicile y étaient employés. Et lorsqu'on parcourait les ateliers d'armes et de machines de guerre, on se figurait que tout le monde y était occupé. Mais aussi ces travaux furent poussés avec tant de vigueur, qu'on eut bientôt fabriqué cent quarante mille boucliers et un nombre égal de coutelas et de casques. Plus de quatorze mille boucliers, de formes variées et artistement fabriqués, sortirent de ces ateliers. Denys destinait les cuirasses aux cavaliers, aux offi-

[1] Je propose de lire ici ὅπλων (armes) au lieu de οἴκων (maisons) que porte le texte.

ciers d'infanterie, et aux mercenaires qui devaient composer sa garde. Il avait fait fabriquer des catapultes de diverses espèces et une immense quantité de traits. Quant aux vaisseaux longs qui avaient été construits, une moitié fut montée par des pilotes, par des maîtres d'équipage et des rameurs appartenant à la classe des citoyens, et l'autre moitié par les étrangers que Denys avait pris à sa solde. Lorsque tous ces travaux de fabrique d'armes et de construction de bâtiments furent achevés, Denys songea à l'organisation des troupes. Car, pour s'épargner des dépenses, il avait jugé utile de ne point organiser et solder des troupes à l'avance.

Dans ce temps, Astydamas, poëte tragique, commença à faire représenter ses pièces. Il vécut soixante ans.

Les Romains assiégèrent alors la ville de Veïes. Dans une sortie des assiégés, les Romains furent en partie détruits, et en partie forcés de fuir ignominieusement.

XLIV. L'année étant révolue, Ithyclès fut nommé archonte d'Athènes, et les Romains élurent, au lieu de consuls, six tribuns militaires, Lucius Julius, Marcus Furius, Æmilius Marcus, Cneïus Cornélius, Cæso Fabius et Paulus Sextus[1]. Denys, tyran des Syracusains, après avoir en grande partie achevé la fabrication des armes et la construction des navires, s'occupa aussitôt de l'organisation de son armée. Il enrôla donc les Syracusains propres au service militaire, et tira, de toutes les villes soumises à sa domination, les hommes en état de porter les armes. Il fit venir des mercenaires de la Grèce et particulièrement de Lacédémone. Car les Lacédémoniens qui l'avaient aidé dans l'accroissement de son autorité, lui permettaient d'enrôler autant de soldats qu'il voudrait. Enfin, par la promesse d'une solde élevée, il parvint à réunir une nombreuse armée composée d'étrangers de diverses nations. Sur le point d'allumer une guerre très-grave, il se conduisit avec bienveillance à l'égard des villes de la Sicile, afin de se concilier leur affection. Voyant que les peuples qui habitaient les bords du détroit,

---

[1] Troisième année de la xcv^e olympiade; année 398 avant J.-C.

les Rhégiens et les Messiniens, avaient des forces considérables, il craignit qu'ils ne se joignissent aux Carthaginois, lorsque ceux-ci auraient passé en Sicile. Et, en effet, ces deux villes pouvaient faire pencher la balance en faveur du parti pour lequel elles se seraient déclarées. Tourmenté de cela, Denys donna aux Messiniens une grande partie du pays limitrophe, et se les attacha par des bienfaits. Quant aux Rhégiens, il leur fit demander en mariage une de leurs citoyennes. En même temps il leur promit la cession d'un territoire étendu, voisin de Rhégium, et de contribuer de toutes ses forces à l'accroissement de leur cité. Ayant perdu sa femme, fille d'Hermocrate, dans l'émeute des cavaliers[1], Denys désirait avoir des enfants pour perpétuer sa dynastie. Cependant les Rhégiens, réunis en assemblée générale, décidèrent, après une longue discussion, de ne point accepter l'alliance proposée. Denys, ayant échoué dans cette négociation, envoya chez les Locriens des députés chargés des mêmes offres.

Les Locriens accordèrent l'alliance demandée, et Denys épousa Doris, fille de Xénetus, un des citoyens alors les plus distingués. Peu de jours avant la célébration des noces, Denys fit partir pour Locres une quinquerème, la première qui eût été construite, décorée d'ornements en argent et en or. La jeune fiancée s'y embarqua ; arrivée à Syracuse, elle fut conduite dans la citadelle occupée par Denys. Celui-ci épousa aussi Aristomaque, fille d'un des citoyens les plus illustres de Syracuse ; il la fit amener dans sa maison sur un char attelé de quatre chevaux blancs.

XLV. Denys célébra alors ces doubles noces par des festins continuels qu'il donna à ses soldats et à un très-grand nombre de citoyens[2]. Il avait changé la dureté de sa tyrannie en une conduite douce et bienveillante envers ses sujets, et il ne prononçait plus ni peine de mort ni bannissements comme il l'avait

---

[1] Liv. XIII, chap. 112.
[2] Au lieu de πόλεων que donne le texte, il faudrait peut-être lire πολιτῶν, pour avoir un sens convenable.

fait auparavant. Après la célébration de ses noces, à laquelle il avait consacré quelques jours, il convoqua une assemblée dans laquelle il proposa de faire la guerre aux Carthaginois, les représentant comme les ennemis les plus dangereux des Grecs en général, et des Siciliens en particulier. Il ajouta que les Carthaginois étaient actuellement réduits à l'inaction par la peste qui décimait les populations de la Libye ; mais qu'aussitôt qu'ils auraient repris des forces, ils ne tarderaient pas à exécuter les desseins qu'ils avaient depuis longtemps tramés contre les Siciliens ; qu'il valait mieux les attaquer pendant qu'ils étaient encore faibles, que d'aller les combattre lorsqu'ils auraient repris leurs forces. Il leur représentait qu'il serait honteux de rester spectateurs indifférents à l'asservissement des villes grecques par les Barbares, et que ces villes étaient d'autant plus disposées à partager les périls de la guerre, qu'elles avaient plus de désir de recouvrer leur indépendance. Après avoir, dans plusieurs discours, insisté sur l'exécution de ce projet, il entraîna bientôt les suffrages des Syracusains. Ils étaient tout aussi impatients que Denys de faire la guerre, d'abord parce qu'ils haïssaient les Carthaginois qui les avaient forcés d'obéir au tyran ; ensuite parce qu'ils espéraient être traités moins cruellement par Denys qui aurait alors à craindre à la fois les ennemis et le mécontentement de ses sujets ; enfin, parce qu'ils se flattaient surtout de l'espérance qu'étant une fois en possession de leurs armes, ils pourraient profiter de la première occasion pour secouer leur joug.

XLVI. Au sortir de cette assemblée, Denys accorda aux Syracusains la permission de piller les riches propriétés des Carthaginois dont un grand nombre étaient établis à Syracuse même. Beaucoup de négociants de cette nation avaient dans le port des navires chargés de marchandises, qui toutes furent confisquées par les Syracusains. Les autres Siciliens suivirent cet exemple ; ils chassèrent de chez eux les Phéniciens[1] et s'emparèrent de leurs richesses. Malgré la haine qu'ils avaient pour

[1] Les Carthaginois sont souvent désignés sous le nom de *Phéniciens*.

la tyrannie de Denys, ils prirent volontiers part à la guerre contre les Carthaginois, détestés pour leur cruauté. Par ces mêmes motifs, les villes grecques soumises à la domination des Carthaginois firent éclater leur haine contre la race punique, dès que la déclaration de guerre de Denys fut connue. Les habitants de ces villes ne se bornèrent pas seulement à piller les possessions des Phéniciens, ils se saisirent de leurs personnes et leur infligèrent toute sorte d'outrages, animés par le souvenir de ce qu'ils avaient eux-mêmes souffert dans la captivité. Ces représailles furent alors et par la suite portées à un tel degré, que les Carthaginois ont dû apprendre à écouter à l'avenir les supplications des vaincus. Ils furent instruits, par leur propre expérience, que dans la guerre les chances sont égales des deux côtés, qu'il faut s'attendre à subir les mêmes traitements qu'on a soi-même infligés aux malheureux. Lorsque tous les préparatifs de la guerre furent achevés, Denys envoya des députés à Carthage chargés d'annoncer que les Syracusains déclareraient la guerre aux Carthaginois, s'ils ne remettaient pas en liberté les villes grecques soumises à leur domination. Tels étaient alors les projets de Denys.

C'est dans cette même année que l'historien Ctésias, qui a écrit l'histoire des Perses, termina son ouvrage qui commence à Ninus et Sémiramis.

A cette époque florissaient aussi les plus célèbres poëtes dithyrambiques, Philoxène de Cythère, Timothée de Milet, Téleste de Sélinonte, et Polyïde qui connaissait aussi la peinture et la musique.

XLVII. L'année étant révolue, Lysiade fut nommé archonte d'Athènes; les Romains déférèrent l'autorité consulaire à six tribuns militaires, Publius Manlius, Manius Spurius, Furius Lucius [Publius Licinius, Publius Titinius et Lucius Publius Volscus][1]. Denys, tyran des Syracusains, après l'achèvement des préparatifs de guerre, envoya à Carthage un héraut pour

---

[1] Les noms des trois derniers tribuns militaires manquent dans le texte. Voyez Tite-Live, V, 12. Quatrième année de la XCV⁰ olympiade; année 397 avant J.-C.

remettre une lettre au sénat. Il était écrit dans cette lettre que les Syracusains décréteraient la guerre, si les Carthaginois ne se décidaient pas à évacuer le territoire des villes grecques. Le héraut s'embarqua pour la Libye et remit, comme il lui était ordonné, la lettre au sénat. Lecture donnée de cette lettre dans le sénat, puis dans l'assemblée du peuple, les Carthaginois furent vivement alarmés au sujet de cette guerre ; car la peste avait décimé la population, et aucun préparatif n'était fait. Ils attendirent donc la résolution des Carthaginois, et firent partir quelques membres du sénat avec de fortes sommes d'argent pour aller engager des soldats en Europe. De son côté, Denys, à la tête des Syracusains, des mercenaires et des alliés, sortit de Syracuse et se dirigea sur l'Éryx. Non loin de cette montagne se trouve la ville de Motye, colonie phénicienne, dont les Carthaginois avaient fait le centre de leurs opérations contre la Sicile. Une fois maître de cette ville, Denys se flattait d'obtenir l'avantage sur l'ennemi. Pendant sa marche, les habitants des villes grecques venaient se joindre à lui, de tous côtés on accourait en armes, tout le monde prit volontiers part à l'expédition, tant la haine contre la domination phénicienne était universelle, et le désir grand de reconquérir la liberté. Denys réunit ainsi à son armée les Camarinéens, les Géléens et les Agrigentins. Puis il appela à lui les Himériens qui habitaient dans une autre contrée de la Sicile ; enfin, il prit avec lui les Sélinontins, et arriva avec toute son armée devant Motye. Il avait sous ses ordres quatre-vingt mille hommes d'infanterie, plus de trois mille chevaux et environ deux cents vaisseaux longs, qui étaient suivis de près de cinq cents vaisseaux de transport, chargés de machines de guerre et de toutes sortes de munitions.

XLVIII. Tout cet appareil de guerre, et l'aspect de ces forces nombreuses, surprirent les habitants de l'Éryx, qui, n'aimant pas les Carthaginois, se joignirent à Denys. Cependant les habitants de Motye, attendant les secours des Carthaginois, ne se laissèrent point effrayer et se préparèrent à soutenir le siége ; car ils savaient bien que les Syracusains songeaient d'abord à détruire Motye qui s'était toujours montrée très-fidèle aux Carthaginois. Cette ville était située dans une île, à six stades de distance de la Sicile[1]; elle se faisait remarquer par la beauté et le grand nombre de ses maisons, très-bien construites, et par l'opulence de ses habitants. Une étroite chaussée, ouvrage de l'homme, la faisait communiquer avec le rivage de la Sicile. Cette chaussée fut alors détruite par les Motyens, afin d'empêcher les ennemis de pénétrer chez eux. Denys, ayant examiné avec ses architectes les localités, fit commencer des travaux de terrassement en face de Motye; à l'entrée du port, il fit mouiller ses vaisseaux longs, et sur la côte, les bâtiments de transport. Après cela, il confia la direction de ces travaux à Leptine, commandant de la flotte, et dirigea ses troupes de terre contre les villes alliées des Carthaginois. Tous les Sicaniens, redoutant la supériorité de ces forces, embrassèrent le parti des Syracusains. Cinq villes seulement demeurèrent fidèles à l'alliance des Carthaginois, savoir : Ancyres, Solus, Égeste, Panorme, Entelle. Denys ravagea donc le territoire des Solentins, des Panormitains et des Ancyriens, et fit couper tous les arbres de la campagne. Il investit Égeste et Entelle, livra à ces villes des assauts continuels, et tâcha de s'en emparer de force. Telle était alors la situation des affaires de Denys.

XLIX. Cependant Imilcar, général des Carthaginois, s'occupa lui-même de la concentration de ses troupes et des préparatifs de guerre. Il détacha le nauarque avec dix trirèmes, et lui donna l'ordre de se diriger rapidement sur Syracuse, de pénétrer nuitamment dans le port, et de détruire tous les bâtiments qui s'y trouveraient abandonnés. Imilcar espérait faire ainsi une diversion avantageuse, et obliger Denys d'envoyer une partie de ses bâtiments à Syracuse. Le nauarque chargé de cette mission exécuta ponctuellement les ordres qu'il avait reçus; il entra, à la faveur de la nuit, dans le port des Syracusains, sans que personne ne se doutât de son arrivée; il attaqua à l'improviste les bâtiments qui s'y trouvaient à l'ancre, les endom-

[1] Un peu plus d'un kilomètre.

magea à coups d'éperon, et, après les avoir presque tous coulés, il retourna à Carthage. Pendant ce temps, Denys ravagea toutes les terres des Carthaginois, refoula les ennemis dans leurs murs, et fit marcher toute son armée contre Motye, pensant que les autres villes se rendraient d'elles-mêmes s'il parvenait à s'emparer de celle-là. Il fit donc travailler un grand nombre d'ouvriers aux terrassements, et parvint à combler l'espace qui sépare Motye de la côte de la Sicile; il fit avancer ses machines vers les murailles à mesure que les travaux avançaient.

L. Dans ce même temps, Imilcar, commandant des forces navales de Carthage, apprit que Denys avait fixé ses navires sur leurs ancres, et aussitôt il fit équiper cent trirèmes de choix. Il comptait, en se montrant à l'improviste, s'emparer aisément des navires mouillés dans le port, et devenir ainsi maître de la mer. Du même coup il espérait faire lever le siége de Motye et transporter le théâtre de la guerre à Syracuse. Il mit donc à la voile avec cent navires, aborda la nuit sur la côte de Sélinonte, et, ayant doublé le cap Lilybée, il se trouva avec le jour devant Motye. Ayant apparu ainsi à l'improviste, il brisa une partie des bâtiments à l'ancre, et brûla les autres, sans que Denys pût venir au secours. Imilcar pénétra ensuite dans le port, et rangea ses bâtiments en ligne comme pour attaquer ceux que les Syracusains avaient mis à l'ancre. Cependant Denys rassembla ses troupes à l'entrée du port, et voyant les ennemis en garder l'issue, il craignit de faire traîner ses navires dans le port, car il n'ignorait pas que, la passe étant très-étroite, il y aurait nécessairement danger à se battre avec un petit nombre de navires contre des forces doubles. Il employa donc un grand nombre de soldats à faire tirer ses navires à terre, pour les remettre à flot en dehors du port, et les soustraire ainsi à l'ennemi. Imilcar attaqua les premières trirèmes qu'il rencontra; mais il fut repoussé par une grêle de traits; car Denys avait placé sur le pont des navires une multitude d'archers et de frondeurs; d'un autre côté, les Syracusains se servant à terre des catapultes construites pour lancer des traits aigus, tuèrent un grand nombre d'ennemis. Ces nouvelles armes produisirent par leur nouveauté une stupéfaction générale. Imilcar, n'ayant pas réussi dans son entreprise, retourna en Libye; il jugea tout engagement naval contraire à ses intérêts, parce que les forces de ses ennemis étaient le double des siennes.

LI. Grâce au grand nombre d'ouvriers qu'il avait employés, Denys était parvenu à terminer la jetée; et il fit avancer ses diverses machines contre les murs de la ville. Il battit les tours avec les béliers, et fit jouer les catapultes contre les combattants échelonnés sur les remparts. Il fit aussi approcher les tours à roues, de six étages, égalant la hauteur des maisons. Cependant les habitants de Motye, bien que menacés d'un danger imminent, et privés alors de tout secours, ne s'effrayèrent pas de l'approche de l'armée de Denys. Jaloux de surpasser l'ardeur des assiégeants, ils suspendirent au sommet des plus grands mâts des paniers[1] remplis de soldats qui, de ces points élevés, lançaient sur les machines de l'ennemi des torches brûlantes et des étoupes enflammées, enduites de poix. Le feu gagna les matériaux; mais les Siciliens étant promptement accourus, l'éteignirent, et, frappant la muraille à coups de bélier, ils parvinrent à ouvrir une large brèche. Assiégeants et assiégés s'accumulèrent, se pressèrent sur ce point, qui devint le champ d'un combat acharné. Les Siciliens, se croyant déjà maîtres de la ville, firent tous leurs efforts pour se venger des outrages qu'ils avaient jadis reçus des Carthaginois. De leur côté, les habitants de la ville voyant en quelque sorte sous leurs yeux les maux de l'esclavage, et ne connaissant aucun moyen de fuir ni par terre ni par mer, se défendirent en désespérés. Dès qu'ils s'aperçurent qu'il ne fallait plus compter sur la défense de leurs murailles, ils barricadèrent les rues et se servirent des maisons les plus éloignées du centre, comme d'un rempart construit à grands frais ; c'est ce qui mit les troupes de Denys dans une situation périlleuse. Car, après avoir pénétré en dedans

---

[1] Ces paniers portaient le nom de θωράκια, petites cuirasses, à cause de leur forme. Voyez la note de Wesseling, tome VI, p. 547.

des murailles et se croyant déjà en possession de la ville, ils furent accablés par une grêle de traits lancés du sommet des maisons. Denys fit alors approcher les tours de bois jusqu'aux premières maisons sur lesquelles il jeta des ponts mobiles. Comme ces machines égalaient la hauteur des toits, il s'engagea un combat corps à corps. Car les Siciliens, au moyen de ces ponts mobiles, pénétrèrent de force dans les maisons.

LII. Cependant les Motyens, malgré le danger dont ils calculaient la grandeur, combattirent courageusement sous les yeux de leurs femmes et de leurs enfants. Les uns, entourés de leurs peres et mères qui les suppliaient de ne pas les livrer à l'insolence de l'ennemi, sentaient leur courage se ranimer et ne ménageaient point leur vie. Les autres, entendant le gémissement des femmes et des enfants, aimaient mieux mourir les armes à la main que d'être témoins de la captivité de leurs enfants. Il était d'ailleurs impossible de s'enfuir de la ville; car elle était de tous côtés baignée par les eaux, et les ennemis étaient maîtres de la mer. Les Motyens furent saisis de frayeur à l'aspect des cruautés exercées envers les prisonniers grecs; les Carthaginois surtout s'attendaient à subir le même traitement. Il ne leur resta donc plus qu'à vaincre ou à mourir en combattant glorieusement. Cette résolution prise par les assiégés mit les Siciliens dans un grand embarras. Ceux qui combattaient sur les planches servant de ponts mobiles furent repoussés avec perte, à cause de l'espace étroit où ils se trouvaient et parce qu'ils luttaient contre des ennemis réduits au désespoir. Ainsi, les uns combattaient corps à corps, donnant et recevant des blessures mortelles; les autres, repoussés par les Motyens, tombèrent du haut des planches du pont et périrent. Enfin ce siége dura plusieurs jours, et Denys fit sonner tous les soirs la retraite pour suspendre l'assaut. Après avoir habitué les Motyens à ce genre de guerre, et au moment où les deux partis s'étaient retirés, Denys fit partir Archylus de Thurium avec un détachement de soldats d'élite. Celui-ci, à la faveur de la nuit, fit appliquer des échelles contre les maisons écroulées, et, après les avoir escaladées, il prit possession d'un poste avantageux où il attendit l'arrivée des troupes de Denys. Informés de cette surprise, les Motyens accoururent en toute hâte, et comme ils se trouvaient en retard, ils bravèrent tous les dangers pour repousser l'ennemi. Un combat violent s'engagea et ce ne fut que grâce à la supériorité numérique que les Siciliens parvinrent avec peine à battre leurs adversaires.

LIII. Aussitôt toute l'armée de Denys se précipita par la jetée dans l'intérieur de Motye, et toute la place fut jonchée de cadavres; car les Siciliens, rivalisant en cruauté avec les Carthaginois, tuèrent sans pitié tous les habitants qu'ils rencontrèrent en n'épargnant ni femmes, ni enfants, ni vieillards.

Denys, voulant réduire la ville en esclavage, arrêta le massacre des captifs parce qu'il voulait par leur vente se procurer de l'argent. Mais comme son ordre n'était point respecté et qu'il vit l'impossibilité d'arrêter la fureur des Siciliens, il fit proclamer par des hérauts que les Motyens eussent à chercher un asile dans les temples vénérés chez les Grecs. Cela fait, les soldats cessèrent le carnage et se livrèrent avec ardeur au pillage des maisons; ils enlevèrent ainsi une grande masse d'argent, beaucoup d'or, de riches vêtements et une foule d'autres objets précieux. Denys avait abandonné aux soldats le pillage de la ville, afin de les rendre plus disposés à braver les dangers de la guerre. Après ce succès, il décerna à Archylus, qui le premier avait escaladé les murs, une couronne de cent mines[1]; il donna aux autres des récompenses proportionnées à leur bravoure et vendit à l'enchère les Motyens qui avaient survécu à leur défaite. Quant à Daïmène et quelques autres Grecs captifs auxiliaires des Carthaginois, il les fit mettre en croix. Après cette victoire, Denys établit dans Motye une garnison confiée au commandement de Biton de Syracuse; la majeure partie de cette garnison se composa de Sicules. Il laissa aussi dans ces parages Leptine, le nauarque, avec cent vingt navires pour observer les mouvements des Carthaginois. Il lui ordonna d'assiéger Égeste et

---

[1] Neuf mille cent soixante-six francs.

Entelle qu'il avait depuis longtemps résolu de détruire. Comme l'été était déjà passé, il regagna avec son armée Syracuse.

En ce temps, Sophocle, fils de Sophocle, commença à enseigner la tragédie à Athènes et remporta douze fois le prix.

LIV. L'année étant révolue, Phormion fut nommé archonte d'Athènes; les Romains élurent, au lieu de consuls, six tribuns militaires, Cnéius Génucius, Lucius Atilius, Marcus Pomponius, Caïus Duilius, Marcus Véturius et Valérius Publius; et on célébra la xcvie olympiade dans laquelle Eupolis d'Élide fut vainqueur à la course du stade[1]. Dans ce même temps, Denys, tyran des Syracusains, envahit avec toute son armée le territoire soumis à la domination des Carthaginois. Pendant qu'il ravageait la campagne, les Halyciens consternés lui envoyèrent des députés et demandèrent son alliance. Les Égestéens profitèrent de la nuit pour attaquer à l'improviste les assiégeants, mirent le feu aux tentes et répandirent le désordre dans le camp de l'ennemi. L'incendie gagnant du terrain, il fut impossible de l'éteindre; il y périt quelques soldats qui étaient accourus pour éteindre le feu, et la plupart des chevaux furent brûlés avec les tentes. Cependant Denys continua à désoler la campagne sans éprouver aucune résistance. De son côté, Leptine le nauarque, stationné à Motye, surveillait les mouvements des ennemis. Les Carthaginois, instruits de la force de l'armée de Denys, résolurent de le surpasser encore par de nouveaux préparatifs de guerre. Ils confièrent donc, d'après leurs lois, l'autorité royale à Imilcar et firent venir des troupes de toute la Libye et de l'Ibérie ; ces troupes étaient formées en partie d'alliés, en partie de mercenaires. Ils parvinrent ainsi à réunir une armée de plus de trois cent mille hommes d'infanterie, de quatre mille chevaux, indépendamment des chars qui étaient au nombre de quatre cents. Leur flotte se composait de quatre cents vaisseaux longs, et, suivant Éphore, de plus de six cents vaisseaux de transport chargés de vivres, de machines et d'autres munitions de guerre. Timée ne porte pas au delà de cent mille hommes les

---

[1] Première année de la xcvie olympiade; année 396 avant J.-C.

trou...s qui passèrent de Libye en Sicile, et à ces troupes il ajoute trente mille hommes enrôlés en Sicile.

LV. Au départ, Imilcar donna à tous les pilotes un livret cacheté avec l'ordre de ne l'ouvrir que lorsqu'ils seraient en mer, et d'en exécuter le contenu. Il avait imaginé ce stratagème afin qu'aucun espion ne vînt annoncer à Denys le départ des Carthaginois; l'écrit portait de se diriger sur Panorme. Profitant d'un vent favorable, toute la flotte leva l'ancre, les vaisseaux de transport gagnèrent le large et les trirèmes firent voile sur Motye, en longeant la côte. Le vent soufflait avec violence, et les premiers vaisseaux de transport étaient déjà en vue de la Sicile, lorsque Denys détacha Leptine avec trente trirèmes, et lui ordonna d'attaquer à coups d'éperon les navires ennemis et de détruire tous ceux qu'il aurait capturés. Cet ordre fut promptement exécuté; et, au premier engagement, Leptine coula bas quelques bâtiments avec tout leur équipage; les autres, montés par de bons rameurs et ayant le vent en poupe, parvinrent aisément à se sauver. Les bâtiments coulés étaient au nombre de cinquante; ils portaient cinq mille hommes et deux cents chars de guerre. Cependant Imilcar atteignit Panorme; il débarqua ses troupes et les fit marcher contre les ennemis. Il donna aux trirèmes l'ordre de côtoyer le rivage; chemin faisant, il s'empara d'Éryx par trahison et vint camper devant Motye. Denys était avec son armée à Égeste, lorsque Imilcar assiégea Motye. Les Siciliens désiraient le combat, mais Denys, très-éloigné des villes alliées et commençant à manquer de vivres, jugea à propos de transporter ailleurs le théâtre de la guerre. Il se détermina donc à la retraite et engagea les Sicaniens à quitter pour le moment leurs villes et à servir dans son armée. En récompense, il leur promit un territoire plus fertile et aussi peuplé, ajoutant qu'à la fin de la guerre il laisserait chacun libre de rentrer dans ses foyers. Un petit nombre de Sicaniens, craignant par un refus de s'exposer au pillage, se rendirent aux prières de Denys. [La plupart s'y refusèrent [1].) Cet exemple

---

[1] Les mots mis entre deux crochets ne se trouvent pas dans le texte qui est ici tronqué.

fut suivi des Halicyens qui envoyèrent des députés aux Carthaginois, et conclurent une alliance. Denys se mit en marche pour Syracuse, ravageant le pays par lequel il conduisit son armée.

LVI. Imilcar réussissant ainsi dans son entreprise, se prépara à faire marcher son armée contre Messine, désirant vivement s'en rendre maître et occuper cette position avantageuse[1]. En effet, le port de Messine était bien placé pour recevoir toute la flotte carthaginoise composée de plus de six cents bâtiments. Une fois en possession du détroit, Imilcar se flattait de pouvoir intercepter le convoi des troupes auxiliaires d'Italie et tenir en respect les flottes qui seraient envoyées du Péloponnèse. Après avoir arrêté ce plan, il fit un traité d'alliance avec les Himériens et les habitants de la place de Céphalœdium. Il s'empara ensuite de la ville de Lipare, et imposa aux habitants de l'île un tribut de trente talents[2]. Enfin, il se porta avec toute son armée sur Messine, pendant que sa flotte côtoyait le rivage. Après avoir promptement parcouru ce trajet, il vint camper à Péloris, à cent stades de Messine[3]. Lorsque les habitants de cette ville apprirent la présence de l'ennemi, ils eurent des avis différents au sujet de cette guerre. Quelques-uns, connaissant la puissance de l'ennemi, et se voyant eux-mêmes sans alliés et privés de leur propre cavalerie, qui se trouvait alors à Syracuse, renoncèrent à soutenir un siége ; leurs murs abattus leur ôtaient le courage de se défendre, et le temps actuel ne permettait pas de les reconstruire. Ils firent donc sortir de Messine leurs enfants, leurs femmes, et les transportèrent, avec les objets les plus précieux, dans les villes voisines. Quelques autres Messiniens ayant entendu parler d'un ancien oracle qui disait que les Carthaginois viendraient porter de l'eau dans Messine, expliquèrent cet oracle dans un sens favorable, persuadés

---

[1] L'assiette avantageuse de Messine frappe tous ceux qui la voient. Située vers l'extrémité nord-est de la Sicile, et presque en face de Rhégium (Reggio), cette ville est la clef du détroit qui fait communiquer la mer Ionienne avec la mer Tyrrhénienne.

[2] Cent soixante-quinze mille francs.

[3] Plus de dix-huit kilomètres.

que les Carthaginois seraient un jour esclaves dans Messine. Ainsi encouragés, ils entraînèrent avec eux d'autres citoyens, les engageant à combattre pour la liberté. Immédiatement ils choisirent parmi les jeunes gens un corps d'élite qu'ils envoyèrent dans la Péloride pour s'opposer à la marche de l'ennemi.

LVII. Pendant que ces événements se passaient, Imilcar voyant que les Messiniens cherchaient à mettre obstacle à son passage, fit partir deux cents navires pour bloquer la ville. Il comptait, et avec raison, pendant que les troupes cherchaient à lui intercepter la route, se rendre facilement maître de Messine par mer, d'autant plus que cette ville était alors laissée sans défense. Secondée par un vent du nord, la flotte entra promptement et à pleines voiles dans le port. Le corps d'armée envoyé dans la Péloride n'arriva, bien qu'il eût hâté sa marche, qu'après l'entrée des bâtiments ennemis dans le port. C'est ainsi que les Carthaginois ayant investi Messine de tous côtés, pénétrèrent dans l'intérieur par l'ouverture des brèches, et prirent possession de la ville. Les plus vaillants des Messiniens furent tués, d'autres se réfugièrent dans les villes voisines, le plus grand nombre, gagnant les montagnes limitrophes, se dispersa dans les forteresses de la contrée. Quelques-uns furent faits prisonniers, et quelques autres, acculés au port, se jetèrent à la mer, dans l'espoir de traverser le détroit à la nage[1]. Ces derniers étaient au nombre de plus de deux cents; la plupart, entraînés par le courant, périrent; cinquante seulement parvinrent à gagner la côte de l'Italie. Après avoir réuni toutes ses troupes à Messine, Imilcar entreprit d'abord de détruire les forteresses du pays; mais comme elles étaient bien assises, et que ceux qui s'y étaient réfugiés se défendaient vaillamment, il retourna dans la ville sans avoir réussi dans son entreprise. Il y laissa quelque temps reposer ses troupes et se disposa ensuite à marcher sur Syracuse.

---

[1] Le détroit est très-peu large entre Messine et l'extrémité inférieure de l'Italie. C'est peut être le point le plus resserré du détroit, si toutefois la ville de Messine occupe aujourd'hui l'emplacement de l'ancienne ville des Messiniens. Des nageurs un peu exercés auraient donc pu facilement traverser la mer pour se sauver en Italie.

LVIII. Les Sicules, nourrissant une ancienne haine contre Denys, profitèrent du moment pour abandonner son alliance, et embrassèrent tous, à l'exception des Assoriniens, le parti des Carthaginois. Denys mit en liberté les esclaves qui se trouvaient à Syracuse, et en équipa soixante navires. Il envoya demander aux Lacédémoniens un renfort de plus de mille mercenaires. Il visita lui-même toutes les forteresses de la contrée, et les pourvut d'approvisionnements. Il fortifia avec le plus grand soin les citadelles des Léontins, et y fit transporter les vivres de la campagne ; il engagea aussi les Campaniens qui habitaient Catane à transporter leur domicile dans la ville nommée aujourd'hui Etna, car c'était une position très-forte. Cela fait, il conduisit toute son armée à cent soixante stades de Syracuse, et vint camper aux environs de Taurus. Il avait alors sous ses ordres trente mille fantassins, plus de trois mille cavaliers et cent quatre-vingts navires, parmi lesquels il y avait très-peu de trirèmes.

Après avoir rasé les murs de Messine, Imilcar ordonna à ses soldats de renverser les maisons de fond en comble, de n'y laisser subsister ni briques ni bois ; mais de brûler ou de briser tous les objets de construction. Ce travail, grâce au nombre de bras qui y étaient employés, fut promptement exécuté, et il ne fut plus possible de reconnaître l'emplacement qu'avait occupé cette ville. Imilcar considérant que Messine se trouvait très-distante des villes alliées, en même temps que sa position était très-avantageuse, avait décidé de deux choses l'une, ou de la rendre tout à fait inhabitable, ou de l'asseoir sur des fondements solides et durables.

LIX. Après avoir montré, par le désastre des Messiniens, combien il haïssait les Grecs, Imilcar détacha Magon, commandant de la flotte, avec l'ordre de doubler la hauteur appelée Taurus. Cet endroit était alors occupé par des Sicules, très-nombreux, mais sans chef. Denys leur avait primitivement donné à habiter le territoire des Naxiens ; mais séduits alors par les promesses d'Imilcar, ils avaient occupé Taurus. Comme cette position était très-forte, ils s'y étaient fixés, et l'ayant entourée de murailles ils continuèrent à l'occuper, même après la guerre. Enfin ils y fondèrent une ville qui, de leur séjour à Taurus, fut nommée Tauroménium. Cependant Imilcar s'était mis en route avec l'armée de terre et il atteignit promptement la partie de la Naxie dont nous venons de parler, en même temps que Magon longeait la côte; mais une irruption récente de l'Etna, et qui s'était étendue jusqu'à la mer, empêcha les troupes de terre de marcher de conserve avec la flotte, car les bords de la mer avaient été ravagés par la lave du volcan, de manière que l'armée de terre fut obligée de faire le tour du mont Etna. Magon reçut donc l'ordre de se porter sur Catane, tandis qu'Imilcar, traversant l'intérieur du pays, se hâtait de rejoindre la flotte sur la côte du territoire catanien ; car il craignait que les Siciliens ne profitassent de la dispersion des troupes pour engager Magon dans un combat naval. C'est en effet ce qui arriva. Denys, sachant que la marche de Magon était lente, et que la route dans l'intérieur du pays était longue et difficile, se dirigea en toute hâte sur Catane, dans l'intention d'attaquer Magon par mer avant que celui-ci pût rejoindre Imilcar. Il se flattait qu'en échelonnant ses troupes de terre le long du rivage, il donnerait aux siens plus de courage, en même temps qu'il intimiderait l'ennemi; mais que, surtout, en cas de revers, il lui serait facile de se sauver avec les débris de sa flotte auprès de l'armée de terre. Après avoir arrêté ce plan, il détacha Leptine avec tous ses navires, lui donna l'ordre d'engager le combat avec la flotte entière, et de ne point rompre la ligne pour ne pas s'exposer au danger qui pourrait l'attendre de la part d'un ennemi supérieur en nombre ; car Magon avait avec lui au moins cinq cents navires, en y comptant les bâtiments de transport et les autres embarcations armées d'éperons de cuivre.

LX. Lorsque les Carthaginois virent la côte subitement couverte de combattants et la flotte grecque à leurs trousses, ils furent saisis d'une grande frayeur et cherchèrent à gagner le rivage ; mais songeant ensuite qu'ils risquaient de tout perdre en combattant tout à la fois sur terre et sur mer, ils changèrent aussitôt de résolution. Ils se décidèrent donc à un combat naval, rangèrent leurs navires en ligne et se préparèrent à recevoir l'attaque de l'ennemi. Leptine s'étant avancé avec trente bâtiments d'élite bien au-devant du reste de la flotte, se battit vaillamment, mais avec imprudence. Attaquant aussitôt la première ligne des Carthaginois, il coula d'abord un assez grand nombre des trirèmes ennemies ; mais Magon enveloppant avec toute sa flotte les trente bâtiments syracusains, il s'engagea un combat dans lequel les troupes de Leptine étaient supérieures en courage, mais les Carthaginois l'emportaient en nombre [1]. Le combat fut donc très-opiniâtre ; les pilotes, poussant les navires à l'abordage, rendirent le combat naval semblable à une bataille sur terre. Car les bâtiments ne se battaient plus à distance à coups d'éperon, mais, en venant à l'abordage, on se battait corps à corps. Quelques-uns, voulant sauter à bord des navires ennemis, tombèrent dans la mer ; d'autres, ayant réussi dans leur tentative, se battaient sur le pont même de ces navires. Enfin Leptine fut repoussé et obligé de gagner le large. Les autres navires, mis en désordre, furent pris par les Carthaginois ; car la défaite de Leptine avait rendu ceux-ci plus audacieux, et répandu le découragement parmi les Siciliens. Le combat ainsi terminé, les Carthaginois se mirent avec une nouvelle ardeur à poursuivre les ennemis qui fuyaient en désordre ; ils coulèrent bas plus de cent bâtiments, et ayant établi des embarcations à rames le long du rivage, ils égorgèrent tous ceux qui venaient à la nage se réfugier dans le camp de l'armée de terre. Un grand nombre périrent ainsi, tout près de la côte, sans que Denys pût leur apporter aucun secours. Tout le champ de bataille fut couvert de cadavres et de débris de navires. Beaucoup de Carthaginois furent tués dans ce combat naval ; les Siciliens perdirent plus de cent bâtiments et plus de vingt mille hommes. Au sortir de

---

[1] Suivant le texte, les Carthaginois étaient, au contraire, supérieurs en courage, tandis que les troupes de Leptine l'emportaient en nombre. C'est là une erreur, ainsi qu'il est facile de s'en assurer par ce qui précède.

ce combat, les Carthaginois firent voile vers Catane; traînant à la remorque les trirèmes qu'ils avaient capturées, ils les firent tirer à terre et radouber ; de cette manière, l'éclat de cette victoire fut connu, non-seulement par la nouvelle qui s'en répandit, mais encore par l'aspect des bâtiments pris sur l'ennemi.

LXI. Pendant leur retraite sur Syracuse, les Siciliens réfléchirent qu'ils allaient être renfermés dans cette ville, et avoir à soutenir un siége difficile; ils prièrent donc Denys de les conduire directement à la rencontre d'Imilcar, qui, depuis la dernière victoire [semblait se tenir moins sur ses gardes][1]. Ils espéraient, par une apparition soudaine, étourdir les Barbares et réparer la défaite qu'ils avaient essuyée. Denys se rendit d'abord à ces instances et était prêt à marcher contre Imilcar. Mais lorsque quelques-uns de ses amis lui eurent persuadé qu'il risquerait de perdre la ville, si Magon allait se porter avec toute sa flotte contre Syracuse, Denys changea aussitôt de résolution. Il savait que ce fut par un mouvement semblable que Messine était tombée au pouvoir de l'ennemi; jugeant donc imprudent de laisser Syracuse sans défense, il continua sa marche pour retourner dans cette ville. Mais la plupart des Siciliens, mécontents de ce qu'ils n'étaient pas conduits contre les ennemis, abandonnèrent Denys; les uns rentrèrent dans leurs foyers, les autres se retirèrent dans les forteresses voisines. Cependant Imilcar, arrivé en deux jours sur la côte de Catane, fit tirer tous ses navires à terre, pour les garantir d'une tempête qui s'était élevée. Il y fit une halte de plusieurs jours, et envoya une députation aux Campaniens qui occupaient la ville d'Etna, pour les engager à se détacher de l'alliance de Denys. En même temps il promettait de leur donner un plus grand territoire, et de partager avec eux les dépouilles qu'on ferait sur l'ennemi. Il leur apprenait que les Campaniens qui habitaient Entelle favorisaient les Carthaginois, et s'armaient contre les Siciliens. Enfin, il leur représentait, que la race des Grecs était ennemie de toutes les nations. Mais les Campaniens,

---

[1] Il existe ici une lacune dans le texte.

qui avaient donné des otages à Denys et envoyé leurs meilleurs soldats à Syracuse, furent forcés de conserver l'alliance de Denys, malgré le désir qu'ils avaient d'embrasser le parti des Carthaginois.

LXII. Après ces événements, Denys, redoutant les Carthaginois, députa Polyxène, son beau-frère, à tous les Grecs d'Italie, aux Lacédémoniens et aux Corinthiens, pour les solliciter de venir à son secours et de ne pas laisser les villes grecques exposées à une ruine complète. Il envoya dans le Péloponnèse des commissaires auxquels il remit de fortes sommes d'argent, avec l'ordre de les employer à lever des troupes et à ne pas être avares de solde.

Cependant Imilcar, ayant orné sa flotte des dépouilles faites sur l'ennemi, s'avança vers le grand port de Syracuse, et répandit la consternation dans la ville. Deux cent huit vaisseaux longs entrèrent dans ce port; ils étaient rangés en bataille, les rames en dehors, et magnifiquement décorés de dépouilles. Ils étaient suivis des vaisseaux de transport, au nombre de plus de mille, portant plus de cinq cents marins. On comptait ainsi, en tout, près de deux mille bâtiments. Aussi, quelque spacieux que fût ce port, les bâtiments, pressés les uns contre les autres, le couvraient presque tout entier de leurs voiles. A peine tous ces bâtiments avaient-ils mouillé qu'on vit, du côté opposé, apparaître l'armée de terre, qui, au rapport de quelques historiens, était composée de trois cent mille hommes d'infanterie, de trois mille chevaux et de deux cents vaisseaux longs. Le général en chef, Imilcar, dressa sa tente dans le temple de Jupiter; son armée campa dans les environs, à douze stades de la ville. Après avoir pris ces dispositions, il fit sortir toute son armée et la rangea en bataille sous les murs de Syracuse, en provoquant les habitants au combat. Il fit ensuite entrer dans les autres ports cent vaisseaux d'élite, afin d'étourdir les Syracusains et de leur arracher en quelque sorte l'aveu de leur infériorité sur mer. Comme personne n'osa répondre à cette provocation, il ramena l'armée au camp. Puis, pendant trente jours, les soldats ravagèrent la campagne, coupant les arbres, et détruisant les récoltes; ils se procuraient ainsi des vivres en abondance, en même temps qu'ils répandaient le découragement parmi les habitants de la ville.

LXIII. Imilcar prit aussi le faubourg de l'Achradine, et pilla les temples de Cérès et de Proserpine; mais il éprouva bientôt le châtiment que méritait son attentat sacrilége. Car dès ce moment ses affaires allaient en déclinant chaque jour, et Denys, reprenant courage, engagea quelques escarmouches, dans lesquelles les Syracusains l'emportèrent. Pendant les nuits, des terreurs paniques saisissaient les Carthaginois qui couraient aux armes comme si l'ennemi attaquait les retranchements. Il survint aussi une maladie qui fut la cause de tous leurs désastres; nous en parlerons un peu plus tard, afin de ne pas interrompre notre récit. Imilcar environnant son camp d'un mur, fit démolir presque tous les tombeaux des environs; parmi ces tombeaux se trouvaient ceux de Gélon et de sa femme Démarète, constructions magnifiques. Il fit élever en outre au bord de la mer trois forteresses, l'une auprès de Plemmyrium, l'autre au milieu du port, et la troisième à côté du temple de Jupiter. Il y fit transporter du vin, des vivres, ainsi que toutes ses autres provisions, comptant que le siége traînerait en longueur. En même temps, il envoya en Sardaigne et en Libye des navires de charge qui devaient rapporter du blé et d'autres subsistances. Polyxène, beau-frère de Denys, arrivait alors du Péloponnèse et de l'Ionie amenant avec lui trente vaisseaux longs fournis par les alliés, sous le commandement de Pharacidas le Lacédémonien.

LXIV. Denys et Leptine firent ensuite, sur des vaisseaux longs, des courses sur mer, pour se procurer des vivres.

Les Syracusains, qui étaient en quelque sorte livrés à euxmêmes, apercevant par hasard un bâtiment chargé de blé, l'attaquèrent avec cinq navires, et, après l'avoir capturé, ils le conduisirent dans la ville. Les Carthaginois ayant détaché aussitôt quarante navires contre ces cinq bâtiments, les Syracusains montèrent sur tous les leurs ; ils engagèrent un combat dans lequel ils prirent le vaisseau commandant, et en coulèrent bas vingt-quatre autres ; et poursuivant le reste qui fuyait, jusqu'à la station navale des ennemis, ils provoquèrent les Carthaginois à un combat naval. Mais les Carthaginois, alarmés d'un événement si peu attendu, ne bougèrent pas. Les Syracusains amenèrent dans la ville, en les traînant à la remorque, les navires qu'ils avaient pris. Exaltés par ce succès et considérant que Denys avait été souvent battu par les Carthaginois qu'ils venaient de vaincre sans lui, ils étaient pleins d'enthousiasme. Ils se disaient les uns aux autres, en s'attroupant, qu'il ne fallait pas rester les esclaves de Denys, puisqu'ils avaient une si belle occasion d'abattre le tyran. En effet, la guerre venait de mettre dans leurs mains les armes dont on les avait dépouillés auparavant. Au milieu de cette agitation, Denys arriva et, convoquant une assemblée générale, il combla de louanges les Syracusains, les exhorta à prendre courage, leur promettant de terminer bientôt la guerre. Il allait dissoudre l'assemblée, lorsque Théodore le Syracusain, cavalier distingué et reconnu pour un homme d'exécution, se leva et eut la hardiesse de parler en ces termes au sujet de la liberté.

LXV. « Quoique Denys n'ait pas dit en tout la vérité, pourtant la fin de son discours est vraie, savoir que la guerre sera bientôt terminée. Mais ce ne sera point en nous menant au combat qu'il pourra y réussir, puisque il a été souvent battu, c'est en rendant à nos concitoyens leur antique liberté. Car maintenant aucun de nous n'affronte volontiers les périls de la guerre, puisque la victoire n'est pas plus avantageuse que la défaite. Vaincus, nous serons obligés de faire ce que nous commanderont les Carthaginois, vainqueurs, nous serons soumis à un despote plus insupportable encore. En effet, si la guerre nous donne pour maîtres les Carthaginois, ils nous imposeront un tribut et nous laisseront libres de gouverner l'État suivant nos anciennes lois. Au lieu que cet homme qui a pillé les temples, qui a ravi aux citoyens leurs richesses en même temps que la vie, a soudoyé des esclaves pour réduire les maîtres à la servitude, et après avoir causé en pleine paix des maux qu'on n'inflige qu'aux villes prises d'assaut, il nous promet de terminer la guerre des Carthaginois. Eh bien, nous avons autant d'intérêt à finir la guerre punique qu'à nous débarrasser du tyran qui règne dans nos murs. Cette citadelle, gardée par des esclaves armés, est dirigée contre notre ville; cette multitude de soldats mercenaires a été assemblée dans le but d'asservir les Syracusains. S'il est maître de la ville, ce n'est pas pour administrer la justice avec équité, mais pour agir en monarque absolu qui ne songe qu'à satisfaire son ambition. Nos ennemis ne possèdent maintenant qu'une partie de notre territoire, tandis que Denys en a saisi la totalité pour en faire présent à ceux qui avaient contribué à l'accroissement de la tyrannie. Jusqu'à quand supporterons-nous ces opprobres auxquels les plus braves citoyens ont préféré se soustraire par la mort? Irons-nous nous exposer aux plus grands dangers en combattant les Carthaginois et n'oserons-nous pas élever la parole en face de cet âpre tyran en faveur de la liberté et du salut de la patrie? Nous affrontons tant de milliers d'ennemis et nous tremblons devant ce monarque qui n'a pas même le courage d'un esclave!

LXVI. « Qui voudrait comparer Denys à l'ancien Gélon? Celui-ci, grâce à sa propre valeur avait délivré la Sicile avec l'aide des Syracusains et des autres Siciliens. Tandis que Denys, trouvant la liberté établie dans les villes, a laissé les ennemis s'emparer de toutes les autres villes, et a réduit notre patrie à la servitude. Le premier, combattant pour le salut de la Sicile, fit en sorte que ses alliés ne vissent jamais les ennemis. Celui-ci, fuyant depuis Motye à travers toute l'île, est venu s'enfermer dans nos murailles où, rude pour les citoyens, il ne supporte même pas la vue de l'ennemi. Aussi Gélon, par son courage et la grandeur de ses exploits, mérita-t-il de régner, non-seulement sur les Syracusains, mais sur tous les Siciliens, qui lui déférèrent volontairement l'autorité suprême. Mais Denys qui a fait la guerre pour ruiner ses alliés et asservir ses compatriotes, comment ne serait-il pas pour tous l'objet d'une juste indignation ? Non-seulement il s'est montré indigne du commandement, mais il a mille fois mérité la mort. C'est par sa faute que Géla et Camarine ont été détruites ; c'est à cause de son alliance que Messine vient d'être renversée de fond en comble et que vingt mille alliés ont péri. Enfin, nous sommes renfermés dans une seule cité, toutes les villes grecques de la Sicile ayant été rasées. Pour ajouter à tant d'infortunes, il a vendu comme esclaves les habitants de Naxos et de Catane, et détruit des villes dont l'alliance pouvait nous être d'un grand secours. Il a livré deux batailles aux Carthaginois, et deux fois il a été vaincu. Une fois investi par ses citoyens du commandement militaire, il nous ravit aussitôt la liberté ; il a fait mourir ceux qui lui rappelaient le respect des lois et banni ceux qui se faisaient remarquer par leurs richesses. Il a livré les femmes des bannis à des esclaves et à des prolétaires. Enfin, il a confié à des Barbares et à des étrangers les armes des citoyens. Voilà, par Jupiter et tous les dieux, ce qu'a fait un simple clerc, un homme sans nom.

LXVII. « Qu'est devenue cette ardeur des Syracusains pour la liberté ? où sont les exploits de nos ancêtres ? Je passe sous silence les trois cent mille Carthaginois qui trouvèrent la mort sous les murs d'Himère. Je ne dirai pas comment nos ancêtres se défirent des tyrans qui prétendaient succéder à Gélon. Mais je vous raconterai un fait qui ne date que d'hier. Lorsque les Athéniens étaient venus attaquer Syracuse avec des forces formidables, nos pères se défendirent si bien qu'il ne resta pas un seul homme pour porter à Athènes la nouvelle de la défaite. Et nous, en présence de ces exemples donnés par nos pères, nous nous soumettrions aux ordres de Denys, et cela dans un moment où nous sommes maîtres de nos armes ! La providence des dieux nous a réunis avec nos alliés et en armes pour reconquérir la liberté. Dès aujourd'hui il nous est permis de nous montrer braves et sages en secouant le joug pesant de la servitude. Auparavant, nous étions désarmés, sans alliés et environnés de troupes mercenaires, il fallait alors céder au temps ; mais aujourd'hui, maîtres de nos armes, et ayant nos alliés pour auxiliaires et pour témoins de notre courage, ne reculons plus, et montrons aux yeux de tous que ce n'est point par lâcheté, mais par la nécessité des circonstances que nous avons subi l'esclavage. Comment ne rougirions-nous pas de reconnaître pour chef un ennemi qui a profané les sanctuaires de la cité, de mettre à la tête de l'État un homme auquel un simple particulier pourvu de sa raison ne voudrait pas confier la gestion de ses biens. Lorsque tous les peuples, pendant les guerres, respectent les choses saintes en raison de la grandeur des dangers, comment pourrons-nous attendre d'un homme fameux par son impiété une fin prospère de la guerre que nous soutenons ?

LXVIII. « Au reste, quiconque voudra y réfléchir de près, trouvera que Denys ne craint pas moins la paix que la guerre. En effet, il regarde la guerre actuelle comme une circonstance favorable qui empêche les Syracusains, paralysés par l'ennemi, de rien entreprendre contre lui ; tandis que si les Carthaginois étaient battus, les Syracusains, animés par le succès, pourraient se servir de leurs armes pour conquérir leur liberté. Aussi est-ce, je pense, par ce motif que, dans la première guerre, il livra Géla et Camarine par trahison, qu'il rendit ces villes désertes, et que, dans le traité conclu avec les Carthaginois, il leur a cédé la plupart des villes grecques inhabitées. Plus tard, au milieu de la paix, et violant la foi des traités, il a vendu comme esclaves les habitants de Naxos et de Catane ; il rasa la première ville et donna la dernière pour demeure aux Campaniens sortis de l'Italie. Enfin, lorsque ceux qui avaient échappé à la mort conspiraient le renversement de la tyrannie, il déclara de nouveau la guerre aux Carthaginois, car il craint bien moins de violer les traités jurés que d'être exposé aux tentatives des Siciliens, réunis en corps politiques. Aussi semble-t-il continuellement veiller à leur extermination ; d'abord, il aurait pu s'opposer au débarquement des Carthaginois à Panorme, fatigués alors d'un long trajet ; et il n'a pas voulu le faire. Ensuite, il a laissé détruire Messine, cette ville si grande et si bien située, non-seulement parce que cette perte entraînait celle d'un grand nombre de Siciliens, mais parce que les Carthaginois pourraient là barrer le passage aux flottes envoyées de l'Italie et du Péloponnèse. Enfin, il a, il est vrai, attaqué l'ennemi sur la côte de Catane : il avait engagé ce combat à la vue de cette ville, afin que les vaincus trouvassent un refuge dans les ports. Mais lorsque, après le combat naval, des vents violents forcèrent les Carthaginois à tirer leurs navires à terre, il ne profita point de cette belle occasion pour les terrasser. Leur armée de terre n'était pas encore arrivée, et la violence de la tempête avait fait échouer leurs bâtiments contre la côte ; si alors nous étions tombés sur eux avec toute notre infanterie, nous les eussions facilement faits prisonniers à leur débarquement, ou, abandonnée à la fureur des flots, leur flotte aurait couvert le rivage de ses débris.

LXIX. « Mais, je ne crois pas qu'il soit nécessaire d'accuser davantage Denys devant les Syracusains ; car s'ils ne sont pas animés à la vengeance par la souffrance des maux qui sont l'œuvre du tyran, je ne parviendrai jamais à vous enflammer par des paroles. Et ne voyez-vous pas en lui tout à la fois le citoyen le plus pervers, le tyran le plus impitoyable et le général le plus lâche ? Nous avons été vaincus autant de fois que nous avons combattu sous ses ordres. Et pourtant, tout à l'heure, livrés à nous-mêmes, nous avons attaqué, avec un petit nombre de navires, toute la flotte de l'ennemi, et nous l'avons mise en déroute. Il nous faut donc chercher un autre chef, afin qu'en servant sous les ordres de celui qui a profané les temples, nous ne fassions par la guerre aux dieux. La divinité nous a été évidemment contraire tant que nous avons été soumis au pouvoir du plus grand des impies. Et, puisque sous ses ordres toutes nos armées sont défaites, pendant que, sans lui, un petit corps de troupes a suffi pour mettre en déroute les Carthaginois, comment l'intervention des dieux n'est-elle pas ici visible pour tout le monde? Enfin, ô citoyens, si Denys abdique volontairement l'autorité suprême, laissons-le sortir de la ville, lui et les siens. Si, au contraire, il s'y refuse, l'occasion est belle pour reconquérir notre liberté. Nous voilà tous réunis, nous sommes maîtres de nos armes, nous nous trouvons au milieu de nos alliés, tant de ceux des Grecs d'Italie que de ceux du Péloponnèse. Choisissons notre chef selon les lois, soit parmi nos concitoyens, soit parmi les Corinthiens qui habitent la métropole, soit parmi les Spartiates qui tiennent le sceptre de la Grèce. »

LXX. Les Syracusains furent enflammés par ce discours de Théodore, et tournèrent leurs regards vers leurs alliés. Pharacidas le Lacédémonien, commandant de la flotte des auxiliaires, monta à la tribune; tous s'attendaient à le voir se déclarer le chef du mouvement en faveur de la liberté. Mais Pharacidas, ami du tyran, dit qu'il avait été envoyé par les Lacédémoniens pour soutenir les Syracusains et Denys contre les Carthaginois, mais non pas pour renverser l'autorité de Denys. Pendant ce discours, si opposé à l'attente générale, les troupes mercenaires accoururent auprès de Denys, et les Syracusains consternés gardèrent le silence, maudissant les Spartiates. En effet, déjà autrefois Arétès le Lacédémonien avait trahi les Syracusains lorsqu'ils s'apprêtaient à reconquérir la liberté, et aujourd'hui Pharacidas entrava cette même entreprise. Cependant Denys, saisi de crainte, rompit l'assemblée; ensuite il parla obligeamment à tout le monde, se familiarisa avec la foule, donna des présents aux uns et invita les autres à sa table.

Après la prise du faubourg de Syracuse et le pillage du temple de Cérès et de Proserpine, l'armée des Carthaginois fut atteinte d'une maladie. A la vengeance de la divinité, ainsi manifestée, il faut ajouter que des milliers d'hommes étaient rassemblés dans un même espace, et qu'on se trouvait dans une saison très-favorable au développement des maladies. De plus, dans cette année, les chaleurs de l'été étaient excessives. Cet endroit paraissait destiné à être le théâtre d'immenses calamités; car déjà, auparavant, les Athéniens qui avaient établi leur camp sur ce terrain bas et marécageux, furent décimés par des maladies. D'abord, avant le lever du soleil, un frisson, occasionné par un air froid et humide, saisissait les corps, et à midi la chaleur asphyxiait cette multitude d'hommes entassés dans un étroit espace.

LXXI. La maladie atteignit d'abord les Libyens dont un grand nombre moururent. Dans le commencement, ils ensevelissaient les cadavres ; mais bientôt, en raison de la quantité des morts, et les gardes-malades étant eux-mêmes attaqués de la maladie, personne n'osa plus approcher des souffrants. Le secours médical ayant ainsi cessé, le fléau devint sans remède. La puanteur des corps laissés sans sépulture, et l'exhalaison putride des marais, causèrent d'abord un flux catarrhal qui fut suivi de tumeurs au cou ; bientôt survinrent des fièvres, des douleurs dans les nerfs du dos, et des pesanteurs dans les jambes. A ces symptômes succédaient la dyssenterie et des pustules sur toute la surface du corps. Telle était la maladie qui avait attaqué la plupart des Carthaginois. Quelques-uns avaient des accès de manie et perdaient complétement la mémoire ; hors de leur sens, ils parcouraient le camp et frappaient ceux qu'ils rencontraient. Enfin, la gravité du fléau et la rapidité de la mort rendaient inutile le secours des médecins ; les malades mouraient le cinquième ou le plus souvent le sixième jour en éprouvant des douleurs si atroces qu'ils estimaient heureux ceux qui avaient péri dans les combats. Comme le mal avait gagné ceux qui soignaient les malades, ceux-ci furent abandonnés à leur infortune, personne ne voulant les garder. Ainsi, non-seulement ceux qui n'étaient pas parents s'abandonnaient réciproquement, mais les frères laissaient périr leurs frères, les amis leurs amis, par la crainte d'être eux-mêmes atteints de la contagion [1].

LXXII. Lorsque Denys apprit la calamité des Carthaginois, il équipa quatre-vingts navires, et ordonna à Pharacidas et à

[1] D'après l'énumération de ces symptômes et de ces causes morbifiques il est permis de croire que la maladie qui décimait les Carthaginois était, sinon la peste, au moins une fièvre pernicieuse putride, une espèce de typhus.

Leptine, commandants de la flotte, d'attaquer à la pointe du jour les bâtiments ennemis. Lui-même, profitant de l'obscurité de la nuit, se mit à la tête de son armée, et, faisant le tour du temple de Cyanée, il se trouva au matin en face du camp, sans avoir été aperçu des ennemis. Il avait détaché auparavant les cavaliers et mille fantassins mercenaires, pour attaquer la partie du camp des Carthaginois qui s'étendait dans l'intérieur du pays. Ces soldats haïssaient le plus Denys, et avaient souvent excité des troubles et des désordres. C'est pourquoi Denys avait ordonné à ses cavaliers de fuir et d'abandonner les mercenaires au moment de la mêlée. Les cavaliers ayant exécuté cet ordre, tous ces mercenaires furent taillés en pièces. Cependant Denys entreprit d'assiéger le camp et les forts qui l'environnaient. Les Barbares, effrayés de cette entreprise inattendue, se défendirent en désordre; et Denys s'empara du fort appelé Polichna; d'un autre côté, les cavaliers et quelques trirèmes s'approchèrent du bourg voisin de Dascon, et le prirent d'assaut. Aussitôt toute la flotte sicilienne s'avança en ordre, et l'armée poussait des cris de victoire sur la prise des forts. Les Barbares furent consternés; car ils avaient d'abord tous couru du côté où l'armée de terre venait attaquer le camp pour secourir les assiégés; mais lorsqu'ils virent les bâtiments s'approcher, ils revinrent en toute hâte du côté de la station navale, mais leur diligence fut inutile. Ils étaient encore occupés à monter à bord et à équiper les trirèmes, lorsque les vaisseaux ennemis les prirent en flanc, endommagèrent les bâtiments à coups d'éperon, et les firent couler d'un seul coup bien appliqué. D'autres, frappant à coups redoublés les planches du bordage, répandaient la terreur parmi ceux qui faisaient de la résistance. Les meilleurs navires des Carthaginois, percés ou déchirés à coups d'éperon, se brisaient avec un horrible fracas; le rivage était jonché de cadavres.

LXXIII. Animés par ce succès, les Syracusains s'empressèrent à l'envi de sauter sur les bâtiments ennemis, et, enveloppant les Barbares, effrayés de la grandeur du péril, ils les massacrèrent. L'armée de terre ne voulant pas rester en arrière d'ardeur belliqueuse, se précipita vers la station navale. Denys lui-même se trouvait parmi eux, et s'était avancé à cheval jusqu'à Dascon. Les Syracusains y trouvèrent mouillés quarante bâtiments à cinq rangs de rames, et à leur suite plusieurs vaisseaux de transport et quelques trirèmes : ils mirent le feu à tous ces bâtiments. La flamme s'éleva promptement et s'étendit si loin, que les embarcations furent brûlées ; ni les marchands ni les marins ne purent porter aucun secours, tant cet incendie était immense. Un vent violent s'éleva, et la flamme fut portée des bâtiments de guerre aux vaisseaux de transport ; les hommes qui les montaient plongèrent dans l'eau pour se soustraire au feu ; les câbles ayant été brûlés, les navires, abandonnés aux flots, s'entre-choquèrent ; quelques-uns échouèrent, quelques autres furent jetés sur la côte, la plupart devinrent la proie des flammes. L'aspect de cet incendie, qui se propageait dans les voiles et les mâtures des bâtiments de transport, offrait aux habitants de la ville un spectacle pour ainsi dire théâtral : les Carthaginois semblaient périr comme les impies que les dieux frappent de la foudre.

LXXIV. Cette victoire exalta les esprits des Syracusains ; tout ce qu'il y avait d'enfants avancés en âge, et ceux qui n'étaient pas entièrement épuisés par la vieillesse, vinrent remplir les ports, se jetèrent en foule sur les navires en partie détruits par le feu, les pillèrent et en tirèrent les objets qui pouvaient encore servir ; ils traînèrent à la remorque, jusque dans la ville, les bâtiments que la flamme avait épargnés. Ceux-là même qui, par leur âge, étaient exempts du service militaire, ne purent contenir leur ardeur, et l'excès de la joie donna des forces à la faiblesse de l'âge. Enfin le bruit de la victoire s'étant répandu dans la ville, les femmes, les enfants et les domestiques quittèrent les maisons et coururent sur les murs, qui furent tout couverts de spectateurs. Les uns, levant les mains au ciel, rendirent grâces aux dieux, les autres s'écrièrent que la divinité s'était vengée de l'impiété des Barbares. Et, en effet, ce spectacle, vu de loin, ressemblait à un combat des dieux, tant de navires étaient dévorés par le feu, et tant la flamme s'élevait au-dessus des mâts. Chaque nouveau succès était accueilli par les Grecs avec des cris épouvantables, tandis que les Barbares, dans leur effroi, faisaient entendre un grand tumulte et des clameurs confuses. Mais la nuit étant survenue, on mit fin au combat, et Denys vint camper en face des Barbares, près du temple de Jupiter.

LXXV. Les Carthaginois, vaincus sur terre et sur mer, envoyèrent, à l'insu des Syracusains, une députation à Denys. Ils le supplièrent de laisser retourner en Libye les débris de leurs troupes, et lui offrirent trois cents talents qu'ils avaient dans leur camp. Denys répondit qu'il lui était impossible de les laisser tous échapper, mais qu'il leur permettait de s'embarquer secrètement la nuit en n'emmenant que les citoyens de Carthage; car il savait que ni les Syracusains ni les alliés ne souffriraient que les ennemis effectuassent leur retraite. Denys agissait ainsi parce qu'il ne voulait pas la ruine totale des Carthaginois qui pouvaient seuls tenir les Syracusains en respect, et les empêcher de songer à leur liberté. Ainsi, après être convenu que les Carthaginois partiraient la nuit du quatrième jour, Denys reconduisit l'armée dans la ville. Imilcar fit, pendant la nuit, porter dans la citadelle les trois cents talents promis, et les remit aux soldats que le tyran avait établis dans l'Ile. Au moment convenu, Imilcar, à la faveur de la nuit, embarqua les citoyens carthaginois sur quarante trirèmes, et, abandonnant le reste de l'armée, se livra à la fuite. Il était déjà sorti du port, lorsque quelques Corinthiens eurent connaissance de cette fuite et en apportèrent promptement la nouvelle à Denys. Celui-ci appela les soldats aux armes et gagna du temps en réunissant les chefs; mais les Corinthiens, impatientés, coururent sus aux Carthaginois, et, leurs rameurs luttant de vitesse, ils atteignirent l'arrière-garde de la flotte phénicienne. Ils attaquèrent les navires à coups d'éperon, et les coulèrent bas. Après cette action, Denys mit ses troupes en mouvement; les Sicules, alliés des Carthaginois, ayant prévu l'attaque des Syracusains, s'étaient réfugiés dans l'intérieur des terres, et parvinrent presque tous à se sauver dans leurs foyers. Cependant, Denys établissant des postes sur les routes, conduisit pendant la nuit son armée contre le camp des ennemis. Les Barbares, abandonnés à la fois par leur général et les Carthaginois, perdirent courage, et, saisis d'épouvante, se livrèrent à la fuite. Les uns, tombant au milieu des avant-postes placés sur les routes, furent faits prisonniers; mais la plupart, jetant leurs armes, allèrent au-devant des Syracusains, qu'ils supplièrent de leur accorder la vie. Les Ibériens seuls, se réunissant sous les armes, envoyèrent un héraut pour offrir leur alliance. Denys traita avec eux, et incorpora les Ibériens parmi ses mercenaires. Il fit prisonnier le reste de l'armée et laissa piller le bagage par ses soldats.

LXXVI. Tel fut le changement de fortune qu'éprouvèrent les Carthaginois; ce fut pour tous les hommes un exemple que ceux qui s'élèvent trop haut peuvent promptement tomber bien bas. En effet, les Carthaginois, maîtres de presque toutes les villes de la Sicile, à l'exception de Syracuse, après avoir aspiré à s'emparer de cette dernière, eurent bientôt à craindre pour leur propre patrie. Eux qui avaient violé les tombeaux des Syracusains, laissèrent entassés sous leurs yeux, sans sépulture, cinquante mille cadavres, victimes de la peste. Ils avaient incendié le territoire des Syracusains, et, par contre-coup, ils virent leur propre flotte devenue la proie des flammes. En entrant dans le port, ils avaient fait parade de leurs forces et montré aux Syracusains leurs richesses, et ils ne se doutaient pas qu'en une nuit ils seraient mis en fuite et livreraient leurs propres alliés aux ennemis. Le général lui-même, qui avait placé sa tente dans le temple de Jupiter, et qui avait profané le sanctuaire pour se procurer des richesses, se sauva ignominieusement à Carthage, accompagné d'un petit nombre de soldats, afin que, épargné par le fer, il mourût comme un sacrilége, et qu'il menât dans sa patrie une vie honteuse. Il arriva à un tel degré d'infortune que, couvert de haillons, il parcourait les temples de Carthage, se reprochant ses impiétés envers les dieux, et s'avouant puni de ses crimes par une divinité vengeresse. Enfin, se condamnant lui-même à mort, il se laissa périr d'inanition, léguant à ses concitoyens la crainte des dieux. Bientôt après, la fortune leur prépara bien d'autres revers.

LXXVII. Le bruit de ces désastres s'étant répandu dans la Libye, les alliés des Carthaginois, détestant depuis longtemps le joug pesant de leurs maîtres, sentirent leur haine se ranimer par la trahison qui avait livré leurs troupes aux Syracusains. Ainsi, excités par la colère et stimulés par le mépris que leur inspirait l'infortune des Carthaginois, ils s'insurgèrent pour ressaisir leur indépendance ; après s'être réciproquement envoyé des députés, ils parvinrent à rassembler une armée qui établit son camp en rase campagne. Non-seulement les hommes libres, mais encore les esclaves, se hâtèrent d'accourir, et se réunirent en peu de temps au nombre de deux cent mille hommes. S'emparant de Tynès, ville située à peu de distance de Carthage, ils en firent leur place d'armes, et, victorieux dans les combats, ils refoulèrent les Phéniciens dans leurs murs. Les Carthaginois, qui avaient évidemment contre eux les dieux, se réunirent tout effrayés, d'abord en petits groupes, et implorèrent la divinité pour apaiser son courroux. La superstition et la terreur s'étaient emparées de toute la ville, et chacun voyait déjà la patrie réduite en esclavage. On rendit un décret qui ordonna d'employer tout moyen pour fléchir les dieux offensés ; ils admirent dans leurs temples Proserpine et Cérès, jusqu'alors inconnues aux Carthaginois, et choisirent les citoyens les plus renommés pour présider au culte de ces déesses, auxquelles on éleva solennellement des statues ; on leur offrit des sacrifices suivant les rites grecs, et parmi les Grecs les plus considérés qui se trouvaient à Carthage, ils nommèrent ceux qui devaient veiller au service de ces divinités. Après ces dispositions, ils s'occupèrent à construire des bâtiments et à faire les préparatifs de guerre nécessaires. Cependant les rebelles, mélange de toutes les nations, manquant de chef capable, se battaient entre eux pour le commandement suprême, et, qui plus est, ils manquaient de vivres, tandis que les Carthaginois en faisaient venir de la Sardaigne ; quelques-uns, corrompus par l'argent des Carthaginois, renoncèrent aux espérances de liberté. Ainsi, d'un côté le manque de provisions, et de l'autre la trahison, portèrent l'armée des insurgés à se dissoudre, et à rentrer dans leurs foyers, délivrant ainsi les Carthaginois de la plus grande terreur. Telle était la situation des affaires en Libye.

LXXVIII. Denys s'apercevant que les troupes mercenaires étaient mécontentes de lui, et craignant qu'elles ne conspirassent sa chute, se saisit d'abord d'Aristote, leur chef. A cette nouvelle les soldats coururent aux armes et demandèrent leur paie avec hauteur. Denys déclara qu'il allait envoyer Aristote à Lacédémone pour y être jugé par ses concitoyens ; quant à la solde de ces mercenaires qui étaient au nombre d'environ dix mille, il leur donna en paiement la ville et le territoire des Léontins. La beauté de ce pays leur fit facilement accepter cette offre : ils se partagèrent donc les terres et allèrent s'y établir. Denys prit ensuite à sa solde d'autres étrangers auxquels il joignit des esclaves qu'il avait affranchis pour consolider sa puissance. Cependant, après la défaite des Carthaginois, ceux qui avaient échappé à l'asservissement des villes en Sicile, se rassemblèrent, et rentrant dans leurs foyers, ils se reposèrent de leurs fatigues.

Denys transporta à Messine une compagnie de mille Locriens, de quatre mille Médimnéens et de six cents Messéniens du Péloponnèse, bannis de Zacynthe et de Naupacte ; mais voyant que les Lacédémoniens étaient fâchés de ce qu'il avait admis dans une ville aussi célèbre que Messine les Messéniens qui avaient été chassés par eux, il les fit sortir de Messine, leur donna sur le bord de la mer un territoire qu'il détacha du pays abacénien, et fixa les limites des terres qu'il leur distribua. Les Messéniens y fondèrent une ville à laquelle ils donnèrent le nom de Tyndaris, établirent un gouvernement régulier, et après avoir inscrit au nombre des citoyens beaucoup d'étrangers, ils composèrent bientôt une population de plus de cinq mille habitants. Denys fit ensuite de fréquentes invasions sur le territoire des Sicules, prit Sménéum et Morgantinum, conclut un traité de paix avec Agyris, tyran des Agyrinéens, avec Damon, souverain des Centoripiens, ainsi qu'avec les Erbitéens et les Assoriniens. Il se rendit maître par trahison des villes de Céphalœdium, de Solonte et d'Enna, enfin il fit la paix avec les Erbessiniens. Tel était l'état des choses en Sicile.

LXXIX. En Grèce, les Lacédémoniens, pressentant l'importance de la guerre qu'ils allaient entreprendre contre les Perses, en confièrent la direction à Agésilas, l'un de leurs deux rois. Après avoir levé six mille hommes et fait entrer dans le sénat trente des citoyens les plus considérés, Agésilas se mit à la tête de son armée et se rendit d'Europe à Éphèse. Là, il enrôla encore quatre mille hommes et mit en campagne une armée de dix mille fantassins et de quatre cents cavaliers. Ces troupes étaient suivies d'une foule de marchands forains que l'espoir du pillage avait attirés, et dont le nombre n'était pas inférieur à celui des soldats. Agésilas parcourut d'abord la plaine caïstrienne, ravageant le pays soumis à la domination des Perses et poussa jusqu'à Cymes. De là il fit, pendant la plus grande partie de l'été, des excursions dans la Phrygie et dans les contrées limitrophes qu'il dévasta ; et après avoir pourvu l'armée de vivres en abondance, il retourna, vers l'automne, à Éphèse. Tandis que ces événements avaient lieu, les Lacédémoniens envoyèrent des députés à Néphérée, roi d'Égypte, pour demander son alliance. Celui-ci, au lieu d'un secours d'hommes, fournit aux Spartiates tout ce qui est nécessaire pour équiper cent trirèmes et leur donna cinq cent mille mesures de blé. D'un autre côté, Pharax, commandant de la flotte lacédémonienne, partant de Rhodes avec cent vingt navires, vint aborder à Sasanda, en Carie, forteresse éloignée de cent cinquante stades de Caune. Il partit de là pour assiéger Caune même et bloquer Conon qui commandait la flotte royale et qui stationnait à Caune avec quarante bâtiments. Mais Artapherne et Pharnabaze étant venus avec une forte armée au secours des Cauniens, Pharax leva le siége et revint avec toute sa flotte à Rhodes. Conon rassembla quatre-vingts trirèmes et fit voile pour la Chersonèse. Les Rhodiens repoussèrent la flotte des Péloponnésiens, se détachèrent de l'alliance des Lacédémoniens et reçurent dans leur ville Conon avec toute sa flotte. Les navires qui venaient d'Égypte, chargés de blé pour les Lacédémoniens, ignorant la défection des Rhodiens, abordèrent en toute confiance dans l'île. Les Rhodiens et Conon, commandant de la flotte des Perses, firent entrer ces navires dans les ports et mirent l'abondance dans la ville. Conon reçut encore un renfort de quatre-vingt-dix trirèmes, dix de la Cilicie et quatre-vingts de la Phénicie, qui étaient commandées par le souverain des Sidoniens.

LXXX. Cependant Agésilas ramena son armée dans la plaine de Caïstrum et dans les environs de Sipyle, et ravagea les propriétés des habitants. De son côté, Tissapherne avait réuni dix mille cavaliers et cinquante mille hommes d'infanterie qui suivaient les Lacédémoniens et massacraient ceux que l'ardeur du pillage avait écartés des rangs. Agésilas, ayant formé ses soldats en carré, continua sa route sur le penchant du mont Sipyle, épiant un moment favorable pour tomber sur les ennemis. Il parcourut ainsi le pays jusqu'à Sardes, dévastant les vergers et le jardin de Tissapherne qui étaient plantés d'arbres de toute espèce et arrangés pour le luxe et la jouissance des bienfaits de la paix. De là, arrivé à moitié chemin entre Sardes et Thybarne, il détacha de nuit Xénoclès le Spartiate avec quatorze cents hommes chargés de s'emparer d'un lieu boisé d'où il pourrait surprendre les Barbares. Quant à Agésilas, dès le point du jour il continua sa marche, et à peine eut-il dépassé l'embuscade que les Barbares tombèrent en désordre sur son arrière-garde; aussitôt il fit volte-face et un combat acharné s'engagea avec les Perses. Tandis que l'on se battait ainsi, ceux qui étaient mis en embuscade se montrèrent au signal donné, et, entonnant le péan, ils tombèrent sur les ennemis. Les Perses, se voyant pris entre deux corps d'armée, furent saisis d'épouvante et se livrèrent aussitôt à la fuite. Les troupes d'Agésilas les poursuivirent pendant quelque temps, tuèrent plus de six mille hommes et firent un plus grand nombre de prisonniers. Ils pillèrent le camp qui était rempli de richesses. Après cette bataille, Tissapherne se retira à Sardes, frappé de l'audace des Lacédémoniens. Agésilas s'avança vers les satrapies supérieures.... [1]; mais ne pouvant, dans les sacrifices, obtenir des augures favorables, il reconduisit son armée vers les bords de la mer. Artaxerxès, roi de l'Asie, informé de cette défaite, et faisant à contre-cœur la guerre aux Grecs, fut fort irrité contre Tissapherne, qui passait pour l'auteur de cette guerre. Il était même sollicité par Parysatis, sa mère, de punir Tissapherne, auquel elle ne pouvait pardonner d'avoir dénoncé son fils Cyrus, lorsque ce dernier entreprit l'expédition contre son frère. Artaxerxès confia donc à Tithrauste le commandement de l'armée et lui donna l'ordre d'arrêter Tissapherne en même temps qu'il fit prévenir par écrit les villes et les satrapes d'obéir à ce nouveau gouverneur. Arrivé à Colosse en Phrygie, Tithrauste surprit, à l'aide d'un satrape natif de Larisse, Tissapherne qui se trouvait au bain; il lui coupa la tête et l'envoya au roi. Il entama une conférence avec Agésilas et conclut une trêve de six mois.

LXXXI. Pendant que ces événements se passaient en Asie, les Phocidiens, alléguant quelques sujets de plainte, déclarèrent la guerre aux Béotiens, et parvinrent à décider les Lacédémoniens à leur fournir des secours contre les Béotiens. Les Lacédémoniens leur envoyèrent d'abord Lysandre avec un petit nombre de soldats. Arrivé dans la Phocide, Lysandre leva une armée. Plus tard, ils leur envoyèrent leur roi Pausanias, à la tête de six mille hommes. De leur côté, les Béotiens engagèrent les Athéniens à prendre part à la guerre. En attendant, ils se mirent seuls en mouvement et prirent Haliarte, assiégée par Lysandre et les Phocidiens. Il s'engagea un combat; Lysandre y tomba ainsi

---

[1] Le texte paraît ici défectueux. — Les satrapies supérieures étaient celles de l'intérieur du royaume et les plus éloignées des satrapies maritimes, qu'on nommait, par opposition, les satrapies inférieures. A cette distinction se rattachent les termes si fréquents de ἡ ἄνω Ἀσία (l'Asie supérieure), ἡ κάτω Ἀσία (l'Asie inférieure, les côtes), de ἀνάβασις, κατάβασις, etc.

qu'un grand nombre de Lacédémoniens et d'alliés. Toute la phalange béotienne revint promptement de la poursuite de l'ennemi ; deux cents Thébains qui s'étaient avancés trop témérairement dans des défilés étroits furent tués. Cette guerre fut appelée *guerre béotique*. Pausanias, roi des Lacédémoniens, instruit de cette défaite, conclut un armistice avec les Béotiens et ramena son armée dans le Péloponnèse.

Conon, commandant de la flotte des Perses, voulant aller lui-même parler au roi, plaça à la tête de la flotte Hiéronymus et Nicodémus, tous deux Athéniens, et fit voile vers la Cilicie ; de là, il se rendit à Thapsaque en Syrie, et descendit l'Euphrate jusqu'à Babylone. Là, admis auprès du roi, il s'engagea envers lui à combattre les Lacédémoniens sur mer, si le roi était disposé à lui fournir tout l'argent et les autres munitions nécessaires pour cette entreprise. Artaxerxès, comblant Conon d'éloges et de présents, désigna le trésorier chargé de lui délivrer toutes les sommes d'argent qu'il demanderait ; et il lui permit de prendre pour collègue dans le commandement celui qu'il choisirait parmi les Perses. Conon choisit le satrape Pharnabaze, repartit pour gagner les côtes de la mer et régla toutes les choses d'après le pouvoir qui lui était confié.

LXXXII. L'année étant révolue, Diophante fut nommé archonte d'Athènes, les Romains élurent, au lieu de consuls, six tribuns militaires, Lucius Valérius, Marcus Furius, Quintus Servilius, Quintus Sulpicius, Claudius Ugon et Marius Appius [1]. A cette époque, les Béotiens et les Athéniens, ensuite les Corinthiens et les Argiens, conclurent entre eux un traité d'alliance. Car, comme les Lacédémoniens étaient devenus odieux par le joug qu'ils faisaient peser sur leurs alliés, ces peuples pensaient, en entraînant les plus grandes villes à leur opinion, qu'ils parviendraient aisément à renverser la domination de Sparte. Ils commencèrent donc par établir à Corinthe une assemblée générale, y envoyèrent des députés volontaires, et réglèrent en commun les affaires de la guerre. Ils firent ensuite partir des

---

[1] Deuxième année de la xcvi° olympiade ; année 395 avant J.-C.

députés dans les villes, et en détachèrent un grand nombre de l'alliance des Lacédémoniens. En effet, toute l'Eubée, les Leucadiens, les Acarnaniens, les Ambraciotes, et les Chalcidiens de Thrace entrèrent dans la ligue. Les députés firent également des tentatives auprès des habitants du Péloponnèse pour leur faire abandonner l'alliance des Lacédémoniens ; mais aucun d'eux n'écouta cette proposition. Car Sparte, placée sur leur flanc, était comme une citadelle qui tenait en respect tout le Péloponnèse.

Médius, souverain de Larisse en Thessalie, étant alors en guerre contre Lycophron, tyran de Phères, demanda du secours à l'assemblée générale, qui lui envoya deux mille hommes. Médius se servit de ce corps auxiliaire pour prendre Pharsale, défendue par une garnison lacédémonienne, et vendit les habitants à l'enchère. Après ce succès, les Béotiens, de concert avec les Argiens, s'emparèrent d'Héraclée en Trachinie ; ils y avaient été introduits pendant la nuit par quelques habitants ; ils égorgèrent les Lacédémoniens qui y restaient et laissèrent sortir avec leur bagage les Péloponnésiens. Après avoir rappelé dans leur ville les Trachiniens qui avaient été exilés de leur patrie par les Lacédémoniens, ils leur donnèrent pour demeure Héraclée comme aux plus anciens habitants de la contrée. Dans la suite, Isménias, chef des Béotiens, laissa les Argiens dans la ville pour la défendre. Quant à lui, il détermina les Éniens et les Athamans à se détacher des Lacédémoniens et il réunit à leurs soldats les troupes fournies par les alliés. Se trouvant ainsi à la tête de près de six mille hommes, il se mit en marche contre les Phocidiens. Il était campé auprès d'Aryca dans la Locride (où l'on dit qu'était né Ajax) lorsqu'il fut attaqué par un corps considérable de Phocidiens commandé par Lacisthène le Laconien. Il s'engagea un combat long et acharné d'où les Béotiens sortirent victorieux ; ils poursuivirent les fuyards jusqu'à l'entrée de la nuit et tuèrent près de mille hommes, tandis qu'eux-mêmes ne comptaient que cinq cents morts. Après cette bataille, les deux partis licencièrent leurs troupes et retournèrent les uns dans leurs foyers, les autres à Corinthe où fut convoquée l'assemblée générale. Comme tout avait réussi à souhait, on appela à Corinthe des troupes tirées de toutes les villes alliées et on parvint ainsi à réunir une armée de plus de quinze mille fantassins et d'environ cinq cents cavaliers.

LXXXIII. Les Lacédémoniens, voyant les villes les plus considérables de la Grèce soulevées contre eux, décrétèrent de rappeler de l'Asie Agésilas et les troupes qu'il commandait. En attendant, ils se mirent en campagne avec une armée de vingt-trois mille hommes d'infanterie et de cinq cents cavaliers pris tant chez eux que chez les alliés. Il se livra une bataille sur les bords du fleuve Némée; elle dura jusqu'à la nuit : la victoire se partagea également entre les ailes des deux armées ennemies. Cependant les Lacédémoniens et leurs alliés ne perdirent que onze cents hommes, tandis que les Béotiens et leurs alliés en perdirent deux mille huit cents. Sur ces entrefaites, Agésilas avait ramené son armée de l'Asie en Europe, et à la première rencontre des Thraces il remporta une victoire et tua un grand nombre de Barbares. Il continua ensuite sa route à travers la Macédoine, parcourant le même pays par lequel avait passé Xerxès lors de son expédition contre les Grecs. Après avoir ainsi traversé la Macédoine et la Thessalie, il atteignit le défilé des Thermopyles.

Conon l'Athénien et Pharnabaze, qui commandaient la flotte royale, stationnaient à Loryma dans la Chersonèse, ayant sous leurs ordres plus de quatre-vingt-dix trirèmes. Avertis que la flotte des ennemis se tenait dans les environs de Cnide, ils se disposèrent à lui présenter le combat. Pisandre[1], nauarque des Lacédémoniens, quitta alors les parages de Cnide avec quatre-vingt-cinq trirèmes, et vint aborder à Physcus dans la Chersonèse. De là il se remit en mer pour attaquer la flotte du roi, et il remporta l'avantage dans ce premier engagement. Mais comme les trirèmes des Perses reçurent des renforts, tous les alliés s'enfuirent vers la côte. Pisandre, placé sur son navire,

---

[1] Le texte porte à tort Périarque.

continua à faire face à l'ennemi, regardant comme une action indigne de Sparte de fuir lâchement. Après avoir fait des prodiges de valeur et tué un grand nombre d'ennemis, il mourut, les armes à la main, d'une mort digne de sa patrie. Conon poursuivit les Lacédémoniens jusqu'à la côte et se rendit maître de cinquante trirèmes; la plupart des hommes qui les montaient plongèrent dans la mer et gagnèrent la côte à la nage; cinq cents d'entre eux furent faits prisonniers; le reste de la flotte se sauva dans le port de Cnide.

LXXXIV. Agésilas, qui avait reçu des renforts du Péloponnèse, était entré dans la Béotie. Les Béotiens, secondés de leurs alliés, le rencontrèrent à Coronée. Il se livra une bataille; les Thébains mirent en déroute l'aile qui leur était opposée et poursuivirent l'ennemi jusque dans son camp; mais le reste de l'armée béotienne, après une courte résistance, fut forcé par Agésilas et les autres à prendre la fuite. Les Lacédémoniens, se regardant comme vainqueurs, élevèrent un trophée et rendirent les morts aux ennemis. Les Béotiens et leurs alliés avaient perdu six cents hommes, tandis que les Lacédémoniens et leurs auxiliaires ne comptaient que trois cent cinquante morts. Agésilas, criblé de blessures, fut porté à Delphes pour s'y faire soigner.

Pharnabaze et Conon, après le combat naval de Cnide, se dirigèrent avec tous leurs bâtiments contre les alliés des Lacédémoniens. Ils commencèrent d'abord par détacher les habitants de Cos de l'alliance de Sparte, puis les Nisyréens et les Teïens. Les habitants de Chio chassèrent la garnison lacédémonienne et passèrent également dans le parti de Conon; les Mitylénéens, les Éphésiens et les Érythréens en firent autant. Toutes les villes s'empressaient de prendre part à ce soulèvement général : les unes, expulsant les garnisons des Lacédémoniens, établirent un gouvernement libre; les autres se livrèrent à l'autorité de Conon. Dès ce moment les Lacédémoniens perdirent l'empire de la mer.

Conon résolut de s'avancer avec sa flotte vers les côtes de l'Attique; il fit voile pour les Cyclades et aborda à l'île de Cythère ; il s'en rendit maître sur-le-champ, et envoya les Cythériens dans la Laconie sur la foi d'un traité. Après avoir laissé à Cythère une garnison suffisante, il se porta sur Corinthe. Débarqué dans cette ville, il eut une conférence avec les membres de l'assemblée générale. Il conclut avec eux un traité d'alliance et mit à leur disposition des sommes d'argent, après quoi il repartit pour l'Asie.

A cette époque, Aéropus, roi des Macédoniens, mourut de maladie après un règne de six ans ; il eut pour successeur son fils Pausanias qui ne régna qu'un an.

Théopompe de Chio, qui a écrit l'histoire de la Grèce, termina dans la même année son ouvrage, au récit du combat naval de Cnide. L'histoire de Théopompe, composée en douze livres, commence à la bataille navale de Cynossema[1], là où Thucydide finit la sienne ; elle comprend un espace de dix-sept ans.

LXXXV. L'année étant révolue, Eubulide fut nommé archonte d'Athènes, et à Rome six tribuns militaires, Lucius Sergius, Aulus Posthumius, Publius Cornélius, Sextus Censius, Quintus Manlius, Anitius Camillus exercèrent l'autorité consulaire[2]. En ce temps, Conon, commandant de la flotte royale, entra dans le Pirée avec quatre-vingts trirèmes, et promit à ses concitoyens de reconstruire l'enceinte d'Athènes. On se rappelle que cette enceinte, ainsi que la longue muraille qui s'étendait du Pirée à la ville, avait été démolie, conformément au traité conclu avec les Lacédémoniens à la suite de la défaite des Athéniens dans la guerre du Péloponnèse. Conon rassembla une multitude d'ouvriers qu'il prit à ses gages ; aidés par les soldats de marine que Conon leur adjoignit, ils parvinrent promptement à relever la plus grande partie des murailles. Les Thébains avaient fourni cinq cents artisans et tailleurs de pierre, et plusieurs autres villes avaient également envoyé des secours. Cependant Téribaze, qui commandait en Asie les troupes de terre,

---

[1] Près du tombeau d'Hécube. Voyez XIII, 40.
[2] Troisième année de la XCVIe olympiade ; année 394 avant J.-C.

devint jaloux de la fortune de Conon ; sous prétexte qu'il employait les forces du roi à soumettre aux Athéniens les villes de la Grèce, il le fit arrêter, le conduisit à Sardes et le mit aux fers dans une prison.

LXXXVI. A Corinthe, quelques hommes, poussés par leur ambition, profitèrent du moment où les jeux se célébraient au théâtre pour remplir la ville de troubles et de meurtres : leur audace était stimulée par les Argiens. Cent vingt citoyens y trouvèrent la mort et cinq cents autres furent bannis. Les Lacédémoniens rassemblèrent des troupes et firent des dispositions pour faire rentrer les exilés, tandis que les Athéniens et les Béotiens prirent le parti des meurtriers, dans l'intention de s'approprier la ville. Les exilés, réunis aux Lacédémoniens et à leurs alliés, vinrent pendant la nuit attaquer le Léchée[1] et prirent le port de force. Le lendemain, les Corinthiens firent une sortie sous les ordres d'Iphicrate ; il s'engagea une bataille dans laquelle les Lacédémoniens, victorieux, tuèrent beaucoup de monde. Mais ensuite les Béotiens et les Athéniens, réunis aux Argiens et aux Corinthiens, formèrent une armée qui s'avança sur le Léchée et fit le siége de la place. Ils avaient déjà forcé les murs, lorsque les Lacédémoniens et les exilés de Corinthe parvinrent, après un brillant combat, à refouler les Béotiens et leurs alliés, qui se retirèrent à Corinthe après avoir laissé près de mille hommes sur le champ de bataille. Bientôt après, vers l'époque des jeux isthmiques, il s'éleva un différend au sujet de la présidence de cette solennité. Les Lacédémoniens l'emportèrent encore dans cette occasion, et firent donner la présidence des jeux aux réfugiés de Corinthe. Comme la guerre qui s'éleva à la suite de ce différend avait pour théâtre le territoire de Corinthe, elle reçut le nom de *guerre Corinthiaque ;* elle dura huit ans.

LXXXVII. En Sicile, les habitants de Rhégium se plaignaient que Denys fortifiait Messine dans l'intention de leur nuire. Ils commencèrent donc par accueillir ceux que Denys avait punis

---

[1] Le Léchée était le port de Corinthe.

de l'exil, ainsi que ses adversaires. Ils donnèrent ensuite la ville de Myles aux Naxiens et aux Cataniens qui avaient survécu, et, mettant sur pied une armée, ils en donnèrent le commandement à Héloris, avec l'ordre d'assiéger Messine. Ce général attaqua la citadelle; aussitôt les Messiniens qui occupaient la ville se joignirent aux troupes mercenaires de Denys, et allèrent à la rencontre de l'ennemi. Il s'engagea un combat d'où les Messiniens sortirent victorieux, après avoir tué plus de cinq cents hommes. Ils allèrent immédiatement attaquer Myles, prirent cette ville et relâchèrent, aux termes d'une capitulation, les Naxiens qui s'y trouvaient établis. Ceux-ci se retirèrent alors auprès des Sicules et dans les autres villes grecques de la Sicile, où ils fixèrent leur domicile. Cependant Denys, qui avait attiré dans son alliance tous les habitants du détroit, conçut le projet de marcher contre Rhégium. Mais comme il était contrarié dans ce projet par les Sicules qui habitaient Tauroménium, il jugea convenable d'attaquer d'abord ces derniers. Il mit donc son armée en mouvement et vint camper en face de Naxus. Il y passa l'hiver sans cesser le siége, dans l'espérance que les Sicules abandonneraient cette montagne sur laquelle ils s'étaient depuis peu établis.

LXXXVIII. Les Sicules de Tauroménium savaient par une ancienne tradition que pendant que leurs ancêtres occupaient cette partie de l'île, des Grecs, arrivés par mer, avaient jadis fondé Naxus et chassé les habitants primitifs. Ils conclurent de là qu'ils étaient rentrés dans leur ancienne possession, et qu'ils se défendaient légitimement contre les Grecs qui avaient si indignement traité leurs ancêtres; ils rivalisèrent donc de zèle pour garder la montagne qu'ils occupaient. Pendant que les deux partis se disputaient, arriva le solstice d'hiver, et tous les environs de la citadelle furent couverts de neige. Denys, remarquant que les Sicules, confiants dans la force et la hauteur de leurs murailles, négligeaient la garde de la citadelle, profita d'une nuit très-obscure et orageuse pour attaquer les postes les plus élevés. Après avoir beaucoup souffert de la difficulté d'une route semée de précipices, et de la profondeur de la neige, il se rendit maître de l'unique citadelle. Le froid lui avait gelé le visage et blessé les yeux. Cependant il porta l'attaque sur un autre point et fit entrer les troupes dans la ville ; mais les Sicules, réunis en une foule compacte, repoussèrent ces troupes ; Denys lui-même fut entraîné dans la fuite, et, renversé par un coup porté sur sa cuirasse, il faillit être pris vivant. Les Sicules, occupant des hauteurs, tuèrent à Denys plus de six cents hommes ; presque tous ses soldats avaient perdu leurs armes et Denys lui-même ne sauva que sa cuirasse. A la nouvelle de cette déroute, les Agrigentins et les Messiniens renvoyèrent les partisans de Denys, songèrent à reconquérir leur liberté et abandonnèrent l'alliance du tyran.

LXXXIX. Pausanias, roi des Lacédémoniens, mis en accusation par ses citoyens, fut condamné à l'exil après un règne de quatorze ans. Il eut pour successeur son fils Argésipolis qui régna aussi longtemps que son père. Pausanias, roi des Lacédémoniens, mourut par la trahison d'Amyntas, après un règne d'un an. Amyntas s'empara de la royauté et régna vingt-quatre ans.

XC. L'année étant révolue, Démostrate fut nommé archonte d'Athènes, et à Rome six tribuns militaires, Lucius Titinius, Publius Licinius, Publius Manilius, Quintius Manlius, Cnéius Genucius et Lucius Atilius exercèrent l'autorité consulaire [1]. En ce temps, Magon, général des Carthaginois, qui était resté en Sicile, rétablit les affaires de Carthage abattue par la dernière défaite. Il usait de beaucoup d'humanité à l'égard des villes soumises et prenait sous sa protection les peuples auxquels Denys faisait la guerre. Il conclut des alliances avec la plupart des Sicules et marcha contre Messine à la tête des troupes qu'il avait rassemblées ; il ravagea tout le pays qu'il parcourut, fit beaucoup de butin et vint camper auprès d'Abacénum, ville alliée. Cependant Denys vint lui-même l'attaquer avec son armée ; il se livra un combat acharné d'où Denys sortit victorieux. Les Carthaginois, ayant perdu plus de huit cents hommes, se

[1] Quatrième année de la XCVI⁰ olympiade ; année 393 avant J.-C.

réfugièrent dans Abacénum. Denys retourna alors à Syracuse; quelques jours après, il équipa cent trirèmes et se présenta devant Rhégium. 'Il surprit cette ville pendant la nuit, brûla les portes et appliqua des échelles contre les murailles. Les habitants qui s'aperçurent les premiers de cette attaque imprévue, coururent aux armes et cherchèrent à éteindre le feu. Le général Héloris, qui arriva un moment après, conseilla d'autres moyens de défense qui sauvèrent la ville. En effet, ceux qui étaient occupés à éteindre le feu n'étaient pas assez forts pour empêcher Denys de pénétrer dans la ville. Il fit donc apporter des maisons voisines des sarments de vigne et du bois afin d'augmenter l'incendie et d'appeler ainsi aux armes un plus grand nombre de défenseurs.

Denys se désista de son entreprise et se contenta de parcourir la campagne en la désolant par le feu et le fer. Après cela, il conclut une trêve d'un an et remit à la voile pour Syracuse.

XCI. Les Grecs domiciliés en Italie voyant que Denys faisait sentir son ambition jusque dans leurs États, conclurent entre eux des traités et instituèrent un conseil général. Ils espéraient ainsi se défendre aisément contre Denys et contre leurs voisins les Lucaniens avec lesquels ils étaient alors en guerre.

Les exilés de Corinthe qui occupaient le Léchée, favorisés par quelques citoyens qui les introduisirent la nuit dans l'intérieur de leurs murs, entreprirent de s'emparer de la ville. Mais Iphicrate, accourant au secours, leur tua trois cents hommes et les força à se réfugier dans le port. Quelques jours après, un détachement de Lacédémoniens traversa le territoire de Corinthe : Iphicrate, à la tête de quelques alliés, l'attaqua et l'extermina en grande partie. Iphicrate prit avec lui les peltastes[1], et marcha sur Phlionte ; il livra un combat aux habitants qui étaient sortis de leur ville, et en tua plus de trois cents. De là il s'avança vers Sicyone ; les Sicyoniens, rangés en bataille sous les murs de leur ville, perdirent environ cinq cents hommes et se réfugièrent dans la ville.

[1] Infanterie légère.

XCII. Pendant que ces choses se passaient, les Argiens, accourus en armes, marchèrent sur Corinthe, s'emparèrent de la citadelle, et s'approprièrent la ville des Corinthiens qu'ils réunirent au territoire d'Argos. Iphicrate l'Athénien cherchait aussi à s'emparer de ce territoire qu'il regardait comme avantageux pour reconquérir l'empire de la Grèce. Mais le peuple d'Athènes s'opposant lui-même à cette entreprise, Iphicrate résigna le commandement. Les Athéniens nommèrent à sa place Chabrias qu'ils firent partir pour Corinthe.

En Macédoine, Amyntas, père de Philippe, fut chassé de sa capitale par les Illyriens qui avaient envahi la Macédoine; désespérant de conserver le pouvoir souverain, il donna aux Olynthiens le territoire voisin de leur ville. Il abdiqua alors la royauté; mais peu de temps après il fut ramené par les Thessaliens, ressaisit la couronne, et régna encore vingt-quatre ans. Quelques historiens disent qu'après l'expulsion d'Amyntas, Argée fut pendant deux ans roi des Macédoniens, et que ce ne fut qu'après ce temps qu'Amyntas recouvra son empire.

XCIII. A cette même époque, Satyrus, fils de Spartacus, roi du Bosphore, mourut après un règne de quatorze ans. Son fils Leucon lui succéda et régna quarante ans.

En Italie, les Romains assiégeaient depuis onze ans la ville de Véies; ils nommèrent dictateur Marcus Furius et maître de la cavalerie Publius Cornélius. Ces deux chefs, à la tête des troupes, firent creuser des fossés et emportèrent Véies d'assaut; ils réduisirent la ville en esclavage et vendirent à l'enchère publique hommes et biens. Le dictateur eut les honneurs du triomphe; le peuple romain, prélevant un dixième du butin, fit fabriquer un cratère d'or qui fut déposé dans le temple de Delphes. Les envoyés qui portaient cette offrande tombèrent entre les mains de pirates lipariens; ils furent tous faits prisonniers et conduits à Lipare. Timasithée, chef des Lipariens, informé de cet événement, sauva la vie aux envoyés, leur rendit l'or qu'on leur avait enlevé et les fit conduire à Delphes. Ceux-ci, après avoir déposé le cratère dans le trésor des Massiliens, retournèrent à Rome. Le peuple romain, informé de la générosité de Timasithée, lui décerna aussitôt des honneurs et lui donna le droit d'hospitalité publique. Cent trente-sept ans après cet événement, lorsque les Romains enlevèrent Lipare aux Carthaginois, ils exemptèrent de tout tribut les descendants de Timasithée et les déclarèrent libres.

XCIV. L'année étant révolue, Philoclès fut nommé archonte d'Athènes; les Romains élurent, au lieu de consuls, six tribuns militaires, Publius Sextus, Céso Fabius, Cornélius Crassus, Lucius Furius, Quintus Servilius et Marcus Valérius, et on célébra la XCVII^e olympiade, dans laquelle Térirès fut vainqueur à la course du stade[1]. Dans ce temps, les Athéniens nommèrent Thrasybule au commandement de l'armée et le firent partir avec quarante trirèmes. Ce général se porta sur l'Ionie, tira des alliés des secours en argent, et fit voile pour la Chersonèse; il y établit sa station, et engagea dans son alliance Médocus et Seuthès, rois des Thraces. Quelque temps après, il se rendit de l'Hellespont dans l'île de Lesbos, et vint mouiller sur la côte d'Éressus. Là il fut assailli par des ouragans qui lui firent perdre vingt-trois trirèmes; avec le reste de la flotte qui échappa à la tempête, il se dirigea sur les villes de l'île de Lesbos qui, à l'exception de Mitylène, avaient toutes abandonné l'alliance des Athéniens. Il attaqua d'abord Méthymne et livra un combat aux habitants, qui étaient commandés par Thérimaque le Spartiate. Thrasybule combattit brillamment, tua Thérimaque lui-même ainsi qu'un grand nombre de Méthymnéens et refoula les autres dans leurs murailles. Il ravagea ensuite le territoire des Méthymnéens, s'empara d'Éressus et d'Antissa qui se rendirent par capitulation. Après ces succès, il rassembla les navires alliés que lui avaient fournis les habitants de Chio et de Mitylène, et mit à la voile pour Rhodes.

XCV. Les Carthaginois s'étant peu à peu relevés des pertes qu'ils avaient essuyées à Syracuse, renouvelèrent leurs prétentions sur la Sicile. Décidés à tenter le sort des armes, ils

[1] Première année de la XCVII^e olympiade; année 392 avant J.-C.

mirent en mer un petit nombre de vaisseaux longs et levèrent des troupes dans la Libye, en Sardaigne et chez les Barbares de l'Italie. Toutes ces troupes furent soigneusement équipées aux frais de l'État et envoyées en Sicile au nombre d'au moins quatre-vingt mille hommes, sous le commandement de Magon. Arrivé en Sicile, ce général parvint à détacher un grand nombre de villes de l'alliance de Denys et établit son camp sur le territoire des Agyrinéens, au bord du fleuve Chrysas, près de la route qui conduit à Morgantine. Car, n'ayant pu attirer dans son parti les Agyrinéens, et instruit que l'armée des Syracusains s'était mise en mouvement, il n'avança pas davantage. Denys, qui savait que les Carthaginois avaient pris le chemin de l'intérieur, rassembla promptement tout ce qu'il put de soldats syracusains et de mercenaires, et se mit en marche à la tête de plus de vingt mille hommes. Arrivé en présence de l'ennemi, il envoya une députation à Agyris, souverain des Agyrinéens; c'était alors, après Denys, le tyran le plus puissant de la Sicile; car il était maître de presque tous les forts des environs et exerçait l'autorité suprême dans la ville des Agyrinéens, qui renfermait à cette époque une population nombreuse, car elle ne comptait pas moins de vingt mille habitants. Les plus grandes richesses accumulées dans cette ville avaient été déposées dans la citadelle, après qu'Agyris eut fait massacrer les citoyens les plus opulents. Cependant Denys, accompagné de quelques-uns des siens, entra dans l'intérieur des murs et engagea Agyris à embrasser sincèrement son alliance, en même temps qu'il lui promit une grande étendue de territoire limitrophe après que la guerre serait terminée. Agyris fournit d'abord à l'armée de Denys des vivres et d'autres munitions nécessaires; puis il mit sur pied toutes ses troupes, se joignit à Denys et déclara la guerre aux Carthaginois.

XCVI. Magon, qui campait dans un pays ennemi et manquait de plus en plus de vivres, fut vivement alarmé : les troupes d'Agyris, connaissant parfaitement le pays, vivaient dans l'abondance et enlevaient aux ennemis les convois de provisions. Bien que les Syracusains fussent d'avis de terminer cette guerre le plus tôt possible par un combat décisif, Denys s'y opposa, leur disant qu'ils parviendraient, sans coup férir, à exterminer les Barbares par le temps et la famine. Cependant les Syracusains, irrités, abandonnèrent Denys. Celui-ci, craignant pour sa personne, appela les esclaves à la liberté. Quelque temps après, les Carthaginois dépêchèrent auprès de lui des députés pour traiter des conditions de paix. Denys accueillit leurs propositions, renvoya les esclaves à leurs maîtres, et conclut avec les Carthaginois un traité de paix. Les conditions étaient semblables à celles du traité précédent. Les Sicules ainsi que Tauroménium devaient rentrer dans l'obéissance de Denys. Après la stipulation de ce traité, Magon remit à la voile, Denys occupa Tauroménium, d'où il chassa la plupart des Sicules et y établit les détachements les plus fidèles de ses troupes mercenaires. Telle était la situation des affaires en Sicile. En Italie, les Romains dévastèrent Falisque, capitale de la race des Falisques.

XCVII. L'année étant révolue, Nicotélès fut nommé archonte d'Athènes, et à Rome, trois tribuns militaires, Marcus Furius, Caïus Émilius et Catulus Vérus, exercèrent l'autorité consulaire[1]. A cette époque, les Rhodiens, partisans des Lacédémoniens, firent soulever le peuple et expulsèrent de la ville ceux qui favorisaient le parti des Athéniens. Ces derniers coururent aux armes et tentèrent de changer la face des affaires; mais les alliés des Lacédémoniens s'opposèrent à ces tentatives, tuèrent le plus grand nombre d'entre eux et proscrivirent ceux qui étaient parvenus à s'échapper. Ils envoyèrent immédiatement des députés à Lacédémone pour demander des secours dans la crainte que les troubles ne se renouvelassent. Les Lacédémoniens leur envoyèrent sept trirèmes, sous le commandement de trois chefs, Eudoximus, Philodicus et Diphilas. Ceux-ci s'arrêtèrent d'abord à Samos et détachèrent la ville de l'alliance des Athéniens, puis ils se rendirent à Rhodes, où ils rétablirent l'autorité. Les Lacédémoniens, réussissant dans leurs entreprises, songèrent à

---

[1] Deuxième année de la xcvii⁰ olympiade; année 391 avant J.-C.

ressaisir l'empire de la mer; ils réunirent une flotte et regagnèrent bientôt leurs anciens alliés. Ils croisèrent aussi dans les eaux de Samos, de Cnide et de Rhodes, levèrent partout les meilleurs soldats de marine et équipèrent richement une flotte de vingt-sept trirèmes. Cependant Agésilas, roi des Lacédémoniens, apprenant que les Argiens occupaient Corinthe, mit sur pied toutes les troupes de Lacédémone, à l'exception d'un seul corps; il entra dans l'Argolide, pilla les propriétés, coupa les arbres de la campagne et revint à Sparte.

XCVIII. Dans l'île de Cypre, Évagoras de Salamine, homme d'une très-illustre naissance (il descendait des fondateurs de Salamine), qui, par suite d'une insurrection, avait été obligé autrefois de s'exiler, était revenu dans l'île et était parvenu, à l'aide d'un petit nombre de partisans, à chasser de la ville le tyran Abdémon, natif de Tyr et ami du roi des Perses. Évagoras s'étant rendu maître de la ville, exerça d'abord la royauté à Salamine, la plus grande et la plus puissante des cités de Cypre. Bientôt après, en possession de grandes richesses, et maître d'une armée, il chercha à s'approprier l'île entière. Il prit quelques villes par la force, gagna les autres par la séduction, et enfin il devint maître de toutes. Mais les Amathusiens, les Soliens et les Citiens, qui continuèrent la guerre, avaient envoyé des députations à Artaxerxès, roi des Perses, pour lui demander des secours; ils accusèrent en même temps Évagoras d'avoir mis à mort le roi Agyris, allié des Perses, puis ils promirent à Artaxerxès de l'aider à se mettre en possession de l'île. Le roi, qui ne voulait pas qu'Évagoras devînt trop puissant, et qui comprenait la position avantageuse de Cypre pouvant fournir une flotte considérable et servir d'avant-poste dans la guerre de l'Asie, résolut de leur accorder des secours. Il renvoya donc les députés avec une réponse favorable, et écrivit aux villes maritimes et aux satrapes de construire des trirèmes, et de hâter tous les préparatifs nécessaires à l'équipement d'une flotte. Il chargea Hécatomnus, souverain de la Carie, de déclarer la guerre à Évagoras. Ce chef visita aussitôt les villes des satrapies supérieures et passa, avec une armée considérable, en Cypre. Voilà les événements qui se passèrent en Asie.

En Italie, les Romains conclurent un traité de paix avec les Falisques; ils entreprirent une quatrième guerre contre les Èques[1]; ils se portèrent sur Sutrium, et furent repoussés de la ville de Vérugo.

XCIX. L'année étant révolue, Démostrate fut nommé archonte d'Athènes, et les Romains élurent pour consuls Lucius Lucrétius et Servius Cossus[2]. Vers ces temps, Artaxerxès envoya le général Struthas, avec une armée, pour faire la guerre aux Lacédémoniens. Les Spartiates, informés de l'arrivée de Struthas, firent partir Thimbron à la tête d'une armée pour l'Asie. Celui-ci s'empara de la place d'Ionde et vint occuper Coressus, montagne située à quarante stades d'Éphèse. Ensuite, à la tête de huit mille hommes, joints aux troupes levées en Asie, il ravagea les provinces du roi. Cependant Struthas, avec une nombreuse cavalerie de Barbares, cinq mille hoplites, et plus de vingt mille hommes de troupes légères, établit son camp à peu de distance de celui des Lacédémoniens. Enfin, il profita du moment où Thimbron était sorti avec un détachement et allait revenir chargé de butin; il l'attaqua, lui tua un grand nombre de soldats et fit les autres prisonniers; un petit nombre de soldats se réfugièrent dans la forteresse de Cnidium. Cependant, Thrasybule, général des Athéniens, s'était porté avec sa flotte sur Aspendus, et avait fait mouiller ses trirèmes près du fleuve Eurymédon. Il imposa aux Aspendiens des tributs, mais quelques-uns de ses soldats n'en dévastèrent pas moins la campagne. Les Aspendiens, indignés de cette injustice, tombèrent pendant la nuit sur les Athéniens, et tuèrent Thrasybule et quelques autres avec lui. Les triérarques athéniens, intimidés par cet événement, se rembarquèrent à la hâte et gagnèrent les eaux de Rhodes; mais, comme cette ville avait déjà abandonné l'alliance des Athéniens, les soldats de la flotte se réunirent aux exilés qui s'étaient rendus

---

[1] Le texte donne ici inexactement *Étoliens*, Ἀιτωλούς.
[2] Troisième année de la xcvii^e olympiade; année 390 avant J.-C.

maîtres d'un fort, et firent ensemble la guerre aux habitants de la ville. Lorsque les Athéniens apprirent la mort de leur général Thrasybule, ils envoyèrent Agyris pour lui succéder dans le commandement. Telle était la situation des affaires en Asie.

C. En Sicile, Denys, tyran des Syracusains, cherchait à étendre sa domination sur les Grecs de l'Italie; cependant il ajourna à un autre temps l'expédition qu'il avait projetée contre eux. Il croyait dans ses intérêts de faire d'abord une tentative contre la ville de Rhégium qui, par sa position, était la clef de l'Italie. Il partit donc de Syracuse à la tête d'une armée de vingt mille fantassins, de mille cavaliers et de cent vingt bâtiments. Il débarqua ses troupes sur la frontière de la Locride; de là, il continua sa route dans l'intérieur des terres, dévastant le territoire des Rhégiens par le fer et le feu. La flotte le suivit de l'autre côté de la mer, et il vint avec toutes ses forces établir son camp près du détroit. Cependant les Italiens, informés du débarquement de Denys à Rhégium, firent partir de Crotone soixante navires, s'empressant de venir au secours des Rhégiens. Mais pendant que ces navires tenaient encore la haute mer, Denys alla à leur rencontre avec cinquante bâtiments. Les Italiens se réfugièrent à terre, Denys les y poursuivit et fit arracher les bâtiments attachés au rivage. Les soixante trirèmes couraient risque d'être prises par l'ennemi, lorsque les Rhégiens, accourus de toutes parts, repoussèrent Denys par une grêle de flèches. Le vent soufflant avec violence, les Rhégiens tirèrent leurs vaisseaux à terre, tandis que Denys, battu par la tempête, perdit sept bâtiments et au moins quinze cents hommes qui les montaient. Les Rhégiens firent prisonniers un grand nombre de matelots qui, avec leurs bâtiments, avaient échoué sur la côte. Denys lui-même, monté sur un bâtiment à cinq rangs de rames, avait plus d'une fois failli être submergé, et ce ne fut qu'avec beaucoup de peine qu'il parvint, vers le milieu de la nuit, à se réfugier dans le port de Messine. Comme l'hiver approchait déjà, il conclut un traité avec les Lucaniens et reconduisit ses troupes à Syracuse.

CI. Quelque temps après, les Lucaniens envahirent le territoire de Thurium. Les Thuriens avertirent leurs alliés de venir promptement à leur défense ; car les villes grecques de l'Italie avaient stipulé entre elles qu'elles se prêteraient toutes un mutuel secours dès que leur territoire serait violé par les Lucaniens, et que si une ville manquait à cet engagement, on punirait de mort les chefs militaires.

Ainsi, dès que les courriers des Thuriens eurent répandu la nouvelle de l'arrivée des ennemis, toutes les villes se préparèrent à se mettre en campagne. Les Thuriens, entraînés par leur ardeur, se levèrent les premiers, et, sans attendre l'arrivée de leurs nombreux alliés, marchèrent contre les Lucaniens avec une armée de plus de quatorze mille hommes d'infanterie et de près de mille cavaliers. A leur approche, les Lucaniens se retirèrent dans leur pays ; mais les Thuriens envahirent à leur tour la Lucanie, s'emparèrent d'une forteresse et firent beaucoup de butin dont l'appât leur devint funeste. Car, encouragés par ce succès, ils s'engagèrent imprudemment dans des défilés et des chemins semés de précipices, dans l'intention de se rendre maîtres d'un peuple et d'une ville très-riches. Parvenus dans une plaine entourée de montagnes escarpées, ils furent assaillis par toute l'armée lucanienne qui leur ôta l'espoir de jamais revoir leur patrie. L'apparition subite des ennemis sur ces hauteurs frappa d'épouvante les Grecs, qui n'auraient jamais cru que ces lieux fussent accessibles à une armée aussi considérable, car les Lucaniens avaient trente mille hommes d'infanterie et au moins quatre mille cavaliers.

CII. Pendant que les Grecs désespéraient de leur salut, les Barbares descendirent dans la plaine ; il se livra un combat dans lequel les Italiotes, accablés par le nombre des Lucaniens, perdirent plus de dix mille hommes, car les Lucaniens avaient ordre de ne faire aucun quartier. Le reste de l'armée vaincue se sauva sur une hauteur voisine de la mer ; d'autres, apercevant quelques vaisseaux longs et croyant que ces vaisseaux appartenaient aux Rhégiens, se jetèrent à la mer et atteignirent les trirèmes à la nage. Mais c'était la flotte de Denys que le tyran avait envoyée sous les ordres de Leptine, son frère, au secours des Lucaniens. Cependant Leptine accueillit humainement ceux qui s'étaient ainsi sauvés à la nage ; il les remit à terre et engagea les Lucaniens à se contenter d'une mine d'argent pour chaque tête de prisonnier, et les prisonniers étaient au nombre de plus de mille. Il se porta lui-même leur garant, s'entremit pour réconcilier les Italiotes avec les Lucaniens, et les amena à faire la paix.

Cette conduite lui concilia une grande estime auprès des Italiotes pour lesquels la fin de cette guerre était avantageuse, tandis qu'elle était contraire aux intérêts de Denys, car celui-ci se flattait que les hostilités entretenues entre les Italiotes et les Lucaniens le rendraient aisément maître de l'Italie, ce qu'il ne pouvait guère espérer lorsque les hostilités auraient cessé. C'est pourquoi il ôta à Leptine le commandement de la flotte et nomma à sa place Théaride, son autre frère.

Pendant que ces événements se passaient, les Romains se partagèrent le territoire de Véies, de manière que chaque citoyen en eut quatre plèthres [1], ou, selon d'autres, vingt-huit. Dans la guerre qu'ils firent aux Èques, ils prirent d'assaut la ville de Liphlum ; ils attaquèrent les habitants de Vélétri qui s'étaient révoltés. Satricum s'était aussi détaché de l'alliance des Romains. Enfin les Romains envoyèrent une colonie à Cercies [2].

CIII. L'année étant révolue, Antipater fut nommé archonte d'Athènes, et les Romains élurent pour consuls Lucius Valérius et Aulus Manlius [3]. A cette époque, Denys, souverain des Syracusains, annonça ouvertement l'expédition qu'il allait entreprendre contre l'Italie, et quitta Syracuse avec la plupart de ses troupes ; il avait sous ses ordres plus de vingt mille hommes d'infanterie, et environ trois mille cavaliers. Il mit en mer

---

[1] Environ cent vingt-trois mètres carrés.
[2] La plupart de ces noms propres sont estropiés dans le texte grec. *Liphlum* est probablement pour *Lavicum*. Aucun auteur latin ne parle de *Cercies*.
[3] Quatrième année de la xcvii^e olympiade ; année 389 avant J.-C.

quarante vaisseaux longs et plus de trois cents bâtiments chargés de provisions. Cinq jours après son départ il arriva à Messine ; il y fit reposer ses troupes et détacha Théaride, son frère, avec trente navires pour bloquer les îles des Lipariens ; car il avait appris que les Rhégiens y avaient une station de dix bâtiments. Théaride mit à la voile, attaqua dans une position avantageuse la petite flotte des Rhégiens, prit les bâtiments avec tout leur équipage, et revint promptement à Messine auprès de Denys. Celui-ci fit mettre les prisonniers aux fers et en confia la garde aux Messiniens. Quant à lui, il passa le détroit, débarqua ses troupes à Caulonia, qu'il investit de toutes parts ; il dressa ses machines de guerre contre la ville et lui livra de fréquents assauts. Lorsque les Grecs d'Italie apprirent que les troupes de Denys avaient passé le détroit qui les séparait d'eux, ils rassemblèrent aussi une armée. Comme Crotone était une ville très-populeuse qui renfermait un très-grand nombre de réfugiés syracusains, on confia à ces derniers la conduite de la guerre. Après que les Crotoniates eurent réuni de tous côtés des troupes, ils désignèrent, pour les commander, Héloris le Syracusain. Banni par Denys, et renommé pour son esprit hardi et entreprenant, ce général devait faire une guerre implacable au tyran, qui lui était odieux. Lorsque tous les alliés furent arrivés à Crotone, Héloris organisa l'armée selon ses vues, et la dirigea sur Caulonia. Il se flattait que son apparition ferait lever le siège en même temps qu'il aurait à combattre un ennemi fatigué par des assauts journaliers. Héloris avait en tout vingt-cinq mille fantassins, et environ deux mille cavaliers.

CIV. Ces troupes avaient déjà franchi la plus grande partie de la distance de Crotone à Caulonia, et étaient venues camper sur les bords du fleuve Hélorus, lorsque Denys quitta la ville qu'il assiégeait et marcha à la rencontre des Italiotes. Héloris s'était de son côté porté en avant avec cinq cents hommes d'élite. Denys était alors campé à quarante stades de l'ennemi ; averti par quelques éclaireurs de l'approche des Grecs, il réveilla son armée avant le jour et la fit marcher en avant. Dès la pointe du jour, il se trouva en présence du petit détachement d'Héloris, qu'il attaqua soudain en bon ordre, ne laissant pas à l'ennemi le temps de se reconnaître. Malgré cette position critique, Héloris soutint le choc; il dépêcha quelques-uns de ses amis au camp avec l'ordre de hâter la marche de l'armée. Cet ordre fut promptement exécuté; les Italiotes, apprenant que le général avec son détachement était en danger, accoururent à perte d'haleine à son secours; mais Denys, qui avec son armée compacte avait déjà enveloppé le corps ennemi, passa au fil de l'épée Héloris et presque tous ses soldats qui s'étaient bravement défendus. Les Italiotes, qui étaient accourus à la hâte et en désordre, furent facilement défaits par les Siciliens qui avaient gardé leurs rangs. Cependant les Grecs d'Italie soutinrent le combat pendant quelque temps, bien qu'ils eussent perdu beaucoup de monde. Mais, la nouvelle de la mort de leur général achevant de mettre la confusion dans leurs rangs, ils perdirent courage et se livrèrent à la fuite.

CV. Après avoir laissé beaucoup de morts sur le champ de bataille, le débris de l'armée se réfugia sur une hauteur bien située pour la défense, mais privée d'eau et pouvant être aussi gardée à vue par les ennemis. En effet, Denys l'investit et tint ses troupes sous les armes tout le jour et la nuit suivante, s'assurant lui-même soigneusement de la vigilance des postes. Le lendemain, les ennemis réfugiés sur la hauteur eurent beaucoup à souffrir de la chaleur et du manque d'eau. Ils envoyèrent donc des parlementaires à Denys pour lui offrir leur rançon; mais celui-ci, qui ne savait pas se modérer dans ses succès, ordonna qu'ils missent bas les armes et se rendissent à discrétion. Comme ces conditions étaient dures, les Grecs supportèrent encore quelque temps leurs maux; mais enfin, contraints par les besoins physiques, ils se rendirent vers la huitième heure, ayant le corps tout épuisé de souffrance. Denys, prenant une baguette et frappant sur la colline[1], compta tous les prisonniers à mesure qu'ils

---

[1] Πατάξας ἐπὶ τοῦ λόφου. La leçon proposée par M. Eichstaedt et adoptée par

en descendaient ; ils étaient au nombre de plus de dix mille. Ils s'attendaient tous à être traités avec cruauté, mais Denys se montra au contraire très-humain ; car il relâcha tous ces prisonniers sans rançon, conclut avec la plupart des villes un traité de paix et les laissa se gouverner par leurs propres lois. Pour cette conduite, il reçut des louanges de tous ceux à qui il avait fait du bien ; on lui envoya des couronnes d'or, en un mot, on regarda cet acte de générosité comme le plus beau trait de sa vie.

CVI. Denys se porta ensuite sur Rhégium, dont il s'apprêtait à faire le siége ; car il n'avait point oublié l'affront que lui avaient fait les Rhégiens en lui refusant une de leurs citoyennes en mariage. Les Rhégiens conçurent de vives inquiétudes, car ils étaient sans alliés et n'avaient sur pied que des forces peu considérables ; de plus, ils savaient que si leur ville était prise, le vainqueur n'aurait pour eux aucune pitié. Ils résolurent donc de dépêcher auprès de lui des députés pour le supplier d'en user modérément envers eux, et de vouloir bien prendre conseil des sentiments de l'humanité. Denys exigea une contribution de trois cents talents, se fit livrer tous leurs bâtiments, au nombre de soixante-dix, et se fit donner cent otages. Ces affaires réglées, il se remit en marche pour Caulonia. Il transféra les habitants de cette ville à Syracuse, leur accorda le droit de cité et les exempta pour cinq ans de tous les impôts. Il fit raser la ville et donna aux Locriens le territoire des Cauloniates.

M. Miot ($πήξας ἐπὶ τοῦ λόφου$ « fixant la baguette sur le terrain de la colline »), outre qu'elle n'est pas justifiée par les manuscrits, ne me paraît pas offrir un sens bien convenable. Fixée dans le terrain de la colline, la baguette que Denys tenait dans la main ne pouvait servir de moyen de contrôle qu'en y faisant une entaille ou qu'en l'enfonçant d'un cran à chaque prisonnier qui passait. Or, ce moyen de contrôle était aussi puéril qu'impraticable, car les prisonniers étaient au nombre de plus de dix mille, ce qui aurait exigé une baguette ($ῥάβδος$) d'une longueur démesurée. Le sens que présente la leçon ordinaire est bien plus simple : à mesure que les prisonniers défilaient devant lui en descendant de la colline, Denys frappait la terre à coups de baguette ($πατάξας$). C'était là un mouvement en quelque sorte instinctif, soit pour compter les prisonniers, soit pour marquer leur sujétion par un geste expressif.

Les Romains, ayant pris la ville de Liphœcua[1], appartenant aux Èques, célébrèrent, pour accomplir les vœux qu'avaient faits les consuls, de grands jeux en l'honneur de Jupiter.

CVII. L'année étant révolue, Pyrrhion fut nommé archonte d'Athènes, les Romains déférèrent l'autorité consulaire à six tribuns militaires, Lucius Lucrétius, Servius Sulpicius, Caïus Émilius et Caïus Rufus, et on célébra la XCVIII⁰ olympiade, dans laquelle Sosippus d'Athènes fut vainqueur à la course du stade[2]. A cette époque, Denys, souverain de Syracuse, marcha avec son armée sur Hipponium, en transféra les habitants à Syracuse, détruisit la ville et en distribua le territoire aux Locriens; car il s'empressait sans cesse de faire du bien aux Locriens, parce qu'ils lui avaient accordé en mariage une de leurs filles, tandis qu'il ne cherchait qu'à se venger des Rhégiens, dont il avait essuyé un refus injurieux. En effet, dans le temps où il envoya des députés aux Rhégiens pour leur demander en mariage la fille d'un de leurs citoyens, on rapporte que, dans une assemblée publique, ils répondirent aux députés qu'ils ne pouvaient lui donner en mariage que la fille du bourreau. Irrité d'une réponse qu'il regardait comme l'expression de la plus grave insulte, il désirait ardemment en tirer vengeance. Ainsi quand, l'année précédente, il fit la paix avec les Rhégiens, ce n'était point par amitié, mais bien dans l'intention de leur enlever leur flotte, composée de soixante-dix trirèmes; car il espérait se rendre facilement maître de la ville, du moment où il lui aurait enlevé tout secours naval. C'est pourquoi il prolongea son séjour en Italie, attendant un prétexte plausible pour rompre le traité précédent, afin de sauver les apparences de la bonne foi.

CVIII. Il conduisit donc ses troupes vers le détroit, et se prépara pour le passer. Il demanda d'abord aux Rhégiens des vivres, avec promesse de les leur restituer dès qu'il serait arrivé

---

[1] Ce nom paraît être tronqué. Aucun auteur latin ne mentionne cette ville.
[2] Première année de la XCVIII⁰ olympiade, année 388 avant J.-C.

à Syracuse. Il agissait ainsi, afin de montrer un motif légitime pour prendre leur ville en cas de refus, ou bien, dans le cas contraire, pour s'en emparer en l'assiégeant; car il considérait qu'une ville dépourvue de vivres ne pouvait pas résister longtemps. Les Rhégiens, ne soupçonnant rien de tout cela, fournirent d'abord abondamment des vivres pendant quelques jours; mais, comme Denys prolongeait son séjour, alléguant soit des raisons de santé, soit d'autres prétextes, les Rhégiens, soupçonnant le stratagème, n'approvisionnèrent plus l'armée. Alors Denys, feignant d'être irrité, rendit aux Rhégiens les otages, investit la ville et lui livra des assauts journaliers. Il fit dresser une multitude de machines de guerre d'une dimension prodigieuse, avec lesquelles il essaya d'ébranler les murailles, jaloux de prendre la ville de force. Cependant les Rhégiens, ayant nommé Phyton au commandement militaire, appelèrent sous les armes toute la population valide, établirent des postes vigilants, et, brûlèrent les machines des ennemis dans les sorties qu'ils faisaient à propos. Combattant ainsi vaillamment pour le salut de la patrie, ils allumèrent le courroux des assiégeants et, en perdant beaucoup des leurs, causèrent de grandes pertes aux Siciliens. Denys lui-même reçut un coup de lance dans l'aine et en faillit mourir; il ne se rétablit qu'avec peine de la blessure qu'il avait reçue. Cependant, le siége traînait en longueur, car les Rhégiens mettaient une ardeur inouïe à défendre leur liberté, et, de son côté, Denys employait ses troupes à faire des assauts journaliers, ne voulant pas abandonner le but qu'il s'était proposé.

CIX. L'époque des jeux olympiques approchant, Denys envoya pour cette solennité plusieurs quadriges attelés de coursiers rapides et des tentes toutes d'or et ornées de draperies de couleurs variées. Il fit partir aussi les meilleurs rapsodes, qui devaient réciter dans ces fêtes solennelles, pour la glorification de Denys, les poëmes [qu'il avait lui-même composés]; car cet homme avait la manie de la poésie. A la tête de cette députation il plaça son frère Théaride, qui, lorsqu'il arriva avec ses riches tentes et ses quadriges, attira les regards de tout le monde ; et lorsque les rapsodes se mirent à déclamer les vers de Denys, ils furent aussitôt entourés d'une foule d'admirateurs attirés par la beauté de leurs voix ; mais s'apercevant ensuite combien ces vers étaient mauvais, on se moqua de Denys et on porta si loin la désapprobation que quelques-uns osèrent déchirer les tentes. Lysias le rhéteur, qui se trouvait alors à Olympie, exhorta même la foule à ne point admettre aux jeux sacrés les théores envoyés par un tyran souillé d'impiété. Ce fut là le sujet du discours intitulé *l'Olympique*. Pour comble de malheur, pendant la course, quelques-uns des chars de Denys tombèrent hors de la lice et se brisèrent les uns contre les autres. Enfin le navire qui ramena les théores des jeux olympiques eut également un sort malheureux : au lieu d'aborder en Sicile, il fut jeté par une tempête sur la côte de Tarente, en Italie. C'est ce qui fit dire aux matelots qui parvinrent à se sauver à Syracuse, que les mauvais vers de Denys avaient porté malheur non-seulement aux rapsodes, mais encore aux chars et au vaisseau. Cependant Denys, sachant que ses vers avaient été sifflés, trouva encore des flatteurs qui lui persuadaient que les Grecs, jaloux de tous ceux qui font quelque chose de bon, finiraient par l'admirer plus tard. C'est pourquoi il ne cessa point de s'appliquer à la poésie.

A cette époque les Romains, en guerre avec les Volsques, livrèrent un combat près de Gurasium, et tuèrent beaucoup de monde à l'ennemi.

CX. L'année étant révolue, Théodote fut nommé archonte d'Athènes, et à Rome l'autorité consulaire fut exercée par six tribuns militaires, Quintus Céso, Sulpicius Ænus, Céso Fabius, Quintus Servilius, Publius Cornélius et Marcus Claudius[1]. Dans ce temps, les Lacédémoniens, qui avaient essuyé de grandes pertes dans la guerre contre les Grecs et dans celle contre les Perses, firent partir Antalcidas le nauarque, chargé de traiter avec

---

[1] Deuxième année de la xcviii° olympiade ; année 387 avant J.-C.

Artaxerxès des conditions de la paix. Après que l'envoyé de Sparte eut exposé l'objet de sa mission, le roi déclara qu'il signerait la paix aux conditions suivantes : les villes grecques de l'Asie seraient soumises à la domination du roi des Perses ; tous les autres Grecs se gouverneraient d'après leurs propres lois ; et, de concert avec les contractants, feraient la guerre à ceux qui refuseraient d'obéir et d'accepter les conditions de cette paix. Les Lacédémoniens, acquiesçant à ces conditions, rentrèrent dans le repos. Les Athéniens, les Thébains, et quelques autres peuples grecs, furent indignés de la clause qui stipulait l'abandon des villes de l'Asie ; mais comme ils n'étaient pas assez forts pour soutenir à eux seuls une guerre, ils cédèrent à la nécessité et acceptèrent la paix. Débarrassés de tout différend avec les Grecs, le roi employa ses forces à la guerre de Cypre. Évagoras avait appelé sous les armes la presque totalité de l'île, et rassemblé des troupes considérables pendant qu'Artaxerxès était occupé ailleurs à la guerre contre les Grecs.

CXI. Cependant Denys assiégeait Rhégium depuis onze mois, et, ayant intercepté tous les convois de vivres, il réduisit la ville à une affreuse disette. Car on rapporte que le médimne [1] de blé se payait alors cinq mines [2]. Poussés par la faim, les habitants mangèrent d'abord les chevaux et les autres bêtes de somme, ensuite ils se nourrirent des peaux cuites de ces animaux ; enfin, sortant de la ville, ils broutèrent comme des bestiaux les herbes qui croissaient au pied des murs. C'est ainsi que la nécessité força les hommes à changer de régime et à recourir à la nourriture destinée aux brutes. Denys, informé de cet état des choses, non-seulement ne fut point touché de tant de misère, mais il fit, tout au contraire, conduire les bêtes de somme dans l'endroit où croissaient ces herbes afin d'enlever aux habitants leur dernière subsistance. Enfin, les Rhégiens, vaincus par l'excès de leurs maux, livrèrent la ville au tyran et se rendirent à discrétion. Denys trouva dans la ville des monceaux de cadavres, victi-

---

[1] Le médimne valait un peu moins de 41 litres.
[2] Environ 460 fr. La mine valait à peu près 92 francs.

mes de la famine, et les vivants offraient l'aspect de morts. Il s'empara de ces corps exténués et fit plus de six mille prisonniers. Il les envoya à Syracuse avec ordre de relâcher ceux qui paieraient une mine d'argent pour rançon [1] et de vendre à l'enchère ceux qui seraient hors d'état de payer.

CXII. Quant à Phyton, général des Rhégiens, Denys se saisit de sa personne et fit noyer son fils dans la mer. Il attacha le père à une des plus hautes machines de guerre, voulant donner le spectacle d'un supplice tragique. Puis Denys le fit prévenir par un de ses satellites qu'il avait fait la veille jeter le fils de Phyton à la mer. Phyton se contenta de répondre : « Le fils est d'un jour plus heureux que le père. » Après cela, Denys le fit promener dans la ville, et tandis qu'on le battait à coups de verges et qu'on l'outrageait de toutes façons, un héraut qui l'accompagnait proclamait à haute voix : « Denys inflige ce châtiment à l'homme qui a conseillé à sa cité de préférer la guerre à la paix. » Phyton, qui, pendant le siége, s'était conduit en brave général, et dont la vie avait été d'ailleurs sans reproches, supporta noblement sa fin malheureuse, et, conservant tout son sang-froid, il s'écria qu'il n'était puni que pour n'avoir pas voulu livrer sa patrie à Denys, et qu'il serait bientôt vengé par la divinité. Enfin le courage de cet homme excita la compassion même des soldats de Denys dont quelques-uns murmuraient déjà. Denys, craignant alors que les soldats n'osassent arracher Phyton des mains du bourreau, fit cesser le supplice et fit jeter à la mer ce malheureux avec toute sa famille. Voilà les indignes traitements sous lesquels tomba, non sans gloire, ce général dont le sort fut alors déploré par beaucoup de Grecs ; les poëtes mêmes firent par leurs vers répandre des pleurs sur une fin aussi lamentable.

CXIII. Dans le même temps où Denys poussait le plus vigoureusement le siége de Rhégium, les Celtes habitant au delà des Alpes, passèrent les défilés avec des troupes nombreuses, vin-

---

[1] Suivant Aristote (Économiques, page 167 de ma traduction ; Paris, 1843), la rançon était de trois mines par tête de prisonnier.

rent occuper le pays situé entre l'Apennin et les Alpes, et en expulsèrent les Tyrrhéniens qui l'habitaient. Quelques écrivains prétendent que ces derniers sont une colonie des douze villes de la Tyrrhénie[1]; d'autres soutiennent que ce sont des Pélasges qui, avant la guerre de Troie, chassés de la Thessalie par le déluge de Deucalion, vinrent s'établir dans cette contrée. Les Celtes se partagèrent donc le territoire par tribus; ceux connus sous le nom de Sénonois obtinrent la montagne la plus éloignée des Alpes et voisine de la mer. Mais comme cette région est très-chaude, ils s'empressèrent bientôt d'en sortir, et, après avoir armé les jeunes hommes, ils les envoyèrent chercher un autre pays pour s'y établir. Ils pénétrèrent donc dans la Tyrrhénie au nombre d'environ trente mille hommes et ravagèrent le territoire des Cauloniens[2]. A cette même époque, le peuple romain envoya en Tyrrhénie des députés chargés de surveiller la marche des Celtes. Ces députés, arrivés à Clusium, furent témoins d'un combat et purent se convaincre que ces nouveaux ennemis étaient plus courageux que prudents, et ils se joignirent aux Clusiens pour les défendre contre les assiégeants. L'un de ces députés remporta même un grand succès, et tua de sa propre main un des chefs les plus renommés. Les Celtes, instruits de ce fait, envoyèrent une députation à Rome pour demander l'extradition du député qui avait injustement commencé la guerre. Le sénat engagea d'abord les envoyés des Celtes d'accepter de l'argent pour l'offense reçue; comme ces derniers ne voulaient pas écouter cette proposition, on décréta qu'on leur livrerait le coupable. Mais le père de celui qui devait être ainsi livré était un des tribuns militaires investis du pouvoir consulaire; il en appela au peuple, et, comme il avait une grande autorité sur la multitude, il la persuada d'annuler la sentence du sénat. Le peuple qui jusqu'alors avait en toutes choses obéi au sénat, cassa ainsi pour la première fois un sénatus-consulte.

CXIV. Les députés des Celtes, de retour dans leurs camps,

---

[1] Voyez Tite-Live, V, 30.
[2] Au lieu de Cauloniens, il faudra probablement lire *Clusiens*.

rapportèrent la réponse des Romains. Fortement irrités et appelant aux armes toutes les troupes de leurs tribus, les Celtes marchèrent sur Rome, au nombre de plus de soixante-dix mille hommes. A cette nouvelle, les tribuns militaires de Rome, qui étaient revêtus de l'autorité consulaire, mirent sur pied toute la population valide. Leurs troupes concentrées passèrent le Tibre et longèrent le rivage du fleuve dans une étendue de quatre-vingts stades. Apprenant l'approche des Gaulois, les chefs rangèrent l'armée en bataille; ils placèrent entre le fleuve et les hauteurs du voisinage vingt-quatre mille des plus braves, tandis que les plus faibles furent postés sur les collines les plus élevées. Les Celtes étendirent considérablement leurs phalanges et, soit hasard, soit précaution, ils établirent sur les collines les guerriers les plus vaillants. Tout d'un coup les trompettes donnent des deux côtés le signal de l'attaque, les armées s'avancent au combat en poussant d'immenses cris. L'élite des Celtes qui était opposée à la troupe la plus faible des Romains eut bientôt culbuté celle-ci du haut des collines. Des fuyards joignirent le corps d'armée occupant la plaine, mirent la confusion dans les rangs des Romains et, comme les Celtes ne cessèrent point de les poursuivre, la panique devint générale. La plupart gagnèrent les bords du fleuve et tombèrent en désordre les uns sur les autres. Les Celtes eurent donc peu de peine à massacrer ceux qui occupaient les derniers rangs; aussi toute la plaine fut-elle jonchée de cadavres. Arrivés sur les bords du fleuve, les fuyards les plus vigoureux se mirent tout armés à le traverser à la nage, tenant autant à leur armure qu'à leur vie; mais comme le courant du fleuve était très-rapide, la plupart, surchargés par le poids des armes, périrent dans les flots; quelques-uns seulement, se laissant emporter par le courant à une distance convenable, parvinrent à grand'peine à se sauver. Toujours serrés de près par les ennemis, un grand nombre de Romains furent tués sur les bords du fleuve. Ceux qui avaient survécu à cette déroute, jetèrent leurs armes et traversèrent le Tibre à la nage.

CXV. Cependant les Celtes ne cessèrent point le carnage : ils tuèrent un grand nombre de Romains sur les bords du Tibre et lancèrent leurs javelots sur ceux qui s'étaient sauvés à la nage ; les projectiles, tombant sur une masse compacte, ne manquèrent point leur but. Ainsi, les uns, blessés mortellement, périrent sur-le-champ, les autres, blessés seulement, mais affaiblis par le sang qu'ils perdaient et entraînés par la rapidité du courant, furent emportés au loin. Telle fut la fin de cette journée si funeste pour les Romains. La plus grande partie de ceux qui avaient échappé à la déroute se sauva dans la ville de Véies, dont ils venaient de s'emparer et qui avait été récemment reconstruite dans une position très-forte ; c'est là qu'ils se remirent de leurs fatigues. Un petit nombre de ceux qui étaient parvenus à se sauver à la nage, vinrent, dépouillés de leurs armes, jusqu'à Rome et y apportèrent la nouvelle de la destruction de l'armée. Les habitants qui restaient dans la ville, instruits d'un si grand désastre, furent tous fort alarmés. Car, après la perte de toute la jeunesse, ils se sentaient dans l'impossibilité de résister à l'ennemi ; d'un autre côté, il était très-dangereux de fuir avec les femmes et les enfants, l'ennemi étant si proche. Cependant un grand nombre de citoyens se réfugièrent dans les villes du voisinage, emportant avec eux tous les biens de leurs maisons. Mais les chefs de la cité, exhortant la multitude à prendre courage, ordonnèrent de porter promptement dans le Capitole les denrées et toute sorte de provisions. Cet ordre exécuté, la citadelle et le Capitole se remplirent, outre les provisions, d'argent, d'or, de vêtements précieux, en sorte que toutes les richesses de la ville étaient entassées en un seul endroit. Ils employèrent ainsi trois jours aux transports de leurs biens et à la fortification du Capitole. Les Celtes passèrent le premier jour à couper les têtes aux morts, selon la coutume de leur nation, et deux autres jours ils furent occupés à rapprocher leur camp de la ville. Comme ils voyaient les murs déserts et qu'ils entendaient les grands cris poussés par ceux qui transportaient les richesses au Capitole, les ennemis s'imaginèrent que les Romains leur avaient dressé une embuscade. Enfin, lorsque le quatrième jour ils apprirent la vérité, ils enfoncèrent les portes, entrèrent dans la ville et la détruisirent à l'exception de quelques maisons situées sur le mont Palatin. Ils livrèrent ensuite des assauts journaliers aux points fortifiés; mais ces attaques ne firent aucun mal considérable, tandis qu'ils perdirent beaucoup de monde ; néanmoins ils ne se désistèrent pas de leur entreprise, persuadés que, s'ils ne pouvaient pas emporter la citadelle de force, les Romains seraient vaincus par le temps et le manque de vivres.

CXVI. Pendant que les Romains étaient réduits à ces extrémités, les Tyrrhéniens, leurs voisins, envahirent avec une armée compacte le territoire des Romains qu'ils ravagèrent ; ils firent un grand nombre de prisonniers et amassèrent beaucoup de butin. Mais les Romains qui s'étaient réfugiés à Véies tombèrent à l'improviste sur les Tyrrhéniens, les mirent en fuite, leur enlevèrent leur butin et s'emparèrent de leur camp. S'étant ainsi mis en possession d'un grand nombre d'armes, ils les distribuèrent à ceux qui en manquaient et armèrent les troupes tirées de la campagne ; car ils voulaient délivrer ceux qui s'étaient réfugiés dans le Capitole assiégé. Mais ils ne savaient point comment leur faire connaître le secours qu'ils leur apportaient, car les Celtes avaient complétement enveloppé, par leur nombreuse armée, les assiégés, lorsqu'un certain Cominius Pontius s'offrit pour ranimer le courage de ceux qui étaient renfermés dans le Capitole. Il se mit seul en route, profita de la nuit pour traverser le fleuve à la nage et parvint sans être aperçu au pied d'un rocher très-escarpé du Capitole. Il réussit à grand'peine à le gravir et annonça aux assiégés le rassemblement qui s'était fait à Véies pour leur porter secours, ainsi que le projet d'attendre le moment favorable pour attaquer les Celtes. Il descendit ensuite du rocher, plongea dans le Tibre qu'il traversa à la nage et revint à Véies. Mais les Celtes, ayant remarqué la trace récente de celui qui avait gravi le rocher, résolurent de profiter de la nuit pour monter à leur tour sur le même rocher. Vers minuit, au moment où les gardes, rassurés par la difficulté de l'accès du Capitole, se relâchèrent de leur vigilance, quelques Celtes parvinrent jusqu'au sommet du rocher. Les gardes ne les avaient point aperçus ; mais les oies sacrées de Junon nourries dans le Capitole, élevèrent de grands cris à la vue des Gaulois qui gravissaient le rocher. Éveillés par ce bruit, tous les postes accoururent sur le point menacé ; mais, saisis de frayeur, ils n'osèrent s'avancer. Cependant Marcus Manlius, citoyen illustre, accourut à la défense du poste : il coupa lui-même avec son épée la main du Gaulois qui allait le premier atteindre le sommet du rocher, et, lui donnant un coup de bouclier sur la poitrine, le fit rouler du haut du Capitole. Il en fit autant à un second qui voulait également monter, et tous les autres prirent la fuite. Mais comme le rocher était très-escarpé, ils se tuèrent tous dans leur chute. Les Romains envoyèrent ensuite aux Gaulois des parlementaires pour traiter de la paix. Les Gaulois consentirent à sortir de la ville et à quitter le territoire romain en recevant mille livres pesant d'or [1]. Comme les maisons étaient détruites et qu'un grand nombre de citoyens avaient péri, les Romains promirent à tous ceux qui voulaient s'établir dans la ville de construire une habitation dans le lieu qu'il leur plairait, et de leur fournir des briques aux dépens du trésor public ; ces briques sont encore aujourd'hui connues sous le nom de *briques de l'État*. Mais chacun bâtissant selon son caprice, il arriva que les rues de la ville furent étroites et tortueuses ; voilà pourquoi Rome, agrandie par la suite, ne put avoir de rues droites. Quelques écrivains rapportent aussi que les femmes qui, pour racheter la patrie, avaient apporté leurs ornements d'or, reçurent comme un honneur public la permission de se faire conduire dans la ville sur des chariots.

CXVII. Les Romains furent fort abattus par ce revers ; les Volsques profitèrent de ce moment pour leur déclarer la guerre. Les tribuns militaires de Rome ordonnèrent donc une conscription ; ils firent la revue de leurs troupes dans un endroit appelé

---

[1] Voyez Tite-Live, V, 48.

le *champ de Mars*, à deux cents stades de Rome[1]. Comme les Volsques avaient une armée supérieure en nombre et qu'ils assiégeaient déjà le camp romain, les citoyens de Rome, craignant pour la sûreté de l'armée, nommèrent dictateur Marcus Furius [Camille][2]. Celui-ci, armant toute la population valide, sortit pendant la nuit, vint à la pointe du jour attaquer par derrière les Volsques qui tombaient déjà sur le camp, et les mit facilement en déroute. Les Romains étant sortis de leur camp, les Volsques se trouvèrent ainsi pris entre deux armées et furent presque tous passés au fil de l'épée. Depuis cette défaite, les Volsques, qui passaient jadis pour une nation puissante, demeurèrent le peuple le plus faible des environs. Après cette bataille, le dictateur, informé que les Éques, qu'on appelle aujourd'hui Équicles, dévastaient la ville de Vola, marcha contre eux et tua la plupart des assiégeants. De là il passa à Sutrium, colonie romaine que les Tyrrhéniens avaient occupée de force. Attaquant les Tyrrhéniens à l'improviste, il en tua un grand nombre et conserva aux Sutriens leur ville. Cependant les Gaulois partis de Rome dévastèrent Véascium[3], ville alliée des Romains; le dictateur vint tomber sur eux, en tua la plupart et se rendit maître de tout leur bagage, dans lequel se trouvait l'or qu'ils avaient reçu à Rome et presque tout le butin qu'ils avaient fait pendant la prise de la ville. Malgré tous ces exploits, la jalousie des tribuns du peuple empêcha le dictateur d'obtenir les honneurs du triomphe. Cependant quelques historiens rapportent que Camille triompha des Tusques monté sur un quadrige blanc, et que pour cela il fut, deux ans après, condamné par le peuple à une forte amende; mais nous en parlerons en temps convenable. Les Celtes, qui avaient pénétré jusque dans l'Iapygie[4], revinrent sur leurs pas en passant par le territoire de Rome; surpris peu de

---

[1] Cette distance paraît trop considérable; car le champ de Mars faisait plus tard partie de la ville de Rome.

[2] Le nom du maître de cavalerie manque dans le texte, et la phrase subséquente commence par οὗτοι, savoir, le dictateur et le maître de cavalerie.

[3] Nom propre d'une ville, défiguré en grec. Véies ou Gabies (?).

[4] Le littoral de la Pouille.

temps après par les Cériens, ils furent, à la faveur de la nuit, tous taillés en pièces dans la plaine trausienne.

Dans cette même année, l'historien Callisthène, qui a écrit une histoire des Grecs, a commencé son ouvrage à dater de la paix conclue entre les Grecs et Artaxerxès, roi des Perses. Cet ouvrage, composé de dix livres, comprend un espace de trente ans, et finit à la prise du temple de Delphes par Philomélus le Phocidien.

Arrivé à cette paix conclue entre les Grecs et Artaxerxès, et à la prise de Rome par les Gaulois, nous terminons ici le présent livre, d'après le plan tracé au commencement.

FIN DU TOME SECOND.

www.ingramcontent.com/pod-product-compliance
Lightning Source LLC
Chambersburg PA
CBHW051620230426
43669CB00013B/2122